KB143367

수도 하르게이사의 시장(소말릴란드, 2009)

① 물을 벌컥벌컥 마시는 낙타들
② 반半 사막에 방치된 구소말리아 정부군의 전차. 옆
   에 서 있는 사람은 소말릴란드 정부 병사
③ 혼 케이블 TV 모가디슈의 지국장 함디(오른쪽),
   기술 직원 자쿠리야(가운데), 통역사 겸 저널리스
   트 와이얍(소말릴란드, 2011)
④ 각성 식물 카트를 판매하고 있는 여성
⑤ 지금은 하르게이사 시민의 발이 된 '신슈건강랜드'
   의 버스(소말릴란드, 2009)

전투와 기근으로 인해 얼마 전 남부 소말리아로부터 도망쳐온 한 가족(케냐 다다브 난민 캠프, 2011)

난민 캠프의 아이

분단 도시 갈카요. 드럼통을 경계로 먼 쪽이 푼틀란드, 가까운 쪽이 가르무도그국(푼틀란드, 2011)

① 보사소 경찰의 호위 병사와 필자
② 수출하기 위해 배에 선적되고 있는 낙타
③ 보사소의 시장(푼틀란드, 2011)

① 이슬람 과격파 알샤바브 군이 떠난 것을 기뻐하는 사람들
② 알샤바브 군이 거점으로 사용했던 건물
③ 강인한 여자 지국장 함디(오른쪽)와 기자 히스(남부 소말리아, 2011)
④ 전차 바로 앞에서 차를 마시며 쉬고 있는 사람들

전투 때문에 사람들이 종적을 감춘 모가디슈의 시장. 병사들 외에는 사람이 없고 개와 고양이들만 보인다.(남부 소말리아, 2011)

소말리아 군웅할거 지도

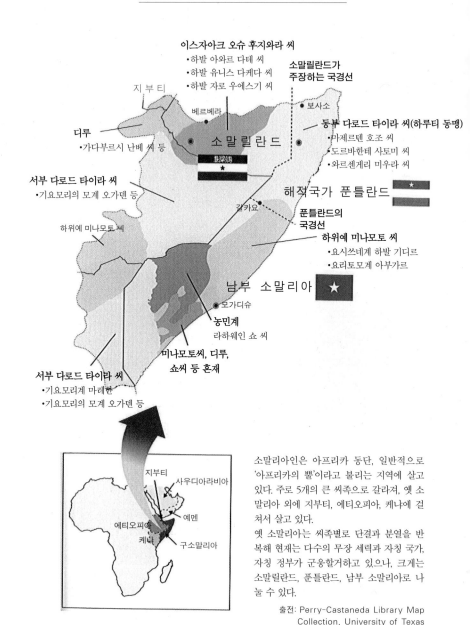

이스자아크 오슈 후지와라 씨
- 하발 아와르 다테 씨
- 하발 유니스 다케다 씨
- 하발 자로 우에스기 씨

**소말릴란드가
주장하는 국경선**

지부티

베르베라

보사소

디루
- 가다부르시 난베 씨 등

소 말 릴 란 드

동부 다로드 타이라 씨(하루티 동맹)
- 마제르텐 호조 씨
- 도르바한테 사토미 씨
- 와르센게리 미우라 씨

서부 다로드 타이라 씨
- 기요모리의 모계 오가덴 등

해적국가 푼틀란드

하위예 미나모토 씨

갈카요

**푼틀란드의
국경선**

하위예 미나모토 씨
- 요시쓰네계 하발 기디르
- 요리토모계 아부가르

남 부 소 말 리 아

모가디슈

농민계
라하웨인 쇼 씨

**미나모토씨, 디루,
쇼씨 등 혼재**

서부 다로드 타이라 씨
- 기요모리계 마레한
- 기요모리의 모계 오가덴 등

지부티
사우디아라비아
에티오피아
예멘
케냐
구소말리아

소말리아인은 아프리카 동단, 일반적으로
'아프리카의 뿔'이라고 불리는 지역에 살고
있다. 주로 5개의 큰 씨족으로 갈라져, 옛 소
말리아 외에 지부티, 에티오피아, 케냐에 걸
쳐서 살고 있다.
옛 소말리아는 씨족별로 단결과 분열을 반
복해 현재는 다수의 무장 세력과 자칭 국가,
자칭 정부가 군웅할거하고 있으나, 크게는
소말릴란드, 푼틀란드, 남부 소말리아로 나
눌 수 있다.

출전: Perry-Castaneda Library Map
Collection, University of Texas
at Austin을 기초로 작성

수수께끼의 독립국가
소말릴란드

NAZONO DOKURITSU KOKKA SOMALILAND by Hideyuki Takano
Copyright ⓒ 2013 Hideyuki Takano
All rights reserved.
Original Japanese edition published by HON-NO-ZASSHI-SHA
Korean translation copyright ⓒ 2019 by GEULHANGARI Publishers
This Korean edition published by arrangement with HON-NO-ZASSHI-SHA, Tokyo,
through HonnoKizuna, Inc., Tokyo, and BC Agency

이 책의 한국어판 저작권은 BC 에이전시를 통한 저작권자와의 독점 계약으로 ㈜글항아리에 있습
니다. 저작권법에 의해 한국 내에서 보호를 받는 저작물이므로 무단전재와 복제를 금합니다.

수수께끼의 독립국가
소말릴란드

다카노 히데유키 高野秀行

신창훈·우상규 옮김

글항아리

차례

소말릴란드—푼틀란드—남부 소말리아 여행 경로

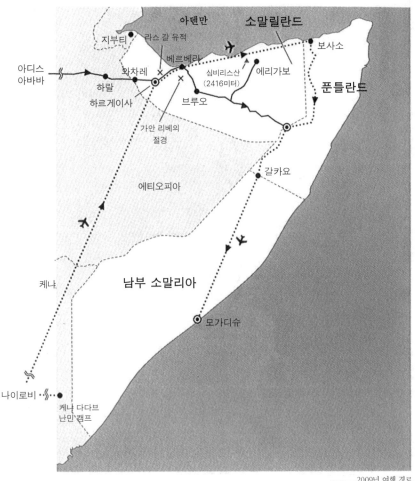

아덴만
소말릴란드
지부티
라스 갈 유적
베르베라
보사소
아디스
아바바
와차레
심비리스산
(2416미터)
에리가보
하랄
푼틀란드
하르게이사
브루오
가안 리베의
절경
갈카요
에티오피아
케냐
남부 소말리아
모가디슈
나이로비
케냐 다다브
난민 캠프

———— 2009년 여행 경로
·········· 2011년 여행 경로

지상에 존재하는 '라퓨타'

미야자키 하야오 감독의 애니메이션 「천공의 성 라퓨타」를 아는가.

'라퓨타'란 이름의 '환상의 나라'가 공중에 떠 있다. 사람들 대부분은 존재조차 알지 못하고 가본 적도 없지만 주인공 소년은 가끔 라퓨타 왕족의 피를 이어받은 소녀와 만나 그 신기한 나라를 여행한다. 「천공의 성 라퓨타」는 『걸리버 여행기』에서 힌트를 얻은 판타지 애니메이션이다. 그런데 우리가 사는 현실에도 라퓨타와 닮은 나라가 있다. 아프리카 동북부 소말리아공화국 속에 있는 소말릴란드공화국이다.

잘 알려진 대로 소말리아는 내전으로 무정부 상태가 계속돼 '붕괴국가'라는 기묘한 이름으로 불린다. 나라 안은 무수한 무장 세력이 창궐해 전국시대와 같은 상황이다. 어떤 사람들은 황폐한 미래를 무대로 한 만화에 비유해 '현실 속 북두의 권北斗の拳'이라고 부른다.

땅이 '북두의 권'이라면 바다는 현실 속 '원피스•'다. 일본의 자위함

파견을 둘러싸고 헌법 위반 논쟁이 반복되고 있는 곳이다. 도대체 언젯적, 어느 별 이야기인가 싶겠지만 그런 '붕괴 국가' 속에 수십 년 동안 평화를 지켜온 독립 국가가 있다. 바로 소말릴란드다. 이 나라는 국제사회로부터 독립 국가로 인정받지 못하고 있다. 그저 일부 무장 세력이 커져서 국가 흉내를 내고 있다는 주장도 제기된다.

세상에는 참 설명하기 어려운 나라들이 존재한다. 이라크, 아프가니스탄같이 국가로서 인정받고 있지만 나라 속 치안 상태는 도저히 인정할 수 없는 곳이 많다. 하지만 그 반대 상황인 나라는 아직 들어본 적이 없을 것이다. 그건 정보 자체가 극히 부족해 전말이 잘 알려져 있지 않기 때문이다. 소말릴란드는 실로 '수수께끼의 나라' '미지의 국가' '지상의 라퓨타'다.

나는 수수께끼, 미지未知란 말을 좋아한다. 내가 처음으로 소말릴란드의 존재를 알게 된 것은 요시다 이치로吉田一郎가 쓴 『국가 마니아』를 통해서였다. 전 세계의 기묘한 나라와 영토를 총망라한 그 책에서도 소말릴란드는 특별한 존재감을 드러냈다.

오랜 기간 지속된 무정부 상태에서 평화로운 독립 국가를 유지해온 것만으로도 놀라운데 '독자적으로 내전을 종식시킨 후 복수정당제를 이루고 보통선거를 통해 대통령을 선출한 민주주의 국가'라고 쓰여 있었던 것이다.

나는 실소를 금치 못했다. 아직까지도 아프리카 국가 대부분은 독재

• 『원피스ワンピース』는 일본의 작가 오다 에이치로尾田榮一郎가 1997년부터 『주간 소년 점프』에 연재하고 이후 애니메이션으로도 방영된 만화로 해적왕이 꿈인 소년 루피와 밀짚모자 해적단의 모험 이야기를 그리고 있다.

체제다. 설령 선거가 치러지더라도 선거에서 지는 쪽은 항상 부정 선거 의혹을 제기하며 폭력을 행사하는 게 아프리카에서는 일상이다.

아프리카에서 근대화가 가장 잘된 케냐도 예외가 아니다. 만화 『북두의 권』에서처럼 무법이 판치는 곳에서 그 정도로 민주화가 이뤄졌다고?

사자와 호랑이가 포효하는 정글에서 토끼가 독자적인 평화 국가를 이룬 듯한 그림이 떠올라 그 비현실성에 웃음이 터져나왔던 것이다. 또 하나 비현실적이라고 느낀 것은, 그런 특별한 나라가 있다면 아직까지 왜, 누구도 존재 자체를 알지 못하는가 하는 점이었다. 아프리카 사정이라면 정통하다고 자부하며 '변방국 애호가'를 자칭하는 나조차 소말릴란드는 들어본 적이 없었다.

그렇다면 왜 대대적으로 보도되지 않았을까. 역시 '엉터리 정보야'라면서 외면해버리고 싶었다. 이는 마치 네시(영국 스코틀랜드의 네스호에 산다는 의문의 괴수)나 설인(히말라야산맥에 산다는 사람)이 발견됐다는 보도가 없으니까 그런 것을 찾아냈다고 주장하는 책 따위는 신뢰할 수 없다고 치부하는 것과 같은 느낌이었다.

찾아보니 보도된 적이 전혀 없는 건 아니었다. 책 두 권이 있었는데, 한 권은 NHK 취재팀의 『아프리카 21세기』로, 아프리카에서 눈에 띄는 나라들을 취재해 현대 아프리카를 조명한 다큐멘터리를 책으로 엮은 것이었다.

다른 한 권은 아프리카에 대한 보도와 에세이로 많은 상을 수상한 『아사히신문』 마쓰모토 진이치松本仁一 기자가 쓴 『칼라시니코프』(한국어판 『역사를 바꾼 총 AK47』)였다. 구소련제 돌격 소총인 AK47을 만든 인물에서부터 그 총으로 인명을 살상하는 소년병까지 광범위하게 취재한 명작이다.

두 권 모두 소말릴란드에 대해 언급한 부분은 비슷하다. 내전국 소말리아의 참상과 비교하면서 소말릴란드의 치안 유지 상태를 높이 평가하고 있다. 혹은 소말리아가 몹시 절망적인 상태여서 소말릴란드에서 실낱같은 희망을 찾으려는 듯 보였다.

위키백과를 보면 소말릴란드와 푼틀란드가 분쟁을 벌이고 있는 지역에 마히르라는 아주 작은 나라가 있다고 언급돼 있다. 마히르는 소말릴란드와 푼틀란드 양쪽 모두에 선전포고를 해두었다고 한다.

이렇게 자세히 들여다보면 볼수록 소말릴란드의 목가적인 이미지는 사라지고 '결국 소말릴란드는 내전국 소말리아의 일부가 아닌가'라는 의문을 떨쳐버릴 수 없었다.

더욱이 소말리아 관련 인터넷 사이트에는 '소말릴란드는 소말리아 평화회의에 초청을 받아도 번번이 거절한다'거나 '유엔의 요청에도 응하지 않는다'는 식으로 나와 있다.

주요 무장 세력 안에서도 '이런 완고한 자세를 허물지 않는 곳은 소말릴란드뿐'이며 무장 세력의 일부이자 소말리아 평화에 최대 장애물인 것처럼 묘사돼 있다.

도대체 이 나라의 정체는 무엇이란 말인가. 나는 '수수께끼 같은 나라' '자칭 국가'라고 칭하는 곳에 흥미가 인다. 20대 중반부터 10년 동안 미얀마 소수민족이 사는 지역을 다녔다. 미얀마에서도 미개척지로 남겨져 있었기 때문이다. 그곳에서 나는 '샨족'의 독립 운동을 돕기도 하고, '카친족'의 게릴라 해방구를 여행하기도 했으며, '와족' 해방구에

수수께끼의 독립국가 소말릴란드

서 반년 넘게 살기도 했다.

이들은 부분적으로 국가 형태를 갖추기도 하고, '국가는 아니지만 자치구'라고 주장하기도 했다. 또 어느 민족은 '우리는 독립 국가가 아니다'라고 말하지만, 정작 주민들은 국가라고 생각하고 있었다. 이들은 내게 '과연 국가란 무엇인가'를 고민하게 만들었다.

미지의 세계를 쫓다보면 중앙 정부의 힘이 미치지 않는 곳일수록 '자칭 국가' 또는 '국가와 비슷한 형태의 집단'이 많다. 그 경험을 근거로 이런저런 상상을 해보면 조금씩 보도된 소말릴란드에 대한 내용과 미얀마의 '자칭 국가'에는 큰 차이가 있다.

보도된 대로라면 소말릴란드의 국가 완성 정도는 미얀마 내 '자칭 국가'보다 10배, 아니 100배는 될 것이다. 그렇다 해도 아직 잘 모르겠다. 도대체 소말릴란드는 무엇인가. 판타지 만화에 나오는 라퓨타인가, 아니면 토끼의 탈을 쓴 사자 왕국인가. 결국 나는 '내 눈으로 보지 않고서는 알 수 없다'는 지극히 평범한 진리에 이르렀다.

일러두기

• 본문 하단 각주는 '지은이'라고 표기한 것 외에는 모두 옮긴이의 부연 설명이다.

수수께끼 같은 '미확인 국가'
소말릴란드

라퓨타행 비자는
어디에서 받을 수 있나

|

'지상地上의 라퓨타 소말릴란드에 가야겠다.'

2009년 봄 드디어 마음을 먹었다. 하지만 첫걸음부터 난관에 부딪
혔다. 어떻게 가야 하는지 알 수 없었다. 소말릴란드공화국은 그 나라
정부가 주장하듯이 옛 영국령 소말릴란드와 동일한 국경선이라고 가
정하면 면적은 13만7600제곱킬로미터다. 이는 잉글랜드와 웨일스를
합친 크기이며 일본으로 치면 홋카이도北海道와 동북 지방을 합친 면
적이다.

국토는 동서로 가늘고 길다. 남쪽은 에티오피아, 서쪽은 지부티, 동
부는 푼틀란드와 맞닿아 있다. 혹시 푼틀란드를 소말리아라고 한다면
동부는 소말리아 접경이다.

북쪽은 아덴만으로 해적이 자주 출몰하는 지역이다. 서쪽 인근엔
일본 자위대 함정을 포함해 각국의 해적 소탕 군함이 정박해 있다. 바

다 건너편은 에티오피아다. 소말릴란드에 가려면 육로, 해로, 항로 모두 가능하지만 외국인에 대해 국경 어느 곳이 개방돼 있는지 알 수가 없고, 혹시 비행기가 있다면 어느 항공사인지, 어디에서 출발하는지도 전혀 알 수 없었다.

그 전에 비자 문제가 있었다. 어느 나라의 어떤 비자가 필요한지, 혹시 소말리아 비자로 갈 수 있는지 여부도 모르겠지만, 어디에서 취득해야 하는지도 깜깜했다. 통일 정부가 없어서다.

현재 유엔과 유럽 국가들이 뒤에서 지원하고 있는 소말리아 과도연방정부TFG가 존재하지만 수도 모가디슈 일부에만 과도 정부의 힘이 미치고 있다고 한다. TFG는 정부라기보다는 힘없는 무장 세력에 가깝다. 서구를 추종하는 게 기본 외교 스타일인 일본 정부조차 인정하지 않고 있다. 설령 소말리아 과도 정부가 비자를 발급해준다 해도 소말릴란드에서 통용된다고 장담할 순 없다.

미얀마 내의 소국 '모도키'에서는 인접국 타이와 중국으로부터의 밀입국이 아무렇지 않게 이뤄졌다. 하지만 소말릴란드는 모도키와는 차원이 다른 국가 형태를 갖추고 있는 듯했다.

나는 소말릴란드에서 직접 비자를 발급해줄지도 모른다고 생각했다. 국제사회가 인정하지 않더라도 그들은 스스로 국가라고 주장하고 있지 않은가. 그런데 어디에서 비자를 취득할 수 있는가 말이다. 내 의문은 머릿속을 한 바퀴 돌아 제자리에 와 있었다.

밑져야 본전이라 생각하고 구글 검색에서 '소말릴란드공화국'을 쳐봤다. 놀랍게도 영어로 "소말릴란드에 오세요"라고 쓰인 소말릴란드공화국 홈페이지가 떴다.

거기엔 간단한 국가 소개, 행정구역, 헌법과 형법·민법, 무역 상황 등이 적혀 있는 것은 물론 다운로드할 수 있도록 비자 신청 용지가 정성스레 마련돼 있었다. 굳이 문제점을 짚자면 그 용지를 어디에 제출하면 되는지에 대해 어떤 언급도 없었다는 것이다. 역시 수수께끼의 나라 라퓨타. 사람을 환영하는 건지 거부하는 건지 알 수 없었다.

고민에 빠진 나는 케냐 나이로비 주재 사진 기자인 나카노 고모아키中野智明에게 이메일을 보냈다. 나카노는 아프리카 취재에만 30년 가까이 매달려 일본뿐 아니라 전 세계에서 아프리카를 가장 잘 아는 저널리스트 중 한 명이다.

15년 전 나는 에티오피아 수도 아디스아바바의 한 호텔에서 나카노를 만나 귀중한 정보를 얻고 식사를 대접받는 등 신세를 많이 졌다. 귀국하면 가끔 도쿄 신주쿠에서 만나곤 했다.

수년 전 나카노는 서아프리카의 가나 취재 중 교통사고로 허리가 골절되는 중상을 입어 지팡이를 짚고 다니지만 눈빛만큼은 예나 지금이나 살아 있었다. 지금도 '아프리카를 너무 좋아하는 청년'과 같은 얼굴로 나를 반겨주었다. 사실 그는 『아사히신문』 마쓰모토 기자가 소말릴란드를 취재할 때 사진 기자로 동행했다. 마쓰모토 기자가 소말릴란드에 들어갈 수 있었던 것도 그의 안내 덕분이었다고 한다. 나카노가 말했다.

"난 아디스아바바에서 비자를 취득했어요."

그는 "정식 대사관은 아니지만 그와 유사한 형태의 사무소가 있다"고 알려줬다.

"벌써 5년 이상 지난 일이어서 지금은 어떻게 변했는지 알 수 없지

만 아마 있지 않을까 싶어요. 그때는 에티오피아에서 육로로 국경을
넘어 소말릴란드에 들어갔지요."

"소말릴란드는 어떤 나라였나요?"

"글쎄요. 마쓰모토 기자가 『칼라시니코프』에 썼듯 굉장히 평화로운
분위기였습니다. 물론 그 후로는 안 가봐서 잘 모르겠지만요."

나카노는 충실히 대답해줬다. 아프리카 국가들은 1년 사이에도 확
바뀌어버린다. 더욱이 나쁜 방향으로 변한다는 것을 누구보다 잘 알
고 있는 그였다.

인접국 소말리아가 좋은 예다. 3년 전인 2006년 남부 소말리아는
수도 모가디슈를 포함해 거의 전역이 '이슬람법정연합UIC'이란 이름의
이슬람 원리주의 무장 세력의 지배를 받고 있었다.

하지만 3년 후 UIC는 붕괴했고, 당시 UIC의 간부는 서구 제국들
이 후원하는 과도 정부의 대통령에게 포섭돼 과거의 동지들과 격전을
벌이고 있다. 있을 수 없는 상황이 마치 당연한 일처럼 벌어지고 있는
것이다.

나카노와 얘기할 수 있어서 무척 기뻤다. '라퓨타'로 가는 길을 알
아낸 것도 성과였지만 '아! 정말 그런 곳이 있구나' 실감할 수 있어서
좋았다. 사실 소말릴란드란 이름을 아는 사람을 만난 것조차 처음이
었다. 물론 나카노 역시 소말릴란드에 대한 구체적인 정보를 갖고 있
지 않아 불안감을 떨쳐낼 순 없었다.

소말릴란드가 정말 '라퓨타'라면 좋겠지만 토끼의 탈을 쓴 사자일
가능성도 충분히 있다. 특히 걱정스러운 것은 지방 사정이었다. 보통
약소국을 보면 수도 부근의 치안은 어떻게든 단속하고 있지만 지방으

로 갈수록 엉망진창일 때가 많다. 더욱이 지방일수록 그 나라의 실상이 더 잘 드러난다. 이것은 전 세계의 공통점이다.

앞서 언급한 선배 기자들도 그곳까지는 발을 들여놓지 못했다. 그래서 난 더욱 소말릴란드의 지방 곳곳을 꼭 가봐야겠다고 생각했다. 하지만 내겐 소말릴란드와 연결고리가 하나도 없었다. 「천공의 성 라퓨타」에서처럼 왕족의 피를 이어받은 자가 눈앞에 나타나준다면……. 하지만 그건 헛된 꿈이었다.

소말릴란드의 이름이나마 알고 있는 사람은 나카노 외에 한 명 더 있었다. 내가 와세다대 탐험부에 있을 때의 후배인 『마이니치신문』 국제부의 핫토리 쇼보服部正法 기자였다.

와세다대 탐험부 출신들은 전통적으로 오지를 좋아한다. 핫토리도 예외는 아니었다. 미얀마 정세에 대해 알려달라는 요청을 받고 가끔 술 한잔을 했는데, 그도 소말릴란드에 흥미를 보였다. 하지만 그 역시 소말릴란드에 가본 적은 없었다. 핫토리는 샤프하지만 좀 경솔한 게 유일한 흠이었다.

나는 현지인과의 연결고리를 찾는 일은 포기했다. 직접 부딪혀 소말릴란드에 가겠다고 다짐하며 여행 준비를 서둘렀다. 그런데 아프리카로 떠나는 날 오후 핫토리에게서 전화가 걸려왔다.

"다카노 선배, 아주 중요한 얘기를 빼먹었어요. 실은 소말릴란드인 한 명이 일본에 있습니다. 소말릴란드 독립의 영웅이라 불리는 사람이에요."

"뭐?"

왕족의 피를 이은 라퓨타 소녀는 아니지만, 그에 상당히 근접한 사람이었다. 더욱이 체류하고 있는 곳이 지바현 도가네_{東金}다. 이브라힘 메가브 사마타란 이름의 이 인물은 조사이국제대학_{城西國際大學}에서 경제학을 가르치고 있다고 했다. 출발 당일 나는 큰 가방 하나를 짊어지고 조반선_{常磐線}과 도가네선_{東金線}을 갈아타며 그가 있는 곳으로 향했다.

아름다운 전원 풍경을 보며 내 머릿속은 '유목민으로 알려진 소말릴란드인이 대체 왜 여기까지 흘러들어왔을까. 게다가 독립의 영웅이라는 인물이……'와 같은 의문으로 가득했다.

대학 구내에 있는 사마타 교수의 연구실에 도착하자 되돌아가는 전철 시간이 10분밖에 남지 않았다. 인사도 하는 둥 마는 둥 숨을 헐떡거리며 단도직입적으로 물었다.

"시간이 없습니다. 소말릴란드에서 누군가 신뢰할 만한 사람을 소개해주세요!"

갈색 피부에 백발, 턱수염을 길러 스트라이프 슈트가 세련되게 어울리는 패션을 한 그는 책상 위에 흩어져 있는 서류 한 장을 휙 돌리더니 뒷면에 볼펜으로 '1. 일다히르 리얄레 카힌 대통령'이라고 썼다. 지금까지 여러 사람에게 부탁해봤지만 현지에서 의지할 만한 사람으로 '대통령'을 소개한 이는 처음이었다. 두 번째는 여당 당수, 세 번째는 제1야당 당수, 네 번째는 대통령 대변인이었다. 게다가 이름과 직함뿐. 전화번호나 이메일 주소 따위 적지도 않았다. 그는 "거기 가면 누군가가 알려줄 것"이라고 쉽게 내뱉었다. 정말 이걸로 충분한지 물어볼 틈도 없이 나는 상행 조반선을 타고 에미리트 항공에 몸을 싣기 위해 하네다 공항으로 갔다.

미개하고 제멋대로이며
약속을 지키지 않고 폭력적인

|

2009년 6월 중순, 일본을 떠난 지 엿새째 아침 나는 흰색 중고 도요타 코롤라의 덜컹거리는 조수석에 앉아 있었다. 에티오피아 동부에 있는 하랄을 출발해 소말릴란드 국경선으로 가던 중이었다.

이른 아침 바람에 실린 차가운 공기가 아직 남아 있었다. 그 주변은 해발 1500미터쯤 되는 높이지만 평평한 사바나가 이어졌다. 상당히 건조했지만 자연보호 구역이 아닌 곳치곤 동물이 많았다. 그레이하운드같이 생긴 호리호리한 자칼, 바분(원숭이류)의 무리, 콘도르같이 날카로운 부리를 가진 맹금류, 나무에 매달린 과일 모양의 주둥이를 축 늘어뜨린 황금색 조류, 메탈릭블루 색의 새들이 흙벽 민가 위의 상공을 날고 있었다. 역시 아프리카다운 광경이었지만 나의 일본인 파트너는 힘없이 "아~아~" 하고 중얼거릴 뿐이었다. 에티오피아인 운전수 겸 가이드인 리샹은 자동차를 여러 번 멈추고 차 상태를 점검했다.

얼마 못 갔을 때였다.

리샹은 "차가 펑크 났어. 이래서 내가 오고 싶지 않았던 거야"라며 한숨을 내쉬고는 차 밑으로 기어들어가 타이어를 교체하기 시작했다.

잠깐 짬이 생긴 나는 도로변을 느릿느릿 걷고 있는 직경 50센티미터쯤 되는 거북을 붙잡아 손으로 뒤집으려 했다. 그러자 거북은 재빨리 네 다리를 숨기고는 위협적인 소리를 냈다. 어느 순간 아침 햇볕이 내리쬐기 시작했다. '굉장히 멀리 와 있군.' 거리의 문제뿐 아니라 이런저런 해프닝 때문에 일본과는 이미 수억만 리 떨어져 있는 느낌이었다.

첫 번째 해프닝은 내 파트너인 미야자키 신야宮澤信也에게 일어났다. 와세다대 탐험부 후배인 그와는 낡은 아파트에서 같이 산 적도 있다.

"둘이서 아프리카에 가자. 내가 글을 쓸 테니까 넌 사진을 찍어."

"그거 좋네. 합시다."

습하고 좁은 아파트에서 우리 둘은 그렇게 의기투합했다.

그로부터 20년 후, 미야자키는 사진가가 아니라 카메라맨이 되어 이라크, 아프가니스탄 등 분쟁지역에서 활약했다. 자위대가 이라크 사마와 지역에 주둔할 때 일본에서 가장 권위 있는 뉴스인 TBS의 '지쿠시 데쓰야筑紫哲也 뉴스 23'에서 흘러나온 자위대 영상의 절반은 미야자키가 촬영한 것이었다. 그가 잠깐 귀국했을 때 "같이 소말릴란드에 가자"고 제안하자 그는 "좋아요"라며 단번에 승낙했다. 특히 이번에는 본업인 영상이 아니라 스틸 사진에 도전하게 됐다.

분쟁지역에 익숙한 친구가 있어 든든했다. 언제 '토끼'가 탈을 벗고 공격해올지 몰랐기 때문이다. 우린 아프리카에 관한 책을 같이 써보자는 20년 전의 꿈을 반드시 실현해야 했다.

하지만 그런 쉰내 나는 남자의 로망에 빠져 있는 건 찰나에 불과했다. 아디스아바바에 도착해 호텔 방에 짐을 풀었을 때 미야자키의 카메라가 고장나 충전되지 않는다는 걸 확인했고, 우린 그 상태로 현지로 출발해야 했다. 20년 동안 간직한 우리 꿈은 아프리카에 도착한 첫날 산산이 깨지고 말았다. 미야자키는 여분의 카메라로 '리코 GR(조그만 카메라)'을 갖고 있었지만 줌 기능도 안 되는 것이었다. 그래서 그는 야생동물을 볼 때마다 반사적으로 한숨을 내쉬었다.

그래도 여행은 계속되어야 했다. 우리는 나카노에게서 소개받은 현지 여행사에서 자동차를 빌려 소말릴란드 대사관을 찾아다녔다.

에티오피아인과 소말리아인은 역사적으로 숙명의 라이벌이다. 한국과 일본의 관계라고 보면 된다. 그런데 보통의 에티오피아인들도 소말리아와 소말릴란드 사람들을 구별해내기 어려워하는 것 같았다.

다행히 소말리아 대사관 경비가 "아주 가까운 곳에 소말릴란드 대사관이 있다"고 알려줘 별 탈 없이 도착할 수 있었다. 그곳은 정식 대사관이 아니라 '연락사무소'라고 쓰여 있었지만 사무실 안은 일반적인 아프리카 대사관 풍경이었다.

"관광비자를 받고 싶어요."

보통 비자 신청을 하면 '왜 방문하는지' '혹시 취재 목적은 아닌지' 등을 물어보는 게 정석이다. 하지만 그곳 여직원은 아무것도 묻지 않았다. 우리는 한 명당 20달러를 내자마자 바로 비자를 취득할 수 있었다.

이튿날 아침 일찍 우리는 장거리 버스를 타고 꼬박 하루가 걸려 세계문화유산에 등재돼 있는 고도古都 하랄에 도착했다. 그곳에서 나는 설사와 복통으로 이틀 동안 거의 기절해 있었다. 또 거대한 메뚜기 무리가 습격해 마을 전체가 메뚜기 천지로 변하는 신기한 광경도 목격했다.

이 마을에서는 나카노가 소개해준 통역 겸 가이드 리샹에게 신세를 졌다. 리샹은 상상 이상으로 소말릴란드를 경계했다. 여행 경비를 아끼기 위해 우리는 일반 버스를 타고 국경 부근 마을에 도착한 뒤 소말릴란드에 들어갈 계획이었다. 그런데 리샹이 맹렬히 반대했다.

"소말릴란드 사람은 미개하고 폭력적이며 제멋대로이고 거짓말쟁이야. 너희 둘만으로는 무슨 일이 벌어질지 몰라. 그래도 좋아?"

귀를 의심하지 않을 수 없었다. 미개하고, 폭력적이며, 제멋대로이고, 거짓말쟁이라니……. 이것은 무법지대인 소말리아의 이미지가 아닌가.

리샹의 말에는 설득력이 있었다. 그의 충고에 따라 험한 도로에 강한 도요타 랜드크루저를 빌려 타고 국경 마을을 통과해 소말릴란드에 들어가기로 했다. 그런데 상태가 괜찮은 랜드크루저를 구하는 데 실패했다. 리샹은 한숨을 깊이 내쉬면서 자신의 도요타 코롤라를 내주었다.

자동차 고장과 소말릴란드인의 폭력성을 걱정하는 리샹, 카메라가 고장나 실의에 빠진 미야자키, 복통과 설사를 겨우 멈춘 나, 이렇게 세 사람은 라퓨타를 향해 떠났다.

바짝 마른 땅에 작은 돌이 무수히 깔려 있는 도로는 차도라기보다 차를 망가뜨리기 위해 있는 듯했다. 우리가 탄 차는 처음 두 시간 동안 두 번이나 펑크가 나 타이어를 교체해야 했다. 그 후에는 면도칼 위를 달리듯 위태롭게 전진할 수밖에 없었다.

네 시간을 달려 10시께에는 국경 마을인 와차레에 도착했다. 요 며칠 비가 왔는지 비포장도로는 질퍽거렸고 여기저기 생긴 물웅덩이가 열대의 햇볕을 받아 유리 파편처럼 빛나고 있었다.

트럭의 굉음과 사람들의 울부짖는 소리가 뒤엉킨 혼돈의 소용돌이 속에서 우리는 리샹 뒤에 붙어 소란스러움과 질퍽거림을 통과하며 겨우 에티오피아를 빠져나왔다. 그리고 소말릴란드 입국 심사 사무소에서 입국 도장을 받았다. 제복을 입지 않은 사무소 관리는 무척 거만했지만, 그건 아프리카 입국의 표준이었다.

리샹은 마크II 라이트밴(좌석 뒤에 짐을 싣도록 된 소형 승용차)을 한 대 발견하고는 "100달러에 하르게이사(소말릴란드의 수도)까지 다른 사람은 태우지 않는다는 조건이래. 이거면 괜찮을 거야"라고 소리치고는 그대로 군중 속으로 사라졌다.

그런데 우리가 차에 타자마자 운전수와 조수는 다른 손님을 계속 태워댔다. 전혀 괜찮지 못했다.

"이봐 얘기가 다르잖아."

우리는 몇 번이고 항의를 했지만 들은 척도 하지 않았다. 심지어 사람들이 짐칸까지 꽉 찼는데도 열 명쯤 되는 남자가 차 안으로 끼어들어왔다.

"에이 진짜! 장난 쳐?"

우리는 무서운 얼굴을 하며 소리쳤다.

개중에는 창문으로 손을 쑥 집어넣어 운전수의 턱을 세게 잡아당기는 젊은 녀석도 있었다. 하지만 운전수는 성가시다는 듯 손을 떼어낼 뿐 이야기를 들으려 하지 않았다. 그런 상황에서 우리의 항의 따윈 안중에도 없었다.

"상하이 사람들도 놀라 자빠지겠다."

중국의 무질서함에 익숙해져 있던 미야자키는 이렇게 투덜거렸다.

리샹이 말한 대로였다. 운전수는 앞 유리창에 달라붙거나 창문을 두드리는 무리를 떼어놓으려는 듯 액셀을 세게 밟으며 출발했다. 무슨 이유에선지 차 안에서는 일본의 엔카, 한국의 트로트와 비슷한 음악이 흘러나왔다. 왠지 모를 불안감이 엄습해왔다. 도로는 의외로 에티오피아보다 양호했다. 도로 대부분이 포장돼 있었다. 큰 마을은 없었지만 가끔 지붕에 돌을 얹은 집들이 듬성듬성 모여 있는 군락과 맞닥뜨렸다. 도로변에는 녹색 페인트로 덧칠된 작은 가게들이 여기저기 보였다. 타이완식 포장마차(빈로)의 원시 버전 같았지만 사실은 각성 식물 카트를 파는 좌판이었다. 예멘이 원산지인 카트는 현재 하랄을 중심으로 에티오피아에서 유행하고 있지만 이처럼 좌판이 어디든 있는 건 아니었다.

"소말릴란드 사람들은 모두 카트 중독으로 머리가 이상해졌다"는 리샹의 말이 떠올랐다.

군데군데 설치돼 있는 검문소가 나타날 때마다 자동차는 멈췄고, 험상궂은 군인이 여권을 요구했다. 개중에는 돈을 달라며 사인을 보내는 이도 있었지만 내가 모른 척하고 한 번 더 여권을 제시하자 피곤하다는 듯 한숨을 내쉬며 더는 말을 하지 않았다.

2시간가량을 달리자 함석지붕을 한 새로운 마을이 나타났다. 저 멀리 낮고 완만한 산등성이에 한적하고 살기 좋아 보이는 마을이 나타났다. 소말릴란드의 수도 하르게이사였다.

시장에 나뒹구는
돈다발

하르게이사는 소말릴란드 서남부에 위치해 있다. 구舊소말리아(1991년에 붕괴한 과거 소말리아공화국을 이렇게 부르기로 하자) 시대에는 수도 모가디슈 다음으로 큰 도시였다. 소말릴란드의 독립을 인정하지 않는 사람들 입장에서는 아직도 그렇다.

소말릴란드의 총인구는 350만 명. 이는 정부가 공식적으로 발표한 숫자다. 그리고 하르게이사 인구는 65만 명에 달한다. 내 고향인 도쿄도 하치오지八王子 정도의 규모다.

기후는 연중 내내 매우 건조하지만 굳이 구분하자면 사계절이 있다. 북반구에 속해 있어 온도 변화가 일본과 비슷하다. 12월부터 2월이 서늘하고 비가 오지 않는 '겨울', 3월부터 5월까지가 비가 조금 오는 '봄', 6월부터 8월까지는 집중 호우가 내리며 기온이 높아지는 '여름', 9월부터 11월까지는 비가 오지 않고 기온은 1년 평균을 보이는 가을이다. 남반부인 소말리아는 적도 남쪽에 위치해 있어 소말릴란드의 기후와 사뭇 다르다.

우리가 갔을 때는 6월 중순, 기온이 갈수록 올라갈 때였다. 해발 700미터 고지에 있는 하르게이사의 기온은 하루 중 30도를 넘을 때도 있지만 아침과 밤에는 서늘했다. 기온이 낮아 한낮에도 실내에서 지내기 좋았고 에어컨은 물론 선풍기도 필요 없을 듯싶었다.

인구와 기후만 놓고 보면 늦봄 또는 초여름의 하치오지. 적당한 크기에 쾌적한 날씨를 보이는 이상적인 곳이었다. 하지만 사람들은 눈에 잘 띄지도 않는 하치오지 시민과는 전혀 달랐다.

우리는 입국 때부터 소말릴란드인들의 무질서함을 경험했으나 리샹이 말해주지 않은 이들만의 특징이 하나 더 있었다. 무엇이든 '초고속'이라는 것이다.

아프리카 흑인들은 동남아시아나 중동 사람들처럼 느릿느릿하고 시간관념도 없지만 소말릴란드인은 전혀 달랐다. 우리가 처음 숙박한 곳은 지바의 사마타 교수가 알려준 1박에 50달러 하는 만수르 호텔이었다. 다른 나라 호텔과 비교해 접객 서비스, 청결, 시설 등 어느 것을 봐도 중상급 이상이었다. 그것만으로도 놀라운데 종업원의 응대가 굉장히 민첩했다. 프런트에 부탁하자마자 무선 인터넷에 접속할 수 있게 해주었고, 레스토랑 웨이터도 부르자마자 "예" 하며 달려왔다. 일본 바깥의 나라에서 식당 안을 달리는 웨이터는 본 적이 없었다.

일처리가 빠른 것은 호텔만이 아니었다.

프런트에서 택시를 불러 타고 전화 회사 창구에 가 휴대전화 유심카드와 '프리페이드'를 산 적이 있는데, 그곳 직원 역시 재빨랐다. 우리가 잔돈을 찾으며 우물쭈물하자 더 기다리기 어렵다는 듯 다른 고객 쪽으로 가버리고 말았다. 세계 표준의 2배속쯤 되었다.

압권은 이 사람이었다. 지바의 사마타 교수는 "소말릴란드에 가면 가장 먼저 대변인을 만나라"고 했다. 그는 사이드 대통령의 대변인이 었다. 그렇다고 사마타 교수가 먼저 메일이나 전화로 우리의 도착을 알려준 것도 아니었다. "가보면 어떻게든 되겠지"라고 생각했다. 일본 으로 치면 내각 관방장관급 되는 요직의 인물을 어떻게 만나야 하나. 그렇다고 머리를 싸매고 고민하고 싶진 않았다. 밑져야 본전이란 생각 으로 호텔 프런트에 문의했더니 마치 세탁소 주인이 세탁물을 찾아주 듯 사이드의 휴대전화 번호를 알려주었다. 왜, 어떻게 호텔 프런트 직 원이 대변인의 번호를 알고 있는 것일까.

어찌됐건 전화번호를 알아내는 데는 성공했지만 정말 그 사람이 만 나줄 것인지는 전혀 다른 문제였다.

그런데 전화를 걸어 내 소개를 하자 끝까지 듣지도 않고 "오케이. 지금 바로 가겠다"고 말하고는 바로 전화를 끊었다. 10분 후에는 호텔 에 모습을 드러냈다. 사전 약속도 잡지 않았는데 10분 만에 정부 요인 을 만나다니……. 정말 놀라 자빠질 일이었다.

사이드는 70세가 넘은 관록의 노신사였다. 구소말리아 시절에는 방송 뉴스 캐스터로 활약했다고 한다. 우리의 희망 사항 몇 가지를 이야기하자 그는 "차와 통역을 준비해주겠다"고 말하고는 바람처럼 사라졌다.

그날 저녁 우리는 사이드를 다시 만났다. 그는 종이에 우리 일정을 적었다.

"하르게이사에서 이틀, 그런 다음 베르베라에서 해적 취재를 하고, 일단 돌아와 하루 쉬면 되겠지? 다음번에는 경호원을 붙여 동부 산악지대를 가고……"

어느 순간 우리 여행 스케줄이 결정돼 있었다. 왠지 뛰어난 비서에게 일정을 보고받는 정치인 같다는 기분이 들었다. 실제로 사이드는 이런 식으로 대통령의 일정을 짜고 있는지도 모를 일이었다. 나는 되도록 자력으로 여행할 계획이었지만 폭풍 같은 이 할아버지의 위엄에 주눅이 들 수밖에 없었다. 결국 우리는 사이드가 정해준 대로 갔다.

이튿날부터 통역 와이얍과 함께 하르게이사 시내를 여기저기 걸어다녔다. 와이얍은 190센티미터의 키에 다리도 길었다. 그가 작은 머리를 흔들며 가볍고 빠르게 걷는 모습은 마치 낙타 같았다. 1957년 하르게이사에서 태어난 그는 현재 소말릴란드 정부 정보부에 소속돼 있지만, 최근까지 프리랜서 기자로 활약한 베테랑 정보통이었다.

그는 시원시원한 성격으로 우리가 던지는 질문에 대해 자기 나라의 유불리를 따지지 않고 바로바로 대답해줬다.

하르게이사는 동서로 기다란 대로가 있어 그 주변에 마을이 넓게 형성돼 있다. 이곳은 하나밖에 없는 번화가이지만 너무 길어 이름이 없었다. 단 마을의 중심부를 웨드나하라 부른다고 와이얍은 설명했다. 그 전에는 포장돼 있었던 모양인데, 지금은 흔적도 없이 사라지고 울퉁불퉁한 1차로 위를 꽤 많은 차가 흙먼지를 날리며 달리고 있었다.

놀랍게도 자동차 대부분이 일본의 중고차였다. 기요타케 온천清武温泉, 히로사키弘前 세리머니홀, 하쿠아이 유치원 등 일본어를 그대로 붙인 차도 많았다. 일본인은 아무도 소말릴란드를 모르지만 소말릴란드 수도에 사는 사람들은 모두 매일 일본어를 보면서 생활하고 있었던 것이다. 와이얍은 "일본 차는 튼튼해서 좋다. 두바이를 경유해서 수입된다"고 했다.

가장 먼저 들른 곳은 중앙시장의 환전가. 소말릴란드에서는 호텔이나 통신사, 렌터카 비용 등에 미 달러를 사용하지만 일상생활에서는 의외로 소말릴란드 실링을 사용하고 있었다.

내가 지금까지 취재한 미얀마의 모도키 같은 '자칭 국가'에서는 미얀마 화폐나 중국 인민폐를 사용했다. 정말 자신들이 만든 통화를 사용하는 '자칭 국가'는 처음이었다. 우리도 당연히 환전이 필요해서 갔지만 도착해서 본 광경에는 기가 질리고 말았다. 돗자리 위에 고무줄로 묶은 돈다발이 마치 햇볕에 말린 흙벽돌처럼 아무렇지 않게 쌓여 있었다. 수레로 운반하는 남자도 있었다. 그것도 돈다발을!

와이얍에게 "이 돈을 소말릴란드에서 찍느냐"고 묻자 그는 "우리 나라엔 돈을 찍어낼 기술이 없어"라며 웃었다. 그는 "런던에서 찍어 공수해온다"고 했다. 지폐를 만들 기술이 없을 뿐 아니라 단위가 높은 지폐를 만들 돈도 없는 것 같았다. 따라서 인플레이션으로 화폐 가치가 떨어져도 고액권을 만들 수 없으니 15년 이상 된 지폐를 많이 찍어낼 수밖에 없다는 것이다.

2009년 당시 1달러에 7000실링이었으나 지폐는 500실링짜리밖에 없었다. 즉 14장으로 겨우 1달러를 바꿀 수 있다. 어쨌든 우리는 50달러를 교환했는데, 한 손으로 못 쥐자 환전상은 검은 비닐봉지에 돈다발을 담아줬다. 이 환전가는 소말릴란드가 나름대로 '질서 있는' 독립국가임을 드러내는 상징물이다. 아무리 인플레가 심하다고 해도 독자

화폐를 갖기란 쉬운 일이 아니다. 초기 비용이 상당했을 테고 영국 정부와 이야기가 될 정도의 외교력도 요구된다. 지폐를 정기적으로 찍어 운송해 확실히 보관하는 일 또한 쉽지 않다. 무엇보다 주민들의 지지가 없으면 불가능하다. 군인과 경찰 등 국가 공무원의 급여는 실링으로 지급한다고 한다.

미 달러화 외에도 유로, 에티오피아의 비르, UAE의 디람도 환전 가능하다. 이렇게 외화가 넘쳐나고, 사람들이 북적거리는 시장 중앙에 환전가가 있는데도 총을 든 경호원이 없고 경계심 또한 찾아볼 수 없었다. 와이얍은 "(남부) 소말리아에서는 있을 수 없는 일"이라고 말했지만, 따져보면 세계 어디에서도 있을 수 없는 일이다.

우리는 돈다발을 배낭에 넣고 다시 걷기 시작했다. 시장은 끝없이 이어져 거리 전체가 시장인 듯 성황이었다. 푸른 하늘과 빛나는 태양 아래에서 '터무니없이' 밝은 활기가 넘쳐흘렀다. 이는 마치 세상 사람들에게 인정받고 있지 못하나 누구보다 더 건강하고 희망 가득한 젊은이를 보는 듯한 느낌이었다.

동물이 넘쳐나는
유목 도시

하르게이사는 내가 가본 아시아나 아프리카의 어느 마을과도 다른 분위기였다. 소말릴란드 주민은 거의 100퍼센트 소말리족(아랍인·흑인 및 기타 조상이 혼혈한 함계系의 민족으로 소말리아 및 그 인접 지역에 거주한다)이고, 소말리족은 거의 전부가 무슬림이다.

소말릴란드는 이집트나 터키 종교를 기반으로 하지 않는 '세속 국가'(국가가 공식적으로 종교 문제에 관하여 중립을 유지하는 국가)가 아니라 종교가 절대적 영향력을 갖는 '이슬람 국가'다. 국기에는 아랍어로 '알라 이외에 다른 신은 없다'고 쓰여 있다. 휴일은 이슬람의 성일聖日인 금요일이며 술 판매는 전면 금지된다. 고급 호텔에서도 팔지 못한다. 이 점은 파키스탄, 아프가니스탄, 이란보다 더 엄격하지만, 여느 이슬람 국가와는 달리 여성들은 비교적 많은 자유를 누린다.

시장에서는 여성들이 물건을 사고팔고, 한 정육점의 젊은 여성은 칼로 염소고기와 소고기를 힘껏 내리치고 있었다. 소위 '백정'은 전통적으로 남성의 일로, 이슬람권에서 가장 개방적이라는 터키에서도 볼 수 없는 광경이다. 그만큼 소말릴란드 여성들의 자유로움을 방증한다.

소말리족 여성들은 콧날이 오똑해 아프리카의 대표적인 미인으로 알려져 있다. 특히 몸에 걸친 의상이 멋지다. 머리에는 스카프와 베일을 이중으로 두르고 어깨 아래도 긴 천으로 몸을 감싼다. 기본 네 가지 종류의 천이 모두 화려한 원색이어서 마치 색조 경쟁을 하는 것 같다.

발밑으로 살짝 보이는 레이스 달린 속옷이 가장 비싸다고 한다. 마치 에도 시대 일본 여성의 모습이 연상될 정도로 화려하다. 팔꿈치 아래와 발목만 노출할 수 있는데, 많은 여성이 헤너(부처꽃과 관목에서 나는 불그스름한 빛을 띤 오렌지색 염료)로 꽃 모양을 그려넣고 있다.

남성은 옷깃이 있는 긴 셔츠와 바지에 샌들을 신고 있다. 이는 아프리카와 중동 남성들의 보편적인 스타일이다. 시장에서 파는 물건은 의류에서 식기, 사무용품까지 거의 90퍼센트가 중국 제품이다. 요즘 아시아나 아프리카 어디를 가도 비슷한 상황이다. 고기와 같은 신선 식품은 전부 현지 산이고 현지에서 모두 소화된다. 냉장고가 보급돼 있지 않아서다. 야채의 일부는 소말릴란드 서부 농업지대에서 들어오고 나머지는 에티오피아에서 수입한다고 한다. 또 쌀은 인도, 파스타(스파게티)는 이탈리아 등 세계 각지에서 들어온다.

한 가지 특이한 것은 과일이다. 신선한 망고, 바나나, 오렌지, 수박 등이 진열돼 있었다. 과일가게 꼬마 점원에게 어디에서 들여오느냐고 묻자 "모가디슈"라고 짧게 대답했다. 내전 중인 나라에서 과일을 수입한단 말인가. 무정부 상태인 소말리아라도 물류는 제 기능을 하고 있는 듯 보였다.

우리는 시장을 나와 큰 중앙 도로를 걸었다. 가게와 민가의 담벼락에는 그림이 그려져 있는 곳이 많았다. 빵이나 공구, 주스병 같은 상품은 물론 지폐 다발에도 그림이 그려져 있어 '역시 아프리카'라는 느낌이 들었다.

화폐에는 헷갈리지 않도록 실링($) 표시를 확실히 해두었다. 그런가 하면 로켓 모양의 문, 적색과 흑색이 배합된 추상화 같은 그림을 그려놓은 이발소 등 현대 예술의 최첨단을 보는 듯한 느낌도 들었다.

"이런 게 아프리카야."

중동 경험은 많으나 아프리카에는 처음 발을 디뎌보는 미야자키가 감동받은 듯 한마디 내뱉었다. 찻집에서 밀크티와 커피를 마시거나 수박을 우걱우걱 씹으면서 우리를 본 남자들은 "헬로" "니하오" "재키 찬(성룡)" "제트 리(이연걸)"라고 외치며 말을 걸었다. 우리를 중국인으로 여기는 듯했다.

이곳에서 거리를 걸어다니는 외국인은 거의 없다. 원조 관련 업무를 하는 서양인은 차로 이동한다. 우리가 굉장히 신기했던 모양이다. 한번은 승용차 한 대가 우리 옆에 급정거를 했다. 조수석에 타고 있던 젊은 여성은 "차이나!"라고 외치더니 급발진으로 흙먼지를 날리며 사라졌다. 그들 입장에서 보면 고릴라나 판다가 동물원에서 탈출해 도망가는 것 같은 느낌이었을 것이다.

그들은 하고 싶은 말이 있으면 그 순간에 내뱉어야 직성이 풀리는 그런 성격이었다. 이들의 저돌성은 자이르(현 콩고민주공화국)의 수도 칸샤사를 떠올리게 한다. 100미터 정도 걸었는데, 10명이 말을 걸어왔다. 그중에는 거지도 많았다. 남녀노소, 지체장애인 할 것 없이 모두 손을 내밀거나 소매를 잡아당기며 한 푼 달라고 구걸했다. 다행히 그곳 거지들도 '초고속'이어서 고개를 저으면 바로 가버린다. 세계에서 포기가 가장 빠른 거지였다.

하지만 그곳 거지들은 소말리인이 아니다. 와이얍은 "거지들 대부분은 에티오피아인이다. 소말리인들은 구걸 같은 건 하지 않는다. 그 정도로 빈곤에 허덕이는 사람은 많지 않을 뿐 아니라 설령 있다 하더라도 구걸하지 않고 차라리 남의 것을 훔치고 만다"고 했다. 구걸하느니 차라리 훔친다는 말은 소말리인들의 자존심과 기상을 강조한 것이다.

구걸도 초고속인 이유는 뭘까. 에티오피아는 빈부 격차가 심해 '구걸대국'으로 불린다. 에티오피아 거지들은 굉장히 집요해 줄 때까지 계속 따라다닌다. 우유부단한 성격의 에티오피아인들은 소말리인들과는 완전히 딴판이어서 이런 식으로 인정에 호소하는 방식이 잘 먹혔다.

하지만 에티오피아인들의 이런 구걸 작전은 초스피드의 소말리인 상대로는 통하지 않는다. 소말리인에게는 '주지 않으면 얼른 포기하고 다음 상대를 찾는 것'이 더 이익이다. 이런 식으로 동화되면서 비소말리인들도 소말리인의 행동을 따라하게 된 것이다. 이런 '소말리 현상'을 나는 아주 오랜 시간이 지난 후에야 알게 됐다.

하르게이사에서 가장 성가신 일 중 하나는 사진 촬영이었다. 미야자키는 20년간 간직해온 꿈을 포기할 수 없다는 듯 '리코 GR' 카메라로 연신 사진을 찍었고, 나도 작은 카메라로 열심히 셔터를 눌러댔다.

우리 주위에서는 항상 큰 소동이 벌어졌다. "나를 찍어줘" 하며 포즈를 취하는 사람이 있는가 하면 "찍지 마. 찍으려면 돈을 줘"라고 소리치며 화를 내는 사람도 있었다.

특히 성가신 건 사진에 찍히는 사람은 가만있는데, 아무 상관도 없는 주위 행인이 돈을 달라고 요구하거나 허가를 받았는지 확인하며 떠들어대는 일이었다.

한번은 문을 닫은 가게 앞을 배회하는 고양이를 찍으려 할 때였다. 가까이 있던 한 사람이 영어로 "돈을 내" 하며 버럭 화를 냈다.

"고양이에게 돈을 내라고?"

내가 약간 비아냥거리듯 묻자 그는 큰 소리로 "노!"라고 고함을 질렀다. 이런 일은 한두 번이 아니었다.

상대가 한 명이라면 그냥 한숨 한번 내뱉고 그 장소를 벗어나면 그만인데, 많은 사람이 모여 있는 곳에서는 험악한 분위기가 조성되기도 했다. 교외에 있는 라쿠다 시장에서는 살기를 품은 군중에 둘러싸인 적도 있다. 와이얍이 없었더라면 탈출이 불가능했을 것이다. 나와 마야자키만 있었더라면 무슨 일이 벌어졌을지 지금 생각해도 등골이 오싹하다.

이런 사람들이 바로 '북두의 권' 속 무시무시한 소말리인이었단 말인가. 파키스탄이나 아랍, 콩고 사람들도 거칠다고 생각한 적이 있지만 이 정도는 아니었다.

"사진을 찍어달라는 거나, 사진을 찍지 말라고 얘기하는 거나 우리가 처음 생각했던 대로야."

미야자키가 차 안에서 땀을 닦으며 말했다.

"그래 맞아."

나도 그의 말에 동의했다.

"어느 쪽이든 이들은 자기 의견을 강하게 주장하고 싶은 거야."

우리는 소말리인의 오만함과 난폭함이 극단적으로 표출되는 사고와 행동, 자유스러움에서 나온 것임을 서서히 알아가는 중이었다.

소말리인은 원래 유목민이다. 벼와 보리가 자라는 걸 참고 기다리는 농경민족과는 달리 사막지대에 거주하는 유목민은 목초와 물이 어디에 있는지 재빨리 판단해 가축을 이동시켜야 한다.

기본적으로 혼자이거나 한 가족이 움직이기 때문에 모든 것을 스스로 결정하지 않으면 그 누구도 지켜주지 않는다. 소말리인이 유목민인 증거는 우리의 둔한 관찰력에 의지할 필요도 없이 거리에 널려 있었다.

무엇보다 이색적인 것은 하르게이사 근방에 동물이 많다는 점이다. 어찌됐든 이곳은 한 나라의 수도로서 다른 건물보다 약간 큰 외무성과 국회, 대통령 관저가 있다. 그런 건물 앞에도 소떼가 드러누워 있고, 수도가 들어와 있지 않은 민가에 마차가 물을 실어 나르며 모스크의 첨탑에는 거대한 콘도르가 집을 지어놓고 있다. 가끔은 바분(원숭이류)이 큰 도로 위를 걸어다니고 있는 모습도 보인다.

뒷골목으로 들어가면 낙타가 서성거리고 있는 광경도 목격할 수 있다.

그리고 시장이든 주택가든 가릴 것 없이 염소가 있어 쓰레기통을 뒤지고 환각 식물인 카트의 찌꺼기를 갉아먹고 있다. 건조하고 흙먼지가 많아 염소들이 파먹고 남은 쓰레기들이 눈에 띄지는 않지만 그래도 이건 너무한다 싶었다.

"거리 한복판에 가축이 왜 이렇게 많은 거야?"

와이얍에서 묻자 그는 피식 웃으며 "그거야 상점이나 집에서 키우고 있기 때문이지"라고 답했다.

말하자면, 유목민의 생활 습관을 도시에 그대로 갖고 들어온 것이었다. 유목이니까 주위에 가축이 바글거리는 건 어쩌면 당연한 일이다. 나중에 여러 사람에게 물어봐도 대답은 한결같았다.

"우리는 얼마 전까지 유목민이었어. 우리 부모와 조부모는 관목과 초지가 있는 땅에서 살았어. 유목을 하면 사람을 못 만나니까 멀리서 사람 그림자라도 보면 누구든 상관없이 큰 소리로 '어이! 무슨 소식 없어?'라고 외치지. 이런 습관이 지금도 남아 있어."

"예전에는 가축 약탈은 물론, 물웅덩이 쟁탈전이 하루가 멀다 하고 벌어졌어."

유목민은 거칠게 생활하지 않으면 살아남기 어렵고, 빠르지 않으면 살아갈 자격이 없다는 의미였다.

와이얍에 따르면 이곳은 1988년 남부 구소말리아 정부군의 폭격으로 폐허가 됐다. 그 후에도 독립을 선언한 1991~1993년, 1994~1996년 두 차례 내전 상태에 빠져, 민병대가 칼라시니코프와 기관총, 로켓포를 소지하고 격전을 벌였으며 '테크니컬'이라 불리는 픽업트럭이 고속 전차처럼 거리 한복판을 내달렸다고 한다. 다시 말해 남부 소말리와 마찬가지로 무장 세력이 패권을 다투는 '북두의 권'이었다.

이런 상황이 정리된 것은 씨족의 원로들이 모여 전쟁을 끝내기로 의견을 모은 뒤였다. 무장 세력은 무기를 반납했고 민병대는 정규군과 경찰로 편입돼 현재 한 국가 수도의 모습을 갖췄다고 한다.

성질 급한 사람들에 동물 천국인 이곳이 무엇보다 대단한 것은 총을 가진 사람을 볼 수 없다는 점이다. 민간인은 물론 치안을 담당한 군인이나 경찰관의 모습도 찾을 수 없었다. 보이는 것은 교통 정리하는 순경 정도일까.

내가 가본 아시아, 아프리카 국가들 중 이렇게 무방비 상태인 나라는 본 적이 없다. 애니메이션 「천공의 성 라퓨타」에는 사람이 살고 있지 않아 평화롭고 조용하지만 이곳엔 거칠기 이를 데 없는 유목민들이 있다. 특히 바로 옆에는 해적과 무장 세력이 넘쳐나고 말이다.

한밤에도 우리 같은 외국인이 아무렇지 않게 거리를 활보해도 괜찮았다. 휴대전화로 게임을 하면서 깔깔대는 아이도 많았다. 마치 일본의 신주쿠나 시부야의 거리에서처럼……

세상에서
가장 더운 마을

|

하르게이사를 떠나 30분 정도 지나자 키 작은 아카시아 관목이 듬성 듬성 자라는 땅이 펼쳐졌다. 바짝 말라 있었지만 낙타와 염소가 있었고, 이들 동물의 주인인 유목민이 긴 막대를 짚으며 걸어가는 모습도 가끔 보였다.

우리는 소말릴란드에서 두 번째로 큰 항구도시 베르베라를 향해 차를 몰았다. 베르베라는 아덴만과 접하고 있는 도시다. '아덴만' 하면 가장 먼저 떠오르는 것이 소말리아 해적이다.

와이얍은 "우리 나라에는 해적 따윈 없다"며 자신 있게 말했다. 하지만 우리 눈으로 직접 확인하기 전에는 믿을 수가 없었다.

베르베라까지는 쉬지 않고 달려 두 시간가량 걸렸다. 두 시간은 와이얍에게 많은 질문을 던질 수 있는 귀중한 시간이다. 와이얍은 소말리인 중에서도 성격이 급한 편으로, 항상 바쁘게 돌아다니거나 어딘가 전화를 거는 시간이 많아 그와 느긋하게 이야기를 나눌 기회가 없었던 터다.

우리는 그에게서 소말릴란드와 남부 소말리아의 실상에 대해 좀더 구체적인 정보를 들을 수 있었다.

그의 말에 따르면 구소말리아는 현재 '삼국지' 상태다.

현재 우리가 있는 민주주의 국가 소말릴란드. 이 나라는 최근 독립을 한 것이 아니라 '독립을 회복했다'. 소말릴란드는 영국의 식민지였지만 1960년에 이미 독립을 한 상태였다. 당시 미국과 이스라엘도 소말릴란드의 독립을 승인했다고 한다. 그런데 그 독립은 겨우 닷새 동안이었다. 독립된 지 닷새 후 소말릴란드는 남부의 이탈리아령인 소말리아와 합병돼 소말리아연방공화국이 탄생했다.

소말리인들은 전체 민족이 합쳐진 '대大소말리 국가'를 꿈꾸었다. 원래 소말리인은 아프리카 동북부에 사는 유목민이다. 지리적으로는 아라비아해를 향해 무소의 뿔처럼 툭 튀어나와 있는 지역으로, 사람들은 그곳을 '아프리카의 뿔'이라고 부른다. 다시 말하면 아프리카의 뿔이 곧 소말리인 거주지역인 것이다.

그런데 그들은 한 번도 통일 국가를 가져본 적이 없다. 19세기 식민지 시대에는 5개 지역으로 나뉘어 있었다. 영국령인 소말릴란드와 같은 영국령인 케냐 일부, 이탈리아령인 소말리아, 프랑스령인 소말릴란드(이후 지부티공화국으로 바뀜), 마지막으로 에티오피아의 일부 지역으로 분할 통치되었다.

'대소말리 국가'를 향한 첫걸음이 양국(영국령 소말릴란드+이탈리아령 소말리아)의 병합이었지만, 나머지 세 지역은 완전히 쪼개지고 말았다.

더욱이 양국이 합쳐진 후 남부에 위치한 모가디슈가 수도로 지정되면서 원래부터 기름진 땅이었던 남부 쪽으로 정치와 경제 등 모든 것이 집중되고 말았다. 또 남부 출신인 바레 대통령은 반대 목소리를 철저히 탄압했다.

1982년에는 소말릴란드에서 반정부 게릴라 활동이 시작되었지만, 남부 중심의 바레 정권은 무력으로 이들을 제압했다. 그리고 1988년에는 하르게이사를 무차별 폭격해 마을 전체를 폐허로 만들었고 수만 명이 넘는 주민이 학살되었다. 그때 겨우 살아남은 이들은 대부분 난민이 되어 에티오피아로 도망갔다.

1991년 바레 정권이 붕괴하자 '이제 더 이상 남부 놈들과는 같이 살 수 없다'고 생각한 소말릴란드 사람들은 '연방'을 깨기로 했다. 그러고는 1960년 단 닷새간의 독립 국가 소말릴란드공화국으로 되돌려놓았다. 국기도 그 당시 것을 그대로 사용하다가 1996년에 새로운 국기로 바꾸었다. 이것이 '독립의 회복'이란 말의 역사적 배경이다.

억지 주장으로 들릴지는 모르겠지만, 오래전부터 존재했다는 것 그 이상의 의미가 있다.

아프리카에서는 '식민지 시대에 그어놓은 국경선을 바꿔선 안 된다'는 국제사회의 암묵적 관례가 존재한다. 아프리카 제국의 집합체인 아프리카연합AU 헌장에도 명기돼 있다. 이 말은 곧 아프리카 국가는 모두 민족 문제를 안고 있다는 뜻이기도 하다.

어딘가 한 곳이라도 분리 독립을 인정해버리면 다른 국가, 다른 민족이 '우리도 독립하겠다'며 동시다발적으로 선언할 위험이 있기 때문이다. 이에 대해 와이얍은 확신에 찬 듯 말했다.

"하지만 소말릴란드는 AU 헌장을 위반하지 않았어. 소말릴란드와 남부 소말리아의 국경은 옛날 영국령과 이탈리아령의 국경이었기 때문이지."

이론적으로는 와이얍의 논리가 틀리지 않았다. 다만 국제사회가 이를 인정하지 않을 뿐이다.

남부 소말리아는 어떤 상황일까. '현실 속 북두의 권'으로 불릴 정도로 소말리아 전체가 무정부 상태인 것은 아니었다. 동북부는 '푼틀란드'라는 또 하나의 수수께끼 같은 나라가 점령하고 있다.

사실 푼틀란드는 소말릴란드 이상으로 불가사의한 나라다. 소말릴란드는 소말리아평화회의 같은 협의체에 전혀 참여하지 않지만 푼틀란드는 '우리는 어디까지나 소말리아연방 내의 정권'이라고 주장하며 평화회의에도 출석할 뿐 아니라 국제사회가 뒤를 밀어주고 있는 '소말리아 과도 정부'에서도 중요한 위치를 점하고 있다. 이뿐만이 아니다.

와이얍은 "소말리아 해적은 주로 푼틀란드 패거리들"이라고 말했다. 푼틀란드 정부와 직접 관련이 있는지 여부는 확실치 않으나, 실제 해적의 거점으로 알려진 항구 마을은 모두 푼틀란드 내에 있다고 한다.

푼틀란드 이외의 남부 소말리아는 무정부 상태가 계속되고 있지만 최근에는 이슬람 원리주의인 알샤바브가 세력을 넓혀가고 있다. 알샤바브는 알카에다를 군사적·경제적으로 지원하고 있을 뿐 아니라 자폭 테러 같은 과격한 행동도 서슴없이 저지르기 때문에 소규모 무장세력은 말할 것도 없고 과도 정부의 군대도 손을 쓸 수 없다고 한다.

와이얍은 "알샤바브도 해적 행위에 가담하고 있을지 모르지만 거기까지는 알지 못한다"고 했다.

요약하면 구소말리아는 크게 세 지역으로 나뉘어 있다.

첫째는 민주주의 국가인 소말릴란드, 둘째는 해적 국가(?) 푼틀란드, 셋째는 '현실 속 북두의 권' 남부 소말리아. 남부 소말리아는 이슬람 원리주의 세력과 과도 정부, 기타 무장 세력이 패권을 다투고 있는 지역이다. 우리는 왠지 모르게 '소말릴란드'라고 해서 좋은 것 일색인 건 아니지 않을까'라고 생각했다. 적어도 해적 문제만큼은 이제부터 취재하면 알 수 있을 거라고 확신했다.

하르게이사에서 두 시간 정도 달린 곳에 해안선을 따라 솟아 있는 골리스산맥이 눈에 들어왔다. 해발 약 600미터인 이 산은 마치 남아프리카공화국의 테이블 마운틴 같았다. 도로가 산맥의 끊어진 틈새에 이어져 있어서 그런지 높이가 점점 낮아졌다.

여기서부터가 엄청났다. 온도계를 꺼내 보니 섭씨 30도. 마치 1분 간격으로 빠르게 온도가 올라가는 듯했다. 항구 마을인 베르베라에 도착한 시간이 오전 10시 30분쯤이었는데, 벌써 온도는 39도에 육박했다. 게다가 습도까지 높아 숨이 턱턱 막힐 지경이었다.

그러고 보니 위키피디아에 '베르베라는 세계에서 가장 더운 마을'이라고 적혀 있었던 것이 떠올랐다. 베르베라는 소말릴란드 경제의 가장 중요한 부분을 담당하는 무역항이라고 들었는데, 무지막지한 더위를 빼면 그냥 '적막한 마을'이었다.

반쯤 허물어진 석실 가옥에 난민 캠프 같은 작은 집 사이로 먹이를 찾아 방황하는 낙타가 쓰레기 더미를 뒤지고 있었다. 사람의 흔적은 찾아볼 수 없어 마치 유령 마을 같았다.

"너무 더워서 사람들은 오전 10시가 넘으면 저녁까지 꼼짝도 하지 않아."

와이얍도 지친 듯 몽롱한 상태로 말했다.

우리가 도착한 곳은 최근 지어진 해변가 리조트 호텔이었다. 손님은 없었고, 에어컨은 밤에만 틀어준다고 했다. "이런 더위에······."

우리는 이미 땀으로 온몸이 젖어 있었다. 뇌세포가 땀과 함께 몸 밖으로 빠져나간 듯 사고도 정지됐다. 수영복으로 갈아입고 타들어가는 모래밭을 지나 바다로 풍덩 뛰어들었다.

바닷물은 마치 목욕탕 물처럼 미지근했지만 땀은 식힐 수 있었다. 좀더 깊은 곳으로 가면 물이 차가울까 싶어 첨벙첨벙 헤엄쳤다. 자유영, 접영, 평영, 나중에는 배영까지······. '무아지경'으로 빠져들었다.

우리가 지금 전 세계가 주목하고 있는 소말리아 바다 아덴만에서 수영을 하고 있다는 걸 안 것은 한참 시간이 지난 후였다.

혹시 저 멀리 바다에 '자위함'이라도 보이지나 않을까 생각했지만 배 한 척 얼씬하지 않았다. 모래사장에는 해적은커녕 그 지역 아이들이 소리를 지르며 뛰어놀고 있었다.

이튿날 아침 6시쯤 에어컨이 꺼져 밖으로 나오니 숨 막힐 듯한 열기가 밀려들었다. 벌써 섭씨 31도. 정신이 아찔해졌지만 취재에 나설 수밖에 없었다.

식당에 가자 독가스를 마신 것마냥 고양이 7~8마리가 테이블 밑에 널브러져 있었다. 이놈들은 사람이 들어와도 움직이려 하지 않았다. 우리는 땀을 비 오듯 흘리면서 죽을 후루룩 마시고는 항구로 향했다.

작고 아담한 항구에는 역시 독가스를 마신 사람마냥 어부들이 땅에 널브러져 있었다. 우리가 다가가도 놀라지 않았다. 고양이와 마찬가지로 사람도 너무 더우니까 밖에서 자고 있었던 것이다.

마침 작은 배 한 척이 입항했다. 어부는 그물이나 도구를 사용하지 않고 맨손으로 생선을 뭍으로 끌어올렸다. 생선 크기는 적어도 70센티미터는 돼 보였다. 주로 전갱이와 청어류였다. 그중에는 상어도 보였다. 수산조합장으로 불리는 사람은 우리에게 "이 상어는 쓸모없지만 어떤 상어는 지느러미만 잘라 두바이에 비싸게 팔린다"고 말해줬다.

배에서 고기를 모두 끌어올리자 우리는 어부들을 인터뷰했다. 우리가 외국인 저널리스트이고, 조합장도 옆에 있어서 어부들이 속내를 드러내지 않으면 어쩌나 걱정했지만 기우에 불과했다.

소말리인은 자기주장이 강하고 말하고 싶은 것은 무슨 일이 있어도 말하고 마는 성품이다. 우리는 그들에게 우선 어획량을 물었다. '고기가 잡히지 않으니까 해적이 되었다'는 얘기를 방송이나 신문에서 접했기 때문이다. 그런데 그들의 대답은 의외였다.

"고기는 잡힌다. 문제는 예멘 어선이다."

반대편 예멘에서 고기가 잡히지 않으니까 40척, 50척 선단을 구성해 소말릴란드 해역까지 치고 들어온다는 것이다.

고기가 잡힌다는 사실도, 예멘 배들이 문제라는 것도 우리는 처음 듣는 얘기였다.

"해적은 없나?"

핵심 질문을 던지자 어부들은 이구동성으로 "없다. 본 적도 들은 적도 없다"고 단언했다.

올해(2009년)부터 소말릴란드 정부가 해적 소탕을 강하게 밀어붙이면서 야간 항구 출입이 금지되었다. 그래서 어부들은 "어획량에 영향을 미친다"고 말했다.

낮에는 얼굴을 식별할 수가 있다. 얼굴을 알면 외지인의 출입을 금세 알 수 있다. 밤에는 전혀 구별이 안 되니까 누구든 활동해서는 안 된다는 취지인 듯싶었다.

"그 때문에 우리는 어두워지기 전에 항구를 떠나 아침 해가 뜨면 반드시 돌아올 수밖에 없게 됐다. 전에는 언제든 출입이 가능했는데, 장난치는 것도 아니고 말이야."

어부들은 정말 화가 나 있었다. 그들에겐 안된 일이지만 소말릴란드 정부가 제대로 해적 소탕 작전을 펼치고 있는 것은 사실인 듯했다. 물론 해적 문제가 생겨 좋은 점도 있었다. 해적이 무서워 예멘 어선들이 줄었다는 것이다. 어쨌든 화젯거리는 오직 '예멘'이었다.

"여기는 해적이 없어. 푼틀란드나 남부 소말리아에는 있을지 모르지만. 가본 적도 없는 데다, 여기서도 고기가 충분히 잡히는데 굳이 갈 필요가 없잖아?"

해적과는 인연이 안 닿는 모양이다.

어부들 취재가 끝날 즈음 날씨는 참을 수 없을 정도로 타들어가고 있었다. 물을 벌컥벌컥 마셨지만 그대로 땀이 되어 빠져나왔다. 구토와 현기증이 났다.

아무리 허약한 논픽션 작가라고 해도 아침 7시에 열사병으로 쓰러지는 건 말이 안 되지 않는가. 우리는 필사적으로 항만 안으로 들어갔다.

소말릴란드의 경제 요충지여서 그런지 항만 안쪽은 경비가 삼엄했다. 우리는 와이얍의 고교 동창이라는 베르베라주 부지사가 동행해줘서 안으로 겨우 들어갈 수 있었다.

항만 내부는 주변의 적막함이 거짓말인 양 활기가 넘쳤다. 거대한 선박이 몇 척 정박해 있었고 노동자들이 크레인으로 자동차, 가전제품, 밀가루, 야채 등을 내리고 있었다.

와이얍은 이 물건들이 대부분 에티오피아로 간다고 귀띔해줬다. 에티오피아는 10년 전 내전으로 인해 해안선 쪽 '에리토리아'가 분리 독립했다. 그래서 지금은 바다가 없는 나라다.

에티오피아 입장에서는 베르베라가 굉장히 중요한 무역 거점이다. 그래서 에티오피아 정부는 국제사회로부터 고립돼 있는 소말릴란드를 뒤에서 많이 지원하고 있다. 예컨대 정치인이나 관료들이 해외에 갈 때 에티오피아 여권을 사용하게끔 한다든지 에티오피아 은행에 소말릴란드 정부의 계좌를 트도록 허용해주고 있다. 이 때문에 에티오피아 기업과 상인들이 지불하는 관세가 소말릴란드의 최대 재원이다. 즉 이곳 베르베라항이 소말릴란드의 생명줄인 것이다.

배들은 주로 두바이에서 오는 것 같았다. 두바이는 이곳에서 배로 이틀 정도 걸리는 거리다. 자동차는 전부 일본의 중고품으로, 그중에는 업자가 휘갈겨 쓴 일본어도 보였다. '목적지: 에티오피아'라고 쓰여 있는 도요타 랜드크루저가 많았다. 두바이와 가까운 게 얼마나 중요한지 실감이 났다.

해적에 납치된 독일인과
형무소의 해적

항만 취재를 끝내자 와이얍이 갑자기 최근 해적에 납치된 독일인 부부가 있다는 말을 꺼냈다. 항만국 직원에게 들었다면서. 소말릴란드에는 해적이 없다고 하지 않았는가. 그런데 어떻게, 왜 납치된 사람이 있단 말인가. 우리는 '이상하다'고 생각하면서도 더위에 축 늘어져 있었다. 그 순간 바닷가에서 서양인과 중학생처럼 보이는 남녀 학생이 요트에서 무언가 작업을 하고 있는 광경이 눈에 들어왔다.

"아! 저 사람이다."

이럴 때는 저널리스트만큼 눈이 반짝반짝 빛나는 와이얍이 외쳤다.

우리는 "언론과는 아무 얘기도 하고 싶지 않다"는 독일인을 겨우 설득해 항만국 사무실에서 이야기를 들었다. 남편 유르겐 캔트너(62세). 독일인치고는 좀 작아 보였지만 손가락은 완전히 다른 생물처럼 컸다. 반면 부인인 사비네 놀츠(52세)는 작고 마른 체형으로 독일 지방

도시에서 테니스를 즐기는 주부 같은 분위기를 풍겼다. 이야기는 주로 남편 유르겐이 서툰 영어로 했다.

"난 요트로 세계일주를 하고 있어요."

그는 마치 해양 히피족 같았다.

1년 전인 2008년 6월 예멘 쪽 아덴만을 항해하다가 해적 9명이 탄 소형 보트의 공격을 받았다. 그대로 요트를 빼앗기고 소말릴란드 동부 새낙주 라스 콜라이에 도착, 거기서 바로 자동차에 실려 해발 2000미터 산악지역으로 끌려갔다고 했다. 바다 한가운데서 산 한가운데로 납치된 것이다.

그곳의 환경은 열악했다.

"작은 방도 없었어요. 그냥 나무 아래나 땅바닥에서 자거나 멍하니 앉아 있었죠. 낮에는 너무 덥고 밤에는 추워 죽을 것만 같았어요. 내 옆에는 항상 30여 명의 감시원이 붙어 있어 탈출은 생각도 못 했고요."

"산속으로 납치해갔으면서 그렇게 많은 사람이 감시한 이유는 뭔가요?"

와이얍이 대신 나서서 "다른 세력에게 빼앗기지 않기 위해서"라고 답했다.

해적이 유괴한 인질을 다른 무장 세력이 힘으로 빼앗는 경우가 종종 있다는 설명이었다.

유르겐은 "해적은 바다에서 유괴한 멤버와 산악지대에서 움직인 멤버를 모두 합쳐 100명은 족히 됐다"고 말했다. 유르겐은 "가장 힘든 점은 음식과 물이 없는 것"이라고 토로했다. 또 해적의 상층부는 유르겐과 감시원 몫의 식량을 일주일 간격으로 운반해줬지만 감시원들은 환각 식물인 카트를 사기 위해 식량의 절반을 팔아먹었다고 전했다.

"주 후반 사흘간은 항상 먹을 게 아무것도 없었습니다. 제 아내는 오염된 물 때문에 병에 걸렸지요."

석방 교섭은 오래 걸렸다. 해적 측은 200만 달러를 요구했지만, 독일 정부는 두 사람 몸값을 합쳐 6~7만 달러를 제시했다.

"우리 부부 목숨 값이 우리 나라 차인 벤츠보다 싸단 말인가."

유르겐은 한숨을 내쉬었다.

독일 정부는 30만 달러까지 양보했으나 해적들은 받아들이지 않았다. 결국 협상은 결렬되고 말았다. 당시 해적들은 아주 자세하게 협상 상황을 유르겐에게 설명해줬다고 한다.

협상이 무위로 돌아가자 이번에는 푼틀란드 정부가 나섰다.

"잠깐만요. 여기서 푼틀란드 정부가 왜 튀어나옵니까."

'지금 소말릴란드 해적 얘기를 하고 있지 않은가', 나는 몹시 혼란스러웠다.

"새낙주는 소말릴란드와 푼틀란드 국경지대야."

와이얍이 내게 그것도 모르냐는 듯 말했다.

유르겐을 유괴한 건 양국 국경에 거주하는 와르센게리로 불리는 씨족 해적이었다. 소말릴란드의 손은 거기까지 미치지 못했다. 이에 그치지 않고 푼틀란드와 소말릴란드 양국은 서로 와르센게리가 자기네 땅이라고 주장하며 가끔 전투를 벌인다고 했다.

참고로 이곳 라스 콜라이와 그 주변이 바로 수수께끼 국가 '마히르'다. 와르센게리족이 인터넷에 자기네 마음대로 이름을 붙인 나라다. 무력은 그리 강하지 않아 소말릴란드 정부군이 들어가면 숨었다가 퇴각하면 마을에 다시 나타난다고 한다. 소말릴란드 정부도 그곳까지 군을 상주시켜 통치할 정도의 여력은 없는 것으로 전해진다. 이렇게 마히르는 소위 '파트타임 국가'가 돼 있다.

와이얍은 "그런 국가는 아무것도 아니다"라고 일축했다. 그렇다면 가상의 국가란 말인가.

유르겐 얘기로 돌아가보자. 푼틀란드가 중재한 결과 독일 정부는 100만 달러를 지불하기로 약속하고 겨우 협상이 종결됐다. 당시 해적들은 "푼틀란드 정부가 절반을 떼먹었다"며 분노했다고 한다.

유르겐은 감금된 곳에서 가까운 마을로 옮겨졌다. 그곳은 푼틀란드 영내로, 정부군 제복을 입은 병사 20여 명이 그들의 신병을 인도받았다. 그 후 유르겐은 일단 요트가 있는 소말릴란드 라스 콜라이로 돌아왔다. 예멘 바다에서 납치된 지 52일 만이었다.

요트의 엔진, 통신기기 등 값나가는 것들은 전부 도둑맞았다. 유르겐은 "훔친 자들은 소말릴란드 해안경비대였다"며 분개했다.

"이곳 베르베라 중고 시장에서 요트 부품들이 팔리고 있는 게 그 증거예요."

당시 소말릴란드 정부는 유르겐의 신병을 확보하고 요트의 복구와 고향인 독일 쪽 연락에 협조해주고 있었다. 해적과 구별하기 어려운 푼틀란드와 견주면 소말릴란드는 정상국가였다. 그래서 와이얍이 항만국 지인을 통해 취재를 신청했을 때 거절하지 않았던 모양이다.

여기까지가 유르겐의 증언이다.

확실해지는 것이 몇 가지 있다.

첫째, 소말릴란드가 해적을 소탕하고 있다는 풍문은 사실이지만 푼틀란드 접경지역까지는 그 힘이 미치지 못하고 있다. 둘째, 소말릴란드 해안경비대도 혼돈 상태여서 가끔 악행을 저지른다. 그리고 가장 중요한 셋째, 푼틀란드 정부는 인질 사건을 중재하고 상당히 많은 돈을 벌었을 것이다.

"푼틀란드 초대 대통령인 압둘라히 유스프가 원래 해적이었으니까."

와이얍은 아무렇지 않은 듯 말했다.

요약하면 푼틀란드는 해적을 소탕할 의지가 없음은 물론, 인질의 조국과 협상 중재 비즈니스로 짭짤한 재미를 보고 있었다. (내가 귀국한 후에 푼틀란드 2대 대통령을 지낸 인물은 "푼틀란드 정부군이 직접 해적 행위에 관여하고 있다"고 증언했다.) 역시 '해적 국가 푼틀란드'의 대단한 활약상이었다. 유르겐이 왜 언론을 싫어했는지도 시간이 한참 지난 후에야 알 수 있었다.

유르겐은 지금까지 서양 언론의 취재를 몇 번 받을 때마다 "돈이 없어 여행을 계속할 수가 없다"며 도움을 요청했다. 모든 언론이 유르겐을 동정하며 '지원하겠다' '나중에 기부금을 보내겠다'고 말했지만 누구 하나 돈을 보내오지 않았고 연락도 없었다.

나쁜 해적들에 푼틀란드 정부는 악랄하며, 소말릴란드 해안경비대도 썩었고, 서양 언론은 그를 이용하려고만 하니 유르겐은 인간에 대한 불신으로 가득했다. 이런 이야기를 듣고 가만히 있을 수 없었다. 우리는 그에게 사례비로 200달러를 건넸다.

차츰 더위에 적응되고 매우 귀중한 취재에도 성공해 기운이 났다. 거기에다 '민완 기자' 와이얍이 굉장한 기삿거리 하나를 들고 왔다.

"다카노! 형무소에 복역 중인 해적을 취재할 수 있어."

"뭐, 진짜?"

우리는 여러 형무소를 돌다가 베르베라 형무소를 방문했다. 솔직히 말해 처음에는 그 안에 들어가는 것이 무서웠다. 바깥세상도 작렬하는 지옥인데, 그 지옥에 사는 인간들을 징벌하는 형무소라니……. 상상만 해도 겁이 났다.

형무소는 마을에서 조금 떨어진 곳에 있었다. 건물 앞에 군인이 기관총을 옆에 끼고 담배를 피우며 서 있었다. 사진을 좀 찍어도 되느냐고 물으니 단번에 '안 돼!'라고 했다. 개구멍 같은 정문인 입구만 촬영 가능하다고 했다.

잔뜩 긴장한 채 작은 사립문을 지나 안으로 들어가자 시설은 의외로 깔끔했다. 꽤 넓은 부지에 큰 나무가 몇 그루 있어 나무 그늘에서 죄수들이 식사를 하거나 편히 쉬고 있었다. 적어도 우리가 머물고 있는 리조트 호텔보다는 쾌적해 보였다.

밤이 되면 죄수들은 안으로 들어간다고 한다. 왠지 이런 곳을 본 적이 있다 싶었는데, 동물원과 똑같았다. 이 형무소는 예전에 서양 언론의 취재를 받은 적이 있으나 '죄수의 인권이 침해되고 있다'는 비판이 일면서 취재가 완전히 차단돼 있던 중 와이압이 힘을 써 특별 허가를 받았다. 단 사진 촬영은 금지됐다.

죄수는 총 110명. 소말릴란드는 언론의 자유가 헌법에 보장돼 있다. "대통령이 선거에서 이기면 나한테 도요타 랜드크루저를 사주겠다고 약속했는데, 전혀 지키지 않고 있다"는 대통령 친구의 호소를 아무렇지 않게 신문에 게재할 정도니 말이다.

수용돼 있는 이들 중 사상범이나 정치범은 없어 보였고 진짜 범죄

자만 있는 것 같았다.● 이 중에 해적질로 들어온 인원은 32명이라고
했다.

형무소장실에서 기다리고 있자 간수가 해적 한 명을 끌고 들어왔
다. 32세의 남성으로 이름은 솔리만이었다.

"나한테 뭐 궁금한 게 있나."

솔리만은 영어로 물었다.

"물론 해적과 관련된 것"이라고 대답하자 그는 무섭고 사나운 얼굴
로 퍼부어댔다.

"난 해적이 아냐!"

"뭐?"

"난 그냥 장사꾼이야. 이곳에 출장 와서 호텔에 묵고 있는데 갑자기
체포당했어. 나한테 총을 건네받았다고 주장하는 자가 한 명 있다는
것만으로."

"……"

"재판에 넘겨졌는데 재판관은 어제까지 군대에 있던 군인으로, 법
률이고 뭐고 아무것도 몰랐어. 그자가 징역 20년을 선고했지. 이게 말
이 되나."

"……"

"이게 아프리카의 현실이야. 인권도 정의도, 아무것도 없어."

나는 할 말을 잃어버렸다. 왜 32명이나 되는 해적 중에 자신의 무

● 2012년 7월 국제 인권단체인 엠네스티 인터내셔널은 아랍 수장국이 머물 때 소말릴란드 대
통령을 비판한 보콜 오스만 무함마드 무르마도라는 인물이 당국에 체포돼 징역 1년의 실형을
선고받았다고 고발했다. 정치 사상범이 전혀 없다고 말할 수는 없을 것 같다.

죄를 주장하는 자를 데려왔나? 그가 무죄를 주장하는데 형무소장도 와이압도 건성으로 흘려듣는 것이 이상했다. 그의 주장은 사실일까. 확인할 길은 없지만 징역 20년은 지나치다고 생각했다. 원래 그가 무슨 일을 했는지 난 몰랐다.

"당신! 내 얘기를 듣고 뭘 하려는 거야."

솔리만이 뚫어져라 쳐다보고 있는 걸 느끼며 나는 답했다.

"당신이 이야기한 것을 그대로 쓰려고 해."

솔리만은 내게 "감사하다"며 악수를 하고는 '동물원'으로 돌아갔다. 정신이 나갈 정도의 더위 속에서도 나는 그때 식은땀을 흘렸다. 내겐 솔리만에 대한 판단 근거가 없다. 그의 발언을 그대로 실을 수밖에 없다. 소말릴란드가 해적 소탕에 적극적으로 나서고 있는 것만큼은 확실하다. 하지만 공안 체제의 취약함을 부정하긴 어렵다. 아니면 '국제 사회로부터 무시당하는 약소국으로서 이 정도면 잘하고 있다'고 평가해야 하나. 나는 판단할 수 없었다. 역시 그의 말을 있는 그대로 적을 수밖에.

기적의 평화국가의 비밀

제2장

소말릴란드
관광 안내

베르베라에서 해적 취재를 끝낸 후 우리는 당일치기나 1박 여행을 반복했다. 가끔 하르게이사 시내 관광도 했다. 모든 동선은 대통령 대변인인 사드가 만든 그대로를 따랐다. 마치 오래된 초밥집에서 모든 메뉴를 주인장에게 맡길 때처럼 눈길을 사로잡는 볼거리가 튀어나왔다. 우리는 단기 여행을 하면서 현지의 생활상을 파악할 수 있었다.

소말릴란드 중심부는 일반 사람들이 충분히 관광여행을 할 수 있을 만큼 안전하다. 즐길 수 있는 장소도 있다. 소말릴란드 관광에 도움이 되는 것들을 적어본다.

먼저 숙박이다. 하르게이사 시내에는 더블 침대로 1박에 50달러 정도 하는 호텔이 몇 군데 있다. 무선 랜, 에어컨, 뜨거운 물이 나오는 욕실, 세탁기, 국제전화, 식사, 환전 등이 가능하다. 숙박 요금 지불은 미 달러로만 가능하다.• 종업원은 매우 활달하고 방도 쾌적하다.

단 시내 중심까지 거리가 좀 멀어 택시를 부르면 한 시간쯤 기다려야 한다. 게다가 편도 10달러를 요구한다.

결국 서양 원조 기관 관계자, 해외에 주재하는 소말릴란드인, 소말릴란드 이외의 '아프리카의 뿔'에서 온 소말리인 등 대부분 자동차를 이용하는 사람들이 이곳에 묵는다. 현지에 자기 사무실이 있든지 친척이 있어 자유롭게 자동차를 쓸 수 있는 사람들이다.

우리는 시내 중심가에 있는 숙소(지르디 호텔)로 옮겼다. 더블 침대에 1박 50달러. 무선 랜과 에어컨은 없지만 뜨거운 물이 나오고 TV, 선풍기가 구비돼 있었다.•• 방 안은 시원해서 에어컨이 필요치 않았다. 쾌적하고 종업원들의 서비스도 좋았다.

우리는 대개 오전 7시에 일어나 샤워를 하고 아침을 먹으러 갔다. 호텔 가까운 곳에 '나시바'로 불리는 소말릴란드에서 하나뿐인 카페가 있어 그곳을 이용했다.

어디든 비슷하지만 이곳 종업원들도 시원시원하게 일을 한다. 아프리카의 가게에서는 아직 치우지 않은 테이블이지만 가장 편해 보여서 앉으려고 하면 "다른 데로 옮기라"며 싫은 표정을 짓는 게 보통인데, 여기서는 웨이터가 날아오듯 다가와 재빠르게, 그렇지만 정중하게 테이블을 치운다.

나시바 카페에 처음으로 갔던 때를 잊을 수가 없다. 비닐 천으로 덮어놓은 둥근 테이블에 앉아 웨이터에게 음료로 어떤 게 있냐고 묻자 "카푸치노, 마키아토, 차가 있다"고 했다.

• 2012년 현재 소말릴란드에서 신용카드를 사용할 수 있는 곳은 아직 한 군데도 없다.—지은이
•• 2012년에는 무선 랜이 설치됐다. —지은이

'마키아토'라고? 들어본 적은 있는데.

"그게 뭐였지?"

미야자키에게 물었다.

"커피 종류일 거야."

"그 정도는 나도 알아. 그래서 그게 뭐냐고."

"몰라. 시켜봐."

촌놈 티내듯 대화를 끝내고 실제 주문을 해보니 카푸치노와 비슷한데 에스프레소 머신에서 나온 진한 밀크 커피였다. 우리는 세련된 맛에 깜짝 놀랐다.

그 후 아침 식사로 마키아토와 빵 그리고 사모사●를 주문했다. 햄버거는 에그 버거와 고기 버거 두 종류가 있어서 그중 하나를 주문하면 전자레인지로 데워서 내왔다. 가격은 마키아토 한 잔에 30엔, 햄버거는 70엔 정도다.

아침을 먹고 숙소로 돌아오면 와이얍이 운전수와 함께 대기하고 있다. 우리는 이들과 함께 점심을 먹었는데, 대개 고기나 생선, 파스타 중 하나였다. 도시든 시골이든 파스타가 많은 것은 남부 소말리아가 이탈리아의 식민지였기 때문이다. 마키아토와 카푸치노, 피자를 파는 가게도 많았다. 서민들이 주로 이용하는 식당이지만 맛은 훌륭했다.

식당 메뉴에 생선이 아무렇지 않게 있는 것은 이슬람권 국가에서는 특이한 일이다. 생선은 육고기에 비해 가격이 다소 비싸다. 이곳에서는 고기든 생선이든 굽거나 볶거나 튀기는 것밖에 없어 '소말리 요

● 인도 요리의 하나. 기름에 튀긴 만두 같은 것.

수수께끼의 독립국가 소말릴란드

리'라든지 '소말릴란드 명물'이라고 불릴 만한 요리는 찾아보기 어려웠다. 식당에서 주문할 때도 '양고기 줘요' 아니면 '생선 하나'라고만 한다.

요리의 질은 의외였다. 거친 유목민이어서 근육이 붙어 질기고 맛없는 고기를 먹을 것 같지만 그렇지 않다. 이곳의 서민 요리는 어디서 주문하든 깜짝 놀랄 정도로 맛있다. 게다가 이른바 '에스닉 스타일'이 아니라 일본식이다. 고기는 아주 부드럽고 소금간이나 기름의 양이 표준 일본인 식성에 딱 맞는다.

음식에 고추같이 매운 맛을 내는 재료를 사용하지 않는 건 아니지만 극히 소량이다. 대신 이곳 사람들은 라임을 짜서 음식에 끼얹어 먹는 걸 좋아한다.

생크림을 듬뿍 뿌린 프랑스 요리나 기름기 많은 중국 요리보다 이곳 음식이 입맛에 더 맞았다. 생소한 것은 먹는 방식이다. 소말리인들은 식당이나 레스토랑에서 손으로 음식을 먹는다. 단 외국인들에겐 아무 말 하지 않아도 포크와 나이프를 갖다준다.

보통 저녁은 점심과 같은 메뉴지만 와이얍과 헤어진 후여서 우리 둘만 먹는다. 하르게이사에서는 어디를 가도 종업원들이 영어를 구사해 별다른 불편함이 없다. 다만 맥주가 없어 우리 같은 주당들은 무척 힘들었다. 가끔 콜라를 먹으면서 술 생각을 했다.

저녁을 먹은 후 우리는 10분 정도 걸어 전쟁기념탑 앞에 있는 인터넷 카페에 갔다. 인터넷 속도는 그런대로 괜찮았다. 이곳에서 우리는 메일을 확인하거나 프로야구 경기 결과에 일희일비한다.

프로레슬링 선수 미사와 마쓰하루三澤光晴●가 경기 중 급사했다는 소식을 접한 것도 이곳 인터넷 카페에서였다.

요금은 한 시간에 3달러 정도. 하르게이사 물가 수준에 비해 상당히 비싼 편이지만 우리로선 아주 만족스런 가격이다. 휴대전화 요금도 무척 싸고 음질도 훌륭하다. 시원한 바람이 부는 호텔 베란다에서, 건너편 공터에서 풀을 뜯고 있는 낙타를 보며 "역시 아프리카 여행은 힘들어"라며 도쿄에 전화하는 기분을 느껴보지 않은 사람은 모른다.

이처럼 하르게이사는 관광 환경이 좋지만 가장 재미있는 건 카페나 식당에서 주변 사람들에게 아무 거리낌 없이 떠들어대는 것이다. 와이얍의 인맥이나 씨족은 물론이고 누구와도 대화를 할 수 있는 점은 우리로선 매우 소중하다.

무엇보다 이 나라의 최대 관광자원은 '미승인 국가'라는 점이다. 토박이 소말릴란드 사람도 있는가 하면 태어난 곳은 여기지만 국적은 미국이나 유럽인 사람도 꽤 있다.

'소말릴란드를 지지하느냐'고 물으면 이곳에서는 100퍼센트 '그렇다'고 대답한다. 어떤 이는 "모가디슈에 가본 적이 있는데, 총을 들고 서로 죽이려 드는 곳이었어. 그런 무서운 데는 다시는 가기 싫어"라며 마치 외국의 분쟁 지역 체험 같은 이야기를 한다.

또 어떤 사람은 "이곳은 소말릴란드이지 소말리아가 아니다. 그걸로

• 일본의 프로레슬러. 소속사는 프로레슬링 노아다. 1981년 전일본프로레슬링AJPW으로 데뷔해 1984년부터 1990년까지 제2대 타이거마스크를 지냈다. 전일본프로레슬링 설립자이자 사장이던 자이언트 바바가 1999년 사망한 후 그의 아내 모토코 바바가 사장이 되자 운영진과 선수 간에 분쟁이 발생했다. 미사와는 2000년에 전일본의 주요 선수를 데리고 나와 프로레슬링 노아를 설립했다. 2009년 6월 13일 경기 시작 후 25분 시점에 상대 선수인 사이토 아키토시의 백드롭에 당해 의식을 잃은 뒤 사망했다.

된 거 아닌가. 일본과 한국, 중국과 같은 거다"라고 말하기도 한다.

한 가지 후회스러운 것은 소말릴란드 독립에 대한 지지 여부를 물어본 사람들의 가문을 확인하지 못한 점이다. 즉 한 사람도 예외 없이 "소말릴란드의 독립은 당연한 것"이라고 고개를 끄덕인다는 것이다. 마치 일본에서 일본인에게 "일본의 독립을 지지하느냐"고 묻는 것처럼 조금 부끄러워졌다.

이런 중요한 물음이 마치 인사치레가 돼버려 기록조차 못 하고 말았다.

인상이 강하게 남아 있는 사람이 한 명 있다. 한의학 교수였다. 이 사람을 만난 건 여행 중 '자유 시간'이 주어진 때였다.

미야자키가 "차 안에서 '한의학'이라고 쓰인 건물을 봤다"고 해서 한번 찾아가봐야겠다고 생각했다. 중앙 도로를 따라 동부로 걸어가면서 "중국, 재키 찬"이라는 소리를 수없이 들으며 우왕좌왕하다가 겨우 그 건물을 찾을 수 있었다. 벽에는 침술, 한방이라고 쓰여 있었다. 안으로 들어가니 환자가 꽤 많았다.

그런데 의사는 중국인이 아니라 압둘 라프만이라는 이름의 소말리인이었다. 우리가 인사를 건네자 그는 자동차로 막 외출하려던 참이었던지 "차에 타!"라고 외쳤다. 우리는 순순히 따르는 수밖에 없었다.

압둘 라프만은 영화의 악역처럼 험상 궂은 얼굴이었지만 친절한 사람이었다. 그는 "중국이 아니라 서울에서 한의학을 공부"했다고 했다. 또 "여기는 한국인은 물론 중국인도 없다"고 설명하면서 마을에서 조금 떨어진 카페 레스토랑으로 향했다.

나무 그늘이 진 테이블에 앉아 커피를 주문하자 그는 한국에서의

생활이 얼마나 힘들었는지 말하기 시작했다. 그는 하르게이사 출신이
지만 교육은 모가디슈에서 받았다고 했다. 1977년부터 6년간 국비 장
학생으로 '코리아'에 갔는데, 그때 '코리아'는 독재 정권 치하였다고 설
명했다.

"너무 삼엄해서 숙소에서 한 발짝도 나갈 수 없었고, 일반인들과는
말할 수도 없었어. 영어를 할 줄 아는 사람은 한 명도 없었고 위에는
흰색, 아래는 푸른색의 인민복을 입고 모두 공포스러운 얼굴이었지."

'뭐라고?'

나와 미야자키는 서로 얼굴을 쳐다봤다. 한국은 그 당시 박정희 독
재 정권 시절이었지만 그 정도로 심했단 말인가. 게다가 인민복이라
니…….

"그곳은 서울이 아니라 평양 아닌가요?"

미야자키가 고개를 저으며 지적하자 그는 "그래 맞아. 평양"이라고
했다. 우리는 아연실색했다. 어떻게 6년이나 생활한 곳을 헷갈려한단
말인가. 그러나 이것으로 이야기의 앞뒤가 맞아떨어졌다.

"거긴 거대한 감옥이었어."

그는 거침없이 이야기를 이어갔다.

"도요타라고 쓰인 티셔츠를 입고 있으면 압수당하고, 평양이라고
쓰인 티셔츠를 건네받은 적도 있어. 어쨌든 북한은 일본과 한국, 미국
을 싫어해서 이들 세 나라를 지상에서 말살시키겠다는 생각만 하고
있었지."

그렇게 고생고생해서 그는 한의학을 배워 6년 후 소말리아로 돌아
왔다. 하지만…….

"난 다른 독재 국가에 돌아온 것일 뿐이었지. 소말리아는 북한만큼 심한 곳이었어."

소말리아로 돌아온 후 그는 공무원 생활을 하다가 1991년 정권이 붕괴하자 고향인 하르게이사로 왔다고 했다. 이는 와이얍을 필두로 당시 많은 소말릴란드 지식인이 걸어온 길인 듯했다. 그러고는 드디어 병원을 개업했다고 했다.

"소말릴란드는 좋은 곳이야."

그는 진지하게 말했다.

"모든 사람이 그렇게 말하더군요."

"당연하지. 길 가는 사람 누구한테 물어봐도 같은 답일 거야. 남쪽 무리(소말리아)는 테러리스트들이야. 아무렇지도 않게 총으로 사람을 죽이잖아. 모가디슈에서 물건을 살 때면 북쪽(소말릴란드) 인간인 걸 알아챈 순간 값을 두세 배 부르지."

지금도 그렇지만 예전에도 마찬가지였던 모양이다.

"공습으로 북쪽 사람들을 무자비하게 죽였어. 같은 언어, 같은 문화를 가진 민족인데도. 남쪽 인간들은 미친 거야. 코리아(북한)랑 같아. 코리아가 일본과 한국에 하고 싶었던 짓을 남쪽 놈들이 실제로 하고 있는 거야. 물론 여기서는 남쪽이 '북한'이지만 말이야."

남쪽 소말리아는 북한의 욕망을 실현 중이라고 그는 고발하고 있었다. 더욱이 그는 사악한 독재 정권인 데다 남쪽 사람들 전체가 사악하다고 몇 번이나 반복해서 말했다.

그는 우리를 자기 집으로 데려가 일곱 살 아들과 여덟 살 딸을 소개했다. 그의 아들은 우리를 보고 "아~아~" 무슨 말인지 모를 소리를 내며 떨고 있었다. 우리를 악마라고 생각한 듯했다.

물론 아이들은 사진을 찍기 시작하자 금세 친해져 내 손을 잡으며 달라붙었다. 딸은 다행히도 아빠를 닮지 않아 예뻤다. 아이는 카메라를 들이대자 요염한 표정을 지었다. 아직 여덟 살인데 말이다. 나는 잠시 넋을 잃고 그 아이를 쳐다보았다.

천 재 지 변 에
주 의 하 라

시외에는 어떤 '명소'가 있을까. 내가 소말릴란드 관광 개발 담당자라
면 앞으로 소개할 세 곳을 추천할 것이다.

먼저 하르게이사에서 한 시간 정도 북쪽으로 달리면 나오는 '라스
갈 동굴벽화'다. 동물들이 큰 동굴과 암실에 붉은색으로 그려져 있다.
사진으로만 본다면 세계유산으로 지정돼 있는 알제리의 '탓시리 나제
르' 또는 리비아의 '타드라트 아카쿠스' 동굴벽화에 필적한다.

오히려 라스 갈 벽화가 더 추상적이어서 피카소가 영향을 받았다
고 하는 아프리카 전통 미술만큼이나 가치가 있다. 단언컨대 나는 라
스 갈 벽화를 더 좋아한다. 소말리인들의 미적 감각은 여기서 유래한
게 아닌가 생각될 정도다.

유럽의 한 단체가 이곳에 대한 연구를 시작했다고 한다. 특히 소를
숭배하는 의식을 많이 그린 것이 특징이다. 흥미를 끈 것은 기린 그림

이 있다는 사실이다. 예전에는 이곳에 기린이 살았던 것이다.

다음으로는 '가안 리베(사자의 손)'로 불리는 절경이다. 이곳은 하르 게이사에서 4~6시간 걸렸다. 가는 도중 타이어가 몇 번이고 펑크 나서 수리하다가 시간을 다 허비했다.

이곳 역시 매우 건조해 관목이 삭막하게 자라고 있지만 가끔 인팔라와 사슴이 등을 잔뜩 구부린 채 걷고 있다. 동물은 그렇다 쳐도 이런 곳에 유목민이 거주하고 있다니 놀라웠다.

고대 무덤처럼 생긴 높이 2미터의 개미집 둔덕이 여기저기 쌓인 곳에 관목 더미가 있어서 유심히 살피니, 원형으로 에워싸인 동물의 보금자리처럼 보이는 공간이 있었다. 사람이 거주한 흔적이었다.

와이얍은 "올해는 비가 안 와 다른 곳으로 옮긴 것 같다"고 설명했다. 그러나 아무리 물이 있었다 해도 이런 곳에 일가족이 단독으로 산다는 것 자체가 이해되지 않았다.

작은 마을도 보였다. 집은 10여 채에 불과했지만 잡화점, 찻집, 파스타 가게, 자동차 수리점 등을 갖추고 있었다. 규모가 작아도 일단 유목민이 모이면 중간 거점으로서 충분한 기능을 하는 마을이었다. 마치 도쿄의 도심 같은 분위기다.

'가안 리베'는 절벽 이름이고, 이 지역 전체의 지명이기도 하다. 하르 게이사에서 이어진 반사막의 고원이 갑자기 뚝 끊겨 절벽이 되어 있다. 더욱이 이 절벽은 구불구불하게 수 킬로미터나 이어져 있다. 밑에서 보면 마치 사자의 앞발 같다고 해서 '사자의 손'이라 불리는 곳이다.

벼랑 끝에 서면 저 아래 까마득히 보이는 것은 모두 누런 황무지뿐 생물이라곤 찾아볼 수 없다. 마치 화성의 모습을 보는 듯한 착각이

든다. 하르게이사 여행객이라면 꼭 한번 들러야 할 곳이다.

마지막은 '세이프'라는 마을이다. 이곳은 영국 식민지 시대에 총독부가 있었던 역사적 가치 외에 딱히 볼 만한 건 없지만 그곳까지 가는 여정이 즐겁다. '가안 리베'와 같은 산맥으로 연결돼 있고 해발 500미터 이상 되는 급경사면을 힘겹게 올라간다. 이런 험한 경사에도 유목민의 텐트가 있다. 마치 등산객이 비박을 하는 것처럼 말이다. 게다가 낙타가 벼랑 끝에서 어슬렁거리고 있는 모습도 보인다. 산과 낙타의 기묘한 조합이다. 이곳 유목민의 텐트에서 하룻밤쯤 신세지고 싶은 마음이 들었다. 물론 강한 비바람이 분다면 어떻게 될까 걱정을 하면서 말이다.

이상이 우리가 작성한 소말릴란드 관광 시찰 보고다. 이외에도 너무 더워 갈 순 없었지만, 바다의 아름다운 산호초 군락이라든지 스킨스쿠버나 스노클링에 최적인 장소도 있다고 들었다.

물론 소말릴란드 여행에 좋은 점만 있는 건 아니다. 가장 큰 문제는 느긋하게 여행을 즐기다가 돌발 사태로 어려움을 겪을 수 있다는 점이다. 먼저 자동차 펑크는 몇 번이고 각오해야 한다.

나는 아시아나 아프리카 국가들의 국경 부근을 오래 여행해봤지만 이런 곳은 처음이다. 시외로 나가면 하루에 한 번은 펑크가 난다. 낮에는 아스팔트가 뜨겁게 달아올라 있어서 그렇고, 도로 포장 상태가 엉망인 데다 낡은 타이어를 몇 번이고 수리해서 계속 사용하는 것도 잦은 펑크의 원인이다.

가안 리베를 여행할 때였다. 우리는 갈 때 한 번, 올 때도 펑크로 고생했다. 사막 도로를 달릴 때였는데, 차가 기우뚱거리는 게 느낌이 이상했다. 차를 세워 타이어를 점검하려고 하자 '피~피~' 바람 빠지는 소리가 세게 들렸다. 가장 가까운 마을까지도 30분 이상 걸리는 곳에 서였다. 더 이상 스페어 타이어도 없었다. 누군가에게 전화로 도움을 청하려 하자 와이얍과 운전수는 뭔가 얘기를 하더니 급하게 차에 올라탔다.

"다카노, 얼른 타!"

와이얍이 소리쳤다.

우리가 허둥지둥 차에 올라타자 운전수는 급하게 가속 페달을 밟았다. 우리는 관목을 피해 심한 코너링을 하고 요철을 점프해가며 울퉁불퉁한 비포장도로를 내달렸다. 마치 놀이공원에 있는 바이킹을 타는 듯한 기분이었다.

우리는 필사적으로 달린 끝에 타이어 바람이 완전히 빠지기 전에 근처 마을에 겨우 도착할 수 있었다. 하지만 차 상태는 바로 전복되어도 이상할 게 없는 몰골이었다.

펑크가 난 지점에서 구조를 기다렸다 해도 장비나 식량도 없이 사막에서 하룻밤을 보내야 했을 테고, 차가 전복되었다면 작은 부상으로는 끝나지 않았을지 모르겠다.

세이프에 갔다 올 때는 더 심했다. 오후 4시경, 갑자기 비가 쏟아졌다.

와이얍은 "비가 온다"고 소리치며 기뻐했다. 올해는 가뭄이 심했다고 한다. 마을 아이들이 밖으로 뛰쳐나와 비를 맞으며 춤을 췄다. 하지만 비는 금세 그쳐버렸다.

그러자 이번에는 하얀 수증기가 피어오르더니 바람에 실려 자동차

수수께끼의 독립국가 소말릴란드

주위를 휘감았다. 작열하는 태양에 뜨겁게 달아올라 있는 돌에 물이 조금 뿌려진 것이다. 말 그대로 '뜨거운 돌에 물 붓기'[*]였다.

자동차는 하얀 연기에 휩싸여 서행했지만 시간이 갈수록 흰 연기가 누런색으로 변해갔다. 사막 폭풍이었다. 비로 인한 온도차로 새로운 기류가 생긴 걸까. 자욱한 흙먼지가 자동차 옆을 휘몰아쳤다. 힘없는 '물의 신'이 힘센 '불의 신'에게 맹반격을 당하는 것 같았다.

승부는 이제부터다.

베르베라를 통과해 1시간 정도 달린 곳에서 다시 비를 만났다. 이번에는 좀더 심하게 내렸다. 하늘에 구멍이 뚫린 듯 벼락을 동반한 비가 억수같이 쏟아졌다. 순식간에 시계 제로 상태가 되었다.

"차 세워!"

와이얍이 운전수 나세르에게 소리쳤다.

앞은 하나도 보이지 않았다. 아무래도 우리가 차를 세운 곳은 완만한 경사의 언덕인 듯했다. 갑자기 왼쪽에서 강한 바람이 불어닥쳤다. 자동차가 출렁거릴 정도였다. 와이얍은 안전벨트를 맸다. 마치 초대형 태풍이 부는 지역에 들어온 느낌이었다.

장정 6명이 타고 있으니 차가 전복되진 않았지만 인원이 조금만 적었어도 차는 옆으로 굴렀을 것이다.

엄청나게 흘러내리는 탁류는 바로 직전까지만 해도 반사막이던 땅을 삼켜버렸다.

"낙타랑 염소는 어떻게 되는 거지?"

• 일본 속담이다. 우리말로는 '언 발에 오줌 누기' 정도로 해석될 수 있다.

내가 나지막이 중얼거렸다.

"그러게 말이야. 새끼들과 함께 휩쓸려가버린 건 아닐까."

미야자키도 걱정스런 목소리로 응답했다.

유목민들의 텐트도 날아가버렸을 거라고 생각했다. 우리는 눈을 크게 뜨고 밖을 쳐다봤지만 비와 함께 어둠이 겹쳐 살아 있는 생물의 모습은 아무것도 보이지 않았다.

이런 폭풍우는 한순간이었다. 10분쯤 지나자 비가 약해지면서 앞이 조금씩 보였다. 우리는 한발 한발 전진했다. 하지만 움푹 파인 곳이 많은 비포장도로였다면 전혀 움직일 수 없었을 것이다. 다행히 포장이 잘돼 있는 곳이었다.

그런데 잠깐 마음을 놓은 건 '실수'였다. 엄청나게 쏟아져 내려오는 탁류에 도로가 끊기고 말았다. 이 길을 통과한 것은 여섯 번째. 원래 이곳은 강이 아니었다. 물 한 방울 없는 사막이었다. 그런데 물이 흘러내린 흔적이 있어 '이런 곳에 언제 물이 흐른단 말인지' 궁금해하던 참이었다. 바로 지금이 그때였다.

다리도 없고 완전히 통행 불가 상태에 빠졌다. 우리 일행 외에 다른 차 10대가량이 멈춰서 있었다. 날이 점점 어두워져 우리는 자동차에서 내려 조금씩 걸었다. 무섭고 황량한 기운이 온몸을 감쌌다.

강 한가운데에 짐을 가득 실은 트럭 한 대가 갇혀 있고, 운전석과 짐칸 위에서 남자 2명이 큰 소리로 살려달라고 외쳤지만 어느 누구도 구해줄 엄두를 내지 못했다. 수심은 어느 정도 될까. 물에 잠긴 트럭의 상태로 보아 상당히 깊은 듯했다.

성능 좋은 '랜드크루저'라 해도 빠져나오긴 어려울 듯싶었다. 강바닥이 울퉁불퉁해 수심은 일정하지 않았다. 어쩌면 좋을까. 베르베라로 되돌아가는 것도 생각해봤지만 그 길도 안전하다고 장담할 순 없었다. 그렇다고 물이 빠질 때까지 여기서 기다려야 하나. 더 많은 비와 탁류가 덮치면 어떻게 하나. 우리는 온갖 걱정에 휩싸였다.

게다가 기온이 갑자기 떨어져 추워지기 시작했다. 점심을 먹은 뒤로 아무것도 못 먹어 허기가 밀려왔다. 지난번 위험한 사막에서 하룻밤 지샐 뻔한 적이 있는데 이번에 또 부주의하게 침낭도 챙기지 않고 한 끼 해결할 식량도 갖고 오지 않았다. 한심하게도 '대통령을 만나면 선물해야겠다'고 생각해 출발할 때 간사이 공항에서 구입한 나라奈良 명물 '칡떡'이 내 가방에 들어 있었다. 이것이 우리 일행 6명의 비상식량이 되었다.

포장지를 뜯어 한 사람 앞에 두 개씩 나눴다. 우리 모두는 칠흑 같은 어둠 속에서 조용히 칡떡을 먹었다.

칡떡이 소말리인들 입에 맞는지 궁금했다.

"맛이 어때?"

"어, 맛있어."

와이얍이 건성으로 대답했다.

시간은 그렇게 흘러갔다. 하지만 상황은 나아지지 않았다.

"가까운 곳에 중국인이 경영하는 공장이 있다고 들었는데, 거기서 하룻밤 신세 좀 질까?"

와이얍이 이리저리 궁리를 하는 사이 갑자기 랜드크루저 한 대가 강 건너편에서 달려왔다. 이판사판인데, 건너보자는 심산인 듯싶었다. 우리는 마른침을 삼키며 그 광경을 지켜보고 있었다. 그 차는 다행히

강을 건넜다.

"성공이야!"

유목민의 무모함과 엉뚱함이 이긴 것이다. 다른 차들도 하나둘씩 강을 건너기 시작했다. 우리도 무사히 지옥 같은 그곳을 빠져나올 수 있었다.

그날의 경험은 창세기 이상의 스펙터클이었다. 불의 신인 대지에서 물의 신이 광기를 부린 날이었다. 아니, 어쩌면 이 둘 모두 소말리 땅의 신이었는지 모르겠다.

그로부터 1시간 30분 뒤 우리는 하르게이사로 돌아와 있었다. 아무 일도 없었던 듯 불이 켜져 있었고 사람들은 하얀 이를 드러내며 걸어다녔다. 밤 10시가 넘어 피곤에 지친 나와 미야자키는 모래주머니를 찬 듯 천근만근인 몸을 질질 끌며 식당으로 향했다. 어떻게든 음식물을 집어넣어야 제정신이 들 것 같았다. 의자에 털썩 앉자 웨이터가 오기도 전에 흰 터번을 쓴 청년이 말을 걸었다.

"이교도라면 지옥에 떨어질 테니 하루빨리 이슬람으로 개종하는 게 좋을 거야. 너희들 이름カンフーネーム이 뭐야?"

'제발 좀 그만해!'

이런 게 소말릴란드 관광의 단점이라는 것 또한 지적하지 않을 수 없다.

'듣보잡'
환각 식물 카트

|

소말릴란드의 수수께끼는 여전히 많다.

소말릴란드는 어떻게 내전을 종식시킬 수 있었을까. 왜 같은 소말리인인데 남부 소말리아는 불가능할까. 소말릴란드의 재정적 기반은 무엇일까. 소말릴란드는 정말 치안이 좋을 걸까. 좋다고 하면 그 이유는 무엇일까.

귀국한 뒤 많은 사람에게 이런 질문을 받았다. 누구라도 알고 싶은 지점이다. 나도 마찬가지였지만, 금방 알 수 있었던 건 아니다. 조금씩 소말릴란드 사람들 속으로 들어가서야 알게 된 사실이다.

이런 수수께끼를 풀 핵심 열쇠는 바로 '카트 연회'다.

소말릴란드에 들어가 얼마 되지 않았을 때의 일이다. 아는 소말릴란드 사람들의 순박함과 유능함에 놀랐다. 레스토랑에서도, 호텔, 상점에서도 점원들은 열심히 일하고 정확한 계산에 응대도 깜짝 놀랄 정도로 빨랐다. 이 나라 국민은 모두 비즈니스맨 같았다.

나는 이 나라가 머지않아 엄청나게 발전할 것이라고 생각했다. 하지만 2~3일 지나면서 그것이 착각이었음을 깨달았다.

소말릴란드 사람들은 오전에는 활발히 움직이다가 오후 1시부터 5시까지, 즉 오후의 절반은 아무것도 하지 않는다. 상점은 문을 닫고 마을에는 차도 인적도 끊겨 마치 한밤중 같다.

적어도 성인 남자의 절반은 자기 집이나 친구 집, 아니면 별도의 장소에서 '카트 파티'●를 즐긴다.

학명이 *Catha edulis*인 카트는 화살나뭇과 식물로 일본 명은 '아라비아차노키'다. 언뜻 보기에는 동백나무나 산다화山茶花와 닮은 상록수같이 잎이 반질반질한 조엽수照葉樹다.

본산지는 홍해를 사이에 둔 예멘으로 영국 식민지 시절 소말릴란드와 소말리아가 있는 '아프리카의 뿔'과 에티오피아에 퍼졌다고 한다. 예멘에서는 '카트', 소말리어로는 '차트' 또는 '카트', 케냐에서는 '미라'라고 불린다. 남부 소말리아에서도 케냐의 영향으로 미라 또는 미로라고 부르는 사람이 많다.

사실 나는 10여 년 전 예멘에서 매일 카트를 씹는 생활을 45일 이상 해본 적이 있다. 예멘에서 아주 중요한 이야기는 카트 연회에서 이뤄진다는 말이 있다. 정부 정책조차 관료들이 여는 비공식 카트 연회에서 결정된다고 한다. 일본의 '요정 정치' 같은 것일지도 모르겠다.

소말릴란드에 가는 도중 에티오피아 하랄에서 카트 시장과 카트 밭

● 모두 카트를 씹는 모임으로 저자는 이를 '카트 연회'로 해석했다.

을 구경한 적이 있다. 현지인들에 따르면 카트가 에티오피아 내에서 크게 유행해 사회 문제로 거론되고 있지만 수출이 엄청나게 잘돼 에티오피아의 대명사인 커피를 추월할 정도라고 한다. 그리고 에티오피아산 카트의 최대 수요자이자 고객이 바로 소말릴란드다.

하랄 쪽 가이드인 리샹은 "소말리인들은 모두 카트 중독이어서 정신이상자가 득실거린다"고 말했다. 그 당시 나는 에티오피아인의 편견일 거라 생각했다. 에티오피아와 '소말리'는 일본과 중국 또는 한국과 북한 같은 관계로, 인접해 있지만 기질이 완전히 다르다. 침략의 역사가 말해주듯 이들 나라 역시 숙명의 라이벌 관계여서 서로를 비하하는 일이 잦다.

그런데 하르게이사에 도착해보니 에티오피아인들이 말한 그대로다. 시장에서는 야채와 고기, 곡물보다 카트를 파는 곳이 더 많았다. 점심을 먹고 난 후, 정확히는 오후 1시에 사람들이 그곳에 몰려들었다. 이른 아침 하랄에서 딴 신선한 카트 잎은 트럭에 실려 그 시간쯤에 도착한다.

"상하이 꽃게 같은데?"

미야자키가 어처구니없어 했다. 상하이 꽃게도 같은 시간에 산지에서 도착한다. 신선도가 생명이니까 그 시간이면 상인들이 벌떼처럼 몰려든다. 호객행위를 하는 상인들의 고함소리와 고객들의 아우성. 어떤 이들은 군중 속으로 차를 몰고 들어오기도 해 그곳은 가히 아비규환이라 할 만했다. 발밑에서는 바닥을 가득 채운 카트 잎 부스러기를 염소가 게걸스럽게 핥아먹고 있었다.

하르게이사의 카트 시장은 도매시장이다. 거기서 수많은 소매점으로 팔려나간다. 녹색 칠 된 소매 구멍가게에는 번호와 소말리어가 쓰여 있는데, 상표와 수입업자의 이름이다. 유명한 업자의 상품은 이른바 '브랜드'가 되어 가치가 올라간다. 사람들은 호주머니 사정을 감안해 카트의 상표를 따지고 양을 결정해 집으로 가져간다.

반면 예멘에서는 물담배를 피우면서 카트를 씹는 카페가 있지만 소말릴란드에는 없다. 대신 거리에 유목민이 만든 것 같은 텐트가 여기저기 보인다. 카트를 판매하면서 고객이 원하면 안에서 씹을 수 있도록 하고 있다. 나는 이를 '카트 주점'이라고 부른다.

내가 처음으로 카트를 맛본 것은 호텔 뒤에 있는 카트 주점에서였다. 안에는 직업도 돈도 없어 보이는 남자들이 모여 있었다. 그들은 처음에는 내가 들어가는 걸 싫어하는 눈치였다. 마치 "여긴 외국인 구경거리가 아냐"라고 외치는 듯했다.

나는 예멘에서 이런 유의 패거리들과 함께 카트를 씹은 적이 있다. 갑자기 그 시절이 그리워졌다. 그래서 난 그들의 곱지 않은 시선에도 아랑곳 않고 1달러어치를 사서 안으로 들어갔다. 그들은 설마 내가 그곳에서 카트를 씹을 줄은 생각지도 못한 듯 놀라는 표정이었다.

1달러어치는 한 손으로 잡을 정도의 다발로 잎은 너덜너덜하고 딱딱하다. 가게 안은 어두침침해 소말리인들의 까만 얼굴을 구분해낼 수가 없었다. 우리는 적당히 그들 사이에 끼어 앉았다. 이곳은 '주점'이어서 카트뿐 아니라 콜라와 물, 차 등의 '안줏거리'가 나온다. 말하자면 술집과는 달리 메인(술)이 고체이고, 안주가 액체인 것이다.

카트 먹는 방법을 보니 예멘과 달랐다. 예멘 사람들은 카트 잎을 씹지 않고 볼 안쪽에 모은다. 한쪽 뺨에 골프공이 들어 있는 듯한 얼굴이 된다. 그러곤 엑기스만 빨아먹고 찌꺼기는 밖으로 내뱉는다. 하지만 여기서는 모두 잎을 우물우물 씹어 먹는다. 로마에서는 로마법을 따라야 하는 법. 나도 소말리식으로 잎을 질겅질겅 씹었다.

처음 보면 카트는 그냥 나뭇잎이다. 싱싱한 잎이나 부드러운 줄기 부분을 가지에서 떼어내 씹는다. 생잎이어서 맛은 좀 쓰다. 흙먼지도 묻어 있다. 위에서 소화 흡수가 되기 때문에 '효과'가 나타나는 데 30분에서 1시간 정도 걸린다.

예멘이나 아프리카에서 카트에 도전하는 많은 외국인은 도중에 포기하고 만다. 『칼라시니코프』의 저자 마쓰모토는 "카트는 좀 약하다. 술과 커피같이 자극이 강한 걸 마시며 생활하는 일본인에게는 아무것도 아니다"라고 썼다. 하지만 이것은 완전한 오해다. 카트는 소위 '효과'가 올 때까지 열심히 씹어 먹어야 한다. 주점 안에는 덥수룩한 수염에 우락부락한 남자들이 모여앉아 일사불란하게 카트를 씹고 있었다.

"이들이 바로 진정한 '초식남'이군."

희한한 광경을 처음 목격한 미야자키는 놀라움을 감추지 못했다. 물론 나도 열심히 씹었다. 주점 안 손님들은 우리를 보고 재미있어하면서 서툰 영어로 치근대기 시작했다. 한 사람에게 카트를 조금 떼어주자 다른 녀석들이 "나도, 나도" 하며 손을 내밀었다. 결국 5달러어치를 구입해 주위에 몰려 있는 무리에게 나눠주자 이번에는 멀리 떨어져 앉아 있던 '녀석들'이 접근해 "왜 나는 안 줘"라며 위협했다.

우리는 어두운 실내에서 몇 명의 남자에게 둘러싸였다. '이게 아닌데……' 긴장이 고조되는 순간 내 몸 속에서는 몽롱한 기분이 퍼져

갔다.

"바로 이거야!"

몸에서 뜨거운 기운이 돌고 붕 뜬 듯한 기분이 들었다. 소말리인은 이런 상태를 '메르칸'이라 불렀다.

예전에는 합법이었던 타이의 '야바'(암페타민)와 비슷한 효과가 나타났다. 하지만 카트에는 암페타민에는 없는 '사람에 대한 그리움'을 불러오는 효과가 있다.

왜 그런지 이유는 알 수 없지만 옆에 있는 사람에게 문득 생각난 것을 떠들어대고 싶어진다. '이런 걸 갑자기 물어보면 상대가 싫어하지 않을까' 하는 망설임은 봄날 눈 녹듯이 없어진다. 국적이나 민족의 입장 따위는 일시적으로 사라져버린 듯한 착각에 빠져든다.

"마 메르칸 사이?(메르칸에 도달했어?)"

"하, 완 메르카나야!(어, 메르칸이야!)"

술에 취했을 때와 비슷하지만 카트가 술과 다른 것은 의식이 또렷이 살아 있다는 점이다. 자동차 운전사가 졸음 방지나 집중력 유지를 위해 카트를 사용하는 것을 보면 알 수 있다. 그리고 기억을 잃어버리는 일도 없다.

청각을 잃어버린 사람을 만난 적이 있다. 난 손짓 발짓으로 그와 대화를 나눴다. 그는 모가디슈 출신으로 참전 경험이 있었다. 총성과 포성이 들리지 않아 지면에 얼굴을 대고 적의 접근을 알아내야 했다고 한다. 그의 몸에는 총탄의 흔적이 세 군데 있었고 지뢰를 밟아 오른발을 잃은 상태였다. 들을 수 없는 사람을 전장에 내보내는 나라가 이 세상에 또 있을까. 역시 남부 소말리아는 '북두의 권'이자 전국시대 한

가운데 있는 나라였다. 그는 이렇게 말했다.

"전쟁은 무섭지만 카트를 하면 괜찮아!"

카트를 씹으면 암페타민을 했을 때와 마찬가지로 공포심이 없어진 다. 집중력도 높아져 에티오피아에서는 수험생에게도 인기가 좋다고 한다.

나중에 들은 얘기지만 독재 정권 시절, 소말릴란드 반정부 게릴라 들은 찌는 듯한 사막에서 식량도 변변찮을 때 카트를 씹으며 정부군 전차와 비행기에 맞서 싸웠다고 한다. 해적들도 오후 4시에서 6시 사 이에 주로 카트를 했다고 독일인 유르겐은 전했다.

하지만 평화 시에는 다른 사람과의 교감을 높이는 효과가 있는 걸 까. 청각을 잃은 전직 병사는 사진 촬영을 요청하자 목발을 짚고 마치 칼라시니코프를 든 듯한 포즈를 취해주었다. 카트란 그런 것이었다.

세상은 밝고 표정은 활짝 피어 있으며, 말하고 싶은 것은 주저 없이 말하는 분위기, 불안이라곤 어디서도 찾을 수 없는 평온한 상태. 이런 기분이 계속된다면 얼마나 좋을까.

언뜻 정신을 차려보니 나는 '새로 사귄 친구'들에게 카트를 나눠주 고 있었다.

돌아가는 길에 미야자키에게 말을 걸었다.

"나, 소말리인들과 처음으로 마음을 터놓은 기분이야."

"그래? 내가 보기엔 그 치들 꼬임에 빠진 것 같은데."

그 후 우리는 '카트 주점'에 한 번 더 간 뒤 발길을 끊었다. 카트를 하고 마음이 태평양처럼 넓어져도, 미야자키의 말처럼 '이건 단지 카 트의 꼬임에 빠진 것일 뿐'이라는 느낌을 받았기 때문이다.

소말릴란드에 온 후 나는 카트를 매일같이 했다. 통역인 와이얍이 중증 카트 중독자여서 손만 뻗으면 얻을 수 있었다.

운전수도 "졸리지 않고 집중력도 생겨 장시간 운전하는 데 최고"라며 카트를 씹었다.

나는 와이얍에게 소말리어 표현을 묻기도 하고 소말릴란드의 수수께끼를 내달라고 조르기도 했다. 성질이 불같고 조급한 와이얍도 카트를 씹을 때는 아주 예의 바르게 대답을 해주었다.

조금씩 퍼즐 조각이 맞춰지면서 수수께끼 같은 이 나라의 실상이 눈에 들어오기 시작했다. 그러나 카트의 위력을 확실히 안 것은 '카트 연회' 때였다.

소말릴란드는
왜 치안이 좋은 걸까

카트 연회에 처음 참가한 것은 베르베라에서였다. 우리는 하르게이사 주변을 돌던 짧은 여행을 끝내고 소말릴란드 내에서도 '변경'으로 알려진 동부로의 여행을 시작했다.

소말릴란드에는 포장도로가 없다. 동부로 가는 길도 하나여서 별로 가고 싶지 않은 베르베라를 통과하지 않으면 안 됐다.

게다가 하르게이사를 떠난 지 한 시간도 채 되지 않아 자동차 쇼크 업소바(쇼바)가 망가졌다. 우리는 하는 수 없이 차 수리 때문에 오후 내내 찌는 듯한 베르베라에 머물러야 했다. 너무 더워 낮잠도 잘 수 없었다.

'이럴 땐 카트를 하는 수밖에 없어.'

지역 신문 기자인 와이얍의 친구를 방문하자 한 카페 처마 아래 통풍이 잘되는 곳에서 근처 사람들과 이미 카트를 씹고 있었다. 체온보다 훨씬 높은 기온인데도 바다를 건너온 바람을 맞으니 그런대로 시원함이 느껴졌다. 몸을 조금 움직이는 것만으로도 체력이 소모되기 때문에 우리는 최소한의 움직임만으로 카트 잎을 탐닉했다.

얼마 지나지 않아 가슴 깊은 곳에서 시원한 느낌이 들었다. 마치 꽉 끼는 고무 옷을 입은 듯한 압박감을 주던 더위도 조금씩 사라졌다. 예전에 남미 안데스산맥을 여행할 당시 고산병으로 힘들어하던 때가 생각났다. 현지 원주민이 즐기는 코카나무 잎을 사서 씹으니 고통이 점점 사그라들었다. 마치 의식이 육체적인 고통으로부터 벗어나는 느낌이었다. 카트 효과도 그때와 비슷했다.

더위가 가시자 '친밀감'이 솟구치면서 주위 사람들에게 "어느 씨족 소속이냐"며 묻기 시작했다. 사실은 내가 이런 질문을 한 것은 처음이었다.

일본을 떠나기 전부터 소말리인에게 '씨족'은 핵심적 가치란 사실을 알고 있었다. 소말릴란드는 예전에 씨족 단위로 내전을 벌였다. 물론 남부 소말리아는 지금도 마찬가지다.

'씨족'은 '부족'과는 다른 개념이다. 뉴스나 국제 정세 관련 책에서는 지금도 부족이라는 단어를 쓰고 있다. 부족은 영어 '트라이브tribe'를 번역한 것이지만 현재 학문적으로나 저널리즘상에서도 트라이브란 용어는 별로 사용하지 않는다.

왜냐하면 아시아나 아프리카같이 서구 제국에서 볼 때 '뒤처진 나라들'에서만 쓰이기 때문이다. 이른바 '차별 용어'라는 의식이 점차 강해지고 있는 것이다.

또 하나의 이유는 정의가 애매모호하기 때문이다. 최근에는 같은 언어와 문화를 공유하는 사람들을 '에스닉 그룹ethnic group', 즉 종족이라 부른다. 한국어로는 민족으로 번역해도 틀린 건 아니다.

같은 언어와 문화를 공유하는 민족 안에 더 확실한 그룹이 존재하는 경우가 있다. 문화인류학에서는 씨족clan으로 칭한다. 조상을 공유하거나 모시는 혈연집단이다.

하지만 일본 언론에서는 아직도 트라이브tribe의 오역인 부족을 계속 사용하면서 씨족과 민족 개념을 흐려놓는다. 여기서 오해와 혼란이 발생한다. 예를 들어 "아프리카 국가들은 부족사회여서 국가 통일이 어렵고 내전이 발생하기 쉽다. 소말리아 내전도 마찬가지다"라고 쓰인 책이나 기사를 자주 보게 된다. 이는 틀린 말이다. 아프리카 국가 대부분은 하나의 국가에 여러 민족이 모여 있다. 한 나라에 일본인, 중국인, 한국인이 있는 것과 같아서 분쟁이 발생하는 건 당연한 일인지 모른다.

반면 구소말리아는 아프리카에서는 보기 드물게 국민의 90퍼센트가량이 같은 소말리인이었다. 언어와 문화를 공유하는 민족이란 뜻이다. 인접국 케냐나 에티오피아계 소수민족이 약간 있었지만 비중이 매우 적었다.

소말리아 내전은 씨족 단위에서 벌어졌다. 이것이 여느 아프리카 국가들과 결정적으로 다른 부분이다. 굳이 비교하자면 리비아나 예멘과 가깝다. 물론 리비아나 예멘도 일본에서는 '부족사회'라든지 '부족 간 분쟁'이라는 표현으로 묘사하지만 실제로는 씨족사회, 씨족 간 분쟁인 경우가 훨씬 많다. 더 쉽게 말하면 씨족이란 일본의 미나모토源 가문이나 다히라平 가문, 호조北条와 다케다武田 가문, 도쿠가와德川 가문, 우에스기上杉 가문●과 같은 것이다. 다케다와 우에스기 가문의 싸움을 부족 간 분쟁이나 민족 분쟁이라고 부르는 사람은 없을 것이다. 이와 마찬가지로 '부족'이라는 표현은 소말리아에 어울리지 않는다.

소말리아가 '일본의 전국시대와 비슷하다'고 말하는 것은 무장 세력이 많아 무정부 상태란 뜻일 뿐만 아니라 씨족 간 분쟁이라는 공통점도 있기 때문이다.

소말릴란드는 씨족 간 전쟁을 반복하면서도 기적적으로 평화를 이룬 곳이다.

지금까지 난 와이얍 이외의 다른 사람에게 씨족에 대해 묻는 걸 망설였다. 앞서 얘기했지만 아프리카에서는 씨족 또는 민족 단위에서 내전이나 학살이 일어난다. 르완다에서는 후투족이 투치족을 죽였다. 그 결과 르완다에서 사람들에게 '후투인지 투치인지' 묻는 것은 암묵적으로 금지돼 있다. 이런 상황을 배려한 것이었지만 기우였다.

카트 연회에서 와이얍에게 "여기 있는 사람들은 어떤 씨족이야"라고 묻자 그는 "너가 직접 물어봐"라고 했다.

"씨족에 대해 물어도 아무 상관없어. 우리도 처음 만난 사람에게 가장 먼저 씨족을 물어보니까."

'아, 그랬구나! 좀 일찍 알았으면 좋았을걸.'

소말리 민족 전체로 보면 5개의 거대 씨족이 있다. 소말릴란드인의 약 80퍼센트는 사이크 가문, 나머지는 다로드 가문과 가다부르시 가문이라고 한다.

● 일본 막부 시대의 대표적인 가문들.

이번 카트 연회에 참석한 사람은 전부 사이크 가문. 그 안에 있는 하발 아와르 분가의 분가인 사드 무세 그룹이었다. 가문 속에 분가가 있고 분가의 분가, 소위 분분가로 나뉘어 있다. 독자들은 혼란스러울 것이다. 나 역시 처음 씨족 얘기를 들었을 때 머리가 지끈거렸다. 소말리의 씨족 구성은 너무 복잡하고 길다. 사이크 가문은 8개의 분가로 나뉘고 여기서 다시 2~3개 분가로 나뉘어 있다.

예전에 와이얍에게 무슨 씨족 출신인지 물은 적이 있는데, 그는 노트에 이렇게 적었다.

사이크 가문 하발 아와르 분가, 사드 무세 분분가, 사이크 사아드 분분분가, 아보콜 사이크 분분분분가, 지브릴 아보콜 분분분분분가, 네르 우말 분분분분분분가, 바하 우말 분분분분분분분가, 아골 카단 분분분분분분분분가.

도대체 왜 이런 식으로 세분화되어 있을까. 콩고에도 씨족은 있었지만 이렇게 복잡하진 않았다.

그 이유 역시 카트 연회에서 알게 됐다. 이 마을은 사막지대에 있다. 지금도 가재도구를 낙타에 싣고 풀과 물을 찾아 이동하는 유목민이 많다. 그들은 50~100킬로미터는 아무렇지 않게 옮겨다닌다고 한다.

"건기 때 혹시 다른 유목민이 찾아와 물 마실 곳이 있는지 물어보면 어떻게 해?"

난 입에서 나오는 대로 마구 물어봤다.

"잘 들어. 물에 대해 거짓말을 해선 안 된다는 룰이 있어."

"그래도 찾아온 사람이 누군지 모르잖아. 물 한 방울이 귀할 때는 거짓말을 좀 하더라도 최대한 확보해놓고 싶은 게 사람 마음이지 않아? 그런다고 상대방이 알아차리는 것도 아니고."

그러자 와이얍은 '이 바보 같은 놈'이라고 소리치고 싶은 표정을 지었다.

"누가 누군지 알 수 있어. 소개할 때 씨족 내역을 전부 물어보니까. 같은 씨족이라면 둘이 같이 아는 사람이 분명히 있을 거고 다른 씨족이라 해도 아는 사람이나 친구, 아내의 친척, 여동생의 시아버지의 친척…… 이런 식으로 따지면 다 걸리게 돼 있어. 거짓말을 하면 들통이 나. 그러니까 우리는 '누군가가 나를 알고 있다'고 생각해. 그래서 절대 거짓말은 안 해. 나중에 큰일나니까."

그런가. 그런 것이었나. 뭔가 깨달음을 얻은 기분이었다. 뉴스나 전문 서적에서는 "소말리인은 5개의 큰 씨족으로 나뉘어 있다"고 할 뿐 왜 그렇게 자세하게 구분되어 있는지에 대한 설명은 없다.

요약하면 한국인이나 일본인처럼 한곳에 정착해서 사는 민족의 주소 또는 본적 같은 것이었다. 우리 집 주소는 '도쿄도 하치오지시 기타노다이 니초메 ○○번지'다. 이것을 어느 외국인이 "왜 그렇게 자세하게 나눠놓고 있느냐"고 물으면 우리는 그 외국인을 '바보'라고 욕할 것이다.

우리 같은 일본인이 중대 범죄자로 지명수배를 받으면 출신지, 친척, 직장 같은 단서로 대부분 잡히듯이 소말릴란드에서도 법을 어기면 이른바 '씨족 망'을 통해 반드시 잡힐 것이다. 즉 씨족 간 분쟁이 없는 한 치안을 확보할 수 있게 되는 것이다.

소말리인은 태생적으로 강한 개인주의자들이다. 자기주장이 강할 뿐 아니라 개개인이 자립해 있고 '자유' 그 자체를 선호한다. 시골에 사는 유목민은 낙타에 가재도구를 싣고 어디든 떠나버리며 도시에 있는 사람들 역시 비즈니스로 이곳저곳을 돌아다닌다. 이민도 아주 쉽게 떠난다.

사람들의 활발한 이동에 비해 경찰이나 군대는 현저히 적다. 여행할 때도 검문소에서나 가끔 만날 정도로, 치안 유지활동을 엄격하게 하고 있는 것 같지 않았다.

그럼에도 놀라울 정도로 좋은 소말릴란드의 치안은 바로 '씨족 망' 덕분이다. 씨족 망은 개인을 구속하기도 하지만 인연을 연결해주기도 한다. 수만 사이드 옹, 운전수, 와이얍까지. 이들 모두 하발 아와르 분가의 사드 무세 분분가 출신이다. 만수르 호텔 프런트 직원이 대통령 대변인의 휴대전화 번호를 알고 있는 것은 이런 연유에서다. 또 모든 일이 일사천리로 진행된 것도 그 이유다.

우리가 소말릴란드에서 쓴 돈은 사드 무세 분분가로 들어갔다. 엄밀히 말하면 우리 역시 씨족 망에 의지해 마음껏 움직일 수 있었다. 씨족을 모르고 소말릴란드와 소말리인을 얘기하는 것은 불가능하다. 카트로 기분이 붕 뜬 것만으로도 대단한 일이었지만 씨족을 안 것으로 더 큰 쾌감을 느꼈다.

와일드 이스트

우리는 랜드크루저 두 대를 준비해 동부로 향했다. 우리가 보고 들은 바로 서부와 중앙은 매우 안정돼 있다고 한다. 군인 한 명이 동행하지만 그는 눈곱만큼의 긴장감도 없다. 동부는 다르다. 국경 주변 사나 그주와 수르주는 해적 국가인 푼틀란드와 분쟁 중이고, '사실상 국가' 마히르와 많은 무장 세력이 있다. 다른 곳에서처럼 병사가 짐칸에 웅크리고 앉아 있는 것만으로는 안 된다. 그래서 우리 앞에 병사를 세웠다.

또 동부는 도로가 발달해 있지 않고 수리 공장도 거의 없다. 모래나 진흙에 빠지기라도 하면 큰일이다. 준비 없이 노숙하는 것은 자살 행위나 다름없다. 그래서 자동차를 두 대 준비했다. 자동차 한 대 빌리는 데만 하루에 300달러, 와이얍과 병사의 일당을 합쳐 100달러, 그리고 식비와 숙박비 등 하루에 500달러가 넘는 돈이 들어간다. 항상 최소한의 경비만 변통해온 우리는 조바심 났지만 여기까지 와서 인색하게 굴어봐야 소용없었다. 가능한 한 빨리 갔다 오는 걸로 결정했다.

하르게이사에서 동부로 가는 데 포장도로는 없다. 혹서酷暑의 항구 도시 베르베라를 지나 언덕을 넘어 세이프를 경유, '토그델'주의 주도인 브루오에 도착했다. 우리는 이름 없는 이 도로를 '1호선'이라고 명명했다. 1호선은 구소말리아 시대, 수도 하르게이사와 모가디슈를 연결하는 도로다. 중국의 원조로 도로 공사가 시작됐다고 한다. 브루오는 동부의 입구에 해당된다. 예전에 내전이 발발했을 때 가장 치열한 전투가 벌어진 곳이다. 하르게이사나 베르베라와도 가깝다.

와이얍은 "걱정돼서 하는 얘긴데, 경비 없이 밖에 나가지 않도록 해"라고 당부했다.

마침 우리가 도착한 날 슬픈 일이 일어났다. 남부 소말리아의 '베레드웨이네'라는 마을의 한 호텔에서 폭발 사건이 발생했다. 소말리아 과도 정부의 회의가 예정돼 있던 걸 노렸다. 이번 테러로 장관을 포함해 약 100명이 사망했다고 한다.

이슬람 과격 단체인 알샤바브의 소행이었다. 알샤바브는 오사마 빈라덴의 알카에다와 깊은 관계가 있는 것으로 알려져 있다. 알카에다로부터 직접 받는 건지, 아니면 다른 이슬람 원리주의 단체의 지원이 있는지 확실치 않으나 풍부한 자금과 무기를 자랑하며 폭탄 테러를 일삼는 과격 단체 알샤바브가 남부 소말리아의 약 80퍼센트를 장악하고 있다.

알샤바브와 관련된 걸 입 밖에 내면 호탕한 성격의 와이얍조차 주위를 살펴며 목소리를 낮춘다. 알샤바브는 소말릴란드를 인정하지 않는다. 설령 인정한다 해도 별 의미가 없다. 그들의 목적은 전 세계를 이슬람 율법 아래 통일하는 것이라고 한다.

1년 전(2008년) 알샤바브는 하르게이사에서 동시다발적 폭탄 테러를 감행한 적이 있다. 유엔개발계획UNDP 건물과 에티오피아 대사관, 소말릴란드 대통령 관저 이 세 곳에 폭탄을 실은 차가 돌진해 21명이 사망하고 50여 명이 부상을 입었다. 소말릴란드가 치안이 좋다고 단언할 수 없는 유일한 이유가 그 사건 때문이다. 앞으로도 비슷한 테러가 발생할 가능성이 있음을 부정할 수 없다. 남부 소말리아의 많은 사람이 국경에서 '1호선'을 따라 동부로 온다. 이 역시 동부가 '요주의 지역'이 될 수밖에 없는 이유다. 동부는 '와일드 이스트Wild East'다.

하던 이야기로 돌아가자. 브루오의 호텔은 지어진 지 얼마 안 돼 깔끔하고 쾌적했다. 이튿날 조식은 염소 간에 피망과 양파를 넣어 볶은 요리와 빵, 카페오레였다. 염소 간 볶음은 하르게이사 최고급 호텔의 조식에도 나온다. 아침부터 염소 간을 어떻게 먹느냐고 생각할지 모르겠지만 냄새가 전혀 나지 않는다. 막 도축한 고기의 것이기 때문이다. 이 정도로 깔끔하고 기력을 회복시켜주는 조식은 없다.

우리는 그날 간볶음 요리를 마지막으로 '변경'으로 향했다. 사막 도로가에는 전차 잔해가 널브러져 있었다. 구소말리아 정부군의 것인 듯했다.

이따금 푸른 초원이 보이는 곳에는 어김없이 마을이 있었다. 오아시스다. 아이나보라는 이름의 마을은 사람 키만 한 뿌리를 드러낸 거목이 떡하니 서 있어 이국적이다. 또 수십 마리의 낙타가 솟구쳐 오르는 물에 머리를 들이대고 벌컥벌컥 마시는 모습도 목격했다. 낙타는 두세 달에 한 번씩 물을 마시고 몸에 저장한다. '두세 달에 한 번씩 맥주를 시원하게 마시는 것 같은 기분일까?' 술을 좋아하는 나는 그렇게 생각했다.

브루오에서 두 시간 정도 달려 에르다브라는 마을에서 낙타 젖을 마셨다. 강한 신맛에 요구르트 비슷한 맛이 났다. 그 후 우리를 실은 자동차는 포장도로에서 벗어나 북쪽을 향해 반사막 한가운데를 달렸다. 목적지인 동부 최대의 도시 에리가보까지는 포장도로가 없었다. 소말릴란드 정부가 도로를 만들 돈이 없는 게 아닐까 하고 생각했으나 그게 아니었다.

와이얍은 "소말릴란드 정부는 도로를 만들고 싶어하지만 에리가보 사람들이 거부하고 있다"고 했다. 그는 "외지인이 많이 들어오면 곤란하다고 생각하는 모양"이라고 설명했다.

지방 사람들이 도로 깔아주는 걸 싫어하다니, 참 희한했다. 에리가보 사람들은 독립 정신이 강해 보였다.

'소말릴란드 정부의 손이 닿기나 하는 걸까' 의심스러웠다. 와이얍도 에리가보에 한 번도 가본 적이 없다고 했다.

에리가보는 문제의 사나그주 주도로 푼틀란드 국경과 가깝다. 또 독일인 부부가 납치된 항구도시 '라스 콜라이'에서도 그리 멀지 않다. 사실상 국가인 '마히르'와 겹치는 게 아닌가 하는 생각이 들었다.

반사막 또는 사막 도로를 자동차가 달리기에는 괜찮은 곳이다. 지형이 비교적 평탄하고 장애물도 없어 마음에 드는 곳을 달리면 된다. 나는 '이런 상태로는 중앙 정부의 통제가 불가능하다'고 생각했다.

일반적으로 평탄한 곳보다 산악지대가 게릴라나 산적들이 활동하기 좋다.

하지만 산악지대는 도로가 한정돼 있어 그곳을 막아버리면 꼼짝할 수가 없다. 사막은 달리는 곳이 길이 된다. (반면 평원이나 사막에서는 군대의 대규모 공격이 가능해 적을 궤멸시킬 수 있다. 적이 숨을 만한 장소도 없다.) 더욱이 상대는 이동이 특기인 유목민이다. 중앙 정부가 완전히 제어하기는 어려운 구조다.

주요 도로에서 벗어나 한 시간가량은 멧돼지와 원숭이가 새끼를 데리고 나와 놀고 사슴이 뛰어다니며 장관을 이뤘다.

이윽고 인간도 동물도 살지 않는 완전한 사막에 이르렀다. 보이는 것이라곤 죽었는지 살았는지 알 수 없는, 철사 세공품같이 딱딱하게 말라비틀어진 풀뿐이었다.

다른 차들도 보이지 않았다. 유일하게 카트를 운반하는 픽업트럭 한 대가 흙먼지를 날리며 달리는 걸 봤다. 아침에 딴 카트 잎을 운반하는 중이었다.

그런 사막 지형을 두 시간가량 달려 세상이 끝난 게 아닌가 하는 생각이 들 무렵 녹색 모스크 지붕이 눈에 들어왔다. 에르 아핀이라는 이름의 마을이었다. 흙먼지가 날리는 도로 양측에 벽이 벗겨진 민가가 늘어선 모습은 서부 활극에 나오는 장면이나 구로사와 아키라 감독의 「요진보用心棒」의 무대 같았다.

우리는 마을에 단 하나뿐인 식당으로 들어갔다. 더러운 요리복을 입은 사람이 나왔다. 파스타만 만들 수 있다는 말에 주문을 했지만 포크가 없었다. 다른 나라에서 밥과 고기를 손으로 먹어본 적은 있지만 면을 손으로 먹기는 처음이었다. 이슬람 문화에서는 왼손을 불결하다고 해서 오른손으로만 식사를 해야 했다. 면발을 잡아 높이 들어 입을 크게 벌리고 집어넣었으나 입 주위는 물론 옷까지 토마토소스로 엉망이 되어버렸다. 옛날 옛적의 이탈리아인이나 두 살 꼬마가 된 듯한 기분이었다. 와이얍 같은 소말리인들은 한 손으로 면을 돌돌 말아 잘도 먹는다.

그림으로 그린 듯한 마을 풍경이었다. '미美'를 사랑하는 소말리인의 마음이 유감없이 드러난 가옥의 색채와 기하학 모형은 한마디로 예술이었다. 여기서 「요진보」를 리메이크하면 재미있지 않을까 생각했다. 두 야쿠자 집단이 세력을 양분하고 있는 이 마을에 떠돌이 총잡이가 나타나 야쿠자들을 해치우는 장면이 떠올랐다.

이런 아이디어를 말하니 와이얍은 "내전 당시 그와 비슷한 일이 소말릴란드 곳곳에서 벌어졌다"며 아무렇지 않게 얘기했다.

우리는 다시 출발했다. 사막이라기보다 황무지에 가까운 도로를 달렸다. 사람도 차도 없고 가끔 유목민의 텐트만 보일 뿐이었다. 비가 내린 후에는 사방이 바퀴 자국으로 엉망이 되어 우리는 사막 한가운데를 방황했다. 역시 이렇게 인간이 범접할 수 없게 된 것일까. 산적이라도 매복하고 있다면 여지없이 당할 판이었다. 저녁이 가까워져서야 겨우 TV와 휴대전화 안테나가 보였다.

마을은 의외로 컸다. 베르베라나 부르오보다 더 커 보였다. 지금까지 목격한 소말릴란드의 여느 마을과는 분위기가 달랐다. 여성들의 옷과 천의 색은 수수했다.

목 이외의 전신을 검은 천으로 감싼 이란인 같은 사람도 있었다.

남자는 젊은 사람들도 머리에 흰 터번을 썼고, 길게 늘어진 흰옷을 입은 사람이 많았다.

무엇보다 분위기가 밝지 않았다. 남자들은 길가에서 카드 게임을 하고 있었고, 어떤 감정 표현도 담기지 않은 눈으로 우리를 노려보았다.

"분위기가 전혀 달라. 파키스탄이나 아프가니스탄 산악지대 같아."

와이얍에게 말하자 그는 "대단한데. 맞아! 말한 대로야"라며 맞장구를 쳤다.

이슬람풍의 매우 보수적이고 배타적인 마을이었다.

와이얍도 이곳이 처음이어서 우리 같은 외국인은 차로만 이동하는 게 좋겠다고 판단했다. 숙박 시설도 거의 없었고 찾아간 곳에서는 거부를 당했다. 외지인은 숙박할 수 없다는 것일까. 우리는 마치 적지에 내던져진 병사의 기분이었다.

하지만 그것은 오해였다. 숙소를 정하지 못한 이유는 따로 있었다. 도착한 날과 그 이튿날 소말릴란드에서는 전국적으로 고교 입시가 치러져 이곳 에리가보에서도 주변 마을에서 온 수험생과 시험 감독관이 방을 모두 차지했기 때문이다. 밖에서는 수험생 부모들이 자녀의 모습을 촬영하려고 손에 디지털 카메라를 들고 허둥대고 있었다. TV 중계차들도 모여들었다.

밤에 TV를 틀자 국영방송 뉴스에서는 고교시험을 보도했다. 방송사 스태프들은 촬영한 영상을 인터넷으로 보내 저녁 뉴스 시간에 맞춘다고 했다.

정부의 손이 닿지 않는 곳이라는 건 편견이었다. 마치 일본의 지방 도시 같았다.

"에리가보는 물과 공기가 깨끗하고 기후도 좋아 사람들이 장수하기로 유명한 곳이에요."

우리가 묵은 호텔 사장은 이슬람풍의 수염과 긴 옷에 어울리지 않게 유창한 영어로 설명했다.

그는 "뉴욕 맨해튼에서 12년간 살다가 공기가 너무 나빠 이곳으로 돌아왔다"고 했다.

소말릴란드의 '와일드 이스트'는 세상의 끝처럼 보였지만 실은 일본의 나가노현 가루이자와輕井澤 같은 곳이었다. 찾아가기는 어렵지만 너무 아름다운 그런 곳 말이다.

소말릴란드
최고봉 등정기

호텔 사장의 얘기대로 에리가보는 아침저녁으로 선선했다. 아침 6시쯤 나는 이불을 뒤집어쓰고 '오늘 심비리스산에 갈 수 있을까' 걱정하고 있었다.

우리가 에리가보에 온 최대 목적은 피서도, 험악한 분위기를 맛보는 것도 아닌 소말릴란드 최고봉이라는 심비리스산에 오르기 위함이었다. 관광명소를 구경하는 것 외에 사람들에게 자랑할 만한 무언가를 찾고 있었다. 이리저리 생각해낸 게 '최고봉 등정'이다.

"소말릴란드에서 가장 높은 산에 올랐어"라고 말할 수 있다면 얼마나 폼 나는 일인가. 지도로 확인한 바로는 에리가보에서 20킬로미터가량 서북쪽에 위치한 심비리스산은 해발 2416미터로 소말릴란드에서 가장 높다. 인터넷 위키피디아로 확인하자 의외의 사실을 알 수 있었다.

'심비리스는 소말리아에서 가장 높은 산'이라고 적혀 있었다. 즉 심비리스는 소말릴란드뿐 아니라 구소말리아 전체로 봐서도 최고봉이다. 만일 등정에 성공한다면 소말릴란드를 인정하지 않는 사람에게도 "소말리아 최고봉에 올랐어"라고 자랑할 수 있다.

우리는 심비리스산이 얼마나 험한지 아무런 정보도 갖고 있지 않았다. 해발 2416미터는 아주 애매한 높이다. 평평한 구릉지가 많다면 정상까지 차로 갈 수도 있다.

야리가타게槍ヶ岳●처럼 솟아 있는 산이라면 텐트와 침낭밖에 준비 못 한 우리로서는 등정이 불가능하다.

인터넷상에도 심비리스에 대한 정보는 전혀 없었다. 와이얍에게 물어봤지만 그 역시 "잘 모르겠는데, 다른 사람에게 물어볼게"라고 말할 정도였다. 와이얍과 친분이 있다는 현지인은 "오르는 데 별 문제가 없을 것 같다"고 했다.

도착한 날 밤, 와이얍과 그의 현지 친구 몇몇이 저녁 시간에 시끄럽게 떠들어대고 있었다. 들어보니 '다로산'을 반복해서 외치고 있었다.

"뭐라고, 다로산이라니?"

"그러니까 당신들이 내일 오를 산이야."

이게 무슨 소린가. 그동안 수도 없이 '소말릴란드 최고봉 심비리스'를 등정한다고 기대했는데, 어느 순간 다른 산으로 바뀌어 있었다.

"말도 안 돼!"

평소 말수가 적은 미야자키가 콧구멍이 커지며 분개했다. 나 역시

● 일본 나가노현과 기후현에 걸쳐 있는 해발 3180미터의 명산. 이름 그대로 창이 하늘을 찌르는 듯 솟아 있는 봉우리로 유명하다.

와이얍에게 강력히 항의했다.

"다로산은 여행자들이 갈 수 있는 곳이지만 심비리스는 누구도 가지 않아. 험준해서 가이드 없이는 오르기 어렵다니까."

와이얍이 사정하듯 말했다. 그래도 우리가 끈질기게 물고 늘어지자 그는 "이곳 도지사와 상의해보겠다"며 건성으로 대답했다. 다행히 와이얍은 뭐든 한다면 하는 성격의 남자였다. 그는 아침 일찍 도지사를 깨워 허가를 받아내고 가이드도 수배했다. 우리는 랜드크루저 두 대를 끌고 가이드와 현지인 몇몇과 함께 서북쪽으로 향했다.

해발 1000미터에 달하는 에리가보에는 사막에서는 볼 수 없는 큰 돌들이 굴러다녔다. 조금씩 올라가자 초록색이 나타나더니 머지않아 도로 양쪽에 잡목이 많이 보였다. 일본에서는 이런 풍경이 흔하지만 소말릴란드에서 이렇게 초록 잎이 많은 곳은 처음이다. 1시간 30분이 지났을 때였다. 가이드가 "더 이상 차로 갈 수 없다"고 했다. 길안내를 해주는 노인이 저길 보라며 손가락으로 가리켰다. 초록 숲으로 둘러싸인 완만한 언덕이었다.

"저게 심비리스라고?"

맥이 빠졌지만 여기까지 온 이상 갈 수밖에 없었다. 우리는 골짜기로 내려갔다가 다시 위로 향했다. 숲속으로 들어가자 습지대가 보였다. 일본의 산과 꽤 비슷했다.

인공으로 돌을 쌓아놓은 흔적도 있었다. 현지인은 "사이드의 요새 흔적"이라고 했다. 사이드 무함마드 압둘라 하산이란 이름을 들어본 적이 있다. 민족 독립 운동의 아버지로 불리는 인물이다.

19세기 초반 영국은 소말릴란드를 식민지화했으나 소말리인들이 민족해방 무력 투쟁을 일으켰다. 그 무력 세력을 '다르비슈'라고 불렀다.

미국 메이저리그에서 활약 중인 '다르비슈 유有'의 그 다르비슈와 같은 말로, 원래 이슬람 신비주의 '수피즘'의 수도자를 일컫는 말이다. 소말리인들은 수피즘을 신봉한다.

수피즘은 정통 이슬람과는 여러 측면에서 다르다. 가장 큰 차이점은 '스승과 제자'의 관계에서 찾을 수 있다. 제자는 스승에게 충성을 맹세하고 스승은 제자를 신의 길로 인도할 의무를 진다. 일본의 가원제家元制와 닮았다. 일본 다도茶道의 3대 유파인 우라센게裏千家와 일본 전통 만담인 라쿠고落語의 다치카와류立川流를 생각하면 쉽게 이해할 수 있을 것이다.

다르비슈의 강한 유대는 이따금 격렬한 무장봉기로 이어진다. 지금까지 세계 각지에서 벌어진 반식민지 운동이 다르비슈의 손에서 행해졌다. 소말리의 다르비슈군은 10년에 걸쳐 저항운동을 이어갔지만 결국 근대식 무기를 가진 영국에 무너지고 말았다. 그로부터 90년이 흘러 그 흔적에 '호기심 많은 일본인'이 와 있는 것이다.

당시 다르비슈의 중요한 의미를 인식하지 못했던 나는 '아, 옛날에 그런 게 있었네' 정도로 흘려들었다.

그것이 현재 소말릴란드에 큰 화근을 남겼고, 독립의 정당성에도 큰 문제를 잉태한 것임을 안 것은 시간이 훨씬 지나서였다. 사진을 찍어 남기지도 못하고 아무 생각 없이 돌 위를 걸어다녔다.

일본의 산은 위로 올라갈수록 수목이 적어지는데 이 산은 정반대였다. 아래쪽은 돌과 암석투성이였고 위로 올라갈수록 초목이 우거졌다. 고도가 높아지면서 비구름이 서로 부딪쳐 비가 내리기 쉬운 날씨가 되기 때문이 아닐까 추측했다.

심비리스는 '새가 머무는 나무'라는 뜻이다. 나무가 무성하게 자라는 곳이라는 뜻이다. 사막이 대부분인 소말릴란드에서는 진귀하다. 나무가 치솟아 있고 수풀과 숲이 우거진 곳에 다다랐다. 풀을 뜯고 있던 소들이 갑자기 나타난 인간들을 보고 놀란 표정을 지었다. 소들 옆에 있던 가이드가 서서 엄숙히 고했다.

"여기가 심비리스의 정상이다."

나와 마야자키는 서로의 얼굴을 쳐다봤다. '소가 있는 산 정상이라니. 듣도 보도 못했다. 좀더 높은 곳이 있지 않을까.' 우리는 더 높은 곳을 향해 30분간 필사적으로 정글을 헤집고 다녔다. 당황한 호위 병사들이 아오다 수풀에 걸려 넘어지더니 소말리어로 욕을 내뱉었다.

결론부터 말해 산인지 구릉인지 싶은 이곳은 높낮이의 차이가 별로 없고, 있다 해도 숲속이어서 알 수 없었다. 현지인들은 막연하게 이 주위를 심비리스산이라고 부르는 듯했다.

내가 "뭐 대충 이곳이 최고봉이라고 해도 되지 않을까?"라고 말하자 마야자키도 고개를 끄덕였다.

우리의 경호를 맡은 병사 중 한 명인 유스프가 갑자기 "포토!"라고 외치더니 기념사진을 찍어주었다. 정글에 둘러싸인 최고봉, 그것도 최고봉이라 부르기가 민망한 곳에서 우리는 기념사진을 찍었다. 아마 일본인으로선 처음이 아닐까 싶다.

유감스러운 건 하르게이사로 돌아와 심비리스산 등정 이야기를 해도, 소말릴란드 이외의 소말리인들에게 심비리스 등정기에 대해 떠들어도 누구 하나 심비리스의 존재를 아는 이가 없었다는 점이다.

심비리스 등정기는 아직 끝나지 않았다. 심비리스 정상에서 돌아오는 길이었다. 표면은 돌로 덮여 있고 위로 가면 갈수록 좁아지는 원추형의 산을 만났다.

"혹시 유적이 아닐까."

미야자키가 말했다. 유적이라고 하기엔 너무 거대했다. 정말로 이집트의 피라미드 같은 모양이었다. 하나가 아니었다. 적어도 서너 개는 더 있었다. 주위에는 그런 식의 불쑥 튀어나온 지형이 많았다. 인공 조형물이 아닌가 싶었지만 원래 작은 산 위에 돌을 쌓은 듯한 느낌이었다.

다가가서 자세히 관찰하려고 와이압에게 얘기하려는 순간 갑자기 스콜이 쏟아졌다. 그 전에 베르베라와 하르게이사 사이에서 맞닥뜨린 비와 비슷했다. 비포장도로는 탁류로 뒤덮였다. 경사가 얕은 내리막길이었는데, 큰 돌이 물에 휩쓸려 떠내려갈 정도로 강렬했다. 현지인도 허둥대며 도망쳤다.

반사막 지대에서 비는 큰 적이다. 물을 머금을 만한 흙도 없는 데다 식물도 없기 때문에 비가 내리면 유리 위를 미끄러지듯 맹렬한 속도로 퍼져나가며 주위의 모든 것을 쓸어버린다.

우리는 가까스로 마을에 도착했다. 염소 갈비와 파스타로 늦은 점심을 먹고 잠시 휴식을 취한 후 사이드라는 이름의 현지 안내자에게 좀 전에 본 유적 같은 산이 담긴 사진을 보여줬다. 흔들리는 차 안에서 찍어 뿌앴는데 사이드는 미간을 찌푸리며 말했다.

"이건 테디모야."

"자연적인 산? 아니면 뭔가의 유적?"

우리는 단단히 벼르고 물었다. 사이드는 잠시 생각에 잠기더니 말을 이었다.

"나도 잘 몰라. 여기선 테디모라고 불러. 내일 전문가한테 물어볼게."

확실하진 않지만 그냥 산은 아닌 듯싶었다. '혹시 알아? 고대 유적일지도.'

나와 미야자키는 흥분했다.

에리가보에 도착한 후 만나는 사람마다 물어보니 "여기는 소말리인이 탄생한 곳"이라고 했다.

전설에 따르면 소말리인 선조는 예언자 무함마드의 일족으로, 아라비아반도에서 홍해를 건너 이곳에 다다랐다. 그 후 서쪽 하르게이사와 남쪽 모가디슈로 흩어졌다.

'이 주변'이란 게 좀 애매하지만, 추측건대 소말릴란드와 푼틀란드의 국경 부근 해안 근처가 아닌가 싶다. 재미있는 건 해적 국가 푼틀란드의 유래와도 연결된다는 점이다. 고대 이집트 왕국이 흑단, 상아, 유향, 황금 등을 수입했던 '푼트'라는 이름의 나라가 홍해 연안에 있었다고 파피루스에 기록돼 있다. 상세한 것은 아무것도 알려져 있지 않다. 나라가 있었던 곳도 아라비아반도인지 아프리카 대륙 쪽인지 알 수 없다. 한 가지 분명한 것은 고대 이집트에서 그리 멀지 않은 곳이었고 '황금의 나라 지팡구'• 같은 이미지일지 모르겠다.

'푼트'가 '시바의 여왕'•• 이 통치하던 국가라는 설도 있다. 시바의

• 마르코 폴로는 『동방견문록』에서 동부 끝의 나라 '지팡구'(지금의 일본)를 '황금의 나라'로 그렸다.

여왕이 홍해 연안에서 살았다는 건 의심할 여지가 없지만 그곳이 아프리카 쪽인지 아라비아반도 쪽인지 정설은 아직 없다.

이런 전설을 근거로 소말릴란드의 라이벌 정부는 자기네 나라 이름을 '푼틀란드'라고 명명했다.

물론 인터넷에서 얻은 것이지만 우리는 그 정도의 정보는 알고 있었다. 고등학교 시절 나는 장래에 고고학을 전공해 아틀란티스 같은 고대 문명의 수수께끼를 푸는 데 일생을 바치겠노라 생각했다. 미야자키는 고향 신슈의 석불이나 오래된 비석을 조사하는 게 취미다.

우리는 소말릴란드에도 알려지지 않은 유적이 있지 않을까 생각했다. 무엇보다 하르게이사 가까운 곳에 있어 금방 알 수도 있는 동굴 벽화인 '라스 갈'조차 최근까지 외부에 알려지지 않아 이제 막 조사가 시작됐다.

소말릴란드 시대는 물론이고 구소말리아 때도 문화유산에 대한 조사는 전무했던 것이다.

'테디모야말로 수수께끼의 고대 국가 푼트의 유적이 아닐까' '더구나 세계 고고학계는 그 존재조차 모르고 있는 게 아닐까', 우린 그렇게 생각하며 흥분했다.

이튿날 우리는 사이드의 안내를 받아 '고양이 하산'이라는 기묘한 이름으로 불리는 인물을 찾아 나섰다. 왜 그가 그런 이름으로 불리는지 알 수 없지만, 그는 관광성에 근무하는 공무원으로, 이곳의 역사

•• 구약성서 「열왕기상」에 나오는 인물. 기원전 1000년경 아라비아 서남부 예멘과 말라위에 살던 시바족의 여왕이다. 솔로몬 왕의 명성을 듣고 많은 선물을 가지고 예루살렘으로 가서 그를 방문했다. 귀국하여 아들 메넬리크를 낳았는데 그가 에티오피아를 건국했다는 전설이 있다.

와 문화를 가장 잘 아는 사람이었다.

문제는 그곳으로 가는 길이었다. 깎아지른 듯 솟아 있는 기암절벽을 내려가야만 했다.

옛날 이탈리아인이 만들었다는 돌투성이 도로가 있다고는 하지만 절벽을 조금 파놓은 정도로, 바퀴가 약간만 미끄러져도 위험천만한 상황에 처하게 된다. 우리는 천천히 내려갔다.

함석지붕의 민가가 몇 채 모여 있는 마을에 '고양이 하산'이 살고 있었다. 그의 집도 흰색 페인트를 칠한 함석지붕의 단층집으로, 처마 끝에 이웃으로 보이는 사람 5~6명과 함께 앉아 있었다. 긴 치마를 두르고 머리에는 터번을 쓴 40대 남자였다.

딱히 고양이를 닮은 것 같진 않았다. 쾌활한 성격에 영어를 자유자재로 구사했다. 처음에는 '테디모'가 뭔지 물어도 그는 이해하지 못했다. 땅바닥에 삼각 뿔 모양의 그림을 그리자 그는 "아, 그거! 묘지야"라고 말했다.

"소말리 여성의 묘지야. 1년에 한 번 근처 사람들이 그곳에 모여."

"성묘란 말이야?"

미야자키가 평소와 다르게 격한 반응을 보였다.

하산은 질문에 답하지 않고 거꾸로 우리에게 물었다.

"일본에는 여왕이 없었나?"

"여왕? 무슨 말이죠?"

"그건 일본 여왕의 묘지라고 전해지고 있어."

'이건 또 무슨 소리야?' 우리는 서로 얼굴을 쳐다봤다. 고대 일본의 여왕이라면…… 히미코卑彌呼●?

이자가 무슨 말을 하는지 알 수 없었다.

"일본의 여왕이 왜 여기에…… 이름은 뭐예요?"

우리는 단단히 벼르면서 물었다. 하지만 그는 "몰라. 아주 오래전 얘기야. 사람들은 아무것도 모른 채 그냥 받아들이고 있어"라며 엷은 웃음을 머금으면서 말했다.

'테디모가 몇 개 더 있었던 것 같은데, 그렇다면 다른 테디모는 뭐란 말인가. 하나는 일본 여왕의 묘이고 다른 건 소말리인의 묘란 말인가.'

"아니지. 묘지는 일본 여왕의 것이고 다른 건 묘가 아니야."

이야기가 다른 데로 흘러갔다. 우리는 눈살을 찌푸렸지만 고양이 하산은 꿋꿋하게 이야기를 이어갔다.

주변에 사는 이스자아크 씨족의 하발 유니스 분가 사람들이 소말리력으로 신년에 이 묘지로 모여든다고 주장했다.

"그렇다면 하발 유니스가 일본인의 자손이란 말인가."

"그럴지도 모르지."

주변에 구경 나온 사람들 사이에서 실소가 터져나왔지만 그는 전혀 개의치 않았다.

"와카루(안다)를 소말리어로 '완 가라나야'라고 해. 이거 일본어 아니야?"

"뭐라고?"

• 일본 야오이弥生 시대 후기 야마토국倭國의 여왕으로 야마타이국邪馬台國을 다스렸다고 전해지는 인물이다. 현대 일본어에서는 히미코라 불리고 있지만 당시의 정확한 발음이 무엇인지 확실히 밝혀진 것은 없다.

"일본어에서 유래한 게 아니냐고 묻고 있어."

완 가라나야?

미야자키가 내게 말했다.

"와카라나이야(모르겠다) 아냐?"

갑자기 웃음이 터져나왔다. 얼추 발음이 비슷하지만 뜻은 반대다. 그래도 고양이 하산은 "그래. 맞아" 하면서 맞장구를 쳤다. 일본인의 후손이 되고 싶은 모양이었다.

도대체 그는 어디서 이런 이야기를 들은 것일까.

하산은 선원이었던 아버지에게서 들은 얘기라고 했다. 하산의 아버지는 일본에 가본 적이 있고 일본 말도 할 줄 안다고 했다.

어이가 없었다. 소말리어로 '고양이'란 허풍쟁이를 의미하는 게 아닐까.

나도 미야자키도, 와이얍도, 심지어 주변에 있던 사람들도 모두 실소를 금치 못했으나 하산은 "일본인이 다시 돌아올지 모른다" "테디모는 여왕의 아들 이름이다" 등 도저히 이해할 수 없는 말들을 쏟아냈다.

일본의 전통 춤은 어떤지 궁금하다고 해서 '봉오도리'•를 보여주자 "소말리 춤과 똑같다"고 했다. 어처구니가 없었다.

오늘 여기에 와보라고 했던 사이드가 갑자기 아무 일 없었다는 듯이, 하지만 충격적인 말 한마디를 던졌다.

현재 독일과 프랑스 고고학자••들이 테디모에 대해 조사하고 있다

• 일본의 윤무.
•• 나중에 확인해보니 조사단은 테디모에 딱 한 번 방문했다고 한다. 조사 보고서도 없었다. 테디모는 아직도 풀리지 않는 수수께끼로 남아 있다.

는 것이었다.

'뭐라고? 이 자식이……. 그 누구도 알지 못하는 유적이라 해놓고 이미 조사가 시작됐다고? 왜 빨리 말해주지 않은 거야?'

내가 막 화를 내자 운전수인 나세르가 표정을 싹 바꾸며 대화에 끼어들었다.

"슬슬 가야 돼. 비가 올 거야."

까맣게 잊고 있었다. 이곳은 오후가 되면 거의 매일 스콜이 쏟아졌다.

고양이에게 짧게 인사를 하고 우리는 차에 올라탔다.

벌써 오후 2시. 하늘에는 구름이 잔뜩 몰려왔다. 바로 옆이 낭떠러지인 길을 계속 달렸다. 만약 여기서 비가 쏟아진다면, 홍수에 산사태, 낙석에 뭐든 만날 것 같았다.

빨리 돌아가려고 생각한 것 자체가 잘못된 일이었는지 모른다. 고양이 하산 집에서라도 비를 피했어야 했다. 편도 1차로에서 우리는 오도 가도 못하는 상황에 처해버렸다. 절벽을 오르는 한 시간 동안 우리는 비가 오지 않기를 기도하는 수밖에 없었다.

위험한 도로를 빠져나온 지 30분, 에리가보 마을이 가까워올 무렵 엄청나게 비가 쏟아져 내렸다. 조금만 늦었다면 우리는 죽었을지 모른다. '히미코' 이야기에 빠져 죽음을 면치 못했다고 하면 얼마나 어처구니없을까.

소 말 릴 란 드 가
평 화 를 이 룬 진 짜 이 유

소말릴란드가 어떻게 전쟁을 종결시키고 평화를 실현했는지 와이얍에게 귀에 딱지가 앉도록 들었다. 나무 그늘에 앉아 이야기하듯 쉽고 간단한 일도 아니었다. 겨우 합의에 이른 평화는 두 번이나 깨졌고 세 번 만에 겨우 성공했다.

구소말리아 시대 수도인 모가디슈의 독재 정권은 북쪽에 거주하는 사람들을 탄압했다. 북부에서 인구가 가장 많은 이스자아크 씨족은 반정부 게릴라를 조직해 정부에 대항했다. 일본 지바의 사마타 교수는 해외에 망명해 있지만 그 게릴라(소말리국민운동snm)의 의장●이었다. SNM이 게릴라 활동 중 소말릴란드공화국의 독립을 선포할 때 그 선언문을 낭독했던 사람이 바로 사마타였다.

● SNM은 망명정부 체제를 갖추고 있었다. 정부 기능으로서 중앙집행위원회와 의회가 있었는데, 사마타 교수가 그 의회의 의장이었다.

하지만 소말릴란드 국민은 하나로 뭉쳐 있지 않았다. 비교적 숫자가 적은 씨족들은 정부군에 붙어 이스자아크 씨족과 전쟁을 벌였고 탄압과 학살에 가담했다.

1991년 바레 정권이 붕괴했다. 자연스런 시나리오는 이스자아크 씨족이 지금까지 정부군에 가담했던 씨족들에게 복수하는 것이었다.

하지만 이스자아크 씨족은 그러지 않았다. 구정부 측 2개 씨족과 항구도시 베르베라에 모여 회합을 가졌다. '구정부 시대의 원한은 모두 잊는다'는 결단을 내렸다. 그 대신 이스자아크 씨족 게릴라의 지도자를 그대로 소말릴란드 초대 대통령으로 선출했다. 이것이 첫 번째 화해였다. 복수를 멈춘 것은 기적에 가까운 결단이었다.

그런데 구식민지 시대부터 이어져 내려온 패배의 역사를 겨우 청산하나 싶던 차에 집권 세력인 이스자아크 씨족 안에서 주도권 다툼이 일어 소말릴란드 전역에서 무장단체가 발호하면서 죽고 죽이는 상황이 돼버렸다. 남부 소말리아와 다를 게 없었다.

2년 후인 1993년 장기 내전을 우려한 씨족의 지도자들이 모여 수개월에 걸쳐 회합을 이어가면서 최종 결론을 내렸다. 모든 무장단체는 전투를 중지하고 무기를 각자 소속된 씨족의 지도자에게 반납한다는 것이었다.

이렇게 해서 내전의 시대가 끝나고 제2대 대통령 때 무장 해제가 진행됐다. 하지만 도중에 이스자아크 씨족에서 갈라져 나온 2개 분파가 합의에 불복, 무장 해제를 거부하고 다시 내전을 일으켰다. 이번에는 소말릴란드 정부와 반정부의 싸움이었다.

전쟁은 최초의 내전보다 훨씬 더 격렬했지만 2년 후 다시 씨족의 지도자들이 모여 회합을 가졌다. 거기서 마지막까지 저항하던 씨족이 무장 해제에 응하면서 내전이 평정됐다.

이 과정에서 유엔은 아무 일도 하지 않았다. UNDP가 무장 해제에 대해 약간의 충고를 한 것 외엔 아무것도 없었다. 유엔은 소말릴란드의 분리 독립을 인정하지 않고 소말리아의 평화 교섭 테이블에 나오라고만 했다.

소말릴란드는 국제사회의 협력 없이 독자적으로 내전의 종결과 평화를 실현했다. 기적 같은 일이었다.

한편 남부 소말리아에서는 18년 동안(2009년 시점) 내전이 계속되고 있다. 유엔과 구미 제국이 막대한 돈과 인력, 시간을 들이고 있는데도 말이다.

전쟁의 평화적인 종식이 가능한 것일까. 수백, 수천 명을 서로 죽이면서 어떻게 대화로 내전을 끝낼 수 있었던 걸까. 이런 게 가능하다면 전 세계 다른 곳에서 벌어지고 있는 내전도 같은 방식으로 해결될 수 있겠지만 소말릴란드 외의 다른 지역에서는 성공 사례가 없다. 실제 남부 소말리아에서는 아무리 대화를 해도 내전의 종결은 요원하다. 구체적으로 어떤 점이 다른 것일까.

이 물음에 대한 답을 얻은 건 심비리스산을 등정한 후 에리가보에서 카트 연회에 참가했을 때다.

우리는 카트를 구입해, 와이얍의 친구로 '하타프'라는 이름의 신문기자인 무함마드의 집을 방문했다. 돌로 지은 집은 밖에서 보면 위엄 있어 보였지만 안에 들어가니 아주 편한 분위기였다. 사람들은 벽에 기대어 책상다리를 하거나 무릎을 꿇고 융단 위에 앉아 있었다. 우리도 빈자리에 앉았다.

무함마드가 등에 기대는 쿠션을 갖다주었다. 우리는 무함마드 가족들과 함께 TV를 보며 카트를 씹었다.

에티오피아 하랄에서 멀리 떨어진 이 지역의 카트는 품질이 떨어지지만 가격은 꽤 비쌌다. 당연히 불만을 말할 수도 없었다. 있는 것만으로도 감사했기 때문이다.

TV에서는 큰 극장에서 코미디와 음악, 댄스 등이 펼쳐지고 있었다. 꽉 들어찬 관객들이 박수를 보내며 웃는다.

도대체 저기가 어디인데 이런 괜찮은 무대가 있는지 궁금해서 와이얍한테 묻자 그는 "20년 전 프로그램이야. 모가디슈 국립극장에서 촬영된 거야"라고 설명했다.

소말릴란드에는 그렇게 훌륭한 극장이 없다. 구소말리아 시대의 훌륭한 배우나 가수들은 대부분 세계 각지로 흩어져버렸다. 현재 남부 소말리아에서는 연극이나 음악을 즐길 여유가 거의 없다. 그래서 소말리 사람들은 소말릴란드에서든 남부 소말리아에서든 구소말리아 시절에 제작한 TV 프로그램을 반복해서 보고 있다.

어처구니없게도 와이얍은 구소말리아 시대에 국립극장의 프로듀서였다고 한다. 예전에 자신이 만들었던 무대를 TV로 보면 복잡한 감정이 들 법도 한데 그는 아무렇지도 않은 듯했다. 원래 와이얍은 긍정적이고 밝은 사람이다.

"어느 나라에서건 세대에 따라 인기 있는 가수와 좋아하는 프로그램이 다른데 우리는 어린아이부터 노인들까지 계속 같은 프로그램에 나오는 같은 가수를 보기 때문에 세대 차이라는 게 없다"고 말해 박

장대소했다.

국립극장에서의 버라이어티쇼 프로그램이 끝나자 영국 방송사가 만든 소말리아 관련 다큐멘터리가 이어졌다.

모가디슈의 모습이 나왔다. 과거 '아프리카의 로마'로 불리던 곳이다. 그곳에서 20년 살았던 와이얍은 "여기는 ○○호텔, 저기는 국회의사당" 하면서 그리움이 밴 목소리로 설명해줬다. 하지만 어디를 봐도 총격과 포격의 흔적으로 엉망이 돼 있어 현재의 로마가 아니라 고대의 로마를 보는 것 같았다. 프로그램에서도 "대지진의 흔적 같다"는 영어 내레이션이 흘러나왔다.

"처참하군."

내가 탄식하자 와이얍은 "과거 하르게이사는 더 심했어"라고 했다. 모가디슈보다 더 처참했다니 오싹했다. 북부 사람들이 남부인들을 원망하는 기분을 조금은 알 것 같았다.

와이얍이 말했다.

"소말릴란드를 인정하지 않는 놈들이 있는데, 그놈들은 현실을 무시하는 거야. 벌써 독립한 지 17년이잖아. 현재 열일곱 살 아이들은 소말릴란드밖에 몰라. 아니 스무 살이 넘어도 어릴 적 기억이 없으니까 마찬가지야. 전부 소말릴란드에서 나고 자랐다고 생각하는 거지. 소말리아 따윈 본 적도 없을 거야."

와이얍이 그 자리에 있던 고등학생쯤 되는 젊은이에게 "어이, 맞지?"라고 말을 걸자 그는 웃으며 고개를 끄덕였다. 현재 소말릴란드 젊은이들에게 소말리아는 이미 '내전이 심한 이웃 나라'일 뿐 새삼스럽게 그런 얘기를 하는 부모가 웃기는 그런 느낌이었다.

꽤 나이 들어 보이는, 친구의 아버지란 사람이 방으로 들어왔다.

와이얍이 반가운 표정을 지으며 "이분들은 일본인이에요. 일본인 아시죠?" 하면서 말을 걸었다.

그러자 그 노인은 내 머리카락을 가리키며 "게르체레(낙타 심부름꾼)"라고 말했다. 와이얍은 웃음을 터뜨리며 통역해주었다.

"당신보고 게르체레 아니냐고 묻는데?"

"뭐라고?"

"낙타 심부름꾼은 당신처럼 머리카락을 노랗게 염색해."

내 금발 머리카락을 가리키는 말이었다. 소말리인의 낙타 심부름꾼은 일본에서도 머리카락을 염색할 때나 트리트먼트를 할 때 사용하는 '헤너'●로 머리카락을 물들인다.

금발로 염색한 뒤로 "무슨 일이야? 실연했냐"는 얘기는 들어봤어도 "낙타 심부름꾼이냐"는 소리는 처음 들었다. 주변에 있던 사람들도 크게 웃으니 순간 분위기가 밝아졌다. 나는 그 노인에게 과거에 무슨 일을 했는지 물었다.

"낙타를 키웠어. 염소와 양도. 사냥도 잘했어."

'민완 기자' 와이얍이 나를 보더니 히죽대기 시작했다.

"젊은 시절 이 노인은 약탈한 경험이 있을 거야. 물어볼까?"

와이얍은 정말 훌륭한 가이드다. 그가 다시 물어보자 그 노인은 "그렇다"고 답했다.

노인의 이름은 무함마드, 나이는 68세였다. 이스자아크 씨족의 하

● 부처꽃과의 관목에서 나는 불그스름한 빛을 띤 오렌지색 염료.

발 유니스 분가 소속이다. 약 50년 전 16세일 때 '라스 아노드'라는 마을 근처에서 '다로드' 씨족의 '도르바한테' 분가의 공격을 받았다고 한다.

"낙타를 1000마리를 빼앗겼어. 사람도 몇 명 살해당했고. 우리는 너무 화가 나 다음 해 도르바한테 마을을 습격했어. 가축들도 빼앗았지."

두 씨족 간의 분쟁은 시간이 갈수록 격화됐지만 나중에는 하발 유니스와 도르바한테의 술탄끼리 만나 화해했다. 노인은 화해를 '핸샵'이라고 표현했다. 아라비아어로 핸샵은 정산이란 뜻이다. 요즘도 식당에서 계산해달라고 할 때 "핸샵"이라고 외친다.

핸샵에서 중요한 것은 누가 먼저 손을 내밀었는지, 누가 먼저 싸움의 원인을 제공했는지가 아니라 사람이 몇 명 죽었는지, 낙타 몇 마리를 빼앗겼는지 하는 '숫자'라고 한다. 소말리인의 전통 관습을 '헤르'라고 하는데, 헤르에 따라 싸움의 정산을 한다는 것이다.

"혹시 이런 방식으로 소말릴란드는 내전을 종식시켰단 말인가."

나는 흥분해서 와이얍에게 물었다. 지금까지는 "마을 원로들 간의 대화로 해결했다"고 들었지만 뭔가 석연치 않았다. 전쟁이 대화로 해결되다니. 이야기가 너무 쉽게 풀린다고 생각했다. 하지만 정산의 방식이 확립돼 있으면 이야기가 달라진다. '정서'가 아니라 '계산'으로 전쟁이 매듭지어지기 때문이다.

와이얍이 말했다.

"맞아. 당시 수상이 술탄과 원로들을 모아놓고 핸샵을 했어."

처음에는 전쟁의 정의나 원인으로 다퉜지만 결국은 '사실관계'만

확인하기로 한 것이다. 그리고 어떤 의미에서는 저널리스틱한 검증이 이뤄졌다. 다시 말해 언제, 어디서, 어느 씨족 사람이 몇 명 죽임을 당했는지 '숫자'로 끄집어냈다. 그런 다음 이유 여하를 막론하고 죽임을 당한 쪽이 배상금을 받았다. 헤르(관습)에 따라 핸샵(정산)을 한 것이다. 매우 흥미로웠다. 하지만 또 다른 의문도 생겼다. 같은 소말리인이면서 소말릴란드에서는 화해가 가능한데, 남부 소말리아에서는 불가능하단 말인가.

"식민지 시대의 차이야."

와이얍이 대답했다.

"소말릴란드는 영국령이었잖아. 영국은 간접 통치를 했기 때문에 원로나 씨족의 힘을 그대로 인정했어. 원로들을 통해 주민을 통치했으니까 원로나 씨족의 권위가 강해진 거지. 하지만 남부는 이탈리아령이었어. 이탈리아는 씨족의 전통을 부숴버렸어. 특히 이탈리아인을 1만 명이나 보내 사회를 바꿔버렸지."

요약하면 남부는 씨족사회 시스템이 붕괴됐기 때문에 전통적인 관습인 '헤르'가 작동하지 않았고 원로의 권위도 사라졌다는 설명이었다.

사실은 같은 이야기를 소말릴란드 독립의 영웅이자 현재 지바 조사이 대학에서 교편을 잡고 있는 사마타 교수에게서도 들은 적이 있다. 역시 그런 것이었단 말인가.

"이유가 한 가지 더 있어. 소말릴란드 사람들은 전쟁을 좋아해."

나는 순간 잘못 들었나 싶었다.

"남부인들이 (전쟁을) 좋아한다는 얘기지?"

와이얍은 입을 굳게 다물고는 고개를 저었다.

"아니. 전쟁을 좋아하는 건 소말릴란드 사람들이야. 남부 놈들은 전쟁을 하지 않아. 그러니까 전쟁을 멈추는 방법도 모르는 거지."

그가 "그렇지 않아?" 하며 주위 사람들에게 묻자 "하위예는 전쟁을 몰라"라며 입을 모았다. 하위예는 남부의 거대 씨족을 말한다.

그들에 따르면 남부가 혼란에 빠진 원인은 같은 하위예 씨족에 속한 두 개 분가의 싸움 때문이었다.

남부는 토지가 비옥해 농업과 상공업이 발달해 있다. 유목민 기질도 약하다. 따라서 약탈이 그렇게 빈번하게 발생하지 않았다. 반면 빈곤한 북부는 가축에 질병이 창궐하면 바로 약탈과 습격으로 이어진다.

남부에서는 독재 권력을 몰아낸 뒤 많은 무기가 수도에 남겨졌다. 새로운 권력과 재력을 손에 넣으려는 분가의 지도자가 전쟁을 시작했다. 특히 수도 모가디슈를 기반으로 한 '아부갈' 분가가 전쟁을 일으킨 것에 대해 모든 소말리인은 "저렇게 온순한 자들이 왜"라며 놀랐다고 한다.

그들은 소말리인의 관습인 '헤르'를 지키지 않았다. 헤르에는 아주 세세한 규칙이 존재한다. 그중에는 '제네바 조약'에 필적할 만한 '빌리마 게이드'라는 게 있다.

직역하면 '살인하면 안 되는 사람에 관한 규칙'이라는 뜻이다. 여성, 아이, 노인, 손님(그 장소에 머문 사람), 부상자, 종교 지도자, 공동체 지도자, 평화 사절, 포로에 위해를 가하는 것을 금지하고 있다.

소말릴란드에서는 치열한 내전 속에서도 이 규칙이 지켜지고 있었다. 여성과 아이를 죽이는 일은 없었다. 그래서 대화의 여지도 있었던 것이다. 하지만 남부에서는 거리낌이 없었다. 유엔에서 구호물품이 도착했을 때 몰려든 여성과 아이들에게 무차별 사격을 가한 사건이 바로 그 증거다. 이런 잔혹함은 소말릴란드에서는 상상도 할 수 없는 일이다.

소말리의 전통을 잃어버린 남부 소말리아에서는 내전을 종식시킬 방법이 없다. 게다가 서구의 방식도 통하지 않는다. 전쟁에서 평화까지, 그 모든 과정을 전통의 방식으로 대처한 소말릴란드는 역시 놀랄 수밖에 없는 '국가' 그 자체의 모습이었다.

독립을 인정받지 않는 게
더 낫다?

소말릴란드의 과거와 현재 상황을 많이 이해하게 되자 좀더 궁금한
게 생겨났다. 미래에 관한 것이다. 소말릴란드 주민들은 내가 알기로
100퍼센트 독립을 지지한다. 현상을 생각해보면 당연한 결과다. 그런
데 만약 남부 소말리아 내전이 평화적으로 끝난다면 어떻게 될까. 연
방공화국으로 되돌아가는 걸까.

베르베라에서의 옥외 카트 연회 때 이런 질문을 던진 적이 있다. 그
런데 의외로 모든 사람이 "아니!"라고 답했다. 잡화점을 하고 있는 사
람은 이렇게 얘기했다.

"우리는 남부와 이혼을 한 거야. 결혼해서 살아봤는데 결국 실패했
어. 그러니까 이혼했지. 재혼할 거냐고 물으면 '아니'라고 대답하는 게
당연해. 왜 그렇게 물어보는지 오히려 우리가 더 궁금한데."

이혼에 비유하니 이해하기 쉬웠다.

소말리인의 거주지역인 '아프리카의 뿔'은 소말릴란드, 소말리아 남부, 지부티, 에티오피아 오가덴 지방, 케냐 동북부의 5개 지역에 걸쳐 있다. 이 중에 소말릴란드와 소말리아가 '결혼'을 했다가 실패했다. 다른 상대가 있는데 굳이 옛 상대와 다시 합칠 이유는 없다는 것이었다.

이혼을 결심하게 된 이유가 한 가지 더 있다. 잡화점 주인은 "소말리아 시절 우리 같은 북부 사람들은 어차피 2등 시민이었어"라고 했다. 와이얍의 친구인 저널리스트도 거들었다.

"북부 사람이 남부에 가면 '뭐야. 바나나라도 얻으러 온 거야'라며 바보 취급을 당했어."

남부 지역은 토지가 비옥해 밭농사도 가능하다. 지금도 소말릴란드에서 파는 바나나와 망고는 남부에서 수입해온 것들이다.

예전부터 북부인들은 촌놈 취급을 받았다. 이것이 1988년 내전 때 '더 이상 남부와는 절대 합치지 않는다'는 굳은 결의로 이어졌다.

하지만 이혼하고 싶어도 할 수 없는 부부가 있다. 가장 큰 게 경제적 이유다. 여자가 가정주부라면 이혼으로 인해 경제적 어려움을 겪는다. 소말릴란드는 가정주부 입장이었다. 남부에는 수도가 있고 토지도 비옥하지만 소말릴란드에는 아무것도 없다.

남편 입장인 소말리아는 빈사 상태여서 그쪽으로부터 '생활비'를 얻는 건 불가능하다. 부부와 마찬가지로 이런 상태가 지속되면 여자 쪽은 외부로부터 공적 원조를 받을 수 있다. 유엔이나 국제 NGO, 구미 지역 등으로부터의 지원이다.

그런데 소말릴란드는 이런 도움을 거절하고 자립을 선택할 만한 기반이 있는 것일까.

와이얍에 따르면 베르베라항 사용료와 관세가 소말릴란드의 최대 수입원이라고 하지만 실제로 보니 한 나라의 경제를 지탱할 규모는 되지 못했다. 이런 항구가 10개 정도 있다면 모를까.

그렇다면 현재 소말릴란드는 어떤 산업으로 지탱해나가는 걸까. 물어보면 바로 대답하는 카트 연회에서 들은 얘기다.

"해외에서 송금 받는 돈이야."

"아니, 당신 말고 소말릴란드 경제 이야기야."

"그러니까 거의 모든 사람이 해외에 가족이나 친족이 있어서 매달 송금을 받아. 그 돈으로 생활하는 거야. 정부는 돈이 없고 기업도 산업도 없어. 어쩔 수 없잖아?"

이게 무슨 말인가. 수수께끼의 독립 국가, 기적의 민주주의 국가 소말릴란드의 재정 기반이 개인들의 송금이라니…….

와이얍에 따르면 소말릴란드 사람들은 세계 각지에 살고 있다. 주로 영국, 미국, 호주, 캐나다 등 서구의 선진국들이다. 이들은 가족 간의 결속이 강해 한 사람당 매달 500~1000달러 정도를 보내준다고 한다. 이 돈으로 소말릴란드에 사는 가족 10명이 먹고살 수 있다. 와이얍 같은 공무원이라도 월급은 겨우 50달러에 불과해 송금 받는 돈은 굉장히 큰 액수다.

우리는 에리가보에 사흘간 머물다 사막을 가로질러 브루오로 돌아왔다. 내전이 가장 격했던 마을이고 지금도 긴장감이 느껴지는 곳이다.

다른 마을에서는 와이얍에게 얘기하면 언제든 카트 연회에 갈 수 있었지만 여기서는 "보안 문제가 있으니까 조금만 기다리라"며 와이얍은 신중하게 말했다. 그 때문인지 브루오에서 가본 카트 연회는 NGO

직원들이 주최한 것이었다.

소말릴란드의 NGO는 평화에 있어 중요한 역할을 담당한다. 그들은 언제나 중재자였다. 지금도 대통령 선거 일정을 둘러싸고 여당과 야당이 격하게 대립해 무슨 일이 벌어져도 이상할 게 없는 상황이지만 NGO가 중재하고 있다. 그 NGO의 대표는 전 외교부 장관으로 이곳에서는 마이너리티인 다로드 씨족의 일원이었다. 이처럼 항상 누군가가, 특히 마이너리티가 중재자 역할을 하는 것이 소말릴란드의 전통적인 관습인 듯하다. 그건 그렇다 치고, NGO 직원들은 어느 나라를 가도 너무 바른 말만 하는 통에 나와는 잘 맞지 않는다. 그때도 "일본은 왜 소말릴란드의 독립을 인정하지 않는가" "독립을 인정받지 못하면 원조도 투자도 이뤄지지 않을 뿐 아니라 빈곤, 교육, 의료 문제 어느 것 하나 해결할 수 없다"는 등 마치 내가 일본 정부의 대표라도 되는 양 추궁을 받았다.

일본에서는 파티 같은 데서 편하지 않으면 술잔을 비우는 속도가 빨라진다. 여기서는 카트 잎을 씹는 속도가 빨라졌다.

맛이 없다며 카트에 흥미를 보이지 않던 미야자키도 그날은 불안한지 연신 카트를 씹어댔다.

카트 효과가 나타나면서 이야기는 드디어 '정론'에서 점점 벗어났다. "자동차는 역시 일본이야" "망명한다면 이민에 관대한 노르웨이나 스웨덴이 최고야"라는 등 본심을 털어놓기 시작했다.

나 역시 카트로 기분이 들떠 갑자기 좋은 생각이 떠올라 바로 입밖으로 내뱉었다.

"잘 생각해봐. 소말릴란드는 타이완과 손잡으면 좋지 않을까? 타이완도 현재 유엔으로부터 독립 국가로서 인정받지 못하고 있으니까 아무런 문제가 없을 거야."

'최고의 아이디어'에 모든 사람이 "오~ 그 방법이 있었네"라며 공감해줄 줄 알았지만 사람들은 내 말에 강하게 반발했다.

"타이완? 제일 싫어."

와이얍은 물론, 거기 모인 사람이 모두 화를 내기 시작했다.

"타이완제 전자제품은 최악이야. 값은 싼데 금방 망가져. 우리 집 라디오도 망가졌어."

타이완제를 중국제로 착각해서 그런 말을 하는 것 같아 다시 한번 확인했다.

"아니야. 중국제는 좋지만 타이완제는 안 돼."

실제 가능한 일인지 모르겠지만 성질 급한 소말리인들이 이 정도로 싫어한다면 타이완과 소말릴란드 간의 동맹은 실현 불가능하다.

"결국 유엔이 인정해야 해."

"아니야. 미국이 인정하지 않으면 아무것도 되지 않아."

이야기는 매번 같은 결론에 도달했다.

그런데 와이얍이 뭔가 번뜩 생각이 난 듯 내게 작은 소리로 말했다.

"솔직히 말이야. 난 가끔 소말릴란드는 지금 상태가 가장 좋은 게 아닐까 하고 생각해."

"지금 상황이라니? 국제사회로부터 인정받지 못하고 원조도 투자도 없는 상태?"

"그래 맞아. 남부 소말리아가 엉망인데 소말릴란드는 평화를 이뤘잖아. 식민지 상황, 관습의 차이 같은 이유가 있지만 무엇보다 소말릴란드에 돈 될 만한 것이 없다는 게 가장 확실한 이유라고 생각해."

와이얍의 말은 이런 뜻이었다.

소말릴란드에는 원래 산업이라고는 목축밖에 없다. 수도 하르게이사도 폐허가 됐다. 아무것도 없는 나라니까 이권이 있을 수 없다. 이권이 없으니 부패가 생길 여지도 없다. 그러니 토지와 재산, 권력을 둘러싼 다툼이 일어날 가능성이 적다.

"그런데 국제사회로부터 인정을 받으면 어떻게 될까. 원조 물자와 돈이 들어오면 부패가 창궐할 거야. 바깥세상에서 마피아 조직이 들어오고 지하 경제가 밀려들겠지. 그 과정에서 돈과 권력을 둘러싸고 남부 소말리아와 비슷한 상황이 벌어지지 않겠어?"

와이얍의 말은 놀라웠다. 소말릴란드는 국제사회가 인정하지 않았음에도 스스로 평화와 민주주의를 이룩한 것이 아니라 국제사회가 인정하지 않기 때문에 평화와 민주주의를 실현할 수 있었다는 얘기였다. 더욱이 앞으로도 국제사회의 인정과 지원이 없는 편이 낫다는 논리였다. 소말릴란드인의 대다수는 받아들이지 않겠지만 나는 전혀 터무니없는 논리라고 생각되지 않았다. 나 역시 와이얍과 비슷한 생각을 하고 있었기 때문이다. 아직 쇄국을 유지하고 있는 아시아 몇몇 나라와 소말릴란드의 이미지가 겹쳐졌다.

"와이얍, 부탄이란 나라를 아니?"

정보통인 그는 즉각 답했다.

"물론이야. 인도 근처에 있는 작은 나라잖아."

"부탄은 아직 나라 문을 닫아 걸고 있어. 여행객이나 기업은 물론이고 원조도 아주 제한적으로 받아들여. 개발보다 전통적 가치를 더 중시하는 거지. 소말릴란드는 개방하고 싶어도 할 수 없지만 결과적으로 부탄과 비슷한 상황 같아. 외부로부터 들어오는 나쁜 것들을 최대한 막고 있는 거지."

와이얍이 내게 물었다.

"부탄의 주요 산업이 뭐지? 주 수입원은?"

"글쎄."

나는 고개를 저었다. 부탄에 가본 적이 없어서 잘 몰랐다. 와이얍이 궁금해하는 게 키포인트였다. 해외에 나가 있는 가족들이 보내주는 돈이 아니라는 점만은 확실하다.●

● 부탄의 주 수입원은 관광과 외국의 원조다.

'지상의 라퓨타'는
사자 무리가 만든 나라다

우리는 하르게이사로 돌아와 며칠간 머물렀다. 결국 '가장 먼저 만나야 할 사람'으로 꼽았던 대통령은 만나지 못했다. 아무리 작은 국가라도 대통령을 만나려면 일정한 협의가 요구됐다. 그렇다고 그걸 기다리며 며칠을 허비하고 싶진 않았다.

하르게이사에 머물면서 가장 유익했던 건 정부가 만든 소말릴란드 전도를 입수한 일이다. 우리가 방문했던 아주 작은 마을까지 상세하게 표시된 지도였다.

가격도 20달러 정도로 적당했다. 아시아나 아프리카 국가에는 이런 지도가 별로 없다. 정부가 지도를 만드는 나라도 없을 것이다. 또 만든다 해도 국가 기밀이라는 이유로 일반에 공개하지 않는 곳이 대부분이다.

우리는 평화와 통일에 지대하게 공헌한 2대 대통령의 이름을 딴 에

가르 국제공항으로 가 인접국인 지부티로 날아갔다.

그 공항은 『칼라시니코프』의 저자 마쓰모토가 방문한 2003년만 해도 염소들이 어슬렁거렸다고 한다.

지금은 건물도 새로 지었고 염소는 물론 사람도 카트를 씹는 것을 금지하고 있었다. 아프리카 공항에서 종종 있는 '뒷돈 요구'도 없고 보안 검색도 엄격했으나 아주 정중했다. 검색이 끝난 후에는 영어로 "좋은 여행되세요"라고 말하는 게 인상적이었다.

미야자키가 놀란 듯 말했다.

"수하물 검사 때 이런 인사를 받는 건 처음이야."

나도 그 말에 동의했다.

이렇게 수수께끼의 미확인 국가 여행은 막을 내렸다.

그런데 '지상의 라퓨타' 소말릴란드는 대체 어떤 나라란 말인가.

가보기 전엔 이미지가 그려지지 않았다. 사자와 호랑이가 설치는 곳에 토끼들이 사이좋게 국가란 걸 만든 것인지, 아니면 토끼의 탈을 쓴 사자가 폭력으로 다스리는 나라인 건지 싶었지만 그 어느 쪽도 아니었다.

결론부터 말하면 '사자 무리의 질서가 지켜지는 곳'이었다.

소말릴란드 사람들은 에티오피아인인 리샹이 말한 대로 기본적으로 오만하고 거칠었다. 약육강식이란 말을 이 정도로 실감하게 하는 민족은 거의 없을 것이다.

에티오피아에서 소말릴란드로 들어갔을 때 자동차 운전수는 약속을 멋대로 깬 것은 물론이고 무엇이든 과하게 요구했다.

하르게이사에 도착했을 때도 그랬다. 와이얍이 동행할 때는 좋았다. 베테랑 저널리스트에 정보국 공무원이고 대통령과 같은 씨족인 그와 함께 있을 때는 별 문제가 없었다. 하지만 우리 둘만 있을 때는 얘기가 달라졌다.

예를 들면, 베르베라에서 잠깐 나와 미야자키와 둘이서 마을을 산책하면 이민국 직원들에게 붙잡혀 "입국 허가증을 안 갖고 있나. 그렇다면 벌금을 내라"는 등의 검문검색을 당했다.

바로 와이얍에게 전화를 걸어 그 직원과 직접 통화하게 한 후 풀려나긴 했지만 둘만 있었다면 돈을 빼앗겼을 것이다. 일행과 떨어져 있다고 판단되면 바로 달려들었다.

와이얍과 함께 있을 때도 문제가 한 번 있었다.

우리의 에리가보 여행에 동행하며 심비리스산 정상에서 기념사진을 찍어준 병사, 정확히 말하면 경찰관인 유스프가 있었다. 그는 서툰 영어로 "나카무라, 이나모토, 다나카 일본 축구 너무 좋아"라면서 생글생글 웃으며 붙임성 있게 다가왔다. 그런데 한번은 "식비가 없는데 이틀 치를 먼저 좀 줘"라고 말했다.

나는 알았다고 하고는 운전수인 나세르 앞에서 40달러를 줬다. 아침 시간이었고 나세르도 봤기 때문에 영수증에 사인을 받지 않고 건넸다.

그런데 하르게이사로 돌아와 정산할 때 유스프는 "그런 돈을 받은 적이 없다"고 딱 잡아떼며 화를 냈다.

나세르도 봐서 기억하지 못하거나 착각할 일은 전혀 없는데 유스프의 행동은 정말 섬뜩했다. 그는 호텔 로비에서 "누구도 내 말을 믿지 않아. 내가 속았어"라고 큰 소리로 떠들어대더니 응석받이 애처럼 손발을 흔들어댔다. 어깨에 걸쳐 멘 총도 같이 흔들리더니 가끔 총구가 우리 쪽을 향하기도 했다. 그가 폭발이라도 했다면 어떻게 됐을지 지금 생각해도 아찔하다. 소말릴란드의 치안에 불안을 느낀 유일한 일이 바로 나를 보호하던 '경호원'의 난동이었던 것이다. 결국 나에게도 영수증이 없어 끝날 싸움 같지 않다는 생각에 그의 요구대로 지불할 수밖에 없었다.

유스프가 고의로 벌인 일이었다. 영수증에 서명을 하지 않았다는 약점을 파고든 것이다. 그 후에도 증거가 없으면 빤히 보이는 거짓말을 아무렇지 않게 내뱉는 사람을 만났다.

내가 형무소에서 만난 해적 발언의 진위도 알 수 없게 돼버렸다. 그의 말을 형무소 소장과 와이압이 건성으로 듣고 있었던 게 이해가 된다.

마치 조금이라도 틈을 보이면 지금까지 사이좋게 지내던 사람이라도 물어뜯어버리는 맹수와 같다는 생각이 들었다. 하지만 그 맹수 같은 소말리인은 혼자 독립해 돌아다니는 호랑이가 아니라 사회생활을 영위하는 사자였다. 즉 무리의 행동이었던 것이다. 사자 무리의 규칙은 매우 엄격하다. 소말리인이라면 누구나 무리(씨족)의 그물망 속에 있어서 큰 일탈행위를 하긴 어렵다. 씨족 간에 전쟁이 나도 해결 방법이 정해져 있었다. 그 위에 성립된 것이 바로 소말리공화국인 것이다.

소말릴란드는 국가로서도 상당히 높은 수준이다. 우선 화폐를 독자적으로 발행하고 있다. 이것만으로도 내가 미얀마에서 경험한 '자칭 국가'나 '국가 흉내를 내는 집단'을 가볍게 넘어섰다. 게다가 주민들이 그 화폐를 사용하고 물가 상승률도 지난 수년간 10퍼센트를 넘어선

적이 없다.

치안 역시 훌륭하다. 수도인 하르게이사에서는 외국인도 밤늦게까지 돌아다닐 수 있다. 지방도 치안이 불안하지 않다. 총을 들고 있는 인간이 어디에도 없다는 사실만으로도 대단한 거다. 경찰관이나 군인들은 거리에서 찾아볼 수가 없다.

총과 반비례하는 언론의 자유도 널리 퍼져 있다. 신문은 매일 정부와 여당을 비판하는 기사를 싣고 사람들도 말하고 싶은 것을 자유롭게 주장하는 분위기다.

지금은 차기 대통령 선거를 둘러싸고 여야가 대립해 있어 주민들 사이에 논쟁이 확산되고 있다고 들었지만 그 자체가 민주주의가 성숙해 있다는 증거다.

국가에 대한 일체감도 느낄 수 있다. 전국 단위의 고교 입학시험이 있어 국영 TV가 전국 네트워크를 연결해 보도하고 촌 단위까지 총 망라된 지도가 만들어져 판매되고 있는 것으로 확인된다.

대통령이 소수 씨족에서 선출된 것도 중요한 포인트 중 하나다. 이스자아크 씨족이 인구의 80퍼센트를 점하고 있는 가운데 현 다히르 라얄레 카힌 대통령은 인구의 10퍼센트도 안 되는 가다부르시 씨족 출신이다. 다수파 내의 분열로 인해 소수파에서 대통령을 선출해 정쟁을 막으려는 의도일지 모르지만 매우 민주적인 정치 시스템이라고 하지 않을 수 없다.

소수파에서 대통령을 뽑았다는 사실만이 아니다. 지난 2003년 처음 실시된 대통령 선거에서 당시 카힌 대통령은 야당 후보에게 80표 차로 승리했다. 이 정도면 야당 측에서 '부정 선거'라고 주장하며 선거 불복을 선언할 만하다.

당시 야당 당수는 최고 재판소에 소송을 제기했고, 재판소는 "재검표 결과 카힌 대통령이 얻은 표가 더 많다"며 현직 대통령의 손을 들어줬다. 그러자 야당은 재판소의 결정을 인정했고, 이 과정에서 폭력 사태 같은 건 없었다. 놀라울 정도로 완벽한 체제를 갖춘 '국가'임에 틀림없다.

독립 국가로서 정당성은 확보하고 있을까.

우선 주민들은 내가 하는 한 100퍼센트 독립을 지지하고 있다. 1960년에 독립한 적이 있는 데다 옛 영국 식민지 시절 국경선을 그대로 유지하고 있어 '식민지 시대 국경선을 변경할 수 없다'고 한 아프리카연합의 독립 조건을 위배한 것도 아니다. 이와 함께 국제사회의 암묵적 동의도 한몫했다.

현재 일본에서는 소말리아를 연구하는 학자가 없다. 딱 한 사람, 엔도 미쓰구遠藤貢 도쿄대 교수가 소말리아의 정치 체제에 관한 논문을 쓴 적이 있다.

법적인 정당성을 묻자 엔도 교수는 "소말릴란드의 독립은 국제법상의 문제가 아니라 정치적인 문제"라고 답했다. 즉 미국이 소말릴란드의 독립을 인정하면 다른 나라들도 인정할 것이라는 얘기다.

재미있는 건 엔도 교수도 베르베라의 잡화점 주인이 말한 대로 소말릴란드와 남부 소말리아를 '부부'에 비유했다는 점이다. 그는 "아내는 이혼을 하고 싶은데, 남편이 뇌사 상태여서 이혼 서류에 서명을 할 수 없는 상황"이라고 말했다.

세계 어느 나라에서건 이런 상황에 처한 부부의 이혼 문제를 해결할 법적 장치가 마련돼 있다. 하지만 국가에 관한 한 국제연합UN이 탄생한 이래 처음 있는 사례여서 정해진 룰이 없다.

또 하나, 소말릴란드인에게 독립의 명분은 1988년 바레 정권에 의해 자행된 '대학살'이다.

와이얍은 1994년 자신이 촬영한 사진 몇 장을 내게 보여줬다. 사진 속에는 셀 수 없이 많은 백골이 있었다. 그중에는 끈으로 서로 묶여 있는 백골도 많았다.

와이얍은 "바레 정권이 수십, 수백 명을 한꺼번에 죽이고 땅에 묻은 집단 묘지"라며 낮은 목소리로 설명했다. 학살은 폭격이나 무차별적인 총격뿐 아니라 '집단 처형' 방식으로 자행됐다. 사람들을 포획해 죽이고는 큰 구멍을 파 그 속에 묻어버린 것이다.

전부터 그런 형태의 '집단 처형'이 있었다는 소문은 떠돌았으나 확인되진 않았다. 그러다가 1994년 홍수로 땅이 일부 떠내려가면서 끈으로 묶인 백골들이 드러나기 시작했다고 한다.

"이 유골들은 그대로 보관돼 있어. 현재 다른 집단 처형의 흔적들이 발견되고 있지만 아직 발굴 조사를 하지 않고 있어. 단, 일반인들이 들어가지 못하도록 막아놨지. 발굴 작업은 국제사회가 참여하는 형식으로 진행됐으면 좋겠어. 그래야 1988년에 무슨 일이 벌어졌는지 전 세계인들이 알게 될 테니까."

이것만으로도 소말릴란드가 남부 소말리아로부터 분리 독립을 해야 하는 충분한 명분이 되지 않을까.

여기까지 소말릴란드에 대한 긍정적인 면을 언급했다. 그렇다면 부정적인 것들로는 뭐가 있을까.

먼저, 산업이라고는 변변한 게 하나도 없다는 점이다. 가축의 수출입 외에는 아무것도 없고 조그마한 공장도 찾아볼 수 없다. 베르베라 근처에서 비누 공장을 봤을 때 UFO를 목격한 것처럼 흥분한 적이 있다. 그것뿐이었다.

나라의 주요 수입원은 베르베라항의 관세라고 하는데, 국가 예산을 조달할 만한 규모로는 턱없이 적었다. 솔직히 말해 정부는 치안 유지 외에 아무것도 하지 않는 듯 보였다. 도로 하나 짓는 모습을 보지 못했다. 따지고 보면 치안도 씨족이라는 그물망에 의존하고 있어 도대체 소말리아 정부는 무엇을 하는 걸까 의심이 들 정도였다.

산업이 없으니 월급을 주는 조직이라곤 정부밖에 없다. 그런데 정부에 돈이 없으니 와이얍같이 관리직이라고 해도 월급이 50달러에 불과하다. 이 돈으로는 생활이 안 되니까 외국에 사는 친족이 보내주는 돈으로 먹고사는 것이다.

수입은 변변찮은데 지출은 크다. 많은 성인 남성이 하루에 1달러, 많게는 5달러까지 신용카드를 쓴다. 친족이 보내주는 돈 대부분은 카드 값으로 없어진다고 해도 과언이 아니다.

게다가 상품 대부분은 에티오피아에서 수입된 것들이다. 소말릴란드가 에티오피아에 지불하는 카드 값은 하루 3000만 달러에 달한다는 얘기가 있을 정도다.

이런 말을 하면 '이게 무슨 국가야'라고 생각할지 모르겠다. 나도 그렇게 생각할 때가 있으니까 당연한 일이다.

하지만 꼭 그런 것만은 아니다. 아시아, 아프리카의 개발도상국 중 무역수지가 항상 흑자인 나라가 과연 몇이나 될까. 특히 아프리카에서 딱히 산업이라고 할 만한 게 없는 나라는 널려 있다.

이런 나라가 국가로서 기능할 수 있는 건 뭔가 특별한 게 있어서가 아닐까. 사실은 다름 아닌 원조의 힘이다.

서양은 물론이고 일본과 중국, 인도 등 아시아 경제 대국, 중동의 산유국, 국제 기관, 각종 NGO에서 대량으로 들어온 물자로 버티는 나라는 아프리카에서 흔히 찾아볼 수 있다.

구소말리아가 좋은 예다. 독재 정권 시절 소말리아는 처음에는 소련, 1980년대 들어서는 미국에 붙어 막대한 원조를 받았다. 1980년대에는 국민 1인당 원조액이 아프리카 국가 가운데 가장 많았다는 보고가 있다. 이들 원조가 결국 군사 협력이나 UN에서의 표 등을 요청하기 위한 '조건부 원조', 다시 말해 '원조교제'였다는 건 다들 아는 사실이다.

결국 소말릴란드는 식민 지배에서 벗어난 이래 쭉 외부 원조에 기대왔던 것이다. 소말릴란드가 재차 독립해 '원조교제'를 끊고 해외 가족의 지원으로 나라 살림을 꾸린 것은 상당히 건전해진 것으로 평가할 만하다.

소말릴란드 독립의 정당성 확보에서 가장 문제가 되는 것은 사나그 주와 스루주가 있는 푼틀란드(소말리아)와 동부 국경 지역이다.

다로드 씨족에 속하는 와르센게리와 도르바한테, 이들 두 씨족은 소말릴란드 정부의 통제에서 벗어나 있다. 그 지역에서는 무장한 채 자신들이 '마히르'라는 이름의 국가라고 칭하면서 푼틀란드와 연합해 정부군과 교전을 벌인다. 또 해적활동을 하는 그룹도 있다. 이들 지역의 주민들은 선거에 참여하지 않는다. 소말릴란드 정부를 인정하고 싶은 마음이 없는 것이다. 국가의 분리 독립에서 가장 큰 걸림돌은 미얀마 소수민족 사례에서도 보듯 '마이너리티 중에서도 마이너리티'들이다.

소말릴란드 입장에서 보면 식민지 시대의 국경선을 지키지 않을 경우 독립의 정당성을 확보할 수 없기 때문에 어떤 식으로든 양보가 불가능한 사안이다. 이들 지역은 긴 시간에 걸쳐 설득을 통해 마이너리티의 이해를 얻는 방법밖에 없다.

지상의 라퓨타 소말릴란드. 이 나라는 세계의 무수한 다른 나라처럼 정부로서의 기능을 갖추고, 또 이런저런 문제를 안고 있는 독립 국가였다.

소말릴란드 독립에 대한 시시비비는 UN을 필두로 한 국제사회에서 신중히 검토해야 할 문제다.

혹시 소말릴란드를 국가로서 인정하긴 어렵다는 결론에 도달하거나 이대로 (국가로서) 인정하지 않는 편이 낫다는 생각이 들더라도 이런 특이한 '평화 프로세스'는 국제사회가 반드시 연구해볼 만한 가치가 있다. 이것이 내 결론이다. 이렇게 나의 '라퓨타 탐험'은 끝난 것 같았지만……

소말릴란드의 수수께끼는 아직 풀리지 않았다. 이 수수께끼를 풀려면 소말리인을 좀더 알아가는 수밖에 없다는 생각이 들었다. 소말리인을 알면 알수록 그들에게서 맹수의 포효가 들려왔다.

아직 내 앞에는 해적 국가 푼틀란드, 알카에다계 이슬람 원리주의 세력인 알샤바브, 분단 도시 갈카요, 전쟁 도시 모가디슈 등 맹수의 무리들이 버티고 서 있었다.

대기근의 이면

제 3 장

소말리아 삼국지

전 인류를 통틀어 소말리인들만큼 일본인과 대조적인 민족도 없을 것이다.

전통적인 의미에서 일본인이 농업 중심의 집단주의에 열심히 노력하는 걸 좋아하고 협상에 약하며, 겉으로 아주 정중한 말씨를 구사하는 반면 소말리인은 건조한 사막 지역에 살고 유목민에 개인주의인데다 노력하는 걸 싫어하고 협상에 능한 민족이다.

그런데 사실은 소말리인에게 일본인과 아주 비슷한 게 하나 있다. 역사적으로 거대 문명권 주변에 쭉 위치해왔다는 점이다. 선진 문명의 영향을 받았지만 지배는 받지 않은 점도 닮은꼴이다. 그 덕분에 소말리인과 일본인은 매우 폐쇄적이고 독특한 민족성을 갖게 된 게 아닐까 생각한다.

소말리인의 거주지역인 '아프리카의 뿔'은 지중해에서 아라비아반도에 걸쳐 있는 '구약성경 문화권'의 변두리다. 소말리Somali란 민족명도 구약성경 「사무엘서」에서 유래했다는 설이 있을 정도다.

역사학적으로 소말리인은 아프리카 대륙의 적도 부근, 즉 현재 케냐와 소말리아의 국경 부근에서 북상해왔다는 설이 유력하지만 소말리인들은 자신들의 선조가 아라비아반도에서 건너왔다고 믿고 있다. 이슬람교 창시자인 무함마드의 자손이 먼저 지금의 소말릴란드 동부의 에리가보에서 푼틀란드에 걸친 토지('아프리카의 뿔'의 맨 끝)에 도착해 그곳에서 각지로 퍼져나갔다는 것이다.

소말리인의 씨족 체계는 복잡할 뿐 아니라 여러 설이 얽혀 있다. 그중 가장 일반적인 설을 소개한다.

소말리에는 5개의 큰 씨족이 있다. 그중에 역사적으로나 현재의 정치 상황으로 보면 3개의 거대 씨족이 존재한다. 이스자아크, 다로드, 하위예 씨족이다. 현재 구소말리아는 삼국지 같은 상태에 빠져 있지만 3개 씨족이 이래저래 국가의 중심을 잡고 있다.

소말릴란드는 이스자아크 중심의 나라, 푼틀란드는 다로드의 나라, 남부 소말리아는 하위예를 중심으로 전란이 계속되고 있는 지역, 이렇게 정리할 수 있다. 따라서 이들 3개 씨족을 중심에 두고 이야기를 풀어나가는 게 이해하기 가장 쉽다.

여기서 문제는 씨족의 이름이다. 앞서 기술했듯이 소말리의 씨족은 분가, 분분가, 분분분가로 계속해서 가지치기를 해나간다. 이 방식은 문명 국가의 현주소와 같아 어렵진 않지만 씨족이나 분가의 호칭을 기억하는 게 외국인으로선 쉬운 일이 아니다.

나도 처음에는 '이스자아크의 하발 아와르의 사드 무세'라든가 '다로드의 마제르텐의 아리 이브라힘'이 아무리 해도 머릿속에 기억되지 않았다. 그 때문인지 '소말리' 자체가 점점 멀어지는 느낌이었다.

그런데 실제 소말리인을 만나면서 서서히 그 체계가 익숙해지기 시작했다. 독자들은 나와 같은 경험을 할 수 없기 때문에 씨족이나 인물명을 열거하는 것만으로도 이 책을 덮어버릴 것이다.

고민 끝에 나는 편의상 일본 역사에 유명한 가문의 이름을 붙여보기로 했다. 소말리 북부에 사는 이스자아크 씨족은 '오슈 후지와라奧州藤原' 씨, 구소말리아 시대 번영을 구가했던 다로드는 '다로드 다이라平' 씨, 다로드 정권을 무력으로 뒤엎은 하위예는 '하위예 미나모토源' 씨로 보자. 물론 일본 역사와 맞아떨어질 리 없으니 이것은 어디까지나 '부호'라고 생각하자. 이 방식은 이상한 선입견을 줄 수도 있지만 기억하기 쉽다.

자, 역사로 되돌아가보자. 소말리인은 유사 이래 국가를 가져본 적이 없다. 이스자아크 오슈 후지와라(이하 이스자아크 후지와라), 다로드 다이라, 하위예 미나모토 씨족은 모두 유목민으로 국가 체계와는 별로 상관없이 살아왔다.

소말리인이 처음으로 '국가'와 만난 것은 19세기다. 먼저 영국이 소말리 동북부 지역을 점령해 자기네 맘대로 '소말릴란드'라는 이름을 붙였다. 비슷한 시기에 이탈리아는 남부 지역에 들어와 '소말리아'란 이름을 붙였다. 소말리아의 '아'는 이탈리아, 베네치아처럼 이탈리아어로 국가 또는 영토를 뜻하는 어미다. 즉 소말리아는 이탈리아어다. 따라서 소말리인이나 소말리어를 '소말리아인' '소말리아어'라고 부르는 것은 틀린 말이다. 소말리아인이라고 부르면 민족명이 아니라 '소말리아공화국의 국민'이란 뜻이 된다.

영국은 소말리아의 남부 케냐도 식민지화했는데, 그곳에도 소말리인이 많이 살고 있었다.

'소말릴란드'의 서쪽 인근의 작은 항구는 프랑스에 점령됐는데, 나중에 그곳엔 '지부티'란 이름이 붙여졌다. 에티오피아에도 소말리인들이 살고 있다.

이렇게 소말리인은 5개 나라로 분단되어버렸다. 그중 이탈리아령 소말리아와 영국령 소말릴란드는 소말리인의 나라이고, 지부티도 과반수가 소말리인의 나라다. 이렇게 한 민족이 3개 국가에서 다수를 점한 건 아프리카에서 굉장히 드문 예다. 전 세계적으로도 이런 사례는 없다.

가끔 소말리인들은 자신들을 '쿠르드 민족 같다'고 설명한다. 쿠르드족은 터키, 이라크, 이란 등지에 흩어져 살고 있다. 분단됐다고 표현하는 게 더 적절할 것이다. 하지만 쿠르드와 소말리는 두 가지 점에서 크게 다르다. 먼저 쿠르드인은 어느 곳에서도 다수파가 아니다. 그리고 결정적인 차이는 언어다.

터키의 쿠르드인과 이라크의 쿠르드인은 쓰는 언어가 완전히 달라서로 통하지 않는다. 뿐만 아니라 터키 국내의 쿠르드인끼리조차 조금만 떨어져 있어도 언어가 달라 실제로는 터키어로 얘기한다.

그에 반해 소말리인들은 어느 국가에 있든 같은 언어를 사용하기 때문에 소통이 가능하다. 물론 예외는 있지만 소말리인들이 쓰는 방언에도 큰 차이가 없다.

식민지 시절의 이야기로 돌아가보자. 구소말리아에서 내전이 20년

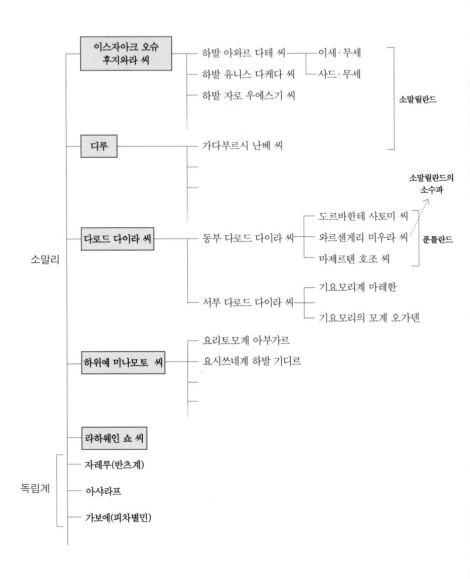

이상 계속된 이유는 '식민지 시대'에서 찾을 수 있다. 영국은 소말릴란드를 식민지화했지만 경영에는 별로 신경을 쓰지 않았다. 큰 마을도 항구도 없는 반사막 지대였기 때문이다. 당시 인도 총독부에 이지역의 통치를 맡긴 것을 보면 소말릴란드에 대한 영국의 인식을 알수 있다.

영국은 간접 통치 방식을 택했다. 현지 인구의 80퍼센트를 점한 이스자아크 씨족의 장(술탄)을 지배하면서 술탄이 씨족 사람들을 통제하는 식이었다. 이로써 술탄의 권위는 더욱 강해졌다.

그런데 1899년 이변이 일어났다. 영국이 소말릴란드 일부를 에티오피아에 넘겨버린 것이다. 에티오피아는 전통적으로 가톨릭 세력이 강해 서구는 항상 에티오피아의 비위를 맞추려 했다. 이런 상황은 21세기인 지금도 마찬가지다.

에티오피아의 가톨릭 세력이 소말리 토지에 유입되자 소말리인의 원성은 높아져만 갔다.

지금으로 치면 에리가보에서 푼틀란드 주변에 살고 있던 종교 지도자 사이드 무함마드 압둘라 하산이 성전을 선언했다. 이 전쟁은 '다르비슈 운동'이라고 불린다. 사이드가 이슬람 신비주의 수도자인 '다르비슈'였기 때문이다.

여기에 현재 푼틀란드가 포함된 거대한 '불씨'가 탄생했다. 이스자아크 씨족의 술탄들은 영국의 지배하에 있으면서 많은 특권을 누리고 있었다. 이교도의 무력을 배경으로 권력을 휘두르는 이스자아크 씨족을 동부에 사는 다로드 씨족과 서부의 가다부르시 씨족이 반길리 없었다. 다르비슈 운동의 지도자인 사이드 자신이 다로드 씨족 출신이었다.

다르비슈 운동은 결국 '영국과 이스자아크 씨족 연합군' 대 '다로드와 가다부르시 씨족 동맹군'의 싸움이었다. 이 전쟁은 20년이나 계속됐다. 그사이 기근이 겹쳐 1911~1912년 소말릴란드 전 인구의 3분의 2가 아사한 것으로 전해진다. 1920년 영국은 공군의 폭격으로 전쟁에서 승리했지만, 원한은 그 후에도 꼬리에 꼬리를 물고 이어진다. 또 다르비슈는 '소말리 민족주의'의 상징이 되어 좋은 쪽이든 나쁜 쪽이든 소말리 민족에게 큰 영향을 미쳤다.

소말리 역사가 다시 크게 움직인 것은 1960년 독립 전후였다. 소말릴란드와 소말리아는 비교적 평화롭게 독립을 이룰 수 있었다. 영국은 소말릴란드에 아무런 관심을 두지 않았고, 오히려 짐으로 여길 정도여서 독립 세력에 아무 조건 없이 양도했다.

소말리아는 종주국인 이탈리아가 제2차 세계대전에서 패한 후에도 통치를 계속해왔으나 식민지라기보다 UN 신탁통치 형식이었다. 즉 독립은 시간문제였다.

소말릴란드는 1960년 6월 26일 영국으로부터 정식으로 독립했다. 하지만 닷새 뒤인 7월 1일 소말리아공화국과 합병했다. 이것이 소말릴란드의 '5일간의 독립'이다.

그 후 수도인 모가디슈는 일본으로 치면 교토京都번과 같이 일방적인 번영을 구가했고, 북쪽 변방인 소말릴란드는 갈수록 쇠퇴했다. 우수한 인재, 가축을 수출해 얻은 수입 등 모든 것이 모가디슈로 몰렸다.

하르게이사는 일본으로 말하면 센다이仙台 정도의 입장으로, 소말리아 제2의 도시였지만 어차피 지방 도시에 지나지 않았다.

1969년에는 쿠데타가 발생해 시아드 바레가 정권을 잡았다. 바레는 그 후 장기 독재 정권을 구축해 오랜 기간 영화를 누렸다.

바레가 한 짓을 보면 이라크의 사담 후세인과 굉장히 비슷하다.

바레는 소련에 붙어 사회주의를 표방했다. 이슬람을 정치와 생활에서 배제하고자 애썼다. 그러면서 자신이 속한 다로드 씨족 사람들을 중용했다.

또 자신과 같은 씨족인 '다르비슈' 사이드를 '민족의 영웅'으로 추앙하면서 민족주의를 고취시켰다. 동시에 자신과 사이드를 우상화하는 작업에 몰두했다.

다로드 씨족 안에서도 바레 자신이 속한 마레한 분가, 바레의 모친이 속한 오가덴 분가, 사위가 속한 도르바한테 분가가 특히 활개를 쳤다.

1977년 에티오피아에서 발생한 혁명과 그 후의 혼란을 틈타 바레 군대는 에티오피아의 오가덴주를 침공했다. 이것이 '오가덴 분쟁'이다. 바레는 소련의 지원을 믿었지만 소련이 에티오피아에 새로 들어선 사회주의 정권을 지지하면서 바레는 대패하고 말았다.

그 후 바레는 미국 쪽에 붙었다. 이 부분을 잘 보면 사회주의를 표방하면서도 '반反이란'을 기치로 서방에 붙어 막대한 원조를 받은 사담 후세인 정권과 흡사하다.

오가덴 분쟁의 피해는 갈수록 커졌다. 오가덴 난민이 북부 지역으로 대거 유입됐다. 이들은 주로 바레의 모친 쪽 씨족인 오가덴 분가 출신이었다. 바레는 이스자아크 씨족의 토지를 빼앗아 오가덴 난민에게 나눠주고 민병대로 무장시켜 이스자아크 씨족 출신 주민들을 공격하는 임무를 맡겼다.

또 하나 중요한 게 있다. 바레 정권은 북부 출신을 남부에, 남부 출신을 북부 군대에 배속시켰다. 다시 말하면 북부 주민들을 탄압하거나 학살을 자행한 군인은 사령관에서 일개 병졸까지 모두 '남부의 인간'들이었다는 것이다. 이런 연유로 북부 사람들은 남부 출신을 죽도록 싫어했다. 이것이 남부로부터 분리 독립을 결심하게 된 결정적인 계기였다.

1981년, 이스자아크 씨족의 일부가 봉기해 '소말리국민운동SNM'이란 반정부 단체를 결성해 이듬해부터 무장투쟁을 벌였다. 하지만 바레 정권의 탄압은 더 심해졌다.

1988년에는 바레 정권 정부군이 하르게이사를 총공격했다. 마을은 폐허가 됐고 게릴라들은 물론 시민 수만 명이 무차별 학살을 당했다. 또 수십만 명은 에티오피아로 피신했다.

당시 다로드 씨족 일파와 가다부르시 씨족 민병대들도 정부군에 협력했다. 즉 다르비슈 분쟁 때의 입장과 정반대가 된 것이다. 그 후 이스자아크 씨족 SNM은 에티오피아 난민 캠프를 근거지로 게릴라 활동을 계속했다.

반정부 게릴라 조직을 만든 건 이스자아크 씨족만이 아니었다.

그 전에 바레 정권과 같은 다로드 씨족이면서 주류가 되지 못한 '마제르텐 분가'가 소말리아 동북부에서 반란을 일으켜 '소말리 구국전선SSDP'을 결성했다. 지도자인 압둘라히 유스프는 그 후 권모술수를 부려 해적 국가 푼틀란드를 세우고 내전이 계속된 남부 소말리아를 멋대로 휘둘렀다.

또 하나, 하위예 씨족은 중부 지역에서 '소말리통일회의USC'를 결성했다. USC는 3대 씨족 중 가장 뒤처진 상태였지만 군사 전술의 천재로 불린 장군 한 명이 있었다. 아이디드 장군이다. 아이디드는 이스자아크 씨족을 찾아가 무기 원조를 받고 게릴라 전술 등을 익힌 것으로 전해진다.

반정부 게릴라 활동이 활발해지면서 소말리아 국내는 혼돈 속으로 빠져들었다. 바레는 자신의 권력을 유지하기 위해 이스자아크와 마제르텐 간에 싸움을 붙이기도 하고 자신에게 반항하는 씨족 간 항쟁을 부채질하기도 했다.

하지만 일정한 단계를 넘어서자 이것이 정권의 짐이 되어 돌아왔다. 바레가 아무리 자기 씨족 사람들을 중용한다 해도 정부와 군 전체를 장악할 순 없었다. 이스자아크와 하위예, 마제르텐 씨족 출신들이 군과 정권 중심부에 있었다. 그들은 정부와 군에서 상호 대립을 가속화했다.

정권은 점차 기능을 상실했고 3개의 거대 게릴라 조직은 물론이고 각 지역에서 크고 작은 무장 세력이 봉기했다. 결국 아이디드가 이끄는 USC가 모가디슈를 침공해 바레 정권을 무너뜨렸다. 바레는 케냐로 도망갔다가 4년 후 망명지인 나이지리아에서 병사했다.

일반적으로는 바레 정권을 무너뜨린 아이디드가 정권을 잡는 게 상식이다. 적어도 아이디드는 그렇게 생각했을 것이다.

그러나 하위예도 단결력이 강하지 않았다. 아이디드는 소말리아 중부를 기반으로 한 '하발 기디르' 분가 출신이다. 그곳은 반사막의 가혹한 환경인 데다 주민 전체가 유목인이다. 따라서 싸움에는 강할지 모르나 유감스럽게도 근대적인 교육을 받지 못했다. 심지어 '문명화되지 않은 야만인'이라고 비웃는 사람들도 있어 일국의 정치와 경제를 운영할 능력은 없었다.

같은 하위예 씨족이면서 예전부터 수도인 모가디슈에 거주한 아부가르 분가가 그런 경우다.

아부가르 분가를 통솔하던 아리 마하디는 '아이디드'와 자신이 새로운 대통령이라고 선언해버렸다. 아이디드는 격노했으나 이 둘은 물리적 충돌을 피했다. 바레 정권의 중심이던 다로드 씨족의 잔당들이 힘을 보유했기 때문이다. 당시 그들은 도시에서 벗어나 지방인 서남부 지역에서 힘을 결집, 하위예가 장악하고 있는 모가디슈를 공격해왔다.

아리 마하디는 당황했다. 그는 정치력은 있었으나 병력이 약했다. 다로드가 총공격을 해오면 잠시도 버틸 수 없는 형편이었다. 마하디와 아부가르 분가 사람들은 아이디드에게 부탁했다.

"다로드를 물리쳐주면 당신에게 대통령직을 넘기겠소."

마하디의 요청을 수용한 아이디드는 병력을 모아 다로드 잔당과 전투를 벌여 전승을 거뒀다. 다로드는 서쪽으로 퇴각했으나 병력은 거의 전멸했다. 병사와 민간인들은 케냐로 도망가거나 동북부 비주류파인 마제르텐이 장악한 땅으로 이동했다. 이렇게 해서 바레계인 다로드 잔당은 무력화됐고 아이디드가 수도를 장악했다.

그러나 기다리고 있던 것은 대통령 자리가 아니라 총구였다. 아리 마하디가 다시 아이디드를 위험에 빠뜨렸다. 아이디드가 다로드를 토벌하는 사이 마하디는 무기와 병력을 모아 강력한 군대를 구축해놓고 있었던 것이다.

이번에는 수도 모가디슈에서 무차별 전투가 벌어졌다. 갑자기 '오닌의 난'●에 빠져든 듯한 분위기였다. 남부 소말리아가 이처럼 무법천지인 '북두의 권'이 돼버린 것은 하위예 씨족, 특히 아이디드와 마하디의 항쟁●● 때문이다.

소말리 전쟁사에서 확실한 것은 이스자아크 씨족 대 다로드 씨족, 다로드 씨족 대 하위예 씨족 등 거대 씨족 간에 대립이 발생해 어느 쪽이 승리하면 반드시 같은 씨족 내 분가 사이에 충돌이 일어난다는 점이다. 또 분가 간 싸움에서 어느 쪽이 이기면 승리한 분가 안에서 부와 권력을 둘러싸고 충돌이 발생한다.

그런 까닭에 소말리 사회에서는 패권이란 게 존재하지 않고 권력과 지배 지역이 점점 더 세분화되는 경향을 보인다.

이는 소말릴란드도 마찬가지다.

바레 정권이 붕괴하자마자 이스자아크 씨족의 게릴라인 SNM은 소말릴란드의 독립을 선언했다. 수도 모가디슈에서는 다로드 씨족과 하위예가 치열하게 싸우고 있었고 그 후에는 하위예 씨족 간에 전쟁이 벌어지고 있었기 때문에 먼 북부까지 간섭할 정신이 없었던 게 사실이다.

문제는 소말릴란드 내 세력이었다. 특히 1988년 대학살 때 정부 측에 붙은 다로드 씨족 일파와 가다부르시 남부 씨족이 문제였다.

● 1467~1477년 교토를 중심으로 일어난 내란. 오닌은 그 기간의 연호다.
●● 아이디드와 아리 마하디 항쟁의 원인과 경위에 대해서는 여러 설이 있다. 20년 동안 계속된 같은 씨족 간의 내전에 대해 어느 쪽이 더 나쁜지 물으면 대부분의 사람은 아이디드게 하발 기디르가 더 나쁘다고 대답한다. 원인을 따져 아이디드가 더 나빴던 것인지, 복수가 너무 가혹했던 건지 확실한 점은 없다.

하지만 다행히도 이스자아크 씨족은 대학살에 대한 복수를 피했다. 원로들이 모여 "그때의 학살은 바레 정권이 명령한 일로 그들에게는 책임이 없다. 우리는 미래를 위해 그들을 용서한다"고 결정한 것이다. 여기서도 전통적인 방식에 따라 '사브(정산)'가 행해졌다.

하지만 그 후 바로 이스자아크 씨족 내에서 분쟁이 일어나 피로 피를 씻는 내전으로 비화됐다. 이것 역시 소말리 특유의 '권력 세분화 현상'이라 할 만하다.

내전은 1991년부터 1993년까지 계속되다가 원로회의 결정으로 종결됐다. 당시 중재에 적극적이었던 쪽은 가다부르시 남부 씨족이었다는 게 흥미롭다. 소말리 내전에서는 이처럼 유력 씨족들이 내분을 일으키고 약소 씨족이 중재에 나서는 현상이 뚜렷하다.

일단 내전이 종결되고 무장 해제도 어느 정도 진전됐지만 수개월 후 다시 내전이 발생하고 말았다. 이번에는 이스자아크 씨족 내부에서 다툼이 일어났다.

권력의 세분화 현상이 최고조에 달했다. 이스자아크 씨족 내 최대 계파인 하발 유니스 분가와 다른 분가의 연합 세력이 대립하는 형태였다. 이번에도 최대 세력이 고립돼버리는 게 소말리답다.

1996년 두 번째 내전이 종결됐다. 소말릴란드는 그 후에도 몇 번이고 위기를 맞았지만 2000년에는 복수정당제를 기반으로 하는 민주주의로 이행했다. 소말릴란드는 현재 이스자아크 씨족과 가다부르시 남부 씨족이 공동 운영하고 있다.

한편 구소말리아 동북부에 살던 마제르텐 씨족은 1998년 '푼틀란드 정부'를 수립하고 압둘라히 유스프가 초대 대통령에 올랐다. 푼틀

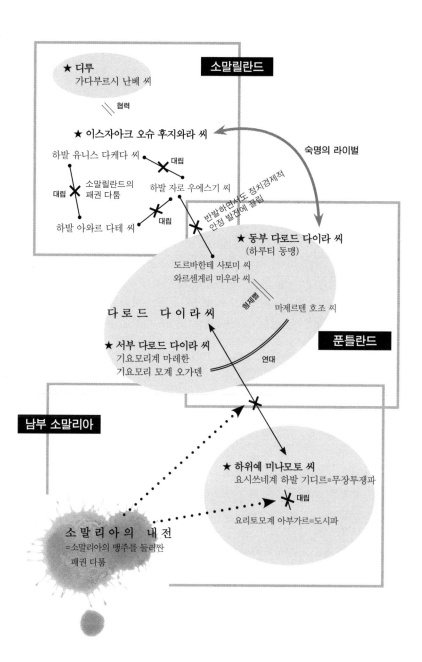

란드는 소말릴란드와 달리 독립 국가가 아니다. 어디까지나 '소말리아 공화국 내 독립 정부'라고 하는 애매한 형태로 유지되고 있다.

왜 그들은 독립 국가를 선언하지 않았을까. 그 이유는 푼틀란드에는 대도시도 산업도 자원도 없기 때문이다. 게다가 그들이 구소말리아 시대의 비주류였다 해도 다로드 씨족임에는 틀림없었다.

다로드 씨족의 다른 분가들은 남부에도 많이 있는 데다 무엇보다 그들은 '과거 다로드의 번영을 되찾겠다'는 의지가 강하다. 즉 수도 모가디슈를 탈환해 패권을 다시 거머쥐겠다는 야망이 있었던 것이다.

푼틀란드는 이른바 천하 패권을 도모하는 한편 소말릴란드와 격하게 대립하고 있다. 먼저 국경 다툼이 심하다.

푼틀란드의 최대 문제는 다로드 씨족 내 '도르바한테' 분가와 '와르센게리' 분가다. 그들 분가 인구는 그리 많지 않고 세력도 크지 않다. 따라서 같은 다로드 씨족이면서 거대 세력을 자랑하는 '마제르텐'을 형님처럼 모시며 의지한다.

마제르텐은 소말리아의 재통일이라는 거대한 야망을 품고 있어 푼틀란드의 독립을 인정하려 하지 않는 입장이다. 그래서 그들을 꼬드겨 소말릴란드 정부를 흔들고 있는 것이다.

그렇다고 이들이 군사를 일으켜 소말릴란드와 직접 부딪칠 정도의 힘을 지닌 것도 아니다. 또 남부 소말리아를 무력으로 통일할 군사력도 갖고 있지 못하다.

'북두의 권'인 남부 소말리아는 이런 상황에서 서로 싸우며 엉망진창이 되어 있다. 즉 북쪽의 푼틀란드와 소말릴란드를 무력으로 제압할 군부 세력이나 '자칭 국가'는 없다는 것이다.

이렇게 구소말리아는 '푼틀란드' '소말릴란드' '남부 소말리아'라고
하는 삼국으로 이상한 힘의 균형을 이루고 있다.

북두의 권을 모르고
'라퓨타'를 논하지 말라

차가 암흑 속을 달렸다. 희미한 불빛이 보이는 곳에서 차는 멈춰 섰다. 작은 마을 같았다.

"나는 여기서 내릴 거야."

아부티가 말했다. 그는 케냐 출신의 소말리인으로 이 나라에서 나를 보살펴주는 사람이다. 차에서 내리자마자 그는 전방을 응시했다. 운전석에는 무뚝뚝해서 무슨 생각을 하는지 알 수 없는 운전수, 조수석에는 껄렁껄렁한 남자가 카트 잎을 씹으며 여자에 대해 이러쿵저러쿵 저질 농담을 날리고 있었다.

나는 나이로비에서 케냐 동부에 걸쳐 있는 소말리인 난민 캠프로 가는 중이었다. 치안이 썩 좋지 않다고 들었음에도 우리는 밤에 움직이게 됐다. 아부티가 그걸 걱정해 일부러 우리와 동행해주었던 것이다.

그가 뒷좌석 쿠션을 가리키며 낮은 목소리로 말했다.

"거기에 돈을 감춰!"

"뭐라고?"

당돌한 지시에 당황했다. 이번 여행이 그렇게 위험하단 말인가. 위험 요소라는 게 노상강도들인가, 이슬람 과격파인가, 아니면 나와 동행하는 자들인가.

조수석 양아치가 우리 대화를 들은 듯 뒤를 돌아봤다. 아부티는 갑자기 태도를 바꿔 내 어깨를 툭툭 쳤다.

"아무것도 아냐. 괜찮아."

그는 허둥지둥 차에서 내리더니 문을 닫고는 사라졌다. 이 정도로 설득력 떨어지는 '오케이 사인'은 보다 보다 처음이었다.

중고 도요타 코롤라는 다시 암흑 속을 내달렸다. 시속 100킬로미터. 임팔라와 아기 사슴이 가끔 헤드라이트 불빛 속에 나타났다가 사라졌다.

나는 난민 캠프에 얽힌 이야기들을 떠올렸다. 이슬람 과격파들이 발호한다, 치안이 나쁘다, 소말리인의 문제여서 케냐 경찰들도 별로 손을 쓰지 않는다 등의 얘기다. 게다가 나는 소말리인들의 급한 성격을 알고 있다. 무리에서 떨어져 고립된 인간은 가차 없이 공격하는 습관도 잘 안다.

내가 난민 캠프에 원래부터 흥미를 가졌던 것은 아니다. '어쩌다 이렇게 됐을까.'

지금은 우주의 어느 별처럼 느껴지는 도쿄와 나이로비에서의 추억을 떠올린다.

지난 2009년 소말릴란드 여행을 끝내고 일본에 돌아왔을 때 나는 여행 결과에 만족하고 있었다. 소말릴란드의 여러 곳을 둘러봤고 괜찮은 치안과 독립의 정당성에 대해서도 답을 얻었다고 생각했다.

하지만 한 달쯤 지나자 '그렇게 간단한 거였어?'라는 생각이 들었다.

우선 일본에서 소말릴란드 이야기를 꺼내도 그 독특함에 대해 이해하는 이가 많지 않았다. 물론 "재미있네" "그렇게 대단한 나라가 있군" 하고 반응을 보이는 사람은 있었지만 그걸로 끝이었다. 특히 참을 수 없었던 점은 잡지 판매에 완전히 실패한 것이었다.

"해적도 없고, 전쟁도 하지 않고, 자 그럼 소말릴란드에는 무슨 특징이 있나요?"라는 질문을 받기 일쑤였다.

"그러니까 평화로운 나라라는 거죠."

"아, 그래요?"

평화는 뉴스가 되지 않는다는 걸 통감했다.

하지만 소말릴란드의 평화는 여느 나라의 평화와는 다르다. 그렇게 엉망진창인 소말리아의 전황 속에서 독자적으로 내전을 종식시키고 평화 국가를 이룬 것이다. 그렇게 외쳐댔지만 나 역시 흥미를 느끼지 못했다.

그 정도의 '엉망인 소말리아'라고 해놓고 나 자신이 그곳에 가지 않았던 것이다. 소말릴란드를 직접 보지 않고 '소말리아의 일부니까 위험하다'고 말하는 사람들을 비판하면서 정작 나 역시 남부 소말리아를 내 눈으로 보지 않았던 것이다.

엉망진창이라는 말도 신문이나 TV, 인터넷에서 얻은 정보니까 믿을 뿐이다.

'라퓨타'인 소말릴란드의 의미를 확실히 제시하기 위해서는 '북두의 권'인 소말리아와 비교하지 않으면 안 된다는 걸 깨달았다. 즉, 내 눈으로 보고 확신하는 수밖에 없었다.

또 하나 신경 쓰이는 것은 소말릴란드 독립에 대한 소말리인들의 의견이다. 소말릴란드에서는 100퍼센트 독립을 지지한다고 대답했다. 하지만 이는 소말릴란드에 사는 사람들의 생각이다. 소말릴란드의 독립을 원하는 사람들만 국내에 남아 있고, 그렇지 않은 이들은 모두 떠나버렸는지도 모른다.

또 내가 현지에서 와이얍의 안내에 많이 의지했기 때문에 내 질문을 받은 상대도 한쪽으로 치우쳤을 가능성이 있는 것이었다.

그래서 난 귀국 후 일본에 사는 소말리인을 찾아 헤맸다. 그러던 중 다섯 명을 만나 이야기할 수 있었다.

2009년 당시 재일 소말리인은 수십 명이었고, 2012년 현재는 약 10명이 남아 있다. 지바의 사마타 교수와 도쿄 내 대학과 학원에서 영어회화를 가르치고 있는 그의 아들 라게 사마타는 당연히 소말릴란드의 독립을 지지했지만 나머지 세 명은 모두 "아니"라고 대답했다. 더욱이 그중 한 명은 찜통더위의 항구도시 베르베라 출신이고 다른 한 명은 브루오 출신이었다. 본인은 모가디슈에서 태어나 자랐다고 했다.

베르베라 출신으로 현재는 미국 국적인 압둘라히는 "국제사회로부터 인정받지 못하는 나라는 의미가 없다"고 했다.

양친이 브루오 출신인 스구레. 도호쿠대학에서 박사학위를 취득하고 예전 자민당 정책고문도 역임했다는 그는 현재 일본 국적을 갖고 있었다. 세계에서 단 한 명뿐인 '소말리계 일본인'인 셈이다.

스구레는 "소말리아가 둘로 쪼개졌기 때문에 나라가 약해졌다"며 압둘라히와 비슷한 말을 했지만 좀더 복잡했다.

그는 "형이 둘 있었는데, 모두 브루오에서 살해됐다"고 했다. 소말릴란드에서도 내전이 두 번 있었다. 그 와중에 희생됐다고 한다.

현재 소말릴란드의 상황에 대해 스구레는 잘 모르는 듯했다. 내가 "길거리에서 총을 들고 있는 사람은 없다"고 얘기하자 그는 눈을 동그랗게 뜨며 믿을 수 없다는 표정을 지었다.

인터넷 세상인 지금은 소말리어와 영어로 소말릴란드 관련 뉴스를 얼마든지 보고 들을 수 있다. 당연히 스구레도 체크하고 있는 터. 하지만 깊숙한 얘기는 그에게 전해지지 않은 모양이다.

이들 세 명은 "소말릴란드 정부는 이스자아크 씨족만 모여 세웠기 때문에 그런 건 나라라고 할 수 없다"고 입을 모았다. 또 그들은 "소말리의 씨족주의는 바람직하지 않다"고 비난했다.

이 지점에서 나는 고민에 빠지고 말았다. 소말릴란드 독립의 정당성을 얘기하며 씨족의 전통으로 내전을 종결시킨 점을 높이 평가했는데, 이런 게 소말릴란드의 일면만 본 것일까.

나는 미얀마의 민족 독립 운동을 취재했을 때를 떠올렸다. 독립 운동 게릴라를 지지하는 지역에 가면 모든 사람이 '독립에 찬성한다'고 했지만 조금만 벗어나면 분위기가 완전히 달라졌다.

특히 미얀마 도시 지역에 사는 소수민족과 해외에 거주하는 사람들 중에는 독립에 회의적인 이가 많았다. 바깥세상을 보는 순간 독립이란 게 비현실적일 뿐 아니라 경제적으로도 바람직하지 않다는 걸 알아버린다는 얘기였다.

난 소말리인에 대해 너무 몰랐다. 모가디슈, 푼틀란드 등 더 많은 곳을 다니며 다양한 사람에게 이야기를 듣지 않으면 소말리의 전체 모습이 보이지 않는다.

그렇게 생각한 나는 소말리 취재에 매진하겠다고 마음먹었지만 그것 역시 쉽지 않았다. 단순히 가는 데 그칠 게 아니라 그 지역 또는 민족의 언어를 배우겠다고 결심하고 런던으로 이주했다.

하지만 내게 소말리어를 가르쳐줄 소말리인을 만날 수가 없었다. 그래서 난 영어로 쓰인 소말리어 텍스트를 구해 독학으로 문법을 익히기 시작했다. 소말리어 텍스트는 그 책 한 권밖에 없었다.

다른 한편 소말리에 대해 쓰인 영어 책을 읽었다. 역시 영어로 된 자료는 많았다. 특히 마크 브래드베리가 쓴 『소말릴란드의 탄생Becomming Somaliland』, 요한 루이스의 『소말리아와 소말릴란드 Understanding somalia and Somaliland』는 굉장히 상세하게 소말릴란드와 소말리 문화를 소개해놓았다. 『소말릴란드의 탄생』은 소말릴란드에 대한 논문집이라 할 수 있으며, 이 나라의 다양한 측면이 학술 용어로 쓰여 있다.

더 놀랐던 건 와이얍이 내게 이야기해준 것 중에 이 책과 하나도 다른 게 없었다는 점이다. 이 책의 단점이라고 하면 논문집 형태여서 읽는 것만으로는 머리에 들어오지 않는다는 것과 실감하지 못한다는 점이다.

또 '소말릴란드가 어떻게 무장 해제에 성공했는지' '어떻게 민주화로 이행했는지'에 대해서는 설명이 부족했다.

『소말리아와 소말릴란드』는 소말리 연구의 권위자인 문화인류학자 루이스 교수의 저서다. 이 책을 통해 나는 소말리인의 사회 구성 시스템이 유럽이나 아시아와는 전혀 다르다는 걸 알게 됐다. 소말리라는 세계에 더욱 흥미를 갖게 만드는 책이기도 하다.

이들 책은 영어로 쓰인 전문 서적이어서 사전을 펴들고 메모를 해가며 읽다보니 시간이 많이 걸렸다. 다른 일도 걸려 있어 이런저런 이유로 시간만 흘러갔다.

어쩌면 이런 얘기는 핑계에 불과했다. 난 역시 그곳을 무서워했던 것이다. 소말릴란드는 그렇다 쳐도 해적 국가인 푼틀란드와 여전히 전쟁 중인 소말리아에 가는 건 아무래도 위험이 따를 수밖에 없다고 생각했다. 특히 모가디슈의 상황은 이라크나 아프가니스탄에 견줘질 만큼 위험했다.

게다가 이번에는 동행할 사람도 없었다. 미야자키는 본업에 바빠 "두 번 가는 건 무리"라고 말했다. 결국 혼자 가는 수밖에 없었다.

이건 피할 수 없는 일이라 생각했다. 내 인생은 언제나 '도피'로 가득했지만 10년에 한 번은 절대 피해선 안 되는 일과 마주쳤다. 내 인생에서 소말리행은 그런 것이었다.

최종적으로 출발을 결심하게 해준 것은 와이얍의 메일 한 통이었다. 그는 "모가디슈든 푼틀란드든 당신과 함께하겠다"고 했다.

내가 전적으로 믿는 와이얍의 말이니까 괜찮을 거라 판단했다.

이번에는 케냐에서 들어가기로 했다. 런던에 있던 스구레에게 조언을 구하자 "모가디슈는 안 가는 게 좋다"고 말하며 나이로비에 사는 친척 한 명을 소개해줬다. 이후 내가 '아부티'라고 부르는 인물이다.

만반의 준비를 끝내고 나는 의기양양하게 출발했다. 나중에 생각해보니 와이얍은 "같이 가겠다"고 했지 "문제가 없다"거나 "위험하지

수수께끼의 독립국가 소말릴란드

않다"는 말은 한 마디도 하지 않았다. 그리고 나는 와이얍이 당시 근무하던 정보국에서 잘려 8명의 아이를 먹여 살리기 위해선 '위험한 곳이든 아니든 돈을 벌 수 있는 곳이면 어디든 간다'는 긴박한 사정 아래 있는 줄 전혀 몰랐다.

그것만으로도 아주 큰 문제였는데 소말리아에 가기 전에 쓸데없는 위험을 자초했다. 그게 바로 케냐의 소말리 난민 캠프행이었다.

조력자는
카트 수출업자였다

케냐령 소말리 난민 캠프는 여러 개 있었다. 그중 소말리아와 국경을 접한 지역에 있는 세 곳을 '다다브 난민 캠프'라고 부른다.

당초 내가 다다브에 가려고 마음먹었던 건 난민들의 상황을 보기 위해서가 아니라 스구레의 엄마와 누나가 거기에 살고 있다고 들었기 때문이다. 내가 스구레의 제자니까 그 사실만으로도 날 반겨줄 거라 생각했고, 진짜 소말리아에 가기 전에 조금이라도 소말리어를 실전에서 써보고 싶은 욕심도 있었다.

케냐 나이로비에 도착한 건 2011년 7월 중순. 1990년대에 이곳에 몇 번 온 적이 있으니 실로 15년 만의 방문이었다.

그사이 나이로비는 현대화가 진행되면서 신식 빌딩과 쇼핑센터가 들어서 있었다. 예전에는 치안이 나빠 낮 시간에도 내 손목시계와 더블 백을 노상에서 강탈하려는 이들이 있었지만 지금은 양복을 입은 비즈니스맨과 하이힐을 신은 오피스 걸이 거리를 활보를 하고 있었다.

케냐인들의 온화함과 친절함에도 놀랐다. 소말리인들의 거칠고 급한 성격이 인상에 강하게 남은 터라 더욱 그랬다. 소말리인은 결코 다른 사람의 말을 끝까지 듣지 않는다. 그들의 인내심은 문장 두 마디가 한계다. 그걸 넘어서면 "그래서 네가 원하는 게 뭔데?"라고 되묻는다.

"그러니까 지금 얘기하잖아."

"그래, 뭐? 빨리 말해."

"그러니까……"

소말리인과의 대화는 이런 식으로 진행되는 와중에 서로의 의중이 파악된다.

그런데 케냐인들은 내 이야기를 도중에 끊지 않고 끝까지 듣는다. 처음에는 '내 얘기를 이해하지 못한 게 아닐까' 걱정될 정도였다.

나이로비에 도착한 첫날 나는 시내에 있는 호텔에 짐을 풀었다. 외국인이 묵는 호텔로는 최악인데도 그곳 요금은 1박에 무려 35달러였다.

'이스리로 갈까.'

이스리는 나이로비에 있는 소말리인 타운이다. 정식 명칭은 '이스트 레이'지만 오래전에 이스리라는 소말리어 고유명사가 됐다.

그곳 물가가 훨씬 싸다고 들은 데다 스구레의 친척인 파르한도 그곳에 살고 있었다. 아무리 따져봐도 그곳으로 옮기는 게 좋을 듯싶었다.

나는 처음 묵은 호텔에서 나와 택시를 타고 이스리로 향했다. 젊은 케냐인 운전사에게 소말리인을 어떻게 생각하는지 묻자 한마디로 "어그레시브(공격적)"라고 했다. 한숨이 나왔다.

소말리인에 대한 악평은 유명하다. 역사적으로 라이벌 관계인 에티오피아인이나 케냐인도 소말리인들을 안 좋게 생각한다.

내 오랜 친구인 수단 유학생 아부딘 역시 "소말리인들은 참을성을 좀 길렀으면 좋겠어. 런던에서 유학할 때 보면 버스에서건 병원에서건 자기네 맘대로 떠들고 너무 거칠었어"라고 말했다.

아부딘에겐 이집트, 시리아, 파키스탄, 아프가니스탄 등 중동의 이슬람 쪽 친구가 많다. 일본인인 내 입장에서 보면 아부딘의 이슬람 친구들도 시끄럽고 공격적인 성향으로, 따지자면 만만치 않다는 생각이 들지만 그중에서도 소말리인은 아주 특별하다는 게 아부딘의 설명이다.

이스리에 도착하자 그곳은 예상대로 소말리인들의 세상이었다. 쓰레기투성이인 도로에 사람과 집이 널려 있었고 마을 규모가 허용 가능한 수준의 3배쯤 되는 트럭과 승용차로 뒤엉켜 있었다. 또 이곳저곳에서 사람들의 큰 목소리가 터져나왔다.

나이로비와는 완전히 다른 세계였다. 케냐인들이 그곳에 접근하지 않는다고 하는 말을 실감할 수 있었다.

난 그곳에서 가장 고급스럽다고 하는 그랜드 로열 호텔에 묵기로 했다. 최근 중국의 큰 도시에 우후죽순처럼 생겨나고 있는 호텔들과 똑 닮았다. 알고 보니 중국 기업이 건설했다고 한다.

나이로비의 다른 지역에 가면 1박에 100달러쯤 하는 것 같은데, 그곳은 10달러였다. 그런데 아주 깨끗한 데다 무선 랜을 갖추고 있어 놀라웠다. 이 호텔 숙박객은 몸집과 풍채가 좋은 소말리인들이었다. 돈이 많은 사업가이거나 정치인들일 거라 짐작됐다.

"이곳은 케냐뿐 아니라 동아프리카 전체의 비즈니스센터야."

스구레의 친척인 두 명의 '파르한'이 말했다. 한 명은 스물네 살,

다른 한 명은 스물다섯 살인 청년이었지만 겉보기에는 40대 중반 같았다.

나는 한 명은 "아부티(아저씨)"로, 다른 한 명은 파르한으로 부르기로 했다.

이들 둘은 내가 지금까지 만난 소말리인 중에서, 아니 그 후에 만난 무수한 소말리인 중에서도 유일하게 처음부터 인정 있고 무미건조함이 느껴지지 않는 사람이었다. 호텔에서 처음 만났을 때 아부티는 포옹하며 내 어깨를 두드려주었고, 파르한은 "내게 외국인 친구가 생기다니 너무 좋아"라면서 기쁨을 감추지 않았다.

아시아나 아프리카에서는 이런 반응이 보통인데, 소말리에서는 아주 드문 일이다. 와이얍을 포함해 소말리인은 대부분 내게 관심을 보이지 않았다. 어떤 생활을 하는지 어떤 음식을 좋아하는지 물어본 적이 없다. 일본에 대해서도 별로 관심을 갖지 않았다.

보통 외국인들은 시끄러울 정도로 일본의 물가라든지 자동차 가격, 식생활, 결혼 여부를 물어보는데 그들은 한 번도 그런 적이 없다.

다시 말해 그들은 내게 물어보고 싶은 게 아니라 자신들이 알고 있는 것을 자랑하고 싶은 거다. 상냥함이라곤 눈 씻고 찾아봐도 없다는 것이 그들의 거친 성격 이상으로 소말리인을 대하기 어려운 요소였다.

전 세계 어느 오지라도 그곳을 잘 아는 전문가나 저널리스트가 한 명쯤은 있지만 소말리는 꽤 알려진 곳인 데다 땅도 넓은데 전문가 한 명 없다. 소말리인들의 기질과 일본인이 너무 다르기 때문이라고 생각한다.

지금도 파르한 형제가 내게 왜 그렇게 마음을 열고 대해줬는지 알지 못한다. 스구레가 20년 이상 케냐를 떠나 있어서 그들은 스구레를 사진으로밖에 대한 적이 없다.

어찌됐든 파르한 형제는 매우 친절했다. 특히 내가 아저씨(아부티)라고 부르는 친구는 아주 세세한 것까지 신경 써줬다. 그가 운전하는 차를 탈 때면 "문을 잠그세요" "창문을 열지 마세요" "사진을 그렇게 많이 찍지 마세요" "혼자서 마을을 돌아다니지 마세요" 하며 하나부터 열까지 챙겨줬다.

케냐 난민 캠프에서 태어나고 자란 아부티는 5년 전에 이스리에 왔다. 이스리에 사는 많은 사람은 아부티처럼 난민 캠프 출신이거나 소말리아에서 넘어온 자들이다.

"그중에는 해적이나 깡패도 많아. 해적들 돈이 이스리에 투자된다는 말이 있어. 난 잘 모르지만⋯⋯." 닥치고 조심하라는 말이었다.

나는 이번에 남부 소말리아에 들어갈 생각으로 경호에 쓸 돈을 꽤 많이 준비해왔다. 그만큼 피 같은 돈이라서 반드시 지켜야 한다.

소말릴란드인들이 그렇듯 이스리 사람들도 '카트 잎'을 중심으로 생활이 돌아갔다. 나이로비 시내에서는 카트를 전혀 보지 못했다. 대신 술은 어디서건 팔고 있었고 술집도 많았다.

그런데 이스리는 정반대였다. 술이 있을지도 모르지만 난 한 번도 보지 못했다. 카트 상점은 여기저기 보였고 싼값에 팔렸다.

아부티는 굉장히 성실한 사람이다. "다른 사람의 신용을 얻는 데 성실이 무엇보다 중요하다"고 말하는 소말리인은 그 친구밖에 없었다.

카트에 대해서도 그는 "카트 하지 말라고 얘기하진 않겠지만, 적당히 해. 시간과 돈을 따지면 쓸데없는 짓이야. 특히 중독이라도 되면 카트 비용 대느라 옳고 그름을 판단하는 능력도 흐려져"라며 카트를 좋아하는 내게 설교하듯 말했다.

하지만 그렇게 말하는 아부티도 주 수입원은 유럽에 카트를 수출하는 데 있었다.

매일 오후 1시가 되면 아부티가 호텔에 왔다. 그에게 한 시간쯤 소말리어와 현지 사정을 배운 뒤 함께 그의 집으로 향했다. 도로와 접한 철문을 열자 집 안은 마치 일본의 에도 시대 장옥長屋*같이 공동화장실과 세면장, 부엌이 있는 좁고 길다란 단층집들이 줄지어 있었다.

다다미 3장 크기의 집에 들어서자 아부티의 부인이 만든 스파게티가 큰 그릇에 담겨 있었다. 의자에 걸터앉아 우리는 마치 경쟁하듯 손으로 스파게티를 집어 입 속에 넣었다.

배를 채우고 나서 차로 한 블록 건너에 있는 카트 창고로 향했다. 자동차 정비 공장 같은 모습이었으나 안에는 상의에 티셔츠나 러닝셔츠를 입고 아래에는 치마처럼 생긴 천이나 청바지를 입은 남성들이 있었다. 20여 명의 남성은 사방의 벽에 등을 기대고 발을 쭉 내민 채 카트 잎사귀를 짙은 녹색의 바나나 잎으로 말고 있었다.

내가 얼굴을 들이밀자 한 친구가 내게 작은 카트 다발을 내밀었다. 난 입구 주변 의자에 걸터앉아 카트를 씹었다. 소말릴란드와 예멘에서 씹던 카트와는 달리 '미로'라 불리는 이곳 카트는 작고 부드러웠으며 효과가 강렬했다. 맛은 순했지만 10분도 채 안 돼 밑에서 바람이 불어올라오는 듯한 기분이 들었고 주변이 고갱의 그림과도 같은 색으로

* 칸을 막아서 여러 가구가 살 수 있도록 길게 만든 집. 공동주택 형태다.

변했다.

"케냐의 미로는 최고야."

예전에 와이얍이 꿈꾸듯 내뱉은 말이 떠올랐다.

그곳에서 일하는 남성은 모두 케냐인이었고, 현장 감독과 창고에 찾아온 '바이어'만 소말리인이었다.

소말리인 거리에서 왜 케냐인들이 카트 파는 일을 하는지 묻자 아부티는 옅은 미소를 지었다.

"소말리인은 착실하게 앉아서 일을 못 해."

임금은 두 시간에 500실링. 케냐에 장기 거주 중인 일본인 친구에게 나중에 물어보니 "꽤 괜찮은 일"이라고 했다. 그런데도 소말리인은 그 일을 하지 않는다는 것이다.

그러고 보니 내가 묵고 있던 그랜드 로열 호텔에도 소말리인 종업원은 한 명도 없었다. 프런트 매니저, 레스토랑 직원, 청소부 아주머니까지 대부분이 케냐인이거나 에티오피아인이었다.

다른 호텔의 상황도 마찬가지다. 대체로 매니저와 계산원만 소말리인이고 나머지는 '외국인'이다. 소말리인은 앉아서 하는 일이건 서서 하는 일이건 진득이 못 하는 모양이다.

아부티에게 "그러면 소말리인이 좋아하는 일이 뭐냐"고 묻자 그는 다시 씩 웃으며 "우右에서 좌左로 물건을 옮겨 돈을 크게 버는 것"이라며 알 듯 모를 듯하게 말했다.

확실히 소말리인은 절대 자신을 싸구려 취급하지 않는다. 택시 운전하는 행태를 보면 알 수 있다. 이곳 이스리에는 소말리인과 케냐인이 운전하는 택시가 완전히 다르다. 이스리에서 시내로 갈 때 소말리인 운전수는 "왕복 2000실링"이라고 외치고는 깎아달라는 요구에 절대 응하지 않는다.

그런데 케냐인 운전수는 왕복 2000실링이라고 해도 '협상'에 들어가면 왕복 1000실링이나 편도 600실링까지 깎아준다.

케냐인은 "아무것도 안 하는 것보단 좀 싸게 해서 돈을 버는 게 좋다"고 생각하는 반면 소말리인은 "싼값에 일하느니 차라리 안 하는 게 낫다"고 생각한다.

결국 나는 매번 케냐인이 운전하는 택시를 탔다. 그들은 이스리에 사는 것만으로도 소말리화되어 거칠었지만 처음 약속한 것 이상의 요금을 요구하는 일은 없었고 돈을 내면 "고맙습니다!"라고 말했다. 소말리인 운전수에게 단 한 번도 고맙다는 인사말을 들어본 적이 없던 터라 처음에는 무척 놀랐다.

두 시간가량 걸려 케냐인 노동자들이 카트 잎을 작은 다발로 묶어 상자에 넣자 아부티 형제가 그걸 차에 실었다. 나도 동승해 나이로비 조모 케냐타 국제공항으로 향했다. 편도로 30~40분 걸리는 거리였다.

공항 부지 안으로 들어선 이후에는 빠르게 진행됐다. 그곳 경비원이나 군인은 모두 아부티의 지인이었다. 인사를 하고는 거침없이 안으로 들어갔다. 마지막 화물 창고에 도착해 카트 상자를 내리고 수취 영수증에 서명을 받았다.

카트가 가는 곳은 런던과 암스테르담이었다. 영국과 네덜란드 이외의 유럽 국가에서는 카트가 금지 약물이라고 한다.

돌아오는 길은 교통 체증 탓에 두 시간 이상 걸렸다. 이스리에 돌아오자 벌써 해가 저물었다.

아부티가 하는 일은 자동차로 카트 창고에서 공항까지 왕복하는 것뿐이지만 매우 중요했다. 카트 한 다발이 나이로비에서는 500실링(약 1만 원)이지만 런던이나 암스테르담에서는 500달러(약 50만 원)에 달한다. 매일 500다발 정도 수출하니까 인건비나 운송비를 빼더라도 엄청난 수입이다. 신뢰할 수 없는 사람에게 이 일을 맡길 순 없다.

카트 판매. 이것이야말로 소말리인들이 바라는 '우에서 좌로 물건을 옮겨 큰돈을 버는 비즈니스'였다.

천민의 이견

|

나는 아부티와 행동을 같이하면서 본래 목적인 '소말릴란드'에 대한 의식 조사'도 병행했다. 몇 가지 사례를 소개한다.

이스리에 있는 여행 에이전시에서 하르게이사행 티켓을 구입할 때였다. 절차를 밟아준 '파트머'란 이름의 여성은 스무 살의 하위예 씨족 출신이었다. 어느 분가 출신이냐고 묻자 그녀는 웃으며 얼버무렸다.

그녀는 '소말릴란드가 좋다'고 했다. 그러나 그녀의 동료인 한 여성은 '소말릴란드를 지지하지 않는다'고 말했다.

아부티가 근무하고 있는 가스 회사 사장인 압둘 아지즈(30대 중반)에게 '어느 분가 출신이냐'고 묻자 "소말릴란드는 하나의 민족"이라고만 말했다. 그러면서 '소말릴란드를 인정하지 않는다'고 했다. 그는 "소말리아 내전은 언젠가 끝난다. 그때까지 기다리겠다"고 했다.

카트 구매업자인 시리트(24세)는 이스자아크 씨족이었다. 그는 "난 소말릴란드인이다"라고 자신 있게 말하곤 더 이상 어떤 정보도 주지 않았다.

카트 창고 주변을 서성이던 30세의 사이드에게 어느 씨족이냐고 묻자 "푼틀란드인"이라고 답했다. 틀림없이 다로드 씨족이면서 마제르텐 분가일 것이다. 그는 당연하다는 듯 "소말릴란드? 인정 안 해"라고 큰 소리로 외쳤다.

소말리아의 3대 씨족 중 이스자아크 씨족은 내가 아는 한 100퍼센트 '소말릴란드 지지자'다. 반면 다로드 씨족은 모두 소말릴란드를 지지하지 않는다. 또 하위예 씨족 사람들은 반반 나뉘어 있다.

씨족을 확실히 밝히지 않는 사람들은 모두 소말릴란드 반대자다. 그들은 씨족주의를 달갑게 생각하지 않는다. 이런 경향에 대해 아부티와 파르한에게 확인하자 "대체로 맞다"고 수긍했다.

의외였던 건 아부티와 파르한의 의견이다. 가까운 친척인 스구레는 소말릴란드 절대 반대자인데도 이 둘은 열렬한 지지자였던 것이다.

아부티는 "그쪽(소말릴란드)은 벌써 십수 년간 전쟁이 없다. 치안도 좋고 훌륭하잖아. 반대할 이유가 어디 있나"라고 말했다.

아부티와 파르한은 종종 소말릴란드 정부와 야당 간의 정쟁에 대해 토론했다. 마치 하르게이사에 거주하는 소말릴란드인 같았다.

그러나 이들은 소말릴란드가 씨족주의로 평화를 달성했기 때문에 높이 평가하는 게 아니었다. 이 점이 굉장히 흥미로웠다. 그들은 씨족주의로 인해 오랜 기간 큰 피해를 보며 살아온 사람들이었다. 차별 받은 족속, 즉 천민이었던 것이다.

소말리의 천민은 도축업자나 피혁업자, 수렵업자, 거지, 대장장이,

이발사, 할례를 행하는 자 등이다. 이들의 생업을 보면 일본이나 인도, 부탄의 천민 혹은 로마의 집시와도 비슷한 게 많다.

아부티 일족은 피혁업자로 스스로를 '미드간Midgan'이라고 칭한다. 특히 북부 소말리아(소말릴란드)에 많이 살며, 현지에서는 '가보웨'라고 부른다.

아버지 대까지는 브루오에서 피혁 수리업을 했지만 1991년 내전이 발발하자 도망쳐 케냐 난민 캠프로 흘러들어왔다. 미드간이나 다른 천민 대부분이 그렇다.

난 이들이 왜 차별받는지 물었다.

난 아부티가 "인간이 모두 평등하다는 걸 모르기 때문"이라거나 "우리를 더럽다고 취급하기 때문"이라고 대답하리라 예상했다. 그런데 그는 "수가 적기 때문"이라고 말했다.

"사람 수가 적으니까 당해도 복수를 할 수 없다."

역시 약육강식의 소말리스러운 대답이었다.

확실히 해외로 나온 소말리인에게는 그런 차별이 별로 보이지 않는다. 결혼도 보통 사람들과 하는 게 가능하다. 그래서 그들은 소말리로 돌아가려 하지 않는다.

소말리인에게 케냐는 국내도 아니고 해외도 아닌 어중간한 곳이다. 아부티에 따르면 이곳 이스리에서는 차별이 80퍼센트 정도 사라졌다고 한다. 그러나 그 누구도 자신의 출신 성분을 밝히지 않는다. 상대에 따라서는 가짜를 외워뒀다가 거짓말을 하기도 한다. 진위를 가리는 건 마치 ID 카드의 위조를 감별하는 정밀함을 요하는 작업이다.

다시 말하면 아부티와 파르한에게 씨족주의란 차별과 박해의 상징이며 반드시 없어져야 할 적폐다. 그 절실함은 "소말리는 하나다"라고 주장하는 일반 소말리인과는 비교도 할 수 없는 것이다. 그럼에도 불구하고 그들은 소말릴란드를 열렬히 지지한다. 소말릴란드는 씨족주의 사회가 아니라고 이들은 주장한다. 평화는 씨족 주도로 이뤄지고 있지만 정치는 씨족 단위가 아니라는 것이다. 소말릴란드에 대한 이들의 지지는 내게 희망의 빛을 선사했다.

수수께끼의 독립국가 소말릴란드

하이에나를
조심하라

|

스구레 선생의 가족이 있어서 다다부 난민 캠프에 간다고 앞서 얘기
했지만, 나이로비에 도착한 뒤 그 목적이 허물어지고 말았다. 스구레
에게 전화하자 그는 심각한 목소리로 말했다.

"다다부에는 이슬람 원리주의 세력인 알샤바브 관련자가 많이 있
어. 외국인이 우리 집에 왔다고 알려지면 누군가가 밀고할 거야. 부탁
인데 우리 집에는 가지 않는 게 좋겠어. 당신도 다다부에 안 가는 게
나아. 굳이 간다면 내 이름을 절대 발설해선 안 돼."

'일본에서 봤을 때는 그런 얘기 안 해놓고.'

그렇게 생각하면서도 나는 "알았다"고 답하는 수밖에 없었다.

이상하게도 이스리의 아부티와 파르한도 같은 반응을 보였다.

스구레의 말을 전하자 처음에 그들은 "그렇게 위험한 곳은 아니다"
라며 웃어 넘겼다. 하지만 "당신 집에 가보고 싶다"고 부탁하자 첫날

에는 좋다고 해놓고 이튿날 만나자 "그만두는 게 낫겠다"며 정중하게 거절했다.

"외국인이 가면 불리해져."

무슨 일이든 명쾌하게 설명해주는 그들이 집에 가지 못하는 이유에 대해선 애매하게 말했다.

그들 가족도 난민으로서 유럽으로 넘어가길 바라고 있는데, 외국에 인연 있는 사람이 없는 게 가장 중요한 요소라는 것이다.

즉 외국인이 왔다는 사실만으로도 폐쇄적인 난민사회에서 눈에 확 띄어 유럽 등지에 난민 신청을 할 때 좋을 게 없다고 생각하는 듯했다. 다다부에서 활동하는 저널리스트와 NGO 활동가들이 납치된 사건도 있다고 한다. 결코 안전한 곳이 못 된다는 뜻이다.

그럼에도 불구하고 내가 다다부에 꼭 가야겠다고 생각한 건 우연한 일 때문이었다. 당시 소말리아에서는 60년 만에 가장 극심한 기근이 발생해 세계적인 뉴스 거리가 됐다. '북두의 권' 남부 소말리아로부터 난민이 대거 케냐 난민 캠프로 몰려들고 있다는 소식이었다.

국제 기관과 NGO, 거대 언론사들도 들어와 내가 끼어들 틈이 없었지만 어쨌든 케냐 국내에 있지 않은가. 이번 여행의 주제는 '내 눈으로 확인하겠다'는 것. 언어도 큰 문제가 없었다.

사흘 후에는 하르게이사행 비행기를 타야 했다. 시간이 얼마 없었지만 나는 일단 가보기로 했다. 난민 캠프까지 갈 자동차를 급하게 수배하자 왕복 300달러를 달라고 했다. 터무니없는 금액이었지만 지불하기로 했다. 그런데 문제는 출발 당일 3시간 전에 발생했다. 아부티가 갑자기 갈 수 없게 된 것이다. 그는 카트 수출업에 가스 관련 일도 하고 있었다. 그래서 바쁜 일 때문에 "아무래도 나이로비를 벗어날 수 없게 됐다"고 했다.

서둘러 다른 통역을 찾을 수밖에 없는 처지가 됐다. 아부티가 지인 중 후보 두 명을 만나게 해줬다. 한 명은 우둔해 보이는 젊은 친구로 무슨 문제가 일어나면 나를 버리고 도망갈 것 같았다.

다른 한 명은 아무리 봐도 눈매가 좋지 않은 양아치. 카트를 많이 씹어 입 주위가 퍼렜다. 스스로 문제를 일으킬 법한 유형이었다.

긴 시간 세계의 변방을 여행한 경험으로 나는 얼굴만 봐도 현지에서 채용하는 가이드나 통역의 성격, 능력을 가늠할 수 있었다. 이런 직감은 지난 15년간 한 번도 틀린 적이 없었다.

조금 망설이다가 나는 그 양아치와 함께하기로 결정했다. 변방에서는 강도나 과격한 무장 세력은 물론이고 악질 경찰이나 군인을 만날 확률이 높다. 그러니 무능하고 겁 많은 녀석보다는 악당 기질이 있는 친구가 곤란한 상황에 처했을 때 도움이 될 거라 판단했다.

나이로비에서 캠프까지는 약 20시간. 성실한 아부티는 야간 여행을 걱정하며 나이로비 교외 티카라는 마을까지 동행하고 자동차에서 내렸다.

"차 시트 밑에 돈을 감춰"라고 수수께끼 같은 메시지를 남긴 게 바로 이때였다. 운전수는 아무 말 없이 액셀을 밟았다. 어둠 속을 손으로 더듬어 찾는 듯한 여행이 시작됐다.

아덴이라는 이름의 그 양아치는 카트를 씹으며 "내가 좋아하는 음악 좀 틀어"라며 운전수에게 FM 채널 맞추기를 요구하는가 하면, 나에게는 "어이, 당신! 소말리에 대해 알고 싶다면 나만큼 좋은 선생은 없어. 지금부터 나를 선생이라고 불러, 하하!"라며 시끄럽게 너스레를 떨었다.

성질 더러운 술주정뱅이라 해도 같이 있을 수밖에 없을 때 최선의 방책은 나도 성질 나쁜 술주정뱅이가 되는 것이라고 생각하고 아덴한 테 카트를 좀 받아 씹기 시작했다.

카트 효과가 나타나면서 거짓말처럼 아덴의 존재가 신경 쓰이지 않게 됐다. 그래서인지 운전수에게 같이 "내가 좋아하는 음악 틀어"라고 소리치며 그와 친밀감까지 생겨났다. 30분에서 한 시간 간격으로 경찰의 검문이 있었다.

아부티에 따르면 케냐에서 발생하는 범죄의 90퍼센트는 경찰이 저지른다. 실제로 나도 나이로비에서 여권을 소지하지 않았다는 이유로 경찰에게 협박당해 심야에 한 시간 넘게 도시를 헤맨 적이 있다. 난 그때 경찰과 걸으면서 한 시간 동안 뇌물 액수를 흥정했다.

검문소 경찰 중에는 나 같은 일본인이 한밤중에 이동하는 걸 의심하거나 무언가를 노리는 듯한 눈빛을 보내는 자도 있었지만 그때마다 아덴이 상냥한 말투로, 때론 농담을 던지면서 잘 넘어갔다.

새벽 1시가 넘자 반대편 차선에서 오는 자동차도, 인적도, 마을 불빛도 없는 암흑지대에 들어섰다. 가끔 사슴, 토끼, 들고양이 같은 동물이 헤드라이트에 비칠 뿐 아무것도 보이지 않았다. 그럼에도 운전수는 개의치 않고 시속 100킬로미터로 달렸다.

도로에 큰 구덩이나 장애물이라도 있으면 어쩌나 싶었지만 캠프에 살면서 나이로비와 캠프를 수도 없이 왔다 갔다 했으니 '걱정하지 않아도 되겠지' 하며 자위했다.

멍하게 그런 생각을 하는 사이 차가 돌연 심하게 흔들렸다. 오른쪽 앞바퀴가 붕 뜨더니 가드레일을 들이박았다. 그 상황에서 간신히 빠져나오자 이번에는 왼쪽 바퀴가 뜨더니 반대편에 부딪혔다.

갑작스럽게 벌어진 일이었지만 상당히 긴 시간처럼 느껴졌다. 난 '아, 이대로 끝나는구나' 하고 생각했다. 그런데 자동차가 전복되는 일만은 면했다. 천만다행이었다.

"하이에나야."

잠시 침묵이 흐른 뒤 운전수가 복부 안쪽에서 짜낸 듯한 목소리로 외쳤다. 도로에 뛰어든 하이에나를 피하려다 급브레이크를 밟은 듯했다.

"어이, 죽을 뻔했잖아."

아덴도 가슴을 쓸어내렸다.

아덴과 운전수가 소말리어로 격하게 말싸움을 하고 있었다. 아덴이 고개를 돌리면서 말했다.

"이 녀석 차 운전한 지 석 달밖에 안 됐어."

뭐라고? 또 초보란 말인가.

큰 사고를 낼 뻔했으면서, 운전수는 반성은커녕 야생동물 탓만 늘어놓았다. 속도는 여전히 시속 100킬로미터였다.

불안한 마음을 진정시키기 위해 나와 아덴은 연신 카트를 씹어댔다.

오전 4시, '가리사'라는 마을에 도착했다.

이곳은 이미 소말리 거주지역. 가리사는 그 중심 도시임에 틀림없는데 도로는 어제 폭격을 맞은 듯 구덩이 천지였다.

상점도 민가도 만신창이. 녹슨 차는 45도 각도로 기울어진 채 달리고 있었다. 촌구석 마을인데 왜 이렇게 황폐화되어 있을까. 소말리인이 케냐 안에서 어떤 입장에 처해 있는지 알 수 있었다.

아무리 생각해도 도로 상태가 심각했다. 비포장에다 구덩이가 너무 많이 패어 사람 몸은 물론이고 차가 박살날 것 같은 흔들림을 느꼈다. 진동을 피하기 위해서는 덤불 사이의 흰 모래 속을 달리는 수밖에 없었다. 그런데 이번에는 차바퀴가 모래 속에 빠져 헤어나오질 못했다.

"다른 길은 없어?"

아덴이 운전수에게 묻자 "상태가 좋은 길이 있긴 한데 그쪽은 강도나 알샤바브 조직원들이 출몰해 위험하다"고 했다.

차 상태도 엉망이었다. 팬벨트가 끊어지고 펑크도 두 번이나 나 스페어 타이어로 교체했다. 우리 옆으로는 유니세프와 세계식량계획WEP 트럭이 지나갔다. 식량과 구호물품을 실은 트럭이었다.

아침이 밝자 뼈만 남은 소의 사체와 죽은 지 얼마 안 돼 배가 가스로 부풀어 오른 산양의 사체가 보였다. 가뭄 때문이었다.

그래도 야생동물은 많았다. 가젤과 크고 작은 사슴들, 큰 타조도 보였다. 이들 동물은 살집이 있는 데다 용수철같이 통통 튀어오르며 뛰어다녔다.

야생동물들은 왜 이렇게 건강해 보이는 걸까. 불가사의한 일이었다. 60년 만의 '최악의 가뭄'이라면 야생동물이 멀쩡할 리 없지 않은가.

9시쯤 우린 다다부에 도착했다. 다다부는 케냐의 행정 거점인 작은 마을이다. 여기서 소말리아 국경 사이에 이포, 다가할리, 하가데라란 이름의 난민 캠프 3개가 있다.

우린 다다부를 지나쳐 50분쯤 더 달려 이포 캠프에 도착했다. 캠프라고 하지만 사실상 그냥 조그만 마을이다. 그럴 수밖에 없는 게, 소말리인들이 난민으로 처음 이 지역에 온 것이 20년 전이었다.

산울타리 사이를 천천히 달렸다.

"와! 차가 왔다."

아이들의 함성을 들으며 어느 집 안으로 들어섰다. 그곳은 운전수인 아부디와리의 집이었다. 히로레 모하메드 누르란 이름의 운전수 부친이 우릴 맞이했다. 그는 이포 캠프를 관리 운영하는 주민위원회 위원이었다.

성격 급한 소말리인들이 늘 그렇듯, 잠시 쉴 틈도 없이 토벽 집 안으로 들어가 인터뷰를 시작했다.

히로레는 백발에 바싹 마른 체형으로 아프리카 노인의 모습 그대로였다. 우린 돗자리 위에 앉아 이야기를 듣기 시작했다.

올해 60세인 히로레는 의외로 소말릴란드 수도 하르게이사 근교 태생이었다. 가뭄 때문에 다섯 살 때 남부 소말리아 게도주州 아흐메드로 가족 전체가 이동했다고 한다. 유목민이던 히로레는 원래 산양 100두, 소 100두, 낙타 50두를 소유하고 있었다. 당시 아흐메드에는 다로드와 하위에 씨족이 함께 살고 있었지만 싸움 같은 건 전혀 없었다고 한다.

그런데 1991년 내전이 발발하자 아흐메드 역시 전쟁터로 변했다. 노인들은 가족을 데리고 국경을 넘어 이곳까지 도망쳐왔다.

한 가지 흥미로운 건 히로레가 독립계인 아샤라프 씨족이라는 점이다. 아샤라프는 '예언자 모하메드의 후예'라는 뜻이다. 나중에 들은 얘기지만, 히로레 가족은 모두 아샤라프 씨족 안에서 결혼했다고 한다.

아마도 예언자의 후예라는 자긍심 때문에 다른 피가 섞이는 걸 싫어했을 것이다.

대신 이런 독립계 씨족은 내전 때 큰 피해를 입는다. 당해도 복수가 안 되기 때문에 거대 씨족의 공격 대상이 되기 십상이다. 아샤라프처럼 다른 씨족과 결혼을 극도로 피해온 씨족은 더 말할 것도 없다.

히로레는 "지금은 하위예 씨족과 함께하고 있다"고 했다. 형식상 분가의 일원이 되어 보호받고 있다는 것이다.

그들이 지금 하위예 씨족 아래 있다는 건 누군가 그들을 공격하면 하위예 씨족의 분가가 복수를 해준다는 걸 의미한다. 다른 씨족이 그리 간단히 아샤라프를 공격하지 못한다는 뜻이다. 물론 하위예 씨족이 공격을 받으면 아샤라프는 복수에 참가할 의무를 진다.

히로레에게 소말릴란드에 대해 묻자 "평화롭고 훌륭한 나라로 지지한다"고 명확히 말했다. 그러자 옆에 앉아 있던 히로레의 동생은 "나는 반대야. 소말리아는 하나"라며 목소리를 높였다.

같이 살고 있는 형제간에도 의견이 엇갈린다는 게 흥미로웠다.

반면 푼틀란드에 대해서는 모두 부정적이었다. 같은 씨족(다로드)이 나라를 별도로 만들어서는 안 된다는 게 이유였다.

그들은 "푼틀란드는 독립 국가가 아니다"라고 말했으나 사실상 국가로 보는 듯했다.

소말릴란드는 '이스자아크 씨족이 자기네 멋대로 만든 나라'라는 비판을 받지만 히로레는 그렇게 생각하지 않는 듯했다.

또 하나 놀라운 건 이슬람 원리주의 세력인 알샤바브를 격하게 비판한 점이다. 히로레는 "그놈들을 증오한다"고까지 말했다.

"사람 목숨을 파리 목숨만도 못하게 취급하고 평화를 싫어하는 놈들이다. 카트, 담배, 술을 좀 먹었다는 이유로 참수하는 놈들. 그건 이슬람이 아니야. 내 의견에 캠프 사람들 90퍼센트가 찬성할 거야."

캠프생활에 대해서도 물어봤다.

"20년 전 이곳에 도착해 반년 동안은 괜찮았어. 그 후로 지금까지 배급이라고는 밀가루 조금밖에 없어. 땔나무 팔아서 겨우 생활하고 있단 말이야. 어디 다른 데도 갈 수 없고, 너무 힘들어."

그는 또 "아흐메드 시대에는 희망이 좀 보였는데, 지금은 아무것도 없다"고 했다.

인터뷰가 끝나자 피곤이 밀려왔다. 안내를 받아 간 침실에 눕자마자 잠이 들고 말았다. 오후 3시경, 잠에서 깨자마자 사고가 일어났다.

난 인터뷰 후 마을 원로들에 대한 감사의 표시로 아덴에게 5000실링을 건넸다.

"모든 사람이 보는 데서 직접 돈을 주는 건 모양새가 좋지 않으니까 내가 대신 전달하겠다"는 아덴의 말을 믿고 건넨 것이었다.

그런데 원로들은 2000실링밖에 받지 못했다고 했다. 어처구니가 없어 말문이 막혔다. 언젠가 문제를 일으킬 거라고 생각했지만 설마 난민 캠프 노인들에게 준 사례금을 반 이상 떼어먹을 줄은 미처 몰랐다.

"하이에나 같은 놈."

아덴을 불러 추궁하자 "전부 건넸다"며 딱 잡아떼는 것이었다. 소말릴란드에서 만난 병사 유스프와 똑같은 놈이었다. 시치미를 뗄 요량이었다.

조금만 방심하면 물어뜯는다. 난 아덴에게 돈을 맡긴 걸 후회했다.

이건 나의 편견이 아니었다. 영어를 구사하는 아부디와리의 부인 마리안도 "소말리 남자는 다 그렇다"고 귀띔해줬다. '받았다, 못 받았다' 결론 없는 언쟁을 주고받다가 난 나이로비에 있는 아부디에게 전화해 아덴과 이야기를 좀 하도록 했으나 아덴은 전화조차 거부했다. 이것으로 아덴이 거짓말을 하고 있음이 명확해졌다.

난 아덴에게 "넌 이제 필요 없어. 지금 당장 나이로비로 돌아가!"라고 말했다. 그러자 아덴은 "일당 100달러, 사흘 치 300달러가 아까운 듯 "절대 돌아갈 수 없다"며 핏발이 선 눈으로 나를 노려봤다.

하지만 이곳은 원로의 집이고 캠프였다. 운전수인 아부디와리가 몹시 화난 얼굴로 아덴에게 욕을 퍼부었고, 다른 가족들도 돌아가라며 가세했다.

두 시간이 흐른 뒤 아덴은 포기한 듯 짐을 챙겨 그 집을 나서면서 "어이 다카노! 내가 해야 할 일이 생겼어"라고 외쳐댔다.

마리안이 내게 말했다.

"당신을 죽이겠다는 뜻이에요."

난 '알고 있다'고 답하는 것 외에 달리 할 말이 없었다. 어찌됐든 그 하이에나 같은 녀석이 사라지고 나서 한숨 돌렸다.

'단독 행동은 절대 해선 안 돼', 난 다시 다짐했다. 소말리 사회에서 '무리로부터 벗어난 동물'은 반드시 공격받게 돼 있다. 다행히 그 사건으로 히로레 가족과는 친해진 듯한 느낌이 들었다.

"캠프에 있는 동안에는 우리 집에 머물러"라는 말까지 들었다. 잠시 이들 아샤라프 씨족의 보호 아래로 들어가는 수밖에 없었다.

알샤바브의
그림자

|

이튿날 난 운전수 아부디와리와 통역 마리안과 함께 난민 캠프 취재에 나섰다. 하지만 취재 환경은 최악이었다. 우선 사람이 너무 많았다. 이곳 이포 캠프는 원래 2만 명 정도가 살고 있는 거대한 마을이다. 거기에 난민이 매일 수십 명씩 몰려들었다. 최근 수개월간 새로 유입된 이른바 신新난민의 수는 약 1만 명에 달했다. 시간이 갈수록 그 숫자는 기하급수적으로 늘어났다.

캠프 주변은 의외로 차분했다. 신난민들은 나뭇가지와 넝마 조각, 플라스틱 같은 걸 덧댄 텐트를 공터에 설치하고 있었다. 우리 눈엔 불쌍하게 보이지만 소말릴란드에서는 보통의 유목민 거주 스타일이다. 난 되레 정겨워 보였다.

어디서부터 시작해야 할지 몰랐으나 우선 유엔난민고등판무관 사무소UNHCR에 가보기로 했다. 그곳에는 이미 많은 사람이 배급을 타려고 긴 줄을 서 있었다. 그 주변에도 수백 명이 서성이고 있었다. 어느 쪽이 구_舊난민이고 신난민인지 내 눈으로는 구분할 수 없었다.

언론에서 보도하는 영상이나 사진과는 달리 뼈밖에 남지 않은 것 같이 마른 사람은 별로 보이지 않았다.

정리된 이야기는 고사하고 '어디에서 왔는지' 물어보는 것조차 어려웠다. 한 사람에게 말을 걸면 주변에 인파가 모여들어 시끄럽게 떠들어댔다. 일대일 인터뷰를 진행할 수 있는 상황이 아니었다.

그뿐만이 아니었다. 별 관계도 없는 사람들까지 "인터뷰하려면 허가를 받아!" "돈을 줘"라고 말하며 소동을 일으켰다. 소말릴란드에서 사진을 찍으려 할 때와 비슷했다.

다행인 것은 아부디와리의 아내 마리안의 존재였다. 그녀는 보통 소말리인과 달리 동아시아 사람같이 생긴 미인이었다. 일본 여배우 모모이 가오리●와 닮았다고 생각했다. 그렇게 봐서 그런지 성격도 모모이 가오리 같았다.

영어가 유창할 뿐 아니라 담력이 있고 정도 깊어 남성 같은 매력에 여성의 섹시함까지 갖춘 인물이었다.

자주색 천을 머리에 두른 그녀가 바람에 천이 날릴까 손으로 잡으며 은근히 미소 지으면 심장이 콩닥거렸다. 마리안은 능숙했다. 새로 유입된 난민을 정확히 구분해냈다. 특히 크게 저항할 것 같지 않은 노인을 발견하면 팔을 잡아끌어 차에 태웠다. 그러면 남편인 아부디와리가 급히 차를 몰아 노인을 별도의 장소로 '납치'한다. '이렇게 강제

● 1971년 아키카와 곤 감독의 영화 「두 번째 사랑」으로 데뷔, 「가게무샤」 「게이샤의 추억」 등에 출연했다.

로 해도 괜찮나' 싶었지만 이 정도면 소말리에서는 용서되는 수준이라고 한다. 우리는 2~3분 정도 차를 몰아 인적인 드문 곳에서 이야기를 들었다. 그래도 약 5분 후면 자동차가 사람들로 둘러싸이긴 했지만 말이다.

통역 겸 가이드가 여성이라는 점은 아주 좋았다. 우선 여성들과 이야기가 가능했다.

캠프 주변을 걷고 있으면 사진 촬영이든 뭐든 누군가가 다가와 시비나 싸움을 걸어오는데, 그때도 도움이 됐다.

남편인 아부디와리가 나서면 서로 노려보며 물러서지 않지만 마리안이 웃는 얼굴로 대하면 투덜대면서도 물러난다. 소말리 남성들은 군중 앞에서 여자와 말싸움을 하는 건 체면이 서지 않는 일이라고 생각한다.

마리안은 센스도 있었다. 낙타, 등짐을 진 사람, 붉은색 민족의상을 입은 마사이족 등 '그림이 되는 풍경'을 보면 "어서 사진을 찍으세요"라고 재촉했다.

"괜찮아요. 찍어버리세요. 어차피 불만은 터져나오게 돼 있어요."

그녀의 안내로 우리는 캠프 이포의 유엔난민고등판무관 사무소, 신난민들이 유목민식 텐트를 치고 생활하는 곳, 그곳에서 10킬로미터 떨어진 다가할리 난민 캠프의 급수장, 시장을 방문해 이런저런 단편적인 이야기를 들었다.

단, 인터뷰는 마리안의 능력을 넘어서는 일이었다. 마리안도, 그의 남편인 아부디와리도 이곳 캠프에서 나고 자라 소말리에 대해서는 아무것도 몰랐다. 심지어 지명도 잘 몰랐다. 남부 소말리아는 가본 적도 없고 알고 있는 것도 없었다.

인터뷰 도중에 그들이 "현재 내가 사는 처참한 상황"이라고 말해도 원래 상태가 어땠는지 전혀 알지 못해 감을 잡을 수 없었다.

그런 까닭에 남부 소말리아 곳곳에서 건너온 다양한 씨족 출신의 아홉 가족의 이야기를 들은 후에야 대략적인 상황을 파악할 수 있었다.

의외였던 건 '왜 도망쳐왔는가'라는 질문에 대한 아홉 가족의 대답이었다. 전쟁 때문이라는 답이 압도적으로 많았다.

한 달 전에 이곳에 온 세 가족은 모두 전쟁을 이유로 꼽았다. 다른 네 가족은 '전쟁과 가뭄'을 이유로 들었다.

닷새 전에 피신해온 두 가족은 '가뭄 때문'이라고 답했다. '우오로드(무장 세력)'가 식량을 주기도 했지만 그것을 받으면 알샤바브에게 죽임을 당한다고 했다.

알샤바브와 관계없이 '가뭄 때문'이라고 답한 건 인터뷰 당일 난민 캠프에 온 가족뿐이었다.

전쟁은 씨족 무장 세력 간의 다툼이 아니라 무장 세력과 알샤바브 간의 전쟁이라고 말했다. 즉 알샤바브가 일으킨 재앙으로부터 도망쳐 온 것이었다.

어디까지나 추측이지만, 가뭄 때문만이라면 이곳에 온 90퍼센트는 도망치지 않았을 거라 생각했다. 실제로 알샤바브의 악행은 상상 이상이었다.

"가축이건 뭐건 마음 내키는 대로 가져가버려요. 이유를 물으면 바로 죽여버리죠."

"알샤바브는 결코 우리를 도와주지 않아."

"알샤바브와 우오로드 간의 전쟁에서 나쁜 쪽은 알샤바브다. 그놈들은 살인마야."

우리는 '60년 만의 대가뭄'의 실상을 들으러 왔지만 그들에게서 들은 건 결국 알샤바브의 잔악함뿐이었다.

나는 예전에 르완다와 캄보디아에서 들은 대학살 이야기를 떠올렸다. 심지어 이곳은 과거가 아니라 현재진행형이다. 내 머릿속은 더 복잡해졌다. 그사이 나는 소말릴란드를 잊어버렸다.

원래 '신난민'에게도 소말릴란드에 대해 어떻게 생각하는지 물어볼 생각이었으나, 벌거벗겨진 채 토지도 가축도 모두 버리고 도망쳐온 사람들 앞에서 평화로운 소말릴란드는 다른 행성의 이야기 같은 것이었다.

소말릴란드에 대해 물어보는 걸 잊어버린 건 난민 대부분이 유목민이나 농민으로 지식이나 정보를 갖고 있지 않을 것 같아서이기도 했다. 딱 한 사람, 바이주의 딘솔이라는 마을에서 회사를 다녔던 사람을 만났을 때 소말릴란드가 생각난 게 그 증거다.

이름은 아담 오스만(53세). 그는 하위예 씨족이었으나 "소말릴란드는 아주 훌륭하다고 생각한다"며 웃으면서 말했다.

난민들한테 얼추 이야기를 듣자 나는 축 처지고 말았다. 이를 간파했는지 마리안은 히로레 원로의 집에서 가까운 자신의 집(친정)에 나를 데려갔다. 그곳에서 난 마리안의 모친 및 동생 등과 이런저런 이야기를 나누었다. 그들은 모두 아샤라프 씨족이었다.

씨족의 보호 아래 있는 게 안전하다고 생각했으나 그것도 잠깐이었다.

집으로 돌아오는 차 안에서 마리안은 어머니에게 "애를 놔두고 지금 뭐하는 것이냐며 꾸지람을 들었다"고 토로했다. 마리안은 내 눈을 빤히 쳐다보며 칭얼대듯 얘기했다.

물론 사례는 충분히 할 텐데, 아직 하루가 끝나지 않았다.

'이 사람들은 왜 참을성이 없을까.'

생각해보면 양아치인 아덴이 그랬다. 좀 어른스럽게 내 일을 도왔더라면 사흘 만에 300달러라는 거금을 손에 넣었을 것이다. 그 친구는 첫날 30달러를 슬쩍하려다 일을 그르쳤다. 300달러를 손에 넣은 다음 사기를 쳐도 됐을 텐데 말이다.

마리안에게는 어쩔 수 없이 그 장소에서 돈을 지불했다. 아부디와리의 자동차와 운전수 일당을 포함해도 충분한 금액이었다. 그런데 그녀는 고작 이거냐는 반응이었다. 아부디와리는 "왜 나한테는 안 주냐"고 했다. '또 시작된 건가.'

무리에서 이탈한 동물을 공격하는 소말리의 일관된 패턴이었다. 히로레 원로의 집에 돌아와서도 상황은 같았다. 어제까지만 해도 좋은 대접을 해주며 즐거운 시간을 보낸 그들이 오늘은 한 사람씩 내게 다가와 불만을 이야기했다.

"마리안에게는 돈을 주고 왜 나한테는 안 줘."

"빨리 돈을 줘."

"그 카메라는 얼마나 해?

"그 휴대전화 나 줘."

한바탕 광풍이 휘몰아치는 듯했다.

나는 시장에서 구입한 카트를 씹으며 그 상황을 넘기고 있었다.

가족 중 유일하게 진정성 있어 보이는 아부디와리의 막냇동생이 도끼로 땔나무를 패고 있었다.

빠직! 사방으로 튀는 나무 파편의 소리는 "알샤바브는 이유 불문하고 사람을 죽인다"는 이야기를 떠올리게 했다.

간신히 그 지옥 같은 곳을 빠져나와 날이 저물기 전에 침실로 들어갔다. 그곳에서 난 카트를 계속 씹어댔다. 시간이 꽤 흘렀는데 왠지 집 안 분위기가 이상하다는 느낌이 들었다. 저녁을 주지도 않고 사람들이 어제처럼 밖에서 어슬렁거리며 유유자적하지도 않았다.

폭풍 전야의 고요함같이 팽팽한 긴장감이 감돌았다.

'혹시 나를 죽이려고 모의하고 있는 건 아닐까.'

카트를 씹으면 나타나는 특유의 과대망상이었다. 카트의 망상이었지만 패닉에 빠지진 않았다. 난 냉정하게 이런 시나리오를 생각했다.

이들 가족은 어쨌든 돈이 필요하다. 열악한 캠프에서 20년 동안 갇혀 지냈다. 올해 겨우 중고차를 구입했지만 돈을 빌려 산 거라 갚는 데 어려움을 겪고 있을 것이다. 이들에게 일본 돈 수십만 엔 때문에 외국인 한 명 죽이는 건 일도 아니지 않을까. 그 돈으로 누군가는 캠프를 탈출할 수 있을 테니까. 가족 중에 어느 대담한 인간이 "죽이자"고 말하면 바로 실행에 옮길지 모른다. 그런 인간에 가장 근접한 자는 바로 마리안이다. 결단력 있는 여자이기 때문이다. 그녀라면 피가 튀는 걸 마다하지 않을 것 같았다.

작업은 간단하다. 내일 새벽 우리는 컴컴한 시간에 자동차로 이곳을 나선다. 소말리인 집단 거주지인 '가리사'에 간다는 명분으로 아부디와리의 동생과 숙부들이 동승한다. 도중에 차가 수풀 속에서 멈춘다. 타이어가 모래에 빠졌다든가 펑크가 났다고 말한다.

차에서 내리는 순간 뒤에서 누군가가 벽돌 크기의 돌로 내 머리를 내리친다. 그것으로 끝. 그다음은 모래를 좀 파서 내 시체를 파묻으면 된다.

어느 누구도 내가 어디에 있는지 알지 못한다. 내가 돌아오지 않으면 나이로비에 있는 아부디가 아부디와리에게 물을 것이다. 그러나 아부디와리가 "다카노는 양아치 아덴이 무서워 시내에서 내렸다"고 말해버리면 의심이 좀 가더라도 더 이상 추궁하기 어려울 것이다.

내가 생각해도 완벽한 스토리였다.

어떻게 할까. 나는 심각한 고민에 빠졌다. 나이로비에 있는 아부디에게 일본인 친구한테 전화를 걸어달라고 할까. 난 지금 어디에 있는 걸까. 내 친구들이 알고 있다는 것을 마리안 일가가 인지할 수 있도록 하는 게 중요하다고 생각했다.

전화를 걸어 마치 다 알고 있는 것처럼 해도 좋다.

가령 '다카노를 건드리면 보복을 당한다'고 생각하게끔 만드는 게 소말리 사회에서는 무엇보다 중요하다.

한편으로는 나 자신이 피해망상에 사로잡혀 있다는 것도 서서히 자각했다. 아무리 빈궁한 난민이라 해도 사람을 그리 쉽게 죽이진 않을 것이다.

그렇게 시간이 흘렀다. 10시 30분경, 히로레 원로 그리고 한 번도 본 적 없는 노인 한 명이 식사를 들고 내 방에 들어왔다. 히로레는 다리를 질질 끌고 다녔다. 넓적다리에 바둑돌만 한 크기의 둥근 상처 같은 게 보였다. 종양이 터진 듯한 상처 같기도 하고 무슨 병 같기도 한 상태였다.

몇 시간 전만 해도 멀쩡했으니 병은 아닐 거라 생각했다. 그래도 보통의 부상으로 생긴 상처 같지도 않았다. 굳이 설명하자면 화살촉에 찔렸는데 무리하게 빼낸 것 같은 상태였다.

'역시 이 집에서 뭔가 이상한 일이 일어나고 있는 게 분명해.'

말도 통하지 않고 그들의 표정이 무서워 나는 아무 말 없이 밥을 먹는 수밖에 없었다. 토마토소스가 뿌려진 스파게티 위에 바나나를 얹은 요리였다.

밖에서 인기척이 들렸다. 마리안과 아부디와리가 크게 싸우고 있었다. 원로는 식사를 중단하더니 밖으로 나갔다. 이번에는 세 명이 싸우는가 싶더니 서로 뒤엉켜 벽에 부딪히는 소리가 들렸다. 깜짝 놀라 밖으로 나가보니 마리안과 원로가 서로 멱살을 잡고 있었다. 마리안은 완전히 다른 사람이 되어 있었다.

그녀는 상처 입은 노인을 들이받더니 문을 받친 벽돌을 오른손에 들고 등지고 있는 남편의 머리를 내리치려 했다.

내가 상상했던 그 광경이 전혀 다른 사람에 의해 연출되고 있었다. 한번 결정하면 망설임 없이 해치워버리는 마리안의 기질이 여기서 발현된 걸까.

원로는 뭐라고 소리치면서 마리안의 오른손을 잡았다. 아부디와리도 뒤돌아봤다. 이때 가족 중 남성 몇 명이 달려들어 싸움을 벌이고 있는 이들 세 명을 제압하려 했다.

위험한 상황임에도 남성들은 침착했다. 그런데 마리안이 그들을 피해 방으로 들어가 아부디와리의 셔츠 주머니에서 무언가를 꺼냈다.

그러자 남성들이 당황한 듯 마리안을 황급히 말렸다. 마리안은 울부 짖듯 소리쳤다.

"저게 뭐야?"

영어를 할 줄 아는 아부디와리의 동생 오스만에게 물었다.

"아부디와리의 케냐 ID 카드와 운전면허증인데, 마리안이 그걸 태 워버리겠다고……."

오스만이 한숨을 내쉬며 대답했다.

케냐의 ID? 아부디와리가 케냐 국적인가? 난민이 아니란 말인가. 이 싸움은 무엇이란 말인가.

"질투야."

오스만이 가족의 치부를 드러내 보인 이상, 숨길 이유가 없다는 듯 속 시원히 털어놓았다.

원로는 석 달 전에 도요타 코롤라를 사서 아들인 아부디와리에게 운전을 맡겨 나이로비를 오가며 영업을 시작했다. 그 덕분에 아부디 와리는 정기적인 수입이 생겼지만 마리안에게는 돈을 주지 않았다.

"나이로비에 한번 가면 며칠을 묵어야 하고 돈도 많이 들어. 그런데 마리안은 그걸 이해 못 하고 '나이로비에 여자가 생겼다'며 의심하고 있어."

오스만은 형인 아부디와리를 두둔했다.

오늘 우리가 신난민 취재를 마치고 돌아온 뒤 집안 분위기가 바뀐 건 마리안이 아부디와리가 바람을 핀다고 문제 삼았기 때문이다.

"마리안은 지금 그림자를 쫓아다니고 있어."

오스만은 마리안을 비난했다.

오스만은 의외의 사실을 계속 털어놓았다. 아부디와리는 물론이고 오스만을 포함한 다른 남자 가족은 모두 케냐 국적을 갖고 있다는 것이다. 23세로 아직 어린 아부디와리는 벌써 두 번이나 결혼했고, 첫 번째 아내는 미국에 있다고 한다. 또 소말리인은 부부싸움을 하면 바로 이혼을 해버린다는 이야기도 했다.

아부디와리와 오스만의 모친인 히로레 원로의 아내도 이혼해서 현재 미국 노스다코타에 거주하고 있고, 정기적으로 돈을 보내준다는 사실도 이야기했다.

마리안은 겨우 진정됐지만 아부디와리의 ID 카드를 팬티 속에 넣고 꺼내주려 하지 않았다.

이번에는 아부디와리의 숙부가 옆에 앉아 불만을 털어놓기 시작했다.

"저런 여자는 필요 없어."

아부디와리가 내 옆에 오더니 서툰 영어로 이야기를 꺼냈다.

그에 따르면 마리안은 미국으로 이민을 가고 싶어 열심히 영어를 공부했다고 한다.

"소말리 여자는 미국에 가면 안 된다고 어머니가 그러셨어요. 자유를 만끽하는 순간 모두 남편을 버린다고요."

아부디와리 입장에서는 마리안이 영어를 공부하는 것 자체가 싫었던 것 같다.

"차라리 나이로비에 가서 다른 여자를 만나는 게 좋을 것 같아요. 4000달러만 있으면 여자는 얼마든지 있으니까요."

아부디와리는 계속해서 현실적인 이야기를 꺼내놓았다.

"내일 미국에 있는 어머니에게 전화해서 한 달에 1000달러씩 달라고 해야겠어요. 4개월이면 4000달러를 받을 수 있겠죠."

어이가 없었다. 그들은 난민 캠프에 살고 있으면서도 빈곤한 삶을 살지 않았다. 케냐 국적을 가지고 미국이나 유럽으로 이민도 갈 수 있고 적지 않은 돈을 해외에 있는 가족에게서 받고 있었다.

당연히 나를 죽일 이유 같은 건 애초에 없었다.

나 역시 그림자를 쫓고 있었다. 알샤바브의 그림자인지, 맹수인 소말리의 그림자인지 알 순 없지만.

문득 생각난 게 있어 오스만에게 물었다.

"원로의 다리는 어떻게 된 거야?"

"아, 그거요? 전갈에 물린 거예요. 이 주변에서는 흔히 있는 일이고요. 별 이상은 없어요. 이곳은 살기 좋은 곳입니다."

이튿날 아침 날이 밝자마자 출발했다. 지난 밤 사건과 함께 이틀째 카트에 취한 상태로 정신이 몽롱했다.

가리사에 들어가려는 순간 케냐 경찰이 막아섰다. 경찰은 내 얼굴을 쳐다보고는 깜짝 놀란 듯했다.

"혼자인가? 경호원은 없나? 저널리스트들은 모두 그룹으로 다니고 무장한 경호원과 함께 다니는데. 캠프에서는 무슨 일이 벌어질지 몰라."

난 한숨을 쉬었다. 이제 와서 그런 걸 안들 무슨 소용이 있단 말인가.

백 투 더 소말릴란드

제 4 장

기적의
정권 교체

'아프리칸익스프레스항공'이라는, 들어본 적도 없는 항공사 비행기로 나이로비를 떠나 소말릴란드의 수도 하르게이사에 돌아왔다.

한산한 공항에는 선글라스를 낀 와이얍이 큰 팔을 벌린 채 기다리고 있었다. 공항도 친구도 2년 전과 비교해 아무것도 달라진 게 없었다. 굳이 변한 게 있다면 와이얍이 흰 털이 듬성듬성 섞인 콧수염을 달고 나타난 것 정도였다.

'돌아왔구나.'

나는 안도의 한숨을 내쉬었다. 지난 2년간 소말릴란드를 다시 찾진 못할 거라고 몇 번이고 생각했던 참이었다.

지난번 방문했을 때 소말릴란드는 사실 심각한 국가 분열의 위기에 처해 있었다. 5년에 한 번 대통령 선거가 실시됨에도 불구하고 당시 여당은 선거 연기를 반복하고 있었다. 유권자 등록이 완료되지 않

수수께끼의 독립국가 소말릴란드

왔다는 게 이유였다.

소말릴란드는 유목 국가다. 지방에 거주하는 진짜 유목민뿐 아니라 도시민들도 빈번하게 이동하면서 살고 있다. 주소도, 본적도 없다. 그런 탓에 유권자 등록은 애초에 불가능하다.

그 전에도 선거 때마다 이중 투표와 유권자 등록 누락의 문제가 지적됐다.

그러니까 이번에는 만전을 기하려 한다는 게 여당의 핑계였지만, 야당 측은 "선거를 하면 질 가능성이 높으니까 회피하려는 것"이라고 비난했다.

내가 미야자키와 방문했을 때 이미 이 문제가 크게 불거져 있었다. 소수파인 다로드계 두르반테 씨족의 전前 장관이 이끄는 NGO가 중재에 나선 상태였다. 다수파가 연합해 분쟁을 일으키면 소수파가 중재하는 소말릴란드 특유의 시스템이 작동하고 있어서 어떻게든 될 거라 생각했으나, 내가 일본으로 돌아온 뒤에도 선거가 치러질 기미는 보이지 않았다. 와이얍도 "이제는 무슨 일이 벌어져도 이상할 게 없다"고 메일로 소식을 전해왔다.

아프리카에서는 이런 상황이 되면 대부분 민주주의가 붕괴된다. 여당이 선거를 계속해서 연기하면 야당은 폭력을 동반한 반대 시위를 하고 여당은 무력으로 진압한다.

선거를 하더라도 여당이 투표를 조작하는 일은 다반사다. 아니면 선거 결과를 인정하지 않고 무효 선언을 해버린다. 여기서 반드시 발생하는 것이 무력에 의한 진압이다.

소말릴란드도 세 번째 내전에 돌입할 가능성이 있었다. 앞서 두 번의 내전 당시에는 주변에 소말릴란드에 손을 뻗치려는 무장 세력이 없었다. 소말릴란드는 씨족 간 대화로 내전을 종식시켰다.

하지만 이번에는 소말릴란드를 싫어하는 해적 국가 푼틀란드와 소말리아 통일을 목표로 하는 이슬람 원리주의 과격파 알샤바브가 있다. 이들 두 세력이 소말릴란드의 혼란을 틈타 쳐들어오면 내란은 씨족 간의 대결 수준을 넘어서게 된다. 그러면 소말릴란드는 어이없이 망해버릴지도 모른다. 사람들은 '옛날에 소말릴란드라는 환상의 나라가 있었다'고 책으로만 기록하게 될 것이다.

그런데 소말릴란드는 또 한 번 기적을 일으켰다. 그들은 상상할 수 없었던 '제3의 길'을 택했다. 선거를 실시했고 야당이 승리했다. 여당은 선거 결과를 받아들였다. 평화적인 정권 교체가 이뤄진 것이다.

깜짝 놀랄 만한 일이었다. 내가 아는 한 아프리카 대륙에서 민주적인 절차를 거쳐 정권이 교체된 건 일고여덟 번밖에 없다. 아프리카에는 현재 약 50개의 국가가 있고, 대략 50년의 역사를 갖고 있다. 그중에서 겨우 일고여덟 번이다.

이번 선거에서도 유엔은 개입하지 않았다. 단지 옵서버로 참여한 어느 국제 NGO가 "대체로 공평한 선거였다"고 증언했다. 이것을 기적이라 하지 않으면 무엇을 기적이라 할 것인가.

노벨평화상을 수여해도 이상할 게 없지만 이번에도 국제사회는 「천공의 성 라퓨타」의 기적에 전혀 신경 쓰지 않았다. 하늘을 날아다니는 라퓨타는 그 누구도 보지 못하는 나라다.

그러나 소말릴란드의 정권 교체는 일본인인 내 입장에서는 '남의 일'로 생각할 수 없는 무언가가 있었다.

수수께끼의 독립국가 소말릴란드

지금까지 소말릴란드의 여당은 민주주의가 도입된 이래로 계속해서 정권을 잡아왔다. 부패와 무능을 비판하는 국민의 목소리가 높았지만 야당은 오합지졸이었다. 장기 집권하고 있는 여당과 정부를 비판해본 적도 없다.

여당은 "이런 풋내기들에게 어떻게 국정을 맡기겠는가"라며 야당과 그 지지자들을 향해 외쳤다.

이것은 당시 일본의 정치 상황과 너무나 흡사했다. 결과도 똑같았다. 일본에서는 장기 집권하던 자민당에서 민주당으로 정권 교체가 이뤄졌다. 분명 당시엔 국민 대부분이 대환영했지만 1년도 안 돼 민심은 민주당을 떠났다.

"역시 아마추어들이다. 무능한 정치인들이 관료의 일을 방해하고 있다"는 식의 비판이 쏟아졌다.

소말릴란드에서도 마찬가지였다.

1년 전 정권 교체 직후에는 국민의 80퍼센트가 새로운 정부를 지지했는데, 그 분위기는 1년도 못 갔다고 한다.

내가 도착한 이튿날 신문에는 지방의 어느 마을을 방문한 대통령에 대해 지역 학생들이 신을 벗어 손에 들고 돌리며 시위를 하는 모습이 담긴 뉴스가 1면 머릿기사를 장식했다.

"그놈들은 경험이 없어. 정치에 대해서는 아무것도 몰라."

내가 만난 많은 사람이 그렇게 얘기했다.

관료(행정)보다 정치(국회)가 우선인 점에서는 소말릴란드가 일본보다 한 수 위였다. 신정권은 중앙 부처에 근무하는 관료의 70퍼센트를 해고하고 새로운 사람들로 채웠다고 한다. 관료의 힘을 약화시키기 위해 스스로 목을 내놓은 건 참신하긴 하지만 도를 넘은 행위다.

그 획기적인 정책의 희생자는 내 주변에도 있었다. 바로 와이얍이었다. 그는 정권 교체 후 한동안 정보국 과장 지위를 유지했으나 두세 달 전 누군가의 권모술수에 걸려 잘렸다고 한다.

그에게는 아내와 8명의 자식이 있다.

'생활비를 벌기 위해서는 다소 위험한 곳이라도 갈 수밖에 없다'고 생각한 그는 "푼틀란드도 좋고 모가디슈도 좋고 어디든 가겠다"고 내게 연락해왔다. 정국이 안정돼서가 아니라 와이얍에겐 그런 딱한 사정이 있었다.

생각해보니 나 역시 정권 교체의 여파로 이곳에 다시 오게 된 것인지 모른다.

또 하나, 소말릴란드를 다시 방문하려 했을 때 신경 쓰였던 점은 일본에 거주하는 한 소말리인이 '소말릴란드에는 가지 말라'고 경고했던 것이었다. 그는 "예전의 소말릴란드와 지금의 소말릴란드는 전혀 다르다. 정치 상황이 좋지 않고 치안도 불안해졌다"고 말했다.

이 말을 와이얍에게 전하자 "마을을 한번 봐"라고 했다.

"새로운 건물이 계속 올라가고 있잖아. 상황이 좋지 않다면 누구든 돈을 감추게 마련이야. 투자를 한다는 건 소말릴란드가 안정적이라는 얘기야."

와이얍은 자신 있게 말했다.

실제로 새 건물이 점점 늘어나고 있었고 5층 정도 되는 건물이 곳곳에서 올라가고 있었다. 자동차 수도 확실히 증가했다.

틀린 말이 아니었다. 무엇보다 정권 교체기에 일자리를 잃은 그가 그렇게 말하는 게 설득력 있었다. (그 후 나는 소말릴란드가 치안이든 경제적인 측면이든 예전만큼 안정돼 있다는 걸 확인할 수 있었다.)

그렇다면 왜 일본에 거주하는 소말리인은 내게 그렇게 이야기했을까. 기본적으로 소말릴란드에 대한 정보가 부족했던 것일까. 아니면 소말릴란드가 싫어서였을까.

확실히 말할 수 있는 건 그가 소말릴란드를 극도로 싫어하는 푼틀란드의 마제르텐 씨족 사람이었다는 점이다. 마제르텐 씨족 중 소말릴란드를 좋게 얘기하는 사람은 아무도 없다.

인플레이션 문제도 거의 없었다. 2년 전 1달러에 7000실링이던 것이 지금은 5500실링으로 오히려 내려갔다. 다만 한 가지 큰 경제 문제는 휘발유 값이었다. 최근 한 달 사이에 1리터당 4500실링이던 것이 7000실링까지 치솟았다. 소말릴란드에 석유를 공급하는 아랍에미리트 유조선이 해적에게 공격당해 석유 공급이 중단됐기 때문이라고 한다.

"그래도 걱정할 거 없어. 금방 해결될 거야."

와이얍은 자신 있게 말했다.

"지금 소말릴란드 정부가 푼틀란드 정부와 협상하고 있어. 만약 해적들이 배를 풀어주지 않으면 무조건 전쟁이야. 푼틀란드도 그걸 알고 있으니까 우리 요구에 응할 거야."

다른 나라의 배가 해적에게 납치당하면 푼틀란드 정부와 협상을 벌여도 막대한 금액의 몸값을 지불할 수밖에 없다. 몸값의 상당 부분은 푼틀란드 정부 또는 관계자들에게 흘러들어간다.

미국이나 프랑스는 물론이고 전 세계 어느 나라도 푼틀란드 정부를 직접 압박하진 못한다. 푼틀란드와 일전을 불사할 수 있는 유일한 나라가 바로 소말릴란드인 것이다. 푼틀란드 정부도 해적들에게 압력을 가하고 해적들도 정부의 말을 거역하진 않는다.

여기서도 소말리의 법칙 하나가 작동한다.

'되돌려주지 못하는 상대에게는 무슨 짓을 해도 상관없다. 되돌려주는 상대는 공격하지 않는다.'

일본이 자위대 함정을 소말리아 해역에 파견할 때 '만약 자위대가 해적을 공격했는데, 보복 공격을 당하면 어떻게 할지' 논란이 된 적이 있다. 하지만 소말리식으로 생각하면 그런 일은 일어나지 않는다.

프랑스 특수부대가 해적을 공격해 납치된 인질과 배를 구해냈을 때 해적들은 "앞으로 프랑스 국적의 배는 가만두지 않겠다"고 엄포를 놓았다. 하지만 실제로 프랑스 배가 공격을 당한 적은 한 번도 없었다. 그들은 이념이나 명분보다는 실리를 중시하기 때문이다.

"해적들은 바다에서든 육지에서든 무력으로 제압하면 된다. 해적을 박멸하는 데엔 그 방법밖에 없다."

나는 와이얍과 몇몇 소말릴란드인이 이렇게 얘기하는 걸 몇 번이나 들었다. 해적의 존재는 소말릴란드 무역의 큰 걸림돌이다. 따라서 소말릴란드인은 해적에 대한 선진국과 국제사회의 미온적인 대응에 답답함을 느낀다고 했다.

와이얍의 말대로 해적에 납치된 유조선은 2~3일 후 풀려났고 휘발유 가격도 바로 내려갔다.

평화적 정권 교체라는 파고를 기적적으로 넘어선 소말릴란드. 그리고 이를 방해하려는 해적 국가 푼틀란드. 푼틀란드행은 역시 불안했다. 하지만 와이얍의 실직은 나에게는 낭보였다. 자유롭게 움직일 수 있었기 때문이다. 난 준비가 될 때까지 며칠 동안 소말리의 전통과 관습에 대해 취재했다.

소말리의
초고속 이혼

소말리인을 20분 정도 얌전하게 앉혀두는 건 개를 그 시간 동안 얌전히 앉혀두는 것만큼이나 어려운 일이다.

이것이 지난번 소말릴란드 여행과 이번 케냐 여행에서 얻은 '발견'이다. 소말리인은 성격이 급하다. 특히 인터뷰 같은 일대일 면접은 그들의 습관에는 없는 일이다. 하품을 하거나 똥 마려운 강아지마냥 두리번거리면서 집중력을 잃어버린다. 더욱이 3분에 한 통씩 휴대전화가 울린다. 전화를 받지 말라고 할 수도 없다.

그들은 한바탕 시끄럽게 떠들고 전화를 끊고는 "이제 됐지?"라고 말한다.

그래서 카트 연회 같은 데서 이야기를 할 수밖에 없다. 카트 파티에서는 세 시간 동안 그 자리를 벗어나지 않는 관습이 있다. 한두 시간 지나서 자리를 뜨면 실례라는 인상을 준다고 한다. 일본의 회식 자리에서 한 시간 만에 일어나 집에 가겠다고 하면 이 사람이 나를 가볍게 여기는 거 아닌가 생각하는 것과 같다고 보면 된다.

그래서 이야기가 지루해도 최소 세 시간은 대화 상대와 같이 있어야 한다.

술을 좋아하는 나는 소말리 사회에 있는 동안에는 '카트 중독자'다. 지난번 방문 때보다 더 적극적으로 카트 연회에 참여했다.

소말릴란드의 공공기관과 회사 업무는 대개 아침 9시에 시작해 오후 1시에 끝난다. 그런 다음 점심을 먹는다. 이 시간대에 에티오피아 하랄에서 공수된 신선한 카트가 도착한다. 배가 부른 상태에서 시장에 카트를 사러 가는 게 가장 좋기 때문이란다.

내가 매일 근처 식당에서 낙타고기 정식을 먹고 호텔 방에서 20~30분간 졸고 있으면 와이얍에게 전화가 걸려온다.

"다카노, 앞으로 나와."

그러곤 전화가 끊긴다.

변함없이 거친 말투지만 말한 대로 밖으로 나가면 와이얍은 지인의 자동차나 택시를 잡아놓고 기다린다.

차에 올라탄 나는 카트와 함께 안주인 콜라와 물을 사서 마을 외곽에 있는 '요르'라는 신문사 사무실로 향한다.

그 신문사의 편집장 겸 오너의 이름은 올라드. 30대인 그는 과거 와이얍이 신문사를 경영할 때 기자로 키운 제자라고 한다. 직장을 잃은 와이얍은 현재 올라드의 일을 도우며 쥐꼬리만큼의 수당을 받고 있는 듯했다.

사무실이라고 해봐야 조그만 방에 책상과 컴퓨터 한 대가 전부다.

게다가 오너인 올라드는 그것도 사용하지 않고 바닥에 앉아 벽에 기대어 카트를 씹으면서 노트북 자판을 두드리고 있다.

그런데 이곳에는 인터넷이 되고 무선 랜도 깔려 있어 사람들이 모여든다. NGO 직원, 부동산업자, 기자, 의약품 판매업자 등 직업도 다양하다. 이들 모두 카트 잎을 씹으며 인터넷 서핑을 하고, 휴대전화로 영업 상담도 하고, 정치 현안을 두고 침 튀기며 토론을 하기도 한다.

소말릴란드 또는 소말리 문화에 대해 들을 수 있는 최적의 장소이지만 소말리인과 대화를 하기 힘든 건 카트 연회에서도 마찬가지다.

그들은 외국인인 나를 전혀 신경 쓰지 않는다. 나에 대해서건 일본에 대해서건 전혀 묻지 않는다. 더욱 놀라운 건 넉 달 전에 발생한 동일본 대지진이나 원전 폭발 사고에 대해서도 묻지 않았다는 점이다. 그 누구도 내게 일본의 상황을 물어보지 않았다.

나는 일본에 대해 여러 질문을 받을 거라 생각하고 답변까지 준비해뒀다.

'원자폭탄이 떨어진 곳은 히로시마이고, 이번에는 후쿠시마 원전이 폭발한 것이라고. 왜 항상 '시마'가 붙은 도시에서 사고가 일어나는가.'

이런 질문을 받을 거라 예상하고 일부러 '시마'의 어원까지 조사했다. 그러나 아무 소용이 없었다. 물론 그들도 "그 지진 엄청났어" 정도의 이야기는 했다.

하지만 "그때는 픽업트럭 뒤에 타고 하르게이사 도로를 달릴 때 같은 흔들림이었다"고 얘기해도 그들은 내 말이 끝나기도 전에 대화 주제를 바꿔버렸다.

그들의 대화 속으로 들어가는 것도 고역이었다. 말의 끝이란 게 없었기 때문이다. 상대방 얘기를 듣고 1초나 2초 사이에 끼어들지 않으면 안 되는 상황이었다.

나에게 화제를 돌릴 때도 있지만 그때도 순식간에 반응하지 않으면 안 된다.

"그게 말이야" 하고 뜸 들이는 순간 이미 다른 사람이 이야기를 시작해버린다.

마치 TV 예능 프로그램에 출연한 것 같은 느낌이었다.

한때 나는 관서 지방 TV의 심야 예능 프로그램에 고정 출연한 적이 있다. 당시에도 사회자에게 휘둘러 멘트를 치고 나가지 못하거나 짧고 강렬한 멘트를 던지지 못하면 바로 다른 사람에게 대화의 주도권을 빼앗기는 일이 많았다. 그로 인해 스튜디오에 약하다는 소리를 들었고 리포터로서 밖으로 내몰린 계기가 됐다.

당시 나는 'TV에 출연하는 사람은 특수한 능력을 가졌다'고 생각했다. 그런데 소말리인들은 모두가 그런 능력을 가진 사람들 같았다. 그들이 일본 TV에 출연하면 아마 금방 뜰 것이다.

하지만 이곳에서도 밖으로 내몰릴 순 없는 일. 난 힘을 냈다. 카트 효과가 서서히 나타나면서 나 역시 대화에 반응하는 속도가 빨라지기 시작했다.

'관서 지방 TV에 나갔을 때도 카트가 있었다면 좋았을걸' 하는 생각이 든 순간 헛웃음이 나왔다.

가장 흥미로운 대화는 결혼과 관련된 것이었다.

케냐 난민 캠프에 갔을 때 머물렀던 히로레 원로의 집에서는 히로레를 포함한 가족의 절반이 이혼 경력자였다. 요르의 사무실에서도 와이얍을 비롯해 이혼 경력자가 대부분이었다. 두 번, 세 번 이혼한 사람을 만나는 것도 신기한 일이 아니었다. 내가 만난 30세 이상의 소말리인 중 이혼 경험이 없는 사람이 오히려 적을 정도였다. 왜 이렇게 빨리 이혼하는지 묻자 와이얍은 "서로 미워하는 두 사람이 같이 생활하는 건 지옥이다"라고 했다.

내 질문에 대한 대답은 안 됐으나 그 기분은 충분히 이해되었고 그의 솔직함에 갑자기 웃음이 나왔다.

결혼하면 원수가 돼버리는 이유는 남자들이 바람을 피우기 때문이란다. 이해하기 어려운 건 그게 '불륜'이 아니라는 설명이었다.

이슬람에서 남성은 최대 네 명의 여자를 아내로 맞이할 수 있다. 소말릴란드 역시 이슬람 율법을 따르는 나라다. 따라서 남자가 두 번째 여자를 찾아다녀도 법적으로나 도의적으로 문제가 될 게 없다.

"문제는 소말리 여자들이 두 번째 여자를 극도로 싫어한다는 거야."

남자들은 한숨을 내쉬었다. 앞서 마리안의 과격한 행동을 보면 상상이 간다. 일본 여자들과 마찬가지로 소말리 여자들은 휴대전화 통화 내역이나 메일을 검사해 남편의 외도 사실을 잡아낸다고 한다. 소말리 남성들도 대책을 세워놓고 있다. '휴대전화는 되도록 아내의 손이 닿지 않는 곳에 둔다' '특별한 관계든 아니든 여자 이름은 저장하지 않는다' '여자 이름을 저장할 때는 퍼스트 네임이 아니라 세컨드 네임을 기록한다' 등등 이런 뻔한 대책들이 쏟아져 나왔다. 무슬림들의 세컨드 네임은 아버지나 할아버지 이름이다. 그러니 그 이름이 여성일 거라고는 생각하지 않는다는 것이다.

마리안의 예에서 보듯 소말리 여성들은 대체로 적극적이고 공격적인 성향을 갖고 있다. 성관계도 적극적이라고 한다. 저녁 식사가 끝나면 소말리인들은 바로 잠자리에 드는데, 식사 후 아내가 향수를 뿌리면 '오늘 밤 하자'는 신호라고 한다. 실제로 어떤 향수는 매우 관능적인 향기를 내뿜는다. 아내가 식후에 새로운 향수를 뿌리는 행위도 같은 신호다.

그럴 때 보통 남자들은 "오늘은 피곤해"라고 말하고는 피해버린다. 결혼생활이 오래된 남자일수록 그렇게 넘어가곤 한다. 단 "피곤해서 못 하겠다"는 핑계는 한 번으로 족하다. 두 번째는 안 통한다. "당신 다른 여자 생긴 거야?"라고 바로 공격이 들어온다.

소말리인 부부는 깨지는 것도 초고속이다. 일본인이라면 먼저 성관계가 없어지면서 부부 사이가 점점 식어가고, 그러면서 어느 한쪽에서 애인이 생기는 단계를 밟는다. 관계가 완전히 식었더라도 그냥 그대로 쭉 가는 경우도 많다. 하지만 성격 급한 소말리인은 바로 헤어진다.

그렇다면 실제로 아내를 두 명 이상 둔 사람은 없는지 묻자 사무실에 있는 모든 사람이 "이 녀석!"이라며 사무실 주인인 오라드를 킥킥대며 가리켰다. 지목당한 오라드는 심각한 얼굴로 "어이 다카노, 마누라를 두 명 거느린다는 건 말이야. 정말 미친 짓이야"라고 했다.

계속 캐묻자 그 역시 일부러 두 명의 아내를 둔 건 아니었다. 한 젊은 여성과 깊은 관계에 빠져 아내와 헤어지려 했으나, 완강히 거부해 결국 '애인'을 호적에 넣을 수밖에 없었다고 한다.

이슬람 율법상 남편은 아내의 의사와 관계없이 일방적으로 이혼할 수 있지만 실제로는 처가妻家나 씨족에 응어리를 남기는 게 두려워 가능하면 '합의 이혼'이란 형식을 취한다고 한다. 결국 오라드는 최근에야 첫 번째 아내와 살던 집에서 나와 두 번째 아내, 그리고 그 사이에서 태어난 아이와 함께 새집을 얻어 살기 시작했다.

"한번 생각해봐. 첫째 마누라 사이에 아이가 다섯 명인데, 애들이 보고 싶어 갈 수밖에 없잖아. 그럴 때면 꼭 싸움이 벌어져. 그런데 두 번째 마누라 집에 돌아와서도 싸움이 나게 돼 있어."

오라드는 심각한 얼굴로 말을 이어갔다.

"어제 일인데 말이야. 아침에 눈을 떠서 첫째 마누라 이름을 부르고 말았어. 새 마누라가 얼마나 화를 내던지……. 내가 '아직 적응이 덜 돼서 그런 거니까 이해해달라고 해도 전혀 들어주지 않는 거야."

그는 한참 동안 투덜거리더니 심각하게 말을 이어갔다.

"단언컨대, 두 가정을 잘 꾸려나간다면 세상에 어떤 힘든 일이 닥쳐도 헤쳐나갈 수 있을 거야."

난 갑자기 웃음이 터졌다. 그런데 와이얍을 포함해 다른 사람들은 오라드의 이야기를 끝까지 듣지도 않고 첫째 부인의 태도를 두고 논쟁을 시작했다. 이야기는 '이혼을 받아들이지 않는 것도 무리는 아니다'는 쪽과 '바로 이혼을 해야 한다'는 쪽으로 나뉘었다. 재미있다고 할까, 소말리스럽다고 할까.

논쟁의 초점은 '여자에게 어느 쪽이 유리하냐'는 것이었다. 이혼하기 어렵다는 데 찬성하는 쪽은 "애를 5명이나 두고 이혼하면 경제적으로 힘들어질 것"이라고 했고, 당장 이혼해야 한다고 주장하는 쪽은 "이혼하고 다른 남자를 만나면 된다"고 했다.

오라드의 첫째 부인의 나이가 30대 중반이라는 게 시각의 차이를 만들어냈다. 조금만 젊었어도 '당장 이혼해야 한다'는 데 전원이 찬성했을 것이고, 40대 이상이라면 "재혼하기 어렵기 때문에 이혼하면 안 된다"는 데 전원 동의했을 것이다.

이혼을 쉽게 한다는 건 거꾸로 말하면 첫 번째 재혼이든 아이가 딸려 있든 별로 상관이 없다는 말이다. 실제로 이들은 "아이가 많을수록 좋다"고 했다. 다산은 소말리인들의 씨족주의 전통과 깊은 연관이 있다. 소말리 전통에 따르면 아이는 반드시 부친의 씨족을 따른다.

예를 들어 와이얍과 전처 사이에 태어난 아이는 모두 와이얍의 성을 붙인다. 이런 관계는 절대적이며 예외가 없다. 설령 와이얍의 전처가 다른 사람과 결혼해도 성은 변하지 않는다.

이런 구조 속에서는 와이얍의 전처소생이 어른이 되면 친부인 와이얍 씨족 사람들과 가까워진다. 그리고 친부와 함께 '아저씨'들을 위해서라면 목숨을 바친다. 여기서 아저씨란 친부의 형제와 같은 씨족의 남자들을 말한다. 또한 그렇게 맹세하는 것이 소말리 남자들의 '자존심'이다.

여기서 중요한 것은 전처의 자식이 전처와 재혼한 남자의 커뮤니티 속에서 생활한다는 점이다. 와이얍에게 무슨 일이 생기면 아들의 요청으로 재혼한 남자도 기꺼이 도움을 주러 달려올 가능성이 높다.

한편 와이얍이 다른 여성과 재혼을 했다고 하자. 그 여성에게 딸린 자식이 있을 경우 그 역시 와이얍에게 안 좋은 일이 생기면 발 벗고 나서서 도와주려 할 것이다.

다시 말해 소말리 사회는 결혼과 재혼을 반복하면서 인척관계가 점점 늘어나는 구조다. 적에게 공격을 당할 때는 물론이고 비즈니스나 일상생활에서도 아주 유용한 네트워크가 된다. 물론 소말리인들이 그런 걸 계산해서 결혼과 재혼을 반복하는 건 아니다. 싫으니까 이혼하고 서로 좋아서 재혼할 뿐.

전 세계에서 소말리인만큼 이혼과 재혼을 자주 하는 민족은 드물다. 여기에는 그런 결혼관계를 허용하는 사회적 배경이 있을 거라 생각한다.

피의 보상

카트 연회를 통해 소말리 문화에 대해 이런저런 이야기를 들었는데, 가장 재미있었던 건 '디야(보상금)'에 관한 이야기였다. 소말릴란드 사람들은 관례에 따라 전쟁이 끝나면 서로 희생자 수를 세어 '정산'을 한다고 들었다.

각종 자료에 따르면 이런 정산 행위는 '디야'라는 보상금으로 지불된다고 한다. 살인을 저질렀을 때는 가해자 측 씨족이 피해자 측 씨족에게 남성의 경우 낙타 100두, 여성일 때는 낙타 50두를 지불해야 한다. 이론은 그럴듯하지만 실감은 잘 되지 않는다. 아무래도 '관습에 얽매인' 방법 같다는 느낌 때문이다.

지금 내 눈앞에 있는 사람들은 이곳까지 자동차를 몰고 와서 노트북을 펴고 무선 랜을 연결해 인터넷 정보를 체크하고 국내 또는 해외의 가족 그리고 친구들과 휴대전화로 통화를 하고 있다. 와이얍에게

'디야'를 지불한 경험이 있는지 묻자 그는 "한 달 전에도 지불했다"고 말해 깜짝 놀란 적이 있다.

와이얍은 디야의 구조를 상세하게 가르쳐줬다. 그 전에 소말리의 '씨족'에 대해 다시 한번 확인하고 넘어가자. 유목민인 소말리인에게 '씨족'은 일본의 '출생지'와 같은 것이다.

와이얍의 씨족은 전부 9개로 구성돼 있다. 일본인의 감각으로는 이렇게 해석된다. 예를 들면 나가노현 출신인 나의 후배 같은 식이다.

이스자아크 씨족

하발 아와르 분가

사아드 무세 분분가

이스자아크 사아드 분분분가

아보콜 이스자아크 분분분분가

지브릴 아보콜 분분분분분가

레르 아마르 분분분분분분가

바하 우마르 분분분분분분분가

마골 카단 분분분분분분분분가

이스자아크라든가 하위예는 일본의 동북 또는 규슈 정도의 느낌이다. 문화나 습관, 언어가 비슷해 일체감은 있으나 '같은 씨족'이라고는 하지 않는다. 사업상 도움을 주거나 정치적으로 그룹을 형성하는 것은 일본의 도도부都道府현급인 '분가'나 도도부현 내 지역 수준인 '분분가'보다 하위 레벨이다.

그들이 처음 만난 사람과 이야기할 때 "아, 당신도 하발 아와르(분가)인가"라든지 "그래, 나도 사아드 무세야"라고 맞장구를 치는 모습은 일본인이 "당신도 나가노야? 나도야"라고 말하는 것과 아주 닮았다.

특히 소말리의 씨족은 지연이 아니라 혈연이기 때문에 결속력이 훨씬 강하다. 디야를 지불하는 건 아주 작은 씨족 단위다. 이 씨족 그룹을 '피의 공유' 또는 '혈연결사체'라고 부른다.

와이얍의 '혈연결사체'는 사아드 무세 분분가에서 다섯 단계 아래인 바하 우마르 분분분분분분분가로 구성원 수는 약 3000명이다. '혈연결사체'의 크기는 큰 데가 6000명, 작은 데가 1000명이다. 3000명은 보통 크기라 할 수 있다. 일본으로 치면 마을 또는 집성촌 정도다.

원래 이야기로 돌아가자. 와이얍이 한 달 전에 지불한 디야는 친척인 바하 우마르 분분분분분분가 사람이 경영하는 농장에서 일하던 사람이 우물에 빠져 죽은 일에 대한 것이었다고 한다. 이곳에서는 사고라 하더라도 누군가의 책임이 인정되면 디야를 지불해야 한다. 교통사고도 그런 식으로 처리된다.

물론 지금은 낙타가 아니라 현금 지불이 압도적으로 많다. '낙타 한 마리=230달러'라는 공식이다. 실제로는 낙타의 금전적 가치가 예전보다 커져 한 마리에 1000달러 정도일 때가 있지만 그렇게 되면 100두분을 지불할 수 없기 때문에 경험적으로 한 마리에 230달러라는 암묵적 관행이 생겼다고 한다.

따라서 남자가 죽었을 때 지불하는 낙타 100마리 값은 총 2만 3000달러, 이를 3000명으로 나누면 한 명당 약 8달러다. 이 정도면 충분히 지불할 수 있을 것 같다.

하지만 오라드는 "와이얍은 그런대로 괜찮아. 내가 문제야"라고 했다.

소말릴란드의 같은 이스자아크 씨족이라고 해도 하르게이사를 포함한 서부 씨족(분가)은 '혈연결사체'의 구성원을 성인 남자로 한정하고 있다. 그런데 베르베라나 브루오, 에리가보 등 하르게이사를 기준으로 동부 씨족(분가)들은 모든 남자를 구성원으로 한다. 그래서 갓 태어난 아기도 한 사람으로 계산돼버린다.

오라드는 혹서의 항구도시 베르베라와 중부의 중심지 브루오에 많이 사는 하발 유니스 분가 소속이다. 수개월 전 같은 혈연결사체 사람이 작은 여자아이를 쳐서 디야를 청구받고 말았다.

"우리 집에는 아들 녀석 다섯에 나까지 포함, 남자가 여섯 명이야. 전부 계산하면 30달러 이상 내지 않으면 안 돼."

오라드는 한숨을 쉬었다. 디야 지불 기한은 이미 지났지만 돈이 모자라 연장을 해둔 모양이었다. 디야는 사람을 죽였을 때 지불하는 것이지만 원래 살인에 대한 보상은 살인이었다고 한다. 예를 들어 와이얍의 혈연결사체 소속 사람이 누군가에게 살해당했다면 가해자를 잡아 처형한다는 것이다. 그런데 이렇게 되면 복수의 끝이 없어 사회적으로도 바람직하지 않다는 결론을 내렸다고 한다. 그래서 예전엔 낙타, 지금은 현금으로 보상을 하게 됐다는 설명이다.

디야는 아랍어로 직역하면 '피의 보상'이다. 이슬람 율법에 정해져 있어 모든 무슬림이 지키는 민법이지만 소말리만큼 엄격히 지키는 곳은 없을 것이다. 지금도 살인의 경우 고의인지 아닌지가 초점이 된다. 예를 들어 교통사고는 고의가 아니지만 진짜 살인을 저질렀는데 피해자의 가족이 디야를 거부한다면 피해자 측이 직접 가해자를 처형하는 일도 있다고 한다.

집에 침입한 도둑을 죽였을 때는 하반신을 겨냥했는지 여부가 초점이 된다고 한다. 아무리 도둑이라 해도 죽이려고 해선 안 된다는 원칙이다. 소말리인은 난폭해 보이지만 그들이 만든 규칙만큼은 아주 세세하게 문명적이다.

그럼 고의인지 아닌지 불분명할 때는 어떻게 할까.

"그럴 때는 법정에 가면 돼."

앞서 말한 대로 소말릴란드에는 다른 이슬람 국가들처럼 '이슬람법정연합'이 있다. 결혼이나 이혼, 가벼운 상해 사건 등을 처리할 때 법정에 간다. 즉 민사 사건은 100퍼센트, 형사 사건이라 해도 대부분 씨족과 종교의 율법에 맡겨진다. 결국 국가는 극히 일부분만 개입한다. 국가가 할 일을 없애는 게 아니라 처음부터 국가에 일을 맡기지 않는다고 해석하는 게 맞다.

소말리인들은 카트를 씹으며 디야의 지불에 대해 시끄럽게 떠들어대고 있었다. 흥미로웠다. 그런데 그들은 이상할 정도로 정의나 선악에 대한 이야기는 하지 않았다. 그들의 얘기는 모두 돈으로 귀결되었다. 이 점이 내가 소말리인을 '무미건조한 사람들'이라고 느끼는 원인이기도 하다.

그러나 꼭 그런 건 아니었다.

"일본은 옛날에 어땠어?"

와이얍이 갑자기 물어와 적잖이 당황했다. 물론 에도시대에도 살인을 저지르면 엄하게 처벌받았을 것이다. 그런데 보상은 어떻게 했을까. 그런 건 생각해본 적도 없다. 일본에서는 '정의의 실현'이 중요하다. 살인 사건의 해결은 일반적으로 범인의 체포와 법정에서 내려지는 판결로 이뤄진다.

지금도 피해자가 가해자에게 어떻게 보상하는지 화제가 되는 일은 없다. 가끔 사회적으로 큰 이슈가 된 살인 사건 민사 재판에서 배상금 지불 판결이 내려졌다는 뉴스를 접하긴 하지만 그런 게 제대로 지불되는지는 알 수 없다.

중형을 선고받은 가해자와 그 가족이 피해자에게 천문학적인 돈을 지불할 능력이 있는지도 의문이다. 피해자 입장에서 보면 생활이라는 현실의 문제를 생각할 때 범인에 대한 처벌과 비슷한 무게의 배상금이 중요할 수도 있을 것이다. 특히 한 집안의 수입을 책임지던 사람이 희생됐을 때는 더 그렇다. 교통사고와 같은 과실로 인한 피해일 경우 말이다.

소말릴란드에서는 유족이 희망하면 가해자를 처벌하는 대신 돈을 받는 게 가능하다. 거꾸로 '돈보다 기분'이라고 생각하면 가해자를 처형해도 된다. 그런 의미에서 피해자의 심정을 중요시한다.

사회 정의를 중시하지만 피해자의 감정이나 그 후의 생활에는 무관심한 일본인은 소말릴란드인 입장에서 볼 때 현실성이 떨어지고 인정미가 없는 사람들로 비칠지 모르겠다.

와이얍의
배신

난 왜 이렇게 머리가 나쁠까. 인터넷 카페에서 컴퓨터 화면을 들여다
보며 깊은 한숨을 내쉬었다.

하르게이사에 도착한 지 사흘째 되던 날 라마단이 시작됐다. 한 달
간 일출에서 일몰까지 식사는 물론 물도 마셔서는 안 되는 단식 기
간이다. 지금까지 이슬람권을 여행하면서 라마단에 두 번씩이나 걸려
불편함을 뼈저리게 느낀 적이 있다. 먼저 점심시간에는 식당이 문을
닫기 때문에 뭘 먹을 수가 없다. 설령 음식이 있어도 단식 중인 사람
들 앞에서 음식을 먹는 건 불가능하다.

단식뿐만이 아니다. 라마단은 '알라를 최우선으로 생각하자'는 뜻
이다. 사람들은 사원에 가서 열심히 기도하고 집에서는 종교 프로그
램을 시청한다. 종교활동 외에 다른 업무는 뒤로 밀린다. 공공 영역이
나 기업은 쉬진 않지만 직원들이 모두 단식으로 인해 일할 의욕과 집

중력을 잃는다. 취재 약속도 잡기 어렵다. 무언가를 부탁하면 "라마단이 끝난 후에"라는 정해진 답이 돌아온다.

라마단 기간이 되면 활기를 찾는 '귀찮은' 존재도 있다. 하르게이사에서는 라마단 첫날 험상궂은 얼굴을 한 경찰관이 도시 이곳저곳을 돌아다닌다. 도심에서 경찰관을 본 건 처음이어서 깜짝 놀랐다. 물론 총은 소지하지, 않았다. 그들은 음식 파는 곳을 단속 중이었다. 라마단 기간에 음식을 내놓는 것은 불법이다. 처음엔 나도 '암식당'이 있다는 얘기를 듣고 찾아봤으나 경찰의 단속으로 전부 문을 굳게 닫아놓고 있었다.

거지의 수도 급증한다. 특히 인터넷 카페는 '부자들의 집합소'로 인식돼 장발의 성인 남자나 더러운 옷을 입은 아이들이 들이닥쳐 손을 내밀었다. 라마단 기간에는 이슬람의 의무인 '선행'이 강조되기 때문에 거지들에게는 대목이다.

라마단 기간에 활기를 띠는 건 경찰과 거지뿐만이 아니다. 이슬람 원리주의 과격파인 '알샤바브가 모가디슈에서 라마단 공세를 시작했다'는 뉴스를 접하고 나는 충격을 받았다. 탈레반과 알카에다 등 이슬람 과격 단체는 라마단 중에 '지하드(성전)' 의식을 고취해 전투나 테러를 감행한다. 이런 것을 알고 있으면서도 라마단 기간이란 걸 잊어버리고 여행 일정을 짠 자신을 원망할 수밖에 없었다.

일정대로라면 난 격전이 벌어지고 있는 모가디슈의 한복판으로 들어가야 한다. 왜 일부러 세계에서 가장 위험한 도시인 모가디슈를, 그것도 가장 위험한 시기에 들어가야 하느냔 말이다. 이제 와서 일정을 변경할 수도 없고, 넋두리를 늘어놔봐야 소용없는 일이다. 난 푼틀란드로 갈 채비를 꾸렸다.

먼저 비행기 티켓을 구입했다. 견훤지간임에도 소말릴란드와 푼틀
란드 사이에는 직항로가 개설돼 있었다.

'비자는 어떻게 하지?'

비행기 티켓을 구입한 후 번뜩 생각이 났다. 소말리인이라면 푼틀
란드인이든 소말릴란드인이든 상관없이 무비자로 입국이 가능하다고
한다. 왜냐하면 푼틀란드는 소말릴란드를 국가로 인정하지 않기 때문
이다. 다시 말해 소말리아 국내를 이동하는 것이다.

하지만 외국인은 어떻게 되는가. 난 소말리아 비자가 없었다. 와이
얍에게 문의하자 그는 바로 '아스칼'이라는 친구에게 전화를 걸었다.
놀랍게도 아스칼은 푼틀란드의 정보국장이었다.

"소말리아 시대에 아스칼과 정보국에 같이 근무하면서 소말리아 국
영 방송 설립에 관여한 친한 친구야."

와이얍이 밝게 웃었다.

소말리아가 붕괴하자 이스자아크 씨족인 와이얍은 하르게이사로
돌아가 자유기고가로서 활동을 시작했다. 한편 다로드 씨족인 아스칼
은 해외활동 후 푼틀란드 정부로부터 정보국 국장직에 임명되었다.

"지금 그 일본인 여권 사본과 사진을 보낼 테니까 내일 중으로 비
자를 만들어줘."

와이얍은 전화에 대고 큰소리를 쳤다.

"오케이다. 아무 문제 없어."

전화를 끊고 와이얍이 으스대며 말했다.

와이얍의 수완은 혀를 내두를 정도였다. 만약 그가 없었다면 푼틀

란드행 비자 취득은 말할 것도 없고, 그게 필요한지 아닌지 아는 것
조차 어려웠을 것이다. 소말릴란드에서 푼틀란드로 가는 외국인은 거
의 없지만 와이얍만 있으면 푼틀란드에 가든 모가디슈에 가든 아무
런 문제가 없다. 어디를 가든 와이얍은 정확한 정보를 빨리 얻는 경로
가 있고 의지가 되는 친구나 지인이 있다. 사고가 일어난 것은 이튿날
이었다.

"새로운 일을 얻었어."

호텔에 도착한 와이얍이 웃으며 말했다.

"TV 방송국이야."

소말릴란드를 제외한 구소말리아는 삼국지와 같은 상태로 혼란이
거듭되고 있으나 의외로 매스미디어만큼은 발달했다. 특히 위성방송
과 인터넷 뉴스가 그랬다. 구소말리아 삼국은 물론이고 다른 아프리
카 국가나 유럽에서도 볼 수 있는 위성방송 또는 케이블방송이 3개나
있다.

그중 하나로 하르게이사를 거점으로 한 '혼 케이블 TV' 오너가 와
이얍의 실직을 알고 빨리 와서 현장 헤드 역할을 해달라고 부탁했다
는 것이다.

"제작 보도국장직이야. 급여도 나쁘지 않아."

"잘됐네."

축하 인사를 건네자 그는 아무렇지 않은 듯 "내일부터 일을 해야 하
니까 당신과 푼틀란드와 모가디슈에 가는 건 안 되겠어"라고 말했다.

"뭐라고?"

농담하는 것도 아니고. 와이얍이 동행해준다고 해서 푼틀란드와

모가디슈행을 결정한 거였다. 내 일을 우선시해야 하는 거 아닌가. 더욱이 나와 함께 취재여행을 끝내고 난 후 새로운 일을 해도 늦지 않은데 말이다. 항의를 해봤으나 와이얍은 "내일부터 출근하라는 말을 어길 수가 없어"라며 고개를 저었다.

그의 입장도 이해를 못 하는 건 아니다. 소말리인은 무슨 일이든 '초고속'이다. 기회가 있으면 즉각 실행에 옮기는 게 그들이다. 2주 후 사람이 어떻게 바뀔지 알 수 없다.

별수 없었다. 난 그 방송국 오너와 직접 담판을 짓기로 했다. 내 입장에서는 목숨이 걸린 문제였다.

방송국 사무실은 도심 한복판에 있었다. 오너는 인상이 썩 좋지 않은 남자였다. 머리를 빡빡 밀었고 눈은 이상하리만치 날카로워 보였다. 영화에 나오는 마피아 보스 같은 느낌이었다.

하지만 나 역시 절대 양보할 수 없는 상황이었다.

난 "내 일이 우선이다. 취재에는 와이얍이 절대적으로 필요하다"고 설명했다.

내 눈을 한참 쳐다보던 오너는 "알겠다"고 대답했다.

"당신 일을 돕도록 우리 회사 지국에 있는 직원에게 얘기해두겠어. 대신 와이얍은 여기에 필요하니까 남아 있어야 해."

"뭐? 이야기가 다르잖아."

내 이야기를 듣지도 않고 그는 자리에서 일어나 어디론가 사라져버렸다. 난 그의 상대가 아니었다. 와이얍이 내 어깨를 두드렸다.

"괜찮아. 오너도 협조해주겠다고 했잖아. 무엇보다 이스자아크인 내가 가는 것보다 현지 씨족 출신이 같이 가는 게 훨씬 더 좋잖아."

그렇게 말하는 와이얍의 눈은 소년처럼 반짝반짝 빛나고 있었다. 그도 그럴 것이 실업자에서 일순 국제적인 TV 방송사 현장 데스크가 되었으니 말이다. 수입이나 사회적 지위가 올라가는 건 말할 것도 없다. 와이얍은 기자로서의 열정에 다시 타오르고 있었다. 내 처지를 생각할 여유 따윈 없어 보였다.

케냐 난민 캠프가 이곳에서 재현되는 느낌이 들었다. 신뢰할 수 있는 자가 같이 가주겠다고 해서 가게 됐는데 그자가 갑자기 갈 수 없게 되어 누군지 잘 알지도 못하는 사람에게 나의 안전을 의지할 수밖에 없는 것이다.

"별수 없지 뭐."

난 몇 번째인지도 모를 한숨을 내쉬었다. 이제 와서 없던 일로 할 순 없었다. 이렇게 나는 해적 국가이자 진짜 '북두의 권'인 푼틀란드 속으로 혼자 들어가게 됐다.

제 5 장

수수께끼의 해적 국가 푼틀란드

해적의 수도
보사소

현現 소말리아●는 참으로 희한한 지역이다. 중앙 정부가 20년 이상 존재하지 않지만 통신 회사가 있고 TV 방송국은 물론 항공사도 존재한다. 일반적인 국가에 있는 건 이곳에도 있다고 보면 된다. 없는 건 단 하나, 중앙 정부뿐이다.

소말릴란드에서 푼틀란드까지의 비행은 혹서의 도시 베르베라에서 푼틀란드의 최대 도시이자 '해적의 도시'라 불리는 보사소로 가는 여정이었다.

난 다시 땀을 뻘뻘 흘리며 베르베라로 가서 출입국 관리 사무소 직원에게 10달러를 뜯긴 뒤 활주로로 향했다. 다른 승객들과 함께 기다리고 있는데 장발에 노스리브 티셔츠와 샌들을 신은, 노년의 히피 같

● 푼틀란드와 남부 소말리아를 이렇게 부르기로 하자.─지은이

은 유럽인 세 명이 눈에 들어왔다.

'오! 나 말고 외국인 승객이 있다니.'

도대체 뭐하러 푼틀란드 같은 곳을 들어가려 할까 궁금했다. 그들은 부리나케 코크피트(조종석) 안으로 들어가더니 덜컹거리는 문을 닫았다. 조종사들이었다. 나중에 그들이 구유고슬라비아에서 온 군인 출신이라고 들었으나 진위는 확인하지 못했다. 보사소행 비행기는 엉망진창이었다.

뒤로 젖히는 등받이가 완전히 망가져 원래 상태로 돌아오지 않았다. 남자 승무원이 두 명. 소말리어로 나오는 기내 방송은 무슨 말을 하는지 도무지 알아들을 수가 없었다. 승객의 3분의 2는 안전벨트를 착용하지 않았지만 승무원은 아무 조치도 취하지 않았다. 나는 물론 벨트를 하려 했으나 고장이 나 있었다. 수백 번 비행기를 타봤지만 안전벨트가 고장나 있는 건 처음이었다. 난 어쩔 수 없다고 생각했다. 아프리카의 장거리 여행 버스를 탄 것이라 여겼다.

갑작스런 기류에 휘말리더니 비행기가 좌우로 심하게 흔들렸다. 에어컨도 작동되지 않는 것 같았다. 기내는 사우나 내부처럼 더웠다. 내가 가진 온도계는 35도를 가리켰다. 그런데 히피족처럼 생긴 조종사의 조종 실력은 훌륭해 보였다. 오렌지빛 사막과 감색 바다를 가르는 해안선을 따라 동부로 향한 비행기는 강한 기류에도 불구하고 보사소 공항에 안전하게 착륙했다.

푼틀란드는 스스로 '독립 정부지만 독립 국가는 아니다'라고 주장하고 있다. 즉 소말리아의 일부라는 뜻이다. 그들은 소말릴란드 역시 소말리아의 일부라고 생각한다. 즉 그들 입장에서 나는 소말리아 국내를 이동한 것이지만 출입국 관리 사무소는 있었다. 그 앞에서 샌들을 신고 스모 선수처럼 뚱뚱한 남자가 손을 흔들고 있었다.

혼 케이블 TV 보사소 지국 소속 기자 '뚱땡이 아흐메드'였다. 며칠 전 케이블 TV 오너와 직접 담판을 지을 때 하르게이사에 왔던 그를 본 적은 있지만 어떤 인물인지 확실히 알진 못했다. 와이얍에게 어느 씨족 출신인지 묻자 "잘 모르겠는데 아마 마제르텐 씨족일 거야"라고 말했다. 그렇지 않으면 취재를 할 수 없기 때문이라고 했다. 뚱땡이 아흐메드는 항상 웃는 얼굴에 서른 살쯤 되는 젊은이였다.

출입국 관리 사무소에서는 와이얍의 친구인 정보국장 아스칼이 보내준 비자가 있어 별 탈 없이 입국이 가능했다. 출입국 관리 사무소 옆에는 환전소가 있었다. 외국인은 무조건 20달러를 환전하지 않으면 안 된다고 했다. 달러를 내밀자 붉은색과 황색 돈다발을 던져주었다. 소말리아 실링이었다. 일각에서는 현 소말리아를 '경제학 실험실'이라고 부르고 있다. 경제학의 상식을 뛰어넘는 현상이 여기저기서 벌어지기 때문이다. 대표적인 예가 소말리아 실링이다. 구소말리아 시대에 발행된 이 화폐는 20년간 중앙은행이 존재하지 않음에도 불구하고 공식 통화로서 유통되고 있다. 호텔 숙박비라든가 자동차를 구입할 때는 미 달러화가 사용되지만 시장 같은 데서 달러는 너무 큰돈이다. 한때는 이웃 나라 케냐와 에티오피아 화폐가 잠깐 사용된 적이 있는데 결국 익숙하지 않다는 이유로 폐기되고 누구에게나 친숙한 실링으로 정착되었다고 한다.

이뿐만이 아니다. 무정부 상태가 되어 중앙은행이 없어진 뒤로는 실링화의 인플레이션 비율이 떨어져 더욱 안정을 되찾았다고 한다. 화폐를 새로 찍어낼 중앙은행이 없기 때문이다. 구소말리아 시절 재정 부족에 시달리던 정부는 군대와 경찰의 급여를 지불하기 위해 화폐를 마구 찍어댔고, 결국 물가는 천정부지로 치솟았다. 하지만 지금은 신권을 발행할 주체가 없어졌다. 대부분의 사람이 20년도 더 된 화폐를 그대로 사용하고 있다. 너덜너덜해진 화폐는 버려지기 때문에 화폐 수는 줄어들고 늘어나진 않는다. 그렇기 때문에 적정 수준의 물가가 유지되고 있는 것이다.•

그 결과 실링화는 정부가 정상적으로 기능하는 인접국의 통화보다 더 강세를 띠게 됐다. 지금은 에티오피아 내 소말리아 거주지역에서도 사용되고 있고, 케냐 상인들이 재테크를 위해 소말리아로 들어와 실링화를 사들이는 진풍경도 벌어지고 있다. 즉 무정부 상태가 된 이후 실링화가 안정된 통화가 되어 경제학의 상식을 뒤집어버린 것이다.

환전을 하고 공항 밖으로 나왔다. 놀라운 건 아흐메드가 우리를 경호하는 군인 네 명을 준비해뒀다는 사실이다. 소말릴란드 병사와 달리 모자도 없고 제복도 더럽기 그지없었다. 그중에는 검은 선글라스를 낀 남자도 있었다. 신뢰성이라곤 찾아볼 수 없었다.

"군인들을 데리고 다니지 않으면 어떻게 되지?"

시험 삼아 물어보자 아흐메드는 호탕하게 대답했다.

"당신 발로 5분도 서 있지 못할 거예요."

• 1996년 누군지는 확실치 않으나 비즈니스를 하는 자들이 어딘가에서 실링화를 찍어 소말리아에 대량으로 들고 들어온 적이 있다고 한다. 지금도 발행 연도가 1996년으로 인쇄된 화폐가 발견되고 있다. 그것을 위폐라고 해야 할지 말아야 할지는 알 수 없으나 당시 실링화 가치가 약간 떨어졌다고 한다. 하지만 이후로는 애초에 가치가 없는 실링화를 찍어내려는 시도 자체가 없어 방치된 채 현재의 안정적인 상태까지 왔다.—지은이

납치당한다는 소린가? 그는 빨리 가자고 재촉하며 나를 차 안으로 밀어넣었다.

그는 나를 호텔로 데려갔다. 에어컨도 잘 작동하고 무선 랜도 설치돼 있었다. 나는 아흐메드와 향후 일정, 취재 경비 등을 상의했다.

"보사소에서 뭘 하고 싶지?"

그가 물었다.

"여기 사람들과 카트를 하고 싶어."

예상치 못한 답변에 그는 고개를 가로저었다.

"다카노, 여기는 소말릴란드와 달라. 내가 아는 사람 집에 데려갈 수는 있는데, 어떤 사람이 그곳에 있을지 알 수 없어. 카트 연회 참가자 중 누군가가 해적이어서 '여기 돈 좀 있는 놈이 있다'고 패거리에게 연락할지도 몰라. 이곳에서 믿을 수 있는 사람은 아무도 없어."

여기서 태어나 가족과 친척도 모두 있는 아흐메드가 그렇게까지 얘기할 줄은 몰랐다. 그리고 카트를 할 수 없다는 건 개인적으로나 취재로 볼 때나 충격이었다. 라마단 기간의 오후 시간에는 아무것도 하지 않기 때문에 오늘 일정은 없다. 아흐메드는 돌아가면서 몇 번이고 주의를 줬다.

"절대 호텔 밖으로 나가면 안 돼."

그가 돌아간 뒤 나는 아무것도 할 게 없었다. 호텔 내에 잡화를 파는 곳이 있다고 들어 식료품을 사러 갔다. 프런트에 문의하자 같은 건물인데 입구는 별도로 돼 있다고 했다.

일단 호텔 밖으로 나가려 하자 총을 든 경비 군인이 저지했다.

"근처에 간다"고 손을 가리키자 나를 따라왔다. 고작 3미터 이동하는데도 경비 병력이 없으면 안 된다는 말인가. 상점 안에서 참치 캔과 말라비틀어진 치즈를 찾는 동안에도 군인은 내 등 뒤에 서 있었다. 물건을 사고 돌아오는 길은 물론이고 호텔 건물 안으로 들어가는 걸 확인하고 나서야 물러섰다.

모스크에서 일몰 기도를 재촉하는 아단• 소리가 흘러나오면서 금식이 끝났다. 저녁을 먹으러 외출하는 것도 불가능해 아흐메드가 말한 대로 룸서비스를 불렀다. 염소고기를 잘게 썰어 야채와 함께 볶은 요리인 '스갈'을 주문했다. 사람들이 한꺼번에 음식을 주문해서일까. 한참이 지났는데도 요리가 나오지 않았다. 한 시간이 지나 배가 고파 한계에 도달했을 때가 돼서야 겨우 문을 두드리는 소리가 들렸다. 문을 열자 열대여섯 살 먹은 소년이 숨을 몰아쉬면서 서 있었다. 급한 마음에 접시에 담긴 것을 보니 설탕병이었다.

"이게 뭐지?"

소년은 웃는 얼굴로 답했다.

"스갈."

"노!"

나는 절규했다.

나의 어설픈 소말리어인 '스갈'이 그의 어설픈 영어로는 '슈거sugar'로 들린 듯했다. 이제 와서 다시 음식을 주문한다 해도 한 시간 이상 걸릴 게 뻔했다. 그렇게 기다릴 순 없었다. 그렇다고 나 혼자 밖에 나가 레스토랑을 갈 수도 없었다. 포기하고 아까 상점에서 산 참치 캔을 열

• 예배에 참석해달라는 부름.

어 푸석푸석한 빵에 바른 뒤 뜨뜻미지근한 콜라와 함께 위 속으로 밀
어넣었다. 아무리 생각해도 납치된 거라고밖에 생각할 수 없는 해적
국가에서의 첫날 밤이었다.

씨족의 전통이 해적질을
중단할 수 없는 이유

이튿날 정보국 직원과 군인 네 명을 데리고 보사소 시내를 보러 다녔다.

보사소는 푼틀란드에서 가장 큰 도시다. 해적질로 비약적인 발전을 한 곳이라고 들었다. 외국인은 무장한 경비 병력이 없으면 바로 납치되고 현지 주민들도 사업이나 씨족 간 분쟁으로 살해되는 일이 많다.

내가 받은 인상은 나이로비의 이스리를 좀더 과격하게 만든 도시 같은 느낌이었다. 그러나 모스크의 하얀 첨탑이 파란 바다에 비치는 아담한 마을이었다. 남자는 하지 모자●를 쓰고 젊은데도 수염을 길게 기른 사람이 적지 않았다. 여자는 시장 같은 데서 일을 하고 있지만 눈을 제외하고 온몸을 검은 천으로 가린 이가 많았다.

● 성지를 순례한 사람만 쓰는 모자.

해적질을 반反이슬람 행위라고 믿고 있는 것도 의외였다. 혼란스럽다는 느낌은 어디에서도 찾을 수 없었다. 하르게이사에서처럼 크게 소리치는 사람도 없었고 카트를 파는 상점도 없었다. 아흐메드는 "카트를 하는 사람이 거의 없다"고 했다. 총을 든 사람도 없었고 군인들도 찾을 수 없었다.

시장에 들어서자 탄탄한 체격의 아저씨가 재봉틀을 밟아 천을 꿰매고 있었고 수박 상점에는 사람이 많이 모여 있었다. 환전소가 늘어서 있는 골목도 있었다. 하르게이사에서처럼 돈다발 옆에 엎어져 자거나 하지 않고 샌들은 신었지만 정자세로 의자에 앉아 한 말 정도 크기의 깡통에 돈을 넣어놓고 그 위에 한 발을 올려놓고 있었다. 누군가가 깡통 뚜껑을 열어 돈을 들고 튀는 걸 막기 위해서다. 이것이 이 마을이 하르게이사보다 치안이 좀 못하다는 유일한 증거지만 우락부락한 남자 대여섯 명이 마치 춤을 추듯이 같은 각도로 한쪽 다리를 올려놓고 있는 모습에 순간 웃음이 나왔다.

마을 규모가 하르게이사보다 작은 것만큼 항구도 베르베라의 반정도 크기였다. 100마리 정도의 낙타가 두 마리씩 크레인에 들어올려져 큰 배에 실리는 진풍경도 목격했다. 라마단이 끝나면 '이드'라는 축제가 열린다. 그때 도축해 먹으려고 낙타를 이집트와 사우디아라비아에 수출하는 것이다. 낙타는 주로 에티오피아령 소말리아인 거주지역에서 온 것들이라고 한다.

아담하고 깨끗한 새 건물이 많고 마을 전체가 안정된 분위기여서 마치 튀니지나 모로코 해안에 온 듯한 느낌이 들었다. 부두에서 가까운 해변에 가니 맨발로 축구를 하는 초등학생쯤 되는 아이들이 모여들어 같이 기념사진을 찍었다. 활짝 웃으며 사진을 찍은 아이들은 "와~" 소리를 지르며 다시 축구를 하러 달려나갔다.

'보사소! 훌륭한 곳이잖아.'

마치 잘 알려져 있지 않은 리조트를 발견한 듯한 착각에 빠져들었다. 그러나 이곳은 역시 해적의 수도였다. 밤이 되자 본색을 드러냈다. 밖으로 나가 카트 연회에 참가하는 게 불가능해 아흐메드는 나를 위해 카트를 사서 호텔 안으로 들어와주었다. 아흐메드가 태어난 곳은 보사소지만 자란 곳은 모가디슈다. 1991년에 내전이 발발하자 하위예 민병대에 쫓겨 옷가지만 걸치고 케냐의 다다부 캠프로 도망쳤다. 그 후 일단 푼틀란드에 돌아왔으나 치안이 불안해 예멘에 있는 피란민 캠프로 갔다고 한다. 아흐메드는 그렇게 힘들게 살아왔다. 지금은 개그맨 뺨치는 유머 감각의 소유자이지만. 그는 웃으며 이렇게 말했다.

"금방 애인이 생기는데 바로 헤어져버려. 벌써 결혼만 여덟 번째야."

10년 동안 8명과 결혼, 이혼을 반복했다는 것. 아무리 '초고속'이라도 정도가 있지 이건 너무 심하다는 생각이 들었다. 여자들에게 인기 있는 스타일인 그는 대화의 요점을 아는 남자였다. 그와 다시 해적 이야기를 시작했다.

"인질들 몸값이 지불되면 우리는 금방 알아차려."

해적은 물론 인질이 속한 해운 회사나 무역 회사도 몸값을 지불한 사실을 공표하지 않는다. 하지만 몸값이 지불되면 해적은 그 돈을 실링으로 환전한다. 몸값은 달러로 받지만 시장에서 생활물품을 살 때는 실링이 필요하기 때문이다. 가족이나 친구들과 달러를 나눠도 그 사람들이 실링으로 바꾼다. 좀 전에 내가 흥미롭게 봤던 환전소가 그 역할을 담당하고 있는 것이다. 인질의 몸값은 수천만 엔이 넘는다. 그래서 달러 가격이 한번에 내려간다. 달러 가격이 떨어지면 보사소 사람들은 '아, 어디서 인질 몸값을 지불했구나'라고 알아차린다.

이곳에 새 건물이 많은 것도 직간접적으로 해적의 돈이 돌고 있기 때문이다. 아니면 해적들이 쓰는 돈을 믿고 비즈니스를 시작하는 사람도 있다. 부동산 값도 올라가는 추세다. '해적의 수도'란 말은 과장이 아니었다. 아흐메드는 지역 기자여서 해적들과의 접촉도 있었다. 왜 이 지역에 해적이 많은지 물어봤다.

'소말리아 해적'에 대해서는 『소말리아는 새로운 해적 국가인가?Somalia: The New Barbary?』라는 책이 최근 출간됐다. 해적 연구자가 2010년까지 발생한 해적 행위를 모두 조사·분석한 책이다.

(1) 외국인의 불법 조업과 투기로 인해 고기가 잡히지 않자 현지인들이 생활을 위해 시작했다.
(2) 원래는 무장 세력이 어선을 선두로 내세워 이용한 게 시초였으나 어민들 스스로 해적 행위를 익혀뒀다가 해적으로 진화했다.
(3) 내전으로 인해 무기가 밖으로 유출되자 내륙에서 유목민들이 강도짓을 하는 것처럼 바다에서 어민들이 해적질을 시작했다.

푼틀란드 정부의 공식 견해는 1번이다. 아흐메드는 "내가 이곳에 돌아왔을 때는 이미 해적질이 시작됐기 때문에 아마도 세 가지 이유가 섞여 있는 게 아닐까 생각된다"고 했다. 전에는 어땠는지 모르지만 현재는 어민과 해적이 별개라는 게 아흐메드의 설명이다. 가끔 해적들이 그에게 직접 전화를 걸어온다고 한다. 해적들은 일단 배를 나포하면 선주에게 직접 전화를 걸어 인질들의 몸값을 요구하지만 상대가 요구에 바로 응하지 않는 건 당연하다. 일부러 매스컴에 알려 뉴스화하려는 이유에서다. 인질의 안전이 확인되면 선주도 빨리 돈을 주고 사건을 해결해야 한다는 압력을 받기 때문이다.

2년 전 이집트 국적의 배가 나포됐을 때의 일이다. "라스 콜라이에서 인질을 잡고 있다"는 전화가 걸려왔다. 라스 콜라이는 내가 베르베라에서 만난 독일인도 납치돼 있던 항구도시다. 소말릴란드와 푼틀란드가 자신의 영토라고 주장하는 곳으로 아주 흥미로운 지역이다. 아흐메드가 라스 콜라이로 취재하러 갔더니 실제로 나포된 배가 두 척 있었다. 아흐메드는 해적 두목에게서 직접 이야기를 들었다. 그들은 이렇게 주장했다고 한다.

"우리는 해적이 아니다. 우리 해역을 허가 없이 운항하는 배가 있어 나포했다. 푼틀란드 정부가 무능하니까 우리가 직접 법을 집행한 것이다."

"자, 그럼 왜 몸값을 요구하는가. 정부도 지역 당국도 그런 짓은 안 하지 않는가."

아흐메드가 묻자 해적 두목은 "어찌됐든 빨리 돈을 줬으면 좋겠다"고 말했다고 한다. 이어지는 아흐메드의 말이 가관이었다.

"지금 젊은이들은 모두 해적을 동경해. 무엇보다 좋은 차를 타고 좋은 집에 살고 예쁜 여자를 만나고 다니니까. 여자들도 남자를 살살 꼬셔. '당신도 해적이 되는 게 어때? 멋진 차와 집을 사면 좋잖아' 이런 식으로 말이야."

여자의 말이었단 말인가. 그건 강력한 동기 부여다.

"그럼 가족이나 친척은 어때? 씨족의 원로들은 해적이 되는 걸 허락하지 않을 텐데."

"어느 씨족이든 해적이 한 명은 있어서 그 몫을 나누고 있어. 행여 가족이나 씨족 내에서 해적을 하지 말라는 요구가 있어도 요즘 젊은 이들은 '해외로 가면 그만'이라고 생각해. 실제로 해적질해서 돈을 모아 미국이나 유럽으로 뜨는 인간이 많거든."

푼틀란드 정부와 해적의 관계는 어떨까. 정부는 공식적으로는 "해적을 소탕하고 있다"고 말한다. 거짓말일까.•

"해적을 잡는 일 같은 거는 하지 않아. 군인들 급여가 너무 낮아. 겨우 50달러. 그 돈으로 해적을 잡으러 나서는 군인 따윈 없다고 봐야 해."

그러면 푼틀란드 정부가 해적에 적극 가담하고 있는 건 아닌지 의심스러웠다. 그는 "해적 중에는 부패한 정치인이나 군인, 경찰들이 있다"고 답했다. 대체로 소말릴란드 사람들의 설명과 같고 내가 상상한 것과 다르지 않았다.

화제는 일단 해적에서 벗어나 내일 일정으로 옮겨갔다. 내일은 푼틀란드의 수도인 가로웨로 향한다. 나는 경비 절감을 위해 호위 병력 두 명을 줄이고 싶었다. 그러면 병사들에게 주는 일당이 반으로 줄고 차도 한 대면 충분하다. 오전 중에 아흐메드에게 그렇게 이야기했더니 "다른 사람과 상의해보겠다"고 했다.

• 이튿날 내가 만난 친정부 저널리스트는 "푼틀란드는 해안선이 너무 길어 해적을 전부 소탕하는 게 불가능하다"고 설명했다.—지은이

"현재 씨족 두 곳이 서로 살인을 저지르고 있어."

그에 따르면 1년 전 무렵부터 마제르텐 씨족의 분가인 '알리 살레반' 분분가와 '알리 지부라힐' 분분가의 분쟁이 이어졌다. 두 분가 간의 싸움은 유목에 반드시 필요한 물 때문에 알리 살레반의 한 청년이 알리 지부라힐 사람을 때려죽인 일이 발생한 이후부터 시작되었다.

아흐메드는 "전형적인 씨족 간 다툼"이라고 설명했다. 복수가 복수를 불러 많을 때는 한 달에 50명도 죽는다. 이번 다툼의 희생자는 총 500명을 넘어섰다고 한다. 분가 간 살인 행위는 마을 내에서는 물론 도로에서도 이뤄졌다. 특히 가로웨로 가는 길엔 알리 살레반 마을이 있어 민병대가 지나가는 차를 세우고 알리 지부라힐 소속 남성을 죽이는 일이 벌어지고 있다고 했다.

"다른 씨족에게 위해를 가하진 않겠지만 당신은 외국인이어서 어떤 일이 벌어질지 몰라. 경비를 확실히 해두는 게 좋아." 아흐메드가 충고했다.

죽은 사람이 1년 새 500명이라니……. 이런 이야기는 뉴스에서도 전혀 들은 적이 없다. 아흐메드는 "푼틀란드 정부는 씨족 분쟁을 조정할 능력이 없다"고 했다. 그렇다면 씨족의 원로들은? 이전에 와이얍은 소말릴란드의 이스자아크 씨족과 마제르텐 씨족 사이가 굉장히 안 좋지만 전통과 관습이 비슷하다고 말한 적이 있다. 즉 남부 소말리아와 달리 아직 씨족 원로들의 권위가 살아 있어 씨족 간 다툼도 멈출 수 있지 않을까 생각했다. 실제로 마제르텐 씨족이 지배하는 지역은 구소말리아 전체가 내전에 들어간 1991년 이후나 푼틀란드 정부가 수립된 1996년 이후에도 내전이라고 부를 정도의 큰 싸움은 없는 것으로 알려져 있다. 그래서 두 번씩이나 내전을 겪으면서 수천 명이 사망한 소말릴란드보다 치안이 안정적이라는 시각도 있다.

피의 보상(디야)에 의한 정산을 하고 있는지 묻자 아흐메드는 "현재 협상 중"이라고 했다. 원로들 간의 대화로 라마단 기간 전에 약 90퍼센트 계산이 끝났는데, 그 후에 다시 몇 명이 죽는 바람에 정산이 더 복잡해져버렸다. 원로가 한 명 죽은 것도 문제를 더 키웠다. 아흐메드에 따르면 최근에는 전통 관습이 예전만큼 기능하지 않는데, 여기에는 해적의 영향도 있다는 설명이다.

첫째는 유족들이 디야의 금액에 납득하지 않는다. 앞서 이야기했듯이 디야는 남성이 낙타 100두, 여성이 낙타 50두다. 그런데 이 돈이 유족에게 온전히 전해지지 않는다. 씨족에 따라 다르지만 이스자아크에서는 30퍼센트, 마제르텐에서는 20퍼센트가 표준이라고 한다. 디야의 전액이 유족의 손에 쥐여지지 않는 이유는 협상하는 데 경비가 들기 때문이라고 이들은 설명했다. 협상할 때는 교통비, 식비, 숙박비, 협상하는 원로와 경비병의 일당을 지불하지 않으면 안 된다. 경비 외에 씨족에게 전달되는 돈도 들어간다.

디야는 씨족 구성원 한 명당 3~5달러를 지불하지만 전원이 한꺼번에 그 돈을 낼 수 있는 건 아니다. 하지만 상대에게 건네야 하는 기일은 정해져 있다. 아흐메드의 설명에 따르면 지불을 빨리 할수록 경비가 적게 들어가고 분할보다 일괄 납부가 더 싸게 먹히는 등 여러 지불 방법이 있다. 게다가 분쟁을 빨리 끝내고 싶은 욕심이 든다. 그렇지 않으면 또 다른 희생자가 생기기 때문이다. 그럴 때를 대비해 돈을 일정 정도 비축해두는 것이다. 뭐랄까. 소말리의 씨족은 기업 조직과 흡사하다.

원래 이야기로 되돌아가자. 디야의 총액이 일본 돈으로 200만 엔. 그중 40만 엔이 유족의 수중에 들어간다. 이때 유족이란 부모, 자식, 형제 등 친족에 한정된다. 예전에는 40만 엔이 아주 큰돈이었기 때문에 유족들이 대체로 납득했다. 하지만 해적 행위가 성행하면서 더 큰 돈을 만지는 걸 보게 되자 많은 사람, 특히 혈기 왕성한 젊은이들에게는 '푼돈'으로 보이기 시작했다. 그래서 젊은이들 중 일부는 디야를 받아도 상대 씨족을 죽이려 하는 것이다.

씨족의 전통이 악용되는 측면도 있다고 한다. 씨족 내에서 정산해준다면 책임 따위도 질 필요가 없다고 생각하는 이들이 점점 늘어가고 있는 것이다. 원로가 몸값과 인질 교환 협상으로 바쁘다보니 본업인 씨족 간 분쟁을 조정하는 데 전념할 수 없다는 것도 해적이 끼친 악영향 중 하나다.

내가 뭔가 큰 착각을 하고 있다는 걸 자각했다. 난 그동안 '해적 행위는 나쁜 것이니까 씨족의 원로들이 용납할 이유가 없다'고 생각하고 있었다. 그런데 아흐메드의 이야기에서 떠오른 것은 정의라든가 옳고 그름이 아니라 돈 문제였다. 소말리인의 행동의 기본 원리는 돈이다. 소말리 사회에서는 '공짜'란 말이 없다. 전통에 따라 원로의 개입이나 교섭조차 일당이 확실히 지불된다. 당연히 해적과의 협상에서도 일당이 나온다. 그리고 몸값이 크면 클수록 원로에게 지불되는 돈도 일반적으로 씨족 간 분쟁에 대한 조정에서 얻는 수익보다 클 것이다. 원로들이 적극적으로 해적 행위를 중지시킬 이유는 어디에도 없다. 이는 씨족 간 분쟁과 비교하면 더욱 선명해진다.

현재 발생한 알리 살레반과 알리 지브라힐 간의 분쟁을 보자. 이 싸움은 원로들 입장에서도 하루빨리 해결하고 싶은 일이다. 협상이 늦어지면 자신들의 수입이 늘어나겠지만 씨족 구성원들로부터 채근을 받을 것이고 본인이 살해당할지도 모른다.

해적은 어떨까. 외국인들은 몸값을 지불하지만 복수하러 오진 못한다. 배가 탈취되는 순간 협상이 시작되고 협상을 위해 호출받은 원로는 꽤 큰돈을 일당으로 받는다. 원로 외에도 빌린 자동차 값, 식비, 숙박비, 경비병 일당 등 현재 내가 지불하고 있는 모든 게 씨족에게 지불된다. 씨족 전체를 봐서도 이보다 좋은 게 없다. 이렇게 좋은 걸 그만둘 인간이 있는 게 이상한 일이다.

'씨족 간 다툼은 그만 멈추고 해적 일에 전념했으면 좋겠다.'

바로 이것이 푼틀란드 사람들의 솔직한 심정일지 모른다는 생각이 들었다.

수수께끼의 독립국가 소말릴란드

대바구니 속
포켓몬 파오리

|

푼틀란드 여행엔 돈이 너무 많이 들었다. 어쨌든 하루빨리 이곳을 벗어나지 않으면 파산할 것 같아 나는 사흘째 되는 날 보사소를 출발해 남하하기 시작했다.

소말리인들이 시간만큼은 확실히 준수해준 게 고마웠다. 7시에 모이기로 약속했는데 6시에 이미 병사들과 자동차가 대기 상태였다. 역시 여느 아프리카인들과는 차원이 달랐다.

땅은 말라 있었다. 황토색 지면은 바싹 마른 먼지로 덮여 있었고 낙타나 염소의 모습은 찾아볼 수 없었다. 이윽고 소말릴란드에서 해안선으로 연결된 골리스산맥을 통과했다. 녹색 자연이 조금씩 보였지만 가축은 찾을 수 없었다. 너무 건조해서일까. 원래 사람이 살지 않는 곳일까.

한 시간쯤 지나 마르모라는 마을에 도착했다. 보사소에서 약 100

킬로미터 떨어진 곳으로 씨족 간 분쟁을 이어가고 있는 알리 살레반 분분가의 마을이다. 이곳에서 차를 세우게 하고 알리 지브라힐 분분가 소속 남성이 있으면 사살한다고 했다. 우리를 경비하는 병사가 먼저 가서 검문소에 있는 병사와 이야기를 나누자 길을 막고 있는 차단막이 올라갔다. 푼틀란드 정부군인지 씨족 소속 민병대인지 알 수 없었다.

아르모는 일본의 신흥 주택가처럼 오렌지색 방에 흰색 벽이 있는 신축 건물이 늘어선 '뉴타운'이었다. 정말이지 사막 한가운데 우뚝 서 있어 당돌하기 그지없었다. 알리 살레반 분분가는 해변 마을에도 거점을 두고 있다고 들었다. 도로 상황이 좋아 자동차가 시속 100킬로미터 이상으로 달릴 수 있었다.

카르카르주의 수도라고 하지만 큰 마을 정도로밖에 보이지 않는 '카르도'를 지나자 겨우 낙타와 염소가 보이기 시작했다. 푼틀란드의 건조한 날씨 그리고 사람과 가축이 적은 모습은 상상 그 이상이었다. 푼틀란드는 지도상 면적이 넓지만 인구가 굉장히 적은 게 틀림없다.

점심 전에 목적지인 가로웨에 도착했다. 푼틀란드 최대 도시이자 '해적의 수도'는 보사소이지만 공식 수도는 이곳 가로웨다. 아흐메드에 따르면 10년 전만 해도 버스도 서지 않는 작은 마을이었다고 한다. 푼틀란드가 건국되고, 국가 한가운데에 위치해 있다는 이유로 수도로 결정됐다. 파키스탄의 이슬라마바드와 브라질의 브라질리아처럼 인공적으로 만들어진 도시다.

계획도시이다보니 넓은 도로가 펼쳐져 있고 단정하게 정리된 모습이었다. 우리는 도시 중심부에 있는 작고 아담한 호텔에 묵기로 했다. 가로웨는 도시의 형성뿐 아니라 사람들도 보사소와 뭔가 달랐다. 여성들은 히잡을 쓰지 않았으며 매우 개방적이고 밝아 보였다. 소말릴란드를 경유해 하랄의 카트가 들어오고 갈카요란 이름의 푼틀란드 남부 도시를 경유해 케냐의 '미로'도 유입돼 카트를 흡입하는 사람이 많은 듯했다. 나는 카트를 빼곡히 실은 차에 여성 소매업자가 달려들어 마치 훔쳐가듯 카트를 사가는 모습을 보고 마음이 따뜻해졌다.

아흐메드와는 이곳에서 헤어졌다. 대신 혼 케이블 TV 가로웨 지국 기자인 코베가 나를 안내했다. 내가 "일본에 고베라는 이름의 도시가 있다"고 말하자 "신기한 일"이라며 구김 없이 웃는 이 청년은 이곳 지리에 밝은 정보통이었다. 하지만 아침에 일찍 일어나지 못하는 단점도 갖고 있는 학생 같은 기자였다. 아흐메드는 이튿날 보사소로 돌아갔다.

이런 인수인계 방식은 내 머리를 아프게 했다. 우선 돈이 너무 많이 들었다. 이날만 해도 난 아흐메드뿐만 아니라 인수인계에 분주한 코베 일당과 그가 사용하는 자동차 경비를 지불해야 했다. 게다가 코베에게 내 의도를 일일이 설명하지 않으면 안 됐다. 나와 만났을 때 코베는 "어느 나라 사람이냐, 하는 일이 무엇이냐" 등의 질문을 시시콜콜 던졌다. 그러고 보니 아흐메드 역시 같은 질문을 한 것 같다. 소말리인은 사람을 소개할 때 어떤 설명도 하지 않고 상대방도 자세히 듣지 않는다.

"난 일본인이고 작가다. 소말리에 대해 책을 쓰고 싶다"는 얘기에서부터 시작해야 했다. 인수인계는 혼 케이블 TV 지국 직원뿐만이 아니었다. 내가 부탁도 하지 않았는데 정보국 관련 업무가 가로웨에 사는 술레이만이란 인물에게 넘어갔다. 고액의 일당을 얻기 위함이었다. 난 필요 없다고 단호하게 거절했지만 "당신의 안전을 지키기 위해서"라는 말에 그냥 그렇게 할 수밖에 없었다.

코베와 술레이만은 가로웨가 치안이 괜찮고 야간에 카트 연회에 참석해도 전혀 문제가 없다고 말했다. 기쁜 마음에 당장 나가려고 하자 나를 호위하는 병사들이 제지했다. 그들이 소속돼 있는 보사소 경찰 규정에는 '호위 대상인 외국인을 멋대로 외출시켜선 안 된다'고 돼 있고 근무 시간은 오전 6시부터 오후 6시까지라는 것이었다. 다시 말해 오후 6시 이후에는 호위 업무를 하지 않을 뿐 아니라 내가 스스로 외출하는 것도 허락되지 않는다고 주장했다. 그들이 말하는 뜻을 난 잘 알고 있다. 굳이 외출하고 싶으면 특별 수당을 달라는 것이었다. 그들을 출근시키기 위해서는 자동차도 필요하다. 게다가 일 끝내고 돌아간 차를 다시 불러내는 데에도 특별 수당이 지불된다.

코베는 물론이고 나를 주머니 속 '포켓몬' 취급하는 술레이만도 "저런 노마드(유목민) 같은 놈"이라며 불같이 화를 냈다. 소말리아는 노마드 사회다. 이것은 자랑이기도 하지만 도시에 사는 사람들이 양아치같이 행동하는 자를 비하할 때 사용하기도 한다. 촌놈, 얼뜨기 정도의 뉘앙스다. 이곳은 보사소가 아니라 가로웨다. 그러나 수도다. 중앙 정부 공무원이 지방 도시 경찰이나 군인보다 강한 권력을 갖고 있는 게 틀림없지만, 역시 결정적인 것은 총을 소지하고 있다는 점이다. 예산이 바닥을 드러내고 있었다. 카트 연회에 참석하려고 그들의 협박 같은 요구에 굴복한 것에 부아가 치밀었다.

푼틀란드에서는 처음부터 납치돼 있는 기분이었다. 해적이나 누군가가 나를 납치하려고 지금 이 병사들을 고용할 수도 있는 일이었다. 푼틀란드에서 외국인은 어떻게든 납치되기 때문이다. 호위 병사들에게 돈을 건네고 연금 상태가 되든지, 병사를 붙이지 않았다가 진짜 납치되어 큰돈을 요구받게 되든지 미리 지불하는 것과 나중에 지불하는 것의 차이다. 실제로 6개월이나 1년간 장기 체류라면 지불할 금액은 별로 차이가 나지 않을지 모른다. 난 스스로 포켓몬이라고 생각했으나 아니었다. 바구니 속에 든 포켓몬이었다.

돈이 들어서 그렇지 인수인계 방식은 취재에 아주 용이했다. 매번 그 지역 저널리스트가 내게 도움을 주는 구조였기 때문이다. 그들만큼 지역 사정에 밝은 자도 없다. 전 세계 미디어의 정점에서 군림하는 BBC나 CNN, 이슬람권에 강력한 영향력을 가진 알자지라라도 소속 기자를 푼틀란드에 직접 파견하는 건 불가능하다. 너무 위험하기 때문이다. 그래서 아흐메드나 코베같이 그 지역 기자들에게 일을 맡긴다. 그들은 해적 행위, 테러, 전투가 벌어지는 순간 현장에 들어가 자신들이 속한 신문이나 TV뿐만 아니라 해외 미디어에도 기사와 사진, 영상을 판매한다. 그것을 전 세계인이 보고 있는 것이다. 우리가 가끔 목격하는 해적의 사진이나 영상도 아흐메드나 코베 같은 자들이 촬영한 것이다.

그리고 지역 기자는 자신이 알고 있는 일부만 내보낼 뿐 시끄럽게 떠들어댈 수 없는 것도 많이 알고 있다. 특히 씨족 이야기 같은 게 그것이다. 소말리의 저널리즘은 매우 발달해 있으나 한 가지 큰 문제가 있는 것이다. '원칙적으로 씨족명은 공개하지 않는다'는 암묵적 동의가 있다. 이는 1991년 이후 계속된 내전이 씨족 간 증오와 이해관계로 인해 일어났다는 반성으로, 씨족 간 대립을 부추기는 일을 그만두자는 선량한 의도에서 출발한 것이다. 일종의 '익명 보도'다. 그래서 뉴스에

서는 소말리어든 영어든 씨족 간 전투가 일어나거나 해적이 배를 나포
한 경우 사건이 일어난 장소만 보도한다.

예를 들어 해적의 거점 도시로 유명한 에일의 최대 세력은 마제르
텐 씨족의 세이 마하무드 분분가로, 현재 푼틀란드 대통령이 그 분
분가 출신이란 것조차 공표돼 있지 않다. 덧붙여 말하면 국제기구나
NGO들도 씨족에 대해서는 기본적으로 언급하지 않는다. 소말리인은
뉴스에서 떠들어대지 않더라도 씨족은 주로 어디에 살고, 실세 정치인
이나 기업인이 어느 씨족 출신인지 대강 알고 있다. 만약 모르면 주위
사람들에게 물어 확인한다. 그걸 알지 못하면 비즈니스도 안전도 확
보할 수 없다.

해적질은 물론이고 전투도 씨족 단위로 행해지지만 외국인들에겐
잘 보이지 않는다. 그래서 현 소말리 정부나 군부 세력이 복잡기괴한
집단으로 보이는 것이다. 아흐메드나 코베는 당연히 그런 걸 알고 있
기 때문에 물어보면 언제든 답을 해준다. 무척 고마운 일이다. 코베는
모가디슈 근처에서 태어났다. 부친은 옛 바레 정권에서 경찰청장을 지
냈다고 한다. 당연히 마제르텐 씨족 소속이고 큰아버지 중 한 명이 푼
틀란드 재무성의 고위 관료다. 정보국 직원인 술레이만. 그는 51세로,
교통사고로 한쪽 다리를 잃고 의족을 차고 있다. 원래 학교에서 역사
를 가르치는 선생님이었다고 한다. 그는 푼틀란드 정부와 다로드 씨족
의 좋은 점만 말했으나 다로드 씨족 내 힘의 균형이나 역사에 대해서
는 젊은 코베보다 더 정통했다.

예정대로 와이얍과 같이 왔다면 일이 이런 식으로 진행되진 않았
을 것이다. 단 같은 방송국 사람이라고 해서 이스자아크 씨족 앞에서

다로드 씨족 사람이 솔직하게 씨족 이야기를 할 이유가 없고 자신의 의견도 말하지 않는 게 당연했다. 싸움으로 번지기 때문이다.

카트 연회에 가지 못하니 호텔에서 룸서비스를 부를 수밖에 없었다. 호텔 방에서는 외부인이 없었기 때문에 천천히 속 깊은 이야기를 할 수 있었다. 주머니 속 포켓몬 신세도 나쁜 것만은 아니었다.

푼틀란드도
민주주의 국가인가

|

푼틀란드에 대해 내가 알고 있는 건 별로 없다. 다로드 씨족은 크게 동북과 서남 분가로 나뉜다. 여기서는 '동부 다로드'와 '서부 다로드'로 부르기로 한다. 바레 정권 때는 다로드 씨족 천하였다. 주류는 바레의 직계인 마레한 분가와 바레의 모친이 속한 오가덴 분가로, 이들 모두 서부 다로드 씨족이다.

비주류로 몰린 동부 다로드는 뭉뚱그려 '하르티'로 불린다. 동부 다로드 씨족 중에서도 핵심 분가인 마제르텐은 압둘라히 유스프를 수령으로 한 반정부 게릴라 단체 '소말리 구국전선ssDF'을 결성, 북쪽 이스자아크와 중남부 하위예 씨족의 아이디드와 함께 반정부 투쟁을 시작했다.

1991년 바레 정권이 하위예에 의해 붕괴된 뒤 푼틀란드는 어떻게 됐을까. 정보국 술레이만에게 물어봤다. 그는 1960년 예멘의 아덴에서 태어났다. 모가디슈로 이사해 학교를 마친 후 중학교 교사가 됐다. 1991년 내전이 발발하자 보사소로 피신했다. 그에 따르면 현재 푼틀란드 지역에서 전투라고 부를 만한 것은 이슬람 과격파와 압둘라히 유스프 그룹 간의 전투 정도밖에 없었지만, 모가디슈에서 하위예에 쫓긴 다로드 씨족 난민들이 밀려들어와 치안이 나빠졌다.

술레이만은 목숨을 부지하려고 다시 예멘으로 돌아와 소말리 난민 캠프로 들어갔다. 예멘 난민 캠프에는 다로드 씨족 사람이 대부분이 었다. 거기서 다시 교사 일을 했다. 1996년 그는 내전이 종결된 소말 릴란드를 거쳐 1998년 새로 건설된 푼틀란드로 돌아와 수도인 가로웨 에서 정보국 직원으로 근무하게 됐다.

푼틀란드에서는 역시 지난 20년간 큰 전쟁이 없었다. 하지만 치안 이 매우 불안한 것도 사실이었다. 푼틀란드 정부가 수립된 이후에도 이렇다 할 내전은 없었으나 대통령직을 둘러싸고 수차례 무력 충돌이 벌어졌다고 한다. 큰 전쟁은 없는 반면 작은 전투가 계속해서 일어난 게 푼틀란드의 특징이다. 한 가지 궁금한 게 생겼다. 대통령을 어떻게 뽑는다는 건가? 전쟁에서 승리한 자가 획득한다는 말인가. 술레이만 과 코베는 강하게 부정했다.

"선거로 뽑는다. 푼틀란드는 민주주의 국가다."

푼틀란드가 민주주의 국가라니. 처음 듣는 얘기였다. 소말릴란드인 들은 절대로 그렇게 얘기하지 않기 때문이다. 하지만 푼틀란드는 민 주주의 체제를 갖춘 국가였다. 좀더 정확히 말하면 '씨족주의에 의한 민주주의'다. 소말릴란드와는 상당히 다른 시스템이었다. 소말릴란드 에서 대통령은 직접선거로 선출되지만 푼틀란드에서는 국회의원이 선

출한다. 또 의원은 선거로 선출되지만 씨족별로 의석수가 나뉘어 있는
게 특징이다. 의석수를 보면 푼틀란드가 어느 씨족으로 구성돼 있는
지 알 수 있다.

○동부 다로드 씨족(하르티 동맹) 57석
 -마제르텐 분가 30석
 -도르바한테 분가 17석
 -와르센게리 분가 8석
 -다시슈 분가(동부 다로드 씨족의 마이너리티) 2석
○라일 카세 분가 3석
○아와르 타부세 분가 2석
○아라부사 분가 2석
○기타 1석

즉 마제르텐과 도르바한테, 와르센게리, 다시슈 분가가 속한 동부
다로드(하르티 동맹)가 총 65석 중 57석을 차지하고 있다. 푼틀란드가
하르티 동맹 국가라고 불리는 이유다. 의석 배분은 이게 전부가 아니
다. 분분가와 분분분가까지 세세하게 나뉘어 있다고 한다. 이에 대해
서는 코베가 아주 상세히 알고 있었다. 그는 2년 후 국회의원 선거에
출마할 생각이라고 했다.
  그는 마제르텐 분가의 알리 살레반 분분가에 속해 있다. 현재 알리
지부라힐 분분가와 싸움을 벌이고 있는 씨족이다. 원래는 알리 살레
반 분분가 중에서도 항쟁의 중심에 서지 않은 우마르 알리 분분분가

이기 때문에 신체적 위험은 덜하다고 한다. 의석수는 마제르텐 분가 전체 30석 중 알리 살레반 분분가가 3석 그리고 그 안에서 우마르 알리 분분분가에 1석이 배정돼 있다.

요약하면 코베는 우마르 알리 분분분가 내 선거에서 승리하면 국회의원이 되는 것이다. 도르바한테 분가는 물론이고 마제르텐 분가 내 다른 분분가와 관계없이 자신이 속한 분분분가만 신경 쓰면 된다는 뜻이다. 우마르 알리 분분분가의 인구는 1만~1만5000명 정도다. 이들이 모두 투표하는 건 아니다. 투표권을 가진 사람은 수십 명밖에 되지 않는다고 한다. 씨족의 원로, 성공한 비즈니스맨, 학자, 지식인 몇 명이 전부다. 씨족의 원로는 그렇다 쳐도 성공한 비즈니스맨이나 지식인같이 애매한 사람은 어떻게 결정하는지 묻자 "우마르 알리 분분분가의 술탄이 선택한다"고 했다. 다시 말하면 씨족의 수장, 즉 술탄이 투표할 사람을 뽑고 뽑힌 사람 중 한 명이 국정을 대표할 국회의원으로 결정된다는 것이다. 소말릴란드 이상으로 씨족 중심 사회다.

이런 시스템은 소말릴란드의 의회 제도에서 따온 것이다. 소말릴란드 의회 제도는 원로들로 구성된 '구르티'(원로원이나 귀족원 같은 것)와 선거에서 선출된 의원으로 구성된 의회(일본으로 치면 중의원)로 돼 있으나 푼틀란드는 이를 하나로 합친 형태다. 코베의 말이다.

"난 방송 기자로 얼굴이 잘 알려져 있고 2년 후에는 대학을 졸업한다. 큰아버지는 재무성 고위 관료여서 내가 질 만한 상대는 아직 없다."

전부 합쳐서 1만~1만5000명밖에 되지 않는 데다 투표권을 가진 사람을 모두 알고 있기 때문에 선거 전에 승리를 예측할 수 있다는 것이다. 푼틀란드식 민주주의는 그 나름대로 의미가 있다. 소말리의 씨족은 일본의 주소와 같다. 일본의 선거구를 소말리 씨족의 분가에 대입하면 완전 똑같다. 소선거구제라고 말해도 좋을 듯하다.

문제는 민주주의 실현의 방식이다. 국익이 아니라 씨족의 이익을 추구하게 되는 시스템이 문제인 것이다.

대통령직을 둘러싼 다툼도 그 속에서 발생한다. 3개의 힘 있는 분 분가 사이에서 권력투쟁이 벌어졌다. 마제르텐 분가 안에서도 이세 마하무드 분분가, 오마르 마하무드 분분가, 오스만 마하무드 분분가 등이 삼대 주요 씨족으로, 이들은 이름에서 보듯 형제 씨족이다. 이들 3형제가 격하게 싸우고 있는 것이다. 지금까지 대통령은 이들 세 개 씨족에서 차례로 나왔다. 가끔 전투도 벌어졌다.

초대 압둘라히 유스프 정권은 오마르 마하무드 분분가, 2대 무세• 정권은 오스만 마하무드 분분가, 3대(현직) 파로레•• 정권은 이세 마하무드 분분가에서 나왔다.

먼저 압둘라히 유스프 정권에서 오마르 마하무드 분분가가 정권을 잡았으나 오스만 마하무드 분분가의 '자마'라는 인물이 그들에게 도전장을 내밀어 무력으로 유스프 정권을 수도에서 밀어냈다. 이때 오스만 마하무드 분분가 소속 민병대가 전투에 참여했다. 압둘하리 유스프는 씨족의 근거지인 갈카요까지 물러났다가 자신의 분분가 무장세력을 결집해 자마와 전투를 벌여 승리한 후 수도로 복귀했다.

패배한 오스만 마하무드 분분가는 이번엔 무세라는 이름의 인물을 앞세워 압둘하리 유스프에 도전했으나 또다시 패배하고 말았다. 그

• 모하무드 무세 헤르시. 생년월일 미상, 구소말리아 정권 때 육군 장성이었다.
•• 아부디 라프만 파로레. 1945년생. 구소말리아 시절 중앙은행에 근무.

후 압둘라히 유스프는 특유의 권모술수를 동원해 모가디슈의 소말리아 임시 정권 대통령에 취임했다. 이때 푼틀란드는 형식상 모가디슈의 소말리아 임시정부 치하에 있었다.

유스프가 자동으로 푼틀란드 대통령직을 사임하자 무세가 정권을 이어받았다. 유스프와 그의 오마르 마하무드 분분가는 오스만 마하무드 분분가가 그들의 휘하에 있는 한 무세가 대통령이 돼도 무방하다고 생각했던 듯 보인다.

그런데 이번에는 이세 마하무드 분분가 무장 세력이 무세를 공격했다. 그것이 주효했던지 다음 선거에서는 이세 마하무드 분분가의 파로레가 3대 대통령에 선출됐다. 결국 마하무드 형제 분분가가 차례로 대통령을 배출한 것이다. 코베와 술레이만은 그렇게 이야기하지 않았지만 "대통령 선거에 상당한 돈이 들기 때문에 씨족의 해적질이 필요하다"고 말하는 사람도 있었다.

또 하나 궁금한 것은 이들 세 분분가의 무장투쟁이다. 특히 오마르 마하무드 분분가와 오스만 마하무드 분분가가 싸울 때는 수백 명 규모의 무장 병사가 충돌했다고 한다. 민병대가 그렇게 많이 있다는 것은 무슨 의미일까.

"푼틀란드는 무장 해제돼 있지 않나요?"

내가 묻자 술레이만은 그렇다고 단언하면서 이야기를 이어갔다.

"그들은 민병대가 아니라 푼틀란드 정부군이거나 경찰이다."

특히 놀란 건 정부가 각 씨족에서 병사와 무기를 징집해 정부군을 꾸리고 있다는 것이었다. 징집의 비율은 국회의원 의석수의 비율과 같았다. 다시 말해 각 씨족이 자신들의 병사를 정부에 빌려주고 있는 것이다. 필요하면 언제든 씨족에 복귀 명령을 내릴 수도 있다고 한다. 예를 들어 현직 대통령을 몰아내고 자신의 씨족 사람을 새로운 대통령에 앉힐 때에도 가능하다는 것이다. 나를 '연금'하고 있던 보사소 경찰 소속 병사도 그 전투에 참가했다고 한다.

나중에 카트 연회에서 직접 들은 이야기다. 오스만 마하무드 분분가 소속인 무스타파란 이름의 병사는 "300명 정도 군대를 조직해 오마르 무함마드 분분가와 싸웠다. 당시 난 보사소 경찰에 속해 있었으나 씨족의 부름에 응해 전쟁을 수행했다"며 아무 일도 아닌 듯 말했다. 전쟁에 참여하자 식비와 카트 비용 명목으로 200달러를 받았다고 한다.

푼틀란드는 동부 다로드 씨족의 동맹 조직이다. 일본의 프로야구와 비슷하다. 각 팀(씨족)의 오너가 모여 리그 운영을 결정한다. 강한 팀 오너의 입김이 강하다. 약팀은 강팀의 눈치를 본다. 그들의 이익이 강팀에 달려 있기 때문이다. 그리고 각 팀 위에 강력한 권한을 행사하는 커미셔너가 없으면 팀 간의 다툼이 벌어져도 누구도 중재하려 하지 않는다.

해적 소탕도 할 수 없다. 무엇보다 푼틀란드 정부군은 다국적군이나 마찬가지다. 소말릴란드라든가 이슬람 과격파 같은 커다란 적이라면 출병하지만 오스만 마하무드 분분가 소속 해적이 배를 나포했을 때는 같은 씨족 부대가 출동할 리 없을 뿐 아니라 다른 씨족 부대라고 해도 씨족 간 분쟁을 조장할 행동을 할 이유가 없는 것이다. 이는 내정 간섭이며, 각 씨족 역시 해적을 보유하고 있기 때문이다.

푼틀란드 정부나 군대가 직접 해적에 관여하고 있다고 해도 일반적인 부정부패와는 성질이 다르다. 요약하면 오스만 마하무드 분분가의 해적이 무슨 일을 저지르면 같은 오스만 마하무드 분분가의 원로나 정치인, 관료, 군인이 협상에 참여해 몸값의 분배나 필요 경비를 받는 것 외에는 아무것도 아니라는 뜻이다.

푼틀란드가 민주주의 국가라는 것은 사실이지만 씨족 연합체이기 때문에 해적이나 씨족 간의 분쟁을 조정할 수는 없다.

소말릴란드의 숙적은
이렇게 말한다

|

푼틀란드 정부의 각 부처는 가로웨 시내의 한적한 곳에 모여 있다. 건물은 모두 나지막한 민가풍으로 규모는 일본의 동사무소 정도다. 정보국도 이곳에 있다. 이튿째 나는 와이얍의 옛 친구로서 푼틀란드 정보국장인 아스칼을 만나러 갔다. 그는 키가 크고 어깨가 떡 벌어진 체격이었다. 그는 내게 와이얍한테 소말리에 대해 무엇을 배웠는지 물었다. "카트 씹는 법"이라고 소말리어로 답하자 그는 크게 웃었다. 또 이곳에서 무엇을 하고 싶은지 물어 "현지인들과 카트를 씹고 싶다"고 했더니 또다시 크게 웃었다. 부하인 술레이만이 야간에 거의 연금 상태인 내 처지를 설명하자 그는 "내가 수배해주겠다"며 고개를 끄덕였다. 밤 9시경 호텔 앞에 랜드크루저 두 대와 병사 네 명이 나를 데리러 와줬다.

난 위세 좋게 그 차에 올라타고 "자, 가자!"라고 외쳤다. 그런데 5분도 지나지 않아 차가 멈춰 섰다. 호텔 바로 뒤에 있는 민가였다. 군인

수수께끼의 독립국가 소말릴란드

들이 먼저 내려 총을 겨누며 사주경계를 섰다. 난 천천히 차에서 내려 민가의 작은 뒷문으로 들어갔다. 뭔가 대통령이 몰래 개인의 집에 찾아온 것 같은 분위기였다. 유감스럽게도 그 집 주인은 리비아의 카다피 전 대통령처럼 생긴 인물이었다. 그는 나를 보고는 "오, 당신인가!" 라며 말을 걸었다.

완전히 우연이다. 일주일 전 하르게이사의 호텔에서 만나 이야기를 나눈 사람이었다. 이름은 아흐메드 셰이크 자마. 푼틀란드 정부 학술국장이라고 했다. 융단이 깔려 있는 넓은 방에는 등받이용 쿠션이 10개 정도 준비돼 있었다. 정기적인 카트 연회 때 사용되는 것임을 깨달았다. 집주인 외에도 교수, 작가, NGO 단체 주최자 등이 이미 카트 잎을 씹고 있었다. 코베는 동행하지 않고 정보국 직원인 술레이만이 함께했다.

항상 그랬듯이 참석자들의 씨족을 물었다. 그런데 전원이 도르바한테 분가였다. 실은 도르바한테인 아스카르 장관이 자신이 속한 씨족 사람들을 초대한 것이었다. 술레이만도 도르바한테인데, 심지어 아스카르 장관과는 분분분가까지 같은 가까운 관계였다. '이것 참 재미있게 됐군.' 난 속으로 쾌재를 불렀다.

소말릴란드 독립의 최대 문제는 동부에 사는 '동부 다로드'인데 이들은 도르바한테와 와르센게리 소속이다. 그들은 선거에 참여하지 않으며, 상당수가 소말릴란드 정부를 인정하지 않는다. 그들이 살고 있기 때문에 동부 다로드 씨족의 동푼틀란드가 소말릴란드 동부를 자기네 땅이라고 주장하고 있다.

와르센게리의 상당수는 소말릴란드 정부를 지지하지만 규모가 작은 반면, 도르바한테는 다수일 뿐 아니라 소말릴란드에 대한 적대감도 강하다고 한다. 소말릴란드 사람들 입장에서는 도르바한테가 그들의 최대 적인 셈이다. 당연히 도르바한테 씨족 사람들 입장에서는 그들 나름의 이유와 주장이 있을 터. 그걸 물어볼 절호의 기회였다.

대학교수가 '푼틀란드가 인류의 발상지'라는 가설을 들고나와 큰 논쟁이 벌어졌지만 어떻게든 씨족이나 소말릴란드에 대한 이야기를 끌어내려 했다. 우선 도르바한테의 주요 분가와 거주지에 대해 물었다. 네 개의 분가 모두 소말릴란드와 푼틀란드가 똑같이 권리를 주장하고 있는 지역인 부호도레와 라스아노에 살고 있다고 했다. 라스아노는 소말릴란드와 푼틀란드 정부군이 서로 뺏고 빼앗는 지역이고, 부호도레는 도르바한테 씨족의 분가가 독립을 꿈꾸고 있으나 기본적으로는 소말릴란드 정부군 지배하에 있는 지역이었다.

도르바한테 씨족은 현재 '박쥐 상태'라고 한다. 소말릴란드와 푼틀란드를 왔다 갔다 하는 사람이 많기 때문이라는 설명이다. 유감스럽게도 이와 관련해서는 이곳에 모인 사람들에게 듣지 못했다.

왜 푼틀란드는 소말릴란드처럼 무장 해제가 불가능한지 묻자 흥미로운 답이 돌아왔다. 술레이만의 설명이다.

"이스자아크는 씨족(분가) 간 차이가 커 반목도 심했다. 무장 해제를 하지 않고서는 같이 살 수 없는 상황이었다. 하지만 마제르텐은 단일 씨족(분가)이기 때문에 굳이 무장 해제를 하지 않았다."

확실히 마제르텐은 다로드 씨족 중 '동부 다로드'의 분가다. 그러니 동질감이 크다. 특히 분가 간에 작은 다툼이나 투쟁은 있었지만 큰 내전은 한 번도 일어나지 않은 푼틀란드 특유의 상황을 잘 말해주는 설명이다. 소말릴란드에 대해 어떻게 생각하는지 묻자 전원이 '싫다, 인 정할 수 없다'고 했다. 다로드 씨족이라면 모두 그렇게 답할 게 뻔한 질문이었다.

소말릴란드 정부에 들어가 장관이 된 도르바한테 사람도 있으나 여기에 모인 사람들은 "도르바한테 가운데 소말릴란드를 좋아하는 인 간은 없다"고 단언했다.

카다피를 닮은 아흐메드는 "우리 도르바한테는 이스자아크를 혐오 한다. 그들은 식민지 때 영국의 수족이 되어 우리를 탄압했다"고 했 다. 이는 이스자아크 씨족에게 뼈아픈 부분이다. 한편 1991년 이후의 상황으로 보면 그 증오심은 하위예 씨족으로 향한다. 이곳에 모인 네 명은 모두 내전이 발발했을 때 케냐와 예멘으로 피신해 있었다. 보사 소의 뚱뚱한 아흐메드와 코베도 케냐 난민 캠프를 경험했다. 그들은 마제르텐 씨족이다. 그들에 따르면 '동부 다로드'의 바로 남쪽에 하위 예 씨족 일파가 살고 있어 예부터 적대적인 관계였으나 1991년 바레 정권이 무너지면서 하위예 씨족의 무장 세력이 맹위를 떨쳤다.

"그놈들은 남부 해안선에 있는 마을을 공격해 약탈과 살인을 일삼 았다. 먼저 마이너리티인 독립계 씨족, 다음으로는 다로드 씨족을 공 격했다. 그리고 마지막에 하위예끼리 전쟁을 벌였다."

하위예 무장 세력이 번창한 것은 지금의 푼틀란드가 아니라 남부 소말리아다. 당시 푼틀란드에는 유목민밖에 없어서 교육을 받거나, 공직에 근무하거나, 비즈니스를 하려면 남부로 갈 수밖에 없었다. 그 런 까닭에 여기 모인 네 명과 아흐메드, 코베는 모가디슈에 있을 수 밖에 없었다.

다로드 씨족은 해안선을 따라 서쪽으로 도망갔지만 하위예는 끝까지 추격했다. 그러다보니 다로드 씨족 사람 다수는 케냐로 도망가 난민 캠프에 정착했던 것이다.

외국으로 도망간 사람도 많다. 세계 최대 소말리인 커뮤니티는 미국 미네소타주 미니애폴리스에 있다. 그곳에 약 10만 명이 거주하고 있는데 그들 중 대부분이 다로드 씨족으로 알려져 있다. 케냐, 에티오피아, 예멘, 미국 등에 있는 난민 캠프와 난민 도시는 '다로드 마을'이라고 부를 정도로 다로드 씨족 사람이 많다. 내가 물었다.

"하위예 군대는 '빌리 마 게이드'란 게 없었나요?"

빌리 마 게이드는 '여자, 어린아이, 부상자, 노인, 이슬람 지도자, 커뮤니티의 지도자, 포로, 평화의 사자, 방문객 등을 죽여선 안 된다'는 관습으로 소말리 사회에서 가장 중요한 덕목이다.

"지키지 않았어."

카다피를 닮은 사람이 말했다. 왜 그랬을까? 이에 대해 카다피도, 그 밖에 다른 사람들도 고개를 저으며 확실한 답을 하지 않았다.

이스자아크의 군사력은 어땠을까. 바레 정권이 무너진 후 이스자아크의 반정부 게릴라 소말리국민운동SNM과 씨족 민병대가 속속 되돌아왔다. 그때까지 바레 정권하에서 이스자아크 씨족에 대한 탄압에 가담했던 도르바한테는 도망갈 수밖에 없었다. 대학교수는 "그들 이스자아크는 다로드 여자를 한 명도 건드리지 않았다"고 말했다. '카다피'도 "그들은 우리와 문화를 공유한 씨족"이라고 했다. 싫어하는 상대가 그렇게 말하니 사실인 모양이다.

이야기하면서 알게 된 것이 있다. 도르바한테 씨족은 이스자아크가 주도하는 소말릴란드를 싫어하지만 증오의 감정을 갖고 있진 않다는 것이다. 그도 그럴 것이, 바레 정권 시절에는 그들이 이스자아크를 탄압하는 쪽에 서 있었으나 정권이 붕괴된 이후 보복을 당하진 않았다. 이스자아크에 안긴 피해도 '헤르'에 따라 정산하고 있다. 이스자아크와 도르바한테는 소말릴란드 정부 측과 반정부 측이라기보다 옛날의 앙금이 남아 있는 사이 정도로 보였다.

세기말 도시
갈카요

|

푼틀란드는 7개의 주로 구성돼 있다. 바리(수도 보사소), 누갈(가로웨), 카르카르(카르도), 무도그(갈카요), 아인(부호도레), 스루(라스아노), 사낭(에리가보)이다.

그중 바리와 누갈, 갈카요는 이미 통과했다. 수도를 포함하고 있는 3개 주 지역인 아인, 스루, 사낭은 소말릴란드 정부가 통제하고 있어 지난번에 소말릴란드에 갔을 때 방문했다. 남은 주는 무도그뿐이다.

난 무도그의 주도인 갈카요로 향했다. 갈카요는 푼틀란드 남단에 위치한 도시다. 그곳에 가면 푼틀란드를 종단하게 된다.

멤버는 가로웨 체재 때와 같았다. 보사소부터 같이 온 병사 네 명과 혼 케이블 TV 가로웨 지국 기자 코베, 정보국 직원 술레이만이다. 우리는 차 두 대에 나눠 탔다.

원래 술레이만은 동행하지 않을 예정이었지만 그가 고집했다. 술레이만은 "당신이 푼틀란드에 있는 동안에는 내가 당신을 보호할 것"이라고 했다. 나는 마지막까지 일당을 받겠다는 의미로 해석했다. 더 이상 그에게 물어볼 게 없었고 갈카요는 그의 고향이 아니었다. 그의 일당, 체재 경비, 돌아갈 여비를 합쳐 700달러를 지불해야 했다.

나는 코베와 상의해 결국 그를 데려가기로 했다. 정보국 직원인 술레이만과 함께 있으면 도중에 경찰이나 군인, 민병대가 '누구의 허락을 받고 취재하고 있는가'라며 트집 잡을 때 필요할 거라 생각했다. 게다가 거절했다가 쓸데없이 원망을 사는 일도 피하고 싶었다.

나는 한숨을 내쉬며 '그러면 코베는 갈카요에 데리고 가지 않아도 되겠지'라고 생각했다. 혼 케이블 TV는 갈카요에도 지국이 있다. 그곳 지국 사람에게 코베의 일을 이어서 하도록 부탁해도 된다. 코베가 움직이는 데도 적잖은 돈이 들어간다. 어차피 술레이만이 동행할 수밖에 없기 때문이다. 그런데 이 역시 계획대로 되지 않았다. 코베는 이렇게 말했다.

"갈카요는 북쪽과 남쪽이 나라가 다르고 혼 케이블 TV 지국은 남쪽에 있다. 다카노! 당신은 남쪽에는 갈 수 없으니까 지국 기자와 만날 수 없어."

처음에는 잘못 들었다고 생각했다. 너무 피곤해서 내 영어 구사력이 떨어져 있었고 소말리어와 영어를 섞어 쓰니까 혼선이 왔다고 여겼다. 그런데 잘못 들은 게 아니었다. 갈카요의 북쪽은 푼틀란드 영토이지만 남쪽은 '가르무도그'라는 나라의 땅이라는 것이다. 게다가 양국은 적대적이어서 왕래가 엄격히 제한돼 있다고 한다.

자동차로 두세 시간 달려 겨우 여기까지 와서 처음 들어보는 나라의 이름이 튀어나올 줄은 꿈에도 몰랐다. 그런데 곰곰이 생각해보니 푼틀란드의 건너편에선 '실제 북두의 권'인 남부 소말리아가 시작되고 있었다. 왠지 SF 영화나 판타지의 세계를 여행하고 있는 듯 했다.

가로웨의 호텔 지배인은 내가 숙박비를 지불하면서 "갈카요에 가서 며칠 묵으려 한다"고 말하자 깜짝 놀랐다.

"그렇게 위험한 곳에서 묵는다고? 그 지역 사람들도 점심시간이 지나면 외출을 금하는 곳이야. 바로 어젯밤에도 유명한 사업가가 살해됐어."

가로웨에는 공항이 없어 모가디슈로 가기 위해서는 어쩔 수 없이 갈카요에 가야 했다. 더욱이 비행기가 취소됐기 때문에 갈카요에서 며칠 기다리는 수밖에 없었다. 나에겐 선택의 여지가 없었던 것이다.

안색이 좋지 않은 나를 마치 연행하듯 태워 두 대의 자동차는 반사막 도로를 달리기 시작했다. 사막과 관목지대가 반씩 섞인 땅에 있는 도로는 아스팔트가 깨져 엉망이었다. 그런데 한 시간 정도 달리자 도로가 갑자기 깨끗해지더니 100킬로미터까지 속도를 낼 수 있었다. 집은 드문드문 있었고 가축도 적었다. 푼틀란드는 어디를 가도 매우 건조해 인간이 살기 어려운 환경 같았다. 인구는 소말릴란드의 3분의 1이지만…….

세 시간 반, 250킬로미터를 달려 갈카요에 도착했다. 거무스름하고 금방이라도 무너질 듯한 3층 혹은 4층 건물이 많고 도로변에는 깨진 기왓장들이 널브러져 있었다. 예전에는 번성했으나 지금은 쇠락한 느낌이 들었다. 랜드크루저 한 대가 울퉁불퉁한 도로를 내달렸다. 랜드크루저는 일반 자동차보다 서너 배 더 비싸다. 마을은 황폐하지만 돈을 가진 자들은 있을 거라는 생각이 들었다.

짐을 내린 호텔은 인도나 동아프리카에서 볼 수 있는 낡은 여인숙이었다. 식민지 시대의 풍광도 간직하고 있었다. 약간 먼지 냄새가 났으나 옛 정취가 있는 방에서 한숨 잔 뒤 저녁 식사를 했다.

그동안 호텔 안에서 혼자 밥을 먹었지만 이곳에서는 호텔 앞에 있는 긴 의자를 꺼내 호텔 인근에 있는 식당에서 배달해온 염소 갈비와 대추야자, 사모사 등을 코베, 술레이만 그리고 운전수 및 병사들과 함께 먹었다. 병사들은 편한 옷으로 갈아입은 터였다.

도로변에 심어놓은 야자수 사이로 불어오는 바람이 시원했다. 난 푼틀란드에 와서 처음으로 해방감을 맛봤다. 식사 후 주문한 오렌지 주스는 거품이 잘 일어 마치 맥주 같았다. 맥주가 있었다면 분위기는 최고였을 텐데…….

식사가 끝난 뒤 소말리인들은 밖에서 그대로 돗자리를 깔고 일몰 예배를 드렸다. 이곳에서도 역시 소말리인들은 자기네 스케줄대로 움직인다. 라마단 기간에 일몰 예배는 반드시 드려야 하지만, 절하는 사람은 하고 절하지 않는 사람은 담배를 피우거나 다른 일을 하고 있었다.

병사들도 모두 예배를 드렸으나 두 명씩 교대로 시행했다. 예배 중에도 총은 손에서 떼어놓지 않았다. 총을 아래에 두고 머리를 총에 대는 식으로 절을 했다. 다른 두 명의 병사는 고목나무 아래에서 빈둥거렸지만 주위 경계를 소홀히 하진 않았다.

호텔 앞 식당에는 총을 어깨에 멘 사복 차림의 남자가 들락거렸다. 민병대인지 아니면 호신용으로 총을 갖고 있는 민간인인지 알 수 없었지만 푼틀란드에서 처음 보는 광경이었다.

해가 지자 불빛이 거의 없는 마을은 어둠 속으로 가라앉았다. 마치 온 세계가 종말에 가까워지는 듯한 기분이었다. 그런데 내 감성을 깨우려는 듯 식당 사람들이 TV를 밖으로 꺼내기 시작했다. 어린아이와 젊은이를 중심으로 많은 사람이 모여들었다.

TV에서는 이슬람 설교자가 "한국과 일본인은 하루에 열두 시간 일하는데 소말리인들은 겨우 두 시간 일한다. 한국인과 일본인을 본받으라"며 이슬람 율법과는 관계없는 이야기를 하고 있었다.

드라마가 시작됐다. 중년 남성이 두 명의 젊은 여성을 집에 데려와 웃고 떠들고 있는데 한 명은 귀가 안 들리고 다른 한 명은 눈이 안 보여서 와글와글 소동이 일어난다는 저개발국다운 코미디극이었다. 사람들은 크게 웃으며 드라마를 보다가 멀리서 팡! 팡! 총성이 들리고 민병대 같은 모습의 총을 든 남성들이 서성거리기 시작하는 걸 보더니 '벌써 시간이 이렇게 됐나' 하며 각자 숙소로 돌아갔다. 이것이 세기말 도시 갈카요의 일상 풍경인 듯했다.

숙소로 돌아가기 전 할 일이 있었다. 카트 연회다. 물론 나도 참석했다. 장소가 아주 좋았다. 호텔 옥상이었다. 푼틀란드는 남쪽으로 가면 갈수록 카트 의존도가 높은 듯했다. 숙박객은 물론 현지인들도 각자 푸른 잎의 카트를 손에 들고 모여들었다.

이 마을은 위험한 곳이었지만 호텔만큼은 안전했다. 항상 다른 곳에 머물던 병사들도 호텔에 모였고, 호텔 안에서도 우리에게 딱 달라붙어 경호를 했다. 옥상에서의 카트 연회엔 병사들도 참여해 안전했다. 이 역시 푼틀란드에서 처음이었고 많은 사람과 터놓고 이야기할

수수께끼의 독립국가 소말릴란드

수 있어서 좋았다.

난 호텔 종업원이 깔아준 자리 위에 앉았다. 총성이 계속 들렸다. 소리 나는 쪽에 계속 신경을 쓰자 병사 한 명이 다가와 "신경 쓰지 마. 갈카요의 음악이야"라며 웃어 보였다. 위협사격 같았다. 확실히 적응 되니까 저 멀리서 들려오는 야밤의 폭주족 소리를 듣는 것 같은 느낌 이 들었다.

병사들과 직접 이야기를 나눈 것도 처음이었다. 내가 서툰 소말리 어로 말을 걸자 무신경한 그들도 경계를 풀고 카트를 나눠주거나 차 를 권했다. '의외로 기분 좋은 친구네'라고 느꼈지만, 생각해보니 카트 기운이 스며들면 언제나 그랬다.

이들 네 명의 씨족은 제각각이었다. 팀을 만들 때 일부러 다른 씨 족 사람끼리 묶는다고 한다. 같은 씨족으로 하면 직권 남용이 발생하 기 쉬워 이를 방지하기 위해서인가, 아니면 씨족을 섞어놓으면 여러 사람과 응대할 수 있어서일까. 양쪽 모두일 것이다. 또 경찰 신분으로 씨족 간 대리전인 대통령 선거전에 뛰어든 무스타파 얘기도 이곳에서 들을 수 있었다.

코베의 친구인 '이도우레'라는 현지의 젊은 저널리스트가 찾아왔 다. 소말리인치고 조용한 성격에 섬세한 듯한 모습이 마치 시인 같았 다. 그는 세칼이라는 독립계 씨족에 속해 있는데, 두달 전 부친이 오마 르 마하무드 분분가 사람에게 살해당했다고 한다. 그런데 부친은 평 소 표적이 되지 않는 이슬람 선교사이고 모친은 총격을 가한 사람과 같은 오마르 마하무드 분분가 소속이라고 했다.

"어떻게 그런 일이 벌어지냐"고 묻자 그는 자신도 그 이유를 알지 못한다며 고개를 저었다.

"지금은 이런 일도 일어나고 있다"고 코베가 말했다.

갈카요 주변에서 일어나고 있는 분쟁은 내가 예상한 대로 푼틀란드와 가르무도그의 전투는 아니라고 한다. "북쪽(푼틀란드)에서 다로드의 씨족끼리 서로 죽이고 있어."

그런데 푼틀란드 정부는 "가르무도그국이 그들의 씨족을 뒤에서 부추기고 있다"고 비난하면서 '양국' 간의 직접적인 전투는 중단된 상황에서 지금까지 긴장관계가 유지되고 있다고 말한다.

갈카요 공항도 갈등의 큰 불씨라고 전했다. 공항은 남부, 즉 가르무도그 쪽에 있지만 거기까지 푼틀란드 군이 사수하고 있다. 물론 가르무도그 쪽도 큰 이익을 안겨주는 공항이 필요하다. 그런 까닭에 쟁탈전이 벌어진다. 가르무도그가 하위예의 적국이라는 것도 알게 됐다.

그날 저녁 우리에게 최고로 기쁜 손님은 코베의 이복형인 모하메드 코베였다.(이하 코베 형이라고 부르겠다.) 그는 인도의 하이데라바드대학을 졸업한 후 벨기에로 건너가 타지대학 대학원에서 6년을 공부하고 경제학 석사학위를 취득한 지식인이었다. 악동인 데다 모험심이 있는 동생과는 대조적으로 진지하고 사물을 깊이 있게 바라보는 눈을 가졌다.

그는 "성실이 내 원칙이다. 돈은 나중에 따라오기 마련"이라고 시원스럽게 말하고는 "여기서 담배 피워도 되나"라든가 "이 카메라 좀 보여줄 수 있는가" 등 내게 직접 허락을 구했다. 이처럼 예의를 갖춘 소말리인이 또 있을까 싶어 놀랐다.

그의 말 하나하나도 놀라웠다. 지금은 갈카요에서 인도적 지원 단체인 NGO를 인솔하면서 마을의 북쪽과 남쪽에서 활동하고 있다고 한다.

"임금은 어디서 받냐"고 묻자 웃으며 "일본"이라고 대답했다. 일본 유니세프UNICEF에서 나온 돈이 그가 속한 NGO에 흘러 들어오는 것이다. 그 돈으로 지금까지 저수 시설 16개, 기계 없이 삽으로 직접 파서 만든 저수 시설 4개가 만들어졌다. 푼틀란드 쪽 12개, 가르무도그 쪽 8개가 남부 소말리아에서 도망쳐온 피란민을 위해 사용되고 있다.

피란민 수는 원래 1만5000세대(전체 인원수는 세대 수의 4~5배 될 것으로 예상된다)였지만 기근으로 매일 100명씩 새로운 피란민이 들어와 현재는 4만3000세대로 추산된다.

"일본의 원조 덕분에 그들이 어느 정도 구조되고 있는지도 모른다. 그래서 내가 당신을 환영하는 것이다."

그는 솔직한 눈으로 나를 쳐다봤다. 우리 세금이 분쟁국 소말리아의 피란민 지원에 사용되고 있다니…….

이번 소말리아 대기근으로 많은 일본인이 무력감을 느꼈을 것이다. 나 역시 그랬다. 하지만 그럴 필요 없겠다. 우리도 꾸준히 역할을 다하고 있었다. 다만 알아차리지 못하고 있었던 것뿐이다.

코베 형은 해적 근절 대책 마련을 위해서도 노력하고 있었다. 실제로 지금까지 나는 '해적 박멸!' 등이 적힌 티셔츠를 입은 사람을 봤다. 코베가 다니는 푼틀란드대학 법학부에서는 "장래에 해적을 포함해 범죄를 소탕하는 경찰관이 되고 싶다"고 말하는 여학생도 만난 적이 있다. '씨족의 이익'이 아니라 '국익'을 목표로 하는 사람들도 확실히 있었다. 국익파는 유럽과 미국 등지에서 어느 정도 주재한 경험이 있는 사람의 자녀들이다.

국익 추구가 반드시 좋은 것이라고는 생각하지 않는다. "자신의 사익을 확보할 수 있다면 다른 사람은 어떻게 되든 상관없다"는 생각이 '국익'과 '씨족의 이익'에도 동일하게 존재한다. 하지만 해적처럼 무분별한 폭력을 통해 씨족의 이익을 추구해야 하는 것만은 아니라고 많은 소말리 사람이 생각하고 있는 데다 코베 형은 국익도 아닌 인도적 차원의 문제로 해적을 바라보고 있는 듯했다.

그는 2010년 750명의 젊은 해적에게 취업 훈련을 지원하는 프로젝트를 시작했다. 장소는 해적의 거점으로 유명한 에일과 호뵤. 에일은 푼틀란드령, 호뵤는 가르무도그령이다. 그들에게 자동차 수리, 휴대전화와 위성TV 수신기 등의 조작 및 기술을 가르치고, 해적업을 그만둘 수 있도록 자립을 촉구할 예정이었다. 그런데 호뵤에서는 운전하던 자동차에 총격이 가해졌고, 에일에서는 푼틀란드 대통령으로부터 이유 없이 프로젝트 중지를 통보받았다.

결국 이 프로젝트는 전면 중단되고 말았다. 에일은 대통령이 속한 씨족의 마을. 이유는 말하지 않아도 다 알 수 있었다. 프로젝트가 실현되지 못했어도 이 지역에서 해적의 이익과 씨족의 이익에 맞서 싸우는 사람이 있다는 사실만으로도 놀라웠다.

특히 코베 형이 나를 가장 놀라게 한 건 그가 "소말릴란드를 지지한다"고 말한 사실이다. 다로드 씨족이면서 소말릴란드를 지지한다고 말한 사람은 그밖에 없었다. 그러자 "평화적이고 민주적인 통치를 하고 있는데 반대할 이유가 없지 않은가. 다로드나 그 외 무리는 감정적이라 현실을 보지 않고 있을 뿐이다"라고 그는 대답했다. 내가 소말리의 상황을 책으로 써서 많은 일본인에게 알리고 싶다고 말하자 "좋은 생각"이라며 고개를 끄덕이고는 이것저것 가르쳐준 뒤 어딘가에 전화를 걸었다. 그는 한바탕 인사치레를 하고는 나에게 휴대전화를 건네줬다.

"가르무도그 대통령이야. 당신과 대화를 나누고 싶어해."

소말리어로 가볍게 인사를 하니 가르무도그 대통령은 기뻐했다. 그러곤 "내일 이쪽으로 오지 않겠는가"라며 강한 억양의 영어로 말했다. 주저할 이유가 없었다.

나는 이튿날 11시에 급히 '이웃 국가'로 가게 됐다.

수수께끼의
원시 국가 가르무도그

|

카트를 많이 먹은 이튿날은 부작용으로 기력이 없다. 그래도 오늘은 수수께끼의 가르무도그에 가지 않으면 안 된다. 이럴 때는 '이자바네'다. 해장술이 아니라 '해장 카트'. 전날 밤 남긴 것을 입에 넣고 잠시 있으니 안개가 걷히는 듯 세계가 밝아 보였다.

로비에서 병사들과 코베 형 일행이 대기하고 있었지만, 확실히 '적국'에 가는 것만으로도 긴장감이 흘렀다. 코베 형은 몇 번이고 휴대전화로 누군가와 연락을 취하고 있었다. 이윽고 전원이 차에 탔다. 코베 형이 자신의 랜드크루저로 먼저 출발하고 그 뒤를 병사 4명이 마크II 랜드밴으로 가고, 마지막엔 우리 랜드크루저가 뒤따랐다. 호텔을 나와 세 블록 정도 가니 넓은 직선 도로가 나타났다. 그곳을 돌아 20~30미터쯤에서 차가 멈췄다. 호텔에서 도보로 10분도 걸리지 않는 곳이다.

도로 한가운데에 드럼통 4개가 세워져 있고, 탄띠를 맨 민병대가 총을 가지고 서성대고 있었다. 이곳이 '국경'이었다.

푼틀란드의 병사들은 더 이상 앞으로 가지 못한다. 나는 코베 형의 랜드크루저로 갈아타고 국경을 넘었다. 국경 건너에는 픽업트럭이 기다리고 있었다. 차에는 영어로 '가르무도그 폴리스'라고 적혀 있고, 짐칸에는 베레모를 쓴 물빛 셔츠에 감색 바지 제복을 입은 병사가 10명 정도 타고 있었다.

그들을 앞세워 가르무도그 지역을 달렸다. 갈카요 거리 절반을 나눈 것이라 풍경은 똑같으리라 생각했지만 실제로는 전혀 달랐다. 이쪽은 양철 지붕이 반짝반짝 빛나는 신식 집들로 가득했다. 정말 뉴타운 같았다. 5분 정도 가니 자동차가 커다란 저택 앞에 멈췄다. 이곳이 대통령 관저인 듯했다. 병사들은 경계태세에 들어가 총을 장전하고 주변을 경계했다. 저택 문이 열리고 우리는 안뜰로 들어갔다.

산뜻한 이층 건물에 민가풍 집이었다. 응접실과 거실이 함께 보이는 넓은 방에 가니 5~6명이 마중을 나와 있었다. 그중 한 명, 하얀 하즈모(이슬람교 모자)를 쓰고 온화한 미소를 띤 작은 체격의 중년 남성이 이 나라 대통령 모하메드 아흐메드 알리였다. 군복을 입고 있는 사람이 나올 것이라고 생각했던 탓일까. 맥이 빠졌다.

우리는 푹신푹신한 소파에 털썩 주저앉았다. 2층과 밖, 그리고 다른 곳에서도 사람들이 줄줄이 모여들었다. 모두 비교적 온화하고 품위 있어 보이는 사람들이었다. 테이블 위에는 꽃이 장식돼 있어 마치 그림을 그린 듯한 분위기를 풍겼다. 주로 얘기한 사람은 검은 테 안경에 턱수염을 기른 30대로 보이는 인물이었다. '대통령 고문' 직함을 가지고 있었다.

그에 따르면 '가르무도그'라는 국명은 '무도그'주와 '가르구도드'주를 합친 것이라고 한다. 두 개의 주를 통일해 독립한 정부라는 뜻이다. 한편에서는 '소말리아의 일부로 임시 정권과 협조하고 있는' 푼틀란드와 같은 입장을 취하고 있다고 한다. 그는 "푼틀란드 정부와 매우 우호적인 관계"라면서 "우리 나라 인구는 250만 명. 가르무도그주와 무도그주의 절반을 통치하고 있다"며 유창한 영어로 설명했다.

푼틀란드와의 관계는 긴장 상태라고 들은 데다 인구 250만 명은 소말리아의 전체 인구다. 푼틀란드의 전체라고 해봤자 다 합쳐 최대 100만 명 정도밖에 되지 않는다. 결국 가르무도그 인구는 20~30만 명이라고 할 수 있지 않을까. 그리고 그들의 통치 구역은 무도그주의 절반 정도라고 들었다. 외국인에게 들려주는 형식적인 말로 이해했다.

그래도 어느 정도 알게 된 것이 있었다. '디아스포라'가 큰 역할을 하고 있다는 점이다. 소말리인은 내전으로부터 도망쳐 해외에 사는 사람들을 유대인에 비유해 '디아스포라(이산의 민족)'라고 부른다. 소말리아어로는 해외 거주자라는 뜻의 '쿠르바조그'라고 한다. 나는 확실히 이 나라가 '북두의 권'과 같다고 생각했지만 실제로는 디아스포라가 큰 역할을 하고 있었다.

동그란 뿔테 안경에 콧수염이 인상적인 모하메드 고문은 "2008년에 58명의 디아스포라가 자신의 고향인 갈카요에 돌아와, 현지 대표 800명과 석 달간 회합을 갖고 국가 설립을 고려했다"고 했다. 지금 이곳에 있는 사람들은 장관이건 대통령 측근이건 대부분 디아스포라였다. 대통령은 영국, 모하메드는 핀란드 등 그들은 유럽 국적 보유자였다.

덴마크 국적의 한 사람은 나에게 "도쿄에서 왔습니까? 신주쿠?"라고 말해 깜짝 놀랐다. 그는 "관광으로 두 번 일본에 간 적이 있다"고 했다. 사실 덴마크인이라면 일본에 갔다 온 적이 있다고 해서 딱히 이상할 것이 없다. 서유럽 사람이기도 한 그들은 '민주주의'라는 단어를 반복해서 언급했다. 가르무도그의 여러 제도 역시 민주주의 방식이라고 말했다.

각 씨족에서 장로 대표를 25명, 국회의원을 25명 선출한다. 이들 50명의 선거로 대통령을 선출한다. 메인은 하발 기디르의 아이르 분분가이지만 그 외 같은 계열의 사아드 분분가, 살레반 분분가, 세갈 분분가, 디르 씨족(5대 씨족 중 하나. 소말릴란드의 가다부르시 남부 씨도 디르 씨족의 분가)도 포함돼 있다. 확실히 푼틀란드와 유사한 시스템이다.

대통령의 프로필은 의외였다. 구소말리아 시대에는 육군 대위였고, 1991년 바레 정권이 붕괴했을 때는 사우디아라비아 대사관에서 근무했다. 그대로 사우디에서 살다가 1997년 영국으로 이주했다. 영국에서는 소말리아계 은행인 '사라프'에서 근무했다고 한다. 회사원이 됐다는 것이다.

수년 전까지만 해도 일개 회사원이던 그가 어떻게 독립국의 대통령이 됐는지 불가사의했다. 하지만 그는 이 땅에 돌아와 먼저 '호뵤'란 이름의 항구도시 지사에 취임했다고 한다. 호뵤는 해적으로 악명 높은 도시다. 그곳을 통제할 수 있다는 것 또는 해적과 잘 협상할 수 있다는 것은 역시 '소말리아 전 육군 대위'로서의 경험이 발휘되었기 때문이지 않을까.

'음……' 한숨이 절로 나왔다. '어떻게 이렇게 소말리아나 푼틀란드와 닮아 있는 거지?'

사실 소말리아와 푼틀란드에서도 '디아스포라'는 무시할 수 없는 존재다. 소말릴란드는 전신인 반정부 게릴라 '소말리국민운동SNM'이 초기에 디아스포라의 지원을 받았다. 1980년대에 해외에 나간 건 가난한 '북부', 즉 현재의 소말릴란드 사람이 대부분이었다. 그중 유럽에 간 사람들이 민주주의를 배웠다. 독재 정권에 맞서거나 유럽 사람들과 정부에 호소할 때도 민주주의를 표방하지 않을 수 없었다.

바레 정권이 들어서서 내전에 빠지자 씨족 장로들이 모여 사태를 논의할 때의 비용도 주로 디아스포라 사람들이 대준 것이라고 했다. 소말릴란드가 민주주의에서 벗어나지 않고 여기까지 온 데에도 디아스포라의 힘이 컸다.

이 점은 지금까지도 바뀌지 않았다. 정권 교체로 탄생한 시랑요 대통령의 각료에는 디아스포라가 다수 입각해 '디아스포라 정권'이라며 조롱당하고 있었다. 하지만 유럽과 미국에 인맥이 있어, 국제사회의 관습을 아는 사람이 정부에 필요한 것도 부인할 수 없는 사실이었다.

그렇다고 디아스포라가 반드시 혼란을 피하는 방향으로 힘을 발휘한 것은 아니다. 반대 상황도 있었다. 그들은 마음대로 국가를 만들어버렸다. 예를 들어, 이전 소말릴란드에 출현한 '마히르', 푼틀란드와의 국경 분쟁 지대인 항구도시 라스, 코라이를 수도로 정한 가상 국가는 디아스포라의 소행이라는 얘기가 떠돌았다. 짐작건대 미국과 유럽에 거주한 디아스포라 몇몇이 모여 회의를 열고 국가 수립을 선언, 집에 있는 컴퓨터로 국가 홈페이지를 만든 뒤 지역의 장로 및 민병 조직과 논의하면서 국가 비슷한 게 만들어진 것이 아닐까. 어디까지나 추측이지만, 틀리지 않을 것이다.

사실은 푼틀란드에도 이러한 '국가'가 늘고 있다. 푼틀란드 '탄생의 아버지'인 초대 대통령 압둘라히 유스프도 '간달국'이라 불리는 해변의 작은 항구도시를 중심으로 자칭 '독립 국가'의 장관이 됐다. 그런데 그는 그곳에 살지 않고 예멘으로 망명한 상태다.● 주요 각료도 해외에 주재하고 있는 것으로 보인다. 만일 푼틀란드 정부가 공격해온다 하더라도 중요한 인물은 아무도 없을 것이다.

푼틀란드의 많은 항구도시가 해적의 거점인데, 그중 몇몇은 독립을 선언하고 있다. 푼틀란드 정부 입장에서는 거기까지 손이 닿지 않는데다 큰 손해가 나고 있지 않다고 판단해 방치하는 것으로 보인다. 가르무도그는 규모가 크다. 뉴타운을 보면 알 수 있다. 해적 자금도 들어오고 있지만 디아스포라의 투자도 많을 것이다.

나는 예전에 취재했던 미얀마 샨주의 독립 운동이 떠올랐다. 그곳도 외국에 사는 미얀마인들이 주축을 이루고 있었다. 외국에서 그들은 '하찮은 인간'에 불과하다. 그저 회사원이거나 상점 주인, 운전수로 상사나 고객에게 고개 숙이고 꾸역꾸역 근무하며 그럭저럭 살고 있다. 하지만 미얀마와 비교할 수 없이 많은 임금을 받고 있다. 그 돈을 모아 한 사람이 100만 엔만 내면 새로 만든 '국가'의 요직에 앉을 수 있다. 거기서 얻은 이권으로 비즈니스도 가능하다. 특히 '독립국을 만드는' 일만큼 남자들의 로망인 것도 없다. 나도 샨주 독립 운동의 장

● 압둘라히 유스프는 2012년 3월 아랍에미리트에서 사망했다.

로에게 "독립의 그날이 오면 산의 광물자원 등을 일본에 수출할 권리를 당신에게 맡기겠다"는 말을 듣고 조금 들떴던 적이 있다. 가르무도 그국을 운영하고 있는 사람들에게서도 미얀마의 장로와 비슷한 열망을 느꼈다.

또 하나, 소말릴란드와 푼틀란드가 닮은 점은 구소말리아 시대의 직위가 살아 있다는 것이다. 소말릴란드에서는 역대 대통령이 전부 구소말리아의 고위 관료들이다. 초대 대통령은 정부의 전 고위 관료. 2대는 전 수상. 3대는 정보국의 간부, 4대(현직)도 전 장관이다. 덧붙이자면 독립 영웅으로 지바에 살았던 고故 사마타 교수도 전직 장관이었다.•

푼틀란드도 마찬가지다. 초대 대통령 압둘라히 유스프는 구소말리아 육군 대위, 2대 대통령 무사는 장군, 현직인 3대 파로레는 중앙은행의 관료였다. 요약하자면, 소말릴란드의 역대 대통령과 푼틀란드의 역대 대통령 그리고 이곳의 대통령은 모두 구소말리아의 수도 모가디슈 출신인 데다 고등 교육을 받았고 모가디슈 정부 밑에서 일했다. 같은 학교를 졸업했다고 해도 이상하지 않다.

왜 20년도 지났는데도 구소말리아 정부의 고관들이 이처럼 건재한지 묻는다면, 독재자였던 바레가 자신에게 맞설 것 같은 베테랑 정치가와 관료, 군인을 멀리하고 곧이곧대로 따를 것 같은 청년들을 적극적으로 등용한 것이 첫 번째 이유다. 그게 지금 구소말리의 각지에서 꽃을 피우고 있는 것이다. '소말리는 하나'라고 소말릴란드 반대파들

• 사마타 교수는 2011년, 심장발작으로 지바의 자택에서 숨졌다.—지은이

은 주장하고 있다. 하나의 국가라는 뜻은 아니지만 소말리아인이 만든 국가나 각 지역의 모습이 매우 비슷한 것만은 틀림없는 사실이다.

대통령 저택을 떠난 뒤에도 이를 실감했다. 시장이나 상점 거리 등을 돌아다녔지만 여전히 염소가 있고, 당나귀가 덜커덕거리며 물레방아를 돌리고 있었다. 남자가 "사진 찍지 마!"라고 외쳐대고, 색이 선명한 천을 걸친 여인들이 나를 보고 킥킥 웃는 모습은 하르게이사와 보사소 등 케냐 난민 캠프에서 볼 법한 익숙한 광경이었다.

그리고 또 하나. '국경'에 돌아왔을 때 가르무도그 경찰에게 요구받았다.

"경비 비용은 200달러다."

대통령 초대로 갔고 게다가 30분밖에 동행하지 않았는데 경찰에게 200달러나 지불해야 한단 말인가. 틀림없이 이 하위예 씨족의 조그만 나라도 소말리의 세계였다.

사 상 최 대 의 작 전

|

그날 밤도 "파파팡, 파파팡" '갈카요 음악'인 민병대의 총소리가 울려
퍼졌다. 게다가 호텔 가까이에서 났다. "어제도 누가 살해당했다"며 누
군가가 건넨 말이 문득 떠올랐다. 이마에서 식은땀이 나기 시작했다.
하지만 총성에 겁을 먹어서가 아니었다. 돈이 없어서다.

푼틀란드에 간 이후 정말로 돈이 날개 돋힌 듯 빠져나갔다. 자동차
임대료, 병사들의 일당, 코베와 정보국 측 술레이만의 일당, 스태프 전
원의 숙박료와 식비, 모가디슈의 비행기 값, 지금까지 내 편의를 봐준
많은 사람에게 건넨 사례 등등.

정신 건강상 얼마를 지출했는지 계산하지 않는 편이 좋겠지만 내
일 모가디슈에 가는 이상 수중에 돈이 얼마나 있는지 확인하지 않을
수 없었다. 놀랍게도 매일 적게는 5만 엔, 많게는 10만 엔 정도를 썼
다. 이번엔 어쨌든 돈이 필요하다는 걸 알아서 일본에서 150만 엔을

들고 왔지만 남은 돈은 25만 엔이 조금 안 됐다. 벌써 130만 엔 가까이 썼다는 건가.

책을 한 권 써서 들어오는 인세는 보통 60~70만 엔 정도. 이렇게 경비를 썼다간 책을 두 권 쓴다고 해도 본전을 뽑지 못한다는 계산이 나온다. 식은땀이 났다. 더구나 큰 정보를 얻지도 못했다. 해적에 대한 새로운 것 하나 취재할 수 없었던 게 가장 컸다. 물론 해적의 전체 모습은 푼틀란드에 온 이후 충분히 봐왔다. 씨족의 결속이 해적활동을 멈추기는커녕 더욱 부추긴다는 것, 푼틀란드 정부도 씨족의 연합체에 불과하므로 제지하지 못하고 오히려 정치 자금을 축적하기 위해 해적 자금이 없으면 안 된다는 걸 알게 됐다.

해적의 입장도 조금은 알게 됐다. 뚱보 아흐메드와 코베에 따르면 해적 중 많은 이가 어부였다. 어부는 유목민 중심의 소말리아 사회에서 천대받는 존재다. 소말리의 전통을 보면 잘 알 수 있다. 남자를 죽이면 디야가 낙타 100마리이고, 결혼할 때 신부 가족에게 낙타 20마리를 준다. 어민과 농민에게는 그런 낙타가 없기 때문에 소말리아 전통에 따르는 것조차 어렵다. 아흐메드는 "어부와 결혼하면 안 되는 것은 아니지만, 유목민이나 도시 여자가 어부 출신 남성에게 시집가는 경우는 거의 없다"고 했다. 어부는 이처럼 예전부터 사회적으로 지위가 낮은 데다, 1991년 구소말리아 붕괴 후 내전을 겪는 과정에서 무장 세력과 외국 어선에게 횡포와 불이익을 당했다. "더 이상 못 해먹겠다"며 들고일어난 배경이 있는 건 확실해 보였다.

해적질을 하고 있는 이들은 80퍼센트 이상이 다로드 씨족의 마제르텐 분가이거나 남부 하위예 씨족의 하발 기디르 분가인 듯했다. 나머지는 다로드 씨족과 하위예 씨족에서 분가한 소수족이다. 푼틀란 드에서는 국가의 주축 세력인 마제르텐 씨족이, 남부 소말리아에서는 주 세력인 하발 기디르 분가가 해적 행위를 하고 있다는 걸 쉽게 알 수 있다. 그렇지만 해적이 구체적으로 어떻게 조직을 구성하고 활동하 는지는 아직 모른다. 어떻게 해도 실감하기 어렵다.

또 한 가지 알 수 없는 부분은 '외국과의 이면 관계'다. 하르게이사 의 와이얍도, 뚱보 아흐메드와 코베도, 그리고 일본인과 유럽의 몇몇 저널리스트도 "해적 행위는 소말리인만 하고 있는 게 아니다"라고 얘 기한다. 그러므로 "우리가 감당할 문제가 아니다"라고 설명하는 푼틀 란드 사람도 있었다.

하지만 그들 중 어느 누구도 '외국 사회'가 어떻게 소말리아 해적과 결속돼 있는지 아는 사람은 없었다. 모두 구체적으로 들어가면 "잘 모 르겠는데……"하며 고개를 저었다. 깊은 한숨이 절로 나왔다. 매일 5 만 엔, 10만 엔을 허비하면서 중요한 것은 하나도 알아내지 못했다. 내 가 무엇보다 얻고자 했던 '실감實感'도 포착하지 못했다. 절망에 빠진 나머지 밖으로 뛰쳐나가 민병대와 싸움을 벌이고 싶을 정도였다.

할 수 없다. 코베를 카트로 꼬셔냈다. 그에게 지불할 돈이 전혀 없 었기에 기다려달라고 말하는 수밖에 없었다. 가능하면 모가디슈에서, 그게 안 된다면 하르게이사에 돌아왔을 때라도 가족에게 송금 받는 수밖에. 그도 납득하지 않겠는가.

"좋다"며 그는 명쾌하게 답했다. 돈을 받을 때까지 나와 동행하겠다 고 했다. 지불이 늦어지면 늦어질수록 그의 일당은 늘어난다. 하루 100 달러지만 1000달러로 불어날 수도 있다. 그도 납득하고 있을 것이다.

"이도우레에게도 반드시 지불하라"며 코베는 지저분한 벽에 기대어 허리춤에서 카트 잎사귀를 꺼내 씹으면서 말했다. 이도우레는 그의 친구로 시인처럼 생긴 저널리스트다. 모가디슈행 티켓을 구하기 위해 항공 회사에 부탁해둔 터라 소위 '주선료'를 지불해야 한다는 뜻이다. 소말리어로 '주선료' 또는 '뇌물'을 '후도딘'이라고 한다.

푼틀란드족은 후도딘으로 점철돼 있다. 물론 항공 회사 직원에게도 후도딘을 내야 한다. 머리가 지끈거렸다. 어떻게 나만 봉이란 말인가. 나로서는 어떤 식으로든 돈을 모아야 했다. 푼틀란드 방식으로 생각하면 나도 해적의 떡고물이라도 챙겨야 하나 싶었다. 뚱보 아흐메드, 코베나 이도우레, 이곳 저널리스트들 또한 모두 해적으로부터 확실한 이득을 얻고 있었다.

코베는 지금까지 유럽과 미국의 언론 관계자들에게 인질 사진이나 영상을 팔아 꽤 많은 돈을 벌었다. 특히 스웨덴 미디어에 인질 영상을 건네고 1만 달러도 받은 적도 있다고 했다. 그 과정에서 여러 번 뇌물을 줬기 때문에 자기 몫이 반으로 줄었겠지만 그래도 큰돈이다.

나도 그 방법을 생각했다. 하지만 그저 인질의 사진이나 영상을 찍는 것만으로 일본에 비싸게 팔 수 있을 거라 생각하지 않는다. 인질이 일본인이라면 얘기는 달라지지만. 일본 언론은 외국인에게 별 관심이 없다.

"해적이 어떻게 외국 선박을 피랍하지? 그 영상을 촬영할 수 있을까."

'해적 밀착 24시간'과 같은 영상을 찍는다면 정말 대단할 것이다. 어차피 불가능한 일이라고 생각했지만 슬슬 카트의 효과도 올라오고,

어떻게든 돈을 모아야겠다는 생각이 들었다. 무리라고 여겨졌지만 코베는 의외로 가능하다고 했다.

"다카노, 당신이 해적과 무기, 배를 구해오면 돼."

"내가 해적을 고용한다고?"

"응, 그래야 비디오를 돌려도 누구도 불평하지 않을 것 아닌가."

"오! 그거 대단한 일인데."

뭔가 일이 이상하게 돌아가고 있다고 생각했지만 해적과 아는 사이인 코베가 자신만만하게 말하지 않는가. 나는 굉장한 노다지라도 발견한 것마냥 흥분했다.

"잠깐! 그거, 얼마 정도 들까? 대략이라도 좋으니까."

코베는 "잠깐만" 하고 휴대전화를 꺼냈다. "이도우레를 부르자. 나도 해적에 대해선 알지만, 이쪽(갈카요 근처)은 이도우레가 나아. 두 사람의 지식을 합치는 게 좋을 거야."

시인처럼 생긴 이도우레가 바로 찾아왔다. 우리 세 명은 머리를 맞대고 견적을 뽑아봤다. "정말로 한다면 내가 먼저 가서 준비를 해야 해."

코베가 말했다.

먼저 코베가 해적 마을에 들어가 해적을 레스토랑이나 바, 선술집에 데리고 가서 접대를 한다. 씨족의 장로나 마을의 권위자와 만나 사전 교섭을 한다. 기간은 2주 정도. 그가 사용할 자동차 임대료와 숙박비, 식비 등을 모두 포함해 3000~4000달러. 그런 뒤에는 해적을 섭외한다.

"해적을 섭외한 다음은 어떻게 하지?"

혼란스러웠다. 해적은 조직이 아닌가. "여러 부류가 있어. 가끔 대단한 보스도 있지만 내가 아는 한 해적은 대부분 개인이야."

해적은 기본적으로 '개인 사업'이다. 누군가가 돈을 내고, 거기에 실행 부대로 참여한다. 돈을 내는 사람은 경비 등 일체를 지불하는 대신 몸값 등 전액을 받는다.

"처음엔 병사로 활동하다가 돈이 생기면 병사를 채용하는 패턴"이라고 코베가 말했다. 즉, 내가 돈을 내면 자영업자인 '해적'이 수족이 되어 활동해준다는 것이다. 내가 지금까지 푼틀란드에서 해온 것과 다를 바 없었다. 얼마가 들지 물어보니 코베가 잠시 생각에 잠겼다.

"여러 방법이 있어. 배 한 척을 탈취한 다음 그걸 모선으로 해서 다음 선박을 습격하는 방법도 있지. 하지만 당신은 경비를 절약하고 싶어하잖아. 기본적으로 생각해보자. 배와 병사를 섭외해 배 한 척을 습격하는 것이 간단해."

"응, 간단한 것이 좋아."

"자, 모터보트 한 대와 몇 사람이 있어야 할까. 최소 7~8명이 아닐까."

코베가 이도우레에게 물었다.

"아아, 최소 7명은 필요할 거야."

이도우레는 마치 업자 같았다. 해적(부대) 한 사람의 일당과 보트 대여비는 얼마 정도 할까. 그게 신경 쓰였다. 이 두 가지가 확실히 비쌌다.

"가장 일반적인 방법이지만……"

코베가 설명했다.

소말리 해적은 기본적으로 GPS 같은 장치도 없이 어림짐작으로 바다에 나선다고 한다. 사나흘간 파도에 흔들리면서 사냥감을 기다린다. 이때는 계속 카트를 씹으며 한숨도 자지 않는다. 그리고 배를 발견하면 공격하고, 안 되면 다시 항구로 돌아온다. 항구에 돌아오면 피로가 밀려오기 때문에 일주일 정도 휴식을 취하고 체력을 회복한다. 그리고 다시 공격을 위해 바다로 떠난다.

"그다음은 고용주 마음이야."

코베가 말했다.

"고용주가 배를 나포할 때까지 계속하라고 하면 그대로 하는 거야. 다만 비용은 점점 올라. 보통은 한 달에 2~3회 정도?"

해적질에 갓 도전장을 내민 나는 일반 코스를 선택했다. 보트 한 대에 해적 7명으로 한 차례 공격을 가하는 데 6000달러. 이를 3회 반복하면 총 1만8000달러가 들어간다.

"다음은 무기야."

코베가 말했다.

"바주카포로 3대는 필요하지 않을까?" 이도우레에게 확인하자 그는 고개를 끄덕였다.

"바주카포는 얼마야?"

"6000달러쯤 하지 않을까?"

확실히 비싸다. 바주카포 1대가 해적과 보트를 전부 합친 것과 같은 가격이다.

"아니야. 대여하면 훨씬 싸."

이도우레가 코베의 말을 끊었다.

"대여하면 한 달에 2000~3000달러야. 산다고 해도 다시 팔 텐데, 대여하는 쪽이 나을 거야."

"중화기를 대여하는 해적도 많다"고 이도우레가 태연하게 말했다. 기관총도 대여해서 1대에 5000달러. 기관총은 바주카포보다 비싸다. 다음은 AK-47이었지만 "그런 것은 해적이라면 누구든 가지고 있으니까 사거나 빌리거나 할 필요는 없다"고 한다.

경비가 조금 줄어 안심했다. 바주카포 1대 대여비가 3000달러라고 하면, 3대에 9000달러. 기관총은 5000달러. 총 1만4000달러. 무기 비용이 확실히 많이 든다.

"그다음엔 어떤 비용이 들지?"

코베와 이도우레가 잠시 이것저것 이야길 나누더니 코베가 이쪽을 바라보며 말했다.

"잘 모르는 부분이야. 해적을 만나 물어볼게."

"해적? 해적이 어디에 있어?"

"이 호텔. 내 아랫방."

"뭐라고?"

사 상 최 대 의
작 전 속 편

|

그의 설명은 이랬다. 어젯밤 카트 연회를 하는 동안 그는 화장실에 가려고 방으로 돌아갔다. 이때 아랫방의 젊은 남성이 다가와 휴대전화 충전기가 없는데 좀 빌릴 수 있는지 물었다. "알겠다"며 건네준 뒤 이야기를 나누다가 서로 보사소 출신이라는 걸 알았다. 또 같은 마제르텐 씨족의 마리 살레반 분분가라는 것도 알았다. 그러다가 친척과 지인의 이야기로 의기투합해 흥이 올랐다. 잠시 뒤 남성은 목소리를 낮춰 "사실 나는 해적이다"라고 말했다.

돈을 모아 병사와 보트를 섭외한 뒤 배를 빼앗아 그저께 몸값 할당분으로 5만 달러를 받았다. 지금 그 현금을 들고 우간다에 가는 중이다. 우간다에서 위조 여권을 만들어 유럽으로 향할 계획이라고 했다.

코베는 "그 친구가 잘 알고 있을 테니 물어보겠다"며 방을 나섰다.

그나저나 현직 해적이 같은 숙소에 머물고 있다니…… 이마에서

땀이 흘렀다. 방이 덥혀진 것도 아니었다. 흥분해서 체온이 급상승했기 때문이다. 코베가 돌아오는 걸 기다리지 못하고 카트 잎사귀를 마구 씹었다.

20분 정도 지나자 코베가 방으로 돌아왔다. "알아냈어. 보트 비용, 무기 비용, 해적 일당 외에도 공격할 동안의 경비를 지불하지 않으면 안 돼."

정리하자면 추가로 드는 비용은 다음과 같았다. 주유비, 식비, 카트비 그리고 술값.

"술을 마신다고?"

"멀미 방지용으로 모두 술을 마셔."

이때 나는 해적과 이슬람 과격파 알샤바브가 직접적인 관계가 없다는 걸 확신했다. 알샤바브는 카트조차 허용하지 않는다. 술은 한 모금만 마셔도 참형에 처한다. 이런 무리가 술을 벌컥벌컥 마시는 해적을 용납할 리 없다. 만약 알샤바브와 해적이 뭔가 관계가 있다고 치면 알샤바브의 세력이 강한 지역에서 자릿세를 가져가는 정도일 것이다. 그것도 대부분은 조직이 아니라 개인적으로일 것으로 추정된다.

식비, 카트 비용, 술값, 거기에 총알 비용까지. 이것만 해도 4000달러다.

"너무 비싸잖아."

내가 미간을 찌푸렸다.

하지만 코베는 "어쩔 수 없다"면서 "유류비가 상당하다고 말했잖아. 그리고 그들의 한 달 생활비를 지원하지 않으면 안 돼"라고 했다. 이도 우레도 "당신이 섭외하면 해적들은 다른 일을 못 한다"고 거들었다.

그런가. 공격 일수는 열흘 정도이지만 '구속되는 시간'을 생각해야 되는가. 일본의 노동기준법을 고려하니 확실히 이해가 됐다. 어쨌든 초기 경비는 이 정도였다. 다음은 어떻게 촬영을 할 것이냐. 코베는 "세 가지 방법이 있다"고 했다.

첫째, 해적 중 가장 똑똑해 보이는 녀석에게 비디오카메라 사용법을 가르치고, 일부 초기 촬영을 부탁하는 것이다. 지금까지 코베가 해온 방법이라고 한다. 하지만 코베가 부탁해온 것은 인질의 촬영 같은 비교적 간단한 것이니 출항에서부터 공격, 나포까지 전부 해적이 촬영할 수 있을지는 의문이다.

"내가 직접 가도 돼."

코베가 말했다.

"아니면 카메라맨을 별도로 고용하는 방법도 있어."

해적 마을에서 결혼식 촬영을 하는 카메라맨에게 부탁하면 대개 1만 달러에서 끝낼 수 있다고 했다. 촬영의 전체 구도가 명확해졌다. 이 정도면 가능하리라는 강한 확신이 들었다.

"다음은 통역비야."

코베가 덧붙였다.

"무슨 통역?"

"영어 말이야. 인질이나 선주와 몸값 협상을 해야 하잖아. 해적은 영어를 할 줄 몰라."

그러고 보니 통역이 필요하다. 그런데 누구에게 부탁한단 말인가?

"확실한 해적 전문 통역사가 있어"라고 코베가 말했다.

"아까 그 해적에게 물어보니 몸값의 8퍼센트가 시세라고 해."

통역만 했을 때는 정액이 아니라 비율로 따지는 건가. 게다가 8퍼센트라니……. 아주 세세하게 정해놓고 있었다. 해적 비즈니스라는 게 정말 짜임새 있게 구성돼 있다는 느낌을 받았다. 여기서 신경 쓰이는 건 몸값의 규모다.

"도대체 얼마 정도 받을 수 있어?" 나는 솔직하게 물어봤다.

매출 전망이 세워지지 않으면 전체 계산이 불가능하다. 코베에게도 할당분을 지급해야 하고.

"그건 나포한 배의 규모에 따라 달라."

"큰 배이거나 사람이 많이 탄 배일수록 몸값이 높아지나? 아니면 선주의 국적에 따라서?"

"아니야. 다카노. 잘 봐. 몸값은 선적된 물건의 종류에 따라 달라져. 사람 수나 선주의 국적 따윈 중요하지 않아."

이도우레도 동의했다. 그들에 따르면 화물이 고가일 경우 선주는 그것을 되찾고 싶어하고, 화물을 담보로 현금을 마련하기가 용이하다.

"가장 좋은 건 원유야. 최악은 양복이나 식기 같은 일용품이고. 이런 짐을 실은 배는 공격해도 돈이 되질 않아."

의외였다. 몸값이란 게 인질에게 지불되는 것이라고 생각했는데, 사실은 선적된 화물에 지불되는 것이라니. 배를 탈취한 쪽도 탈취당한 쪽도 모든 게 비즈니스였다. 어느 쪽도 인명을 중시하지 않았다. 원래 해적은 인질에 해를 입히지 않는다고 한다.

"인질 중에 말을 듣지 않는 놈이 있으면 손으로 때리는 정도"라고 코베는 설명했다. 이는 소말리의 관습인 '헤르'에 따라 포로에게 폭력을 휘두르는 걸 금지하고 있기 때문이란다.

다시 하던 얘기로 돌아갔다. 그래서 몸값은 얼마쯤 된다는 것인가. 어느 정도 매출의 윤곽이 나와야 투자할 만한 가치가 있는지 알 수 있다. 코베와 이도우레가 잠시 대화를 나누더니 "뭐, 평균 100만 달러쯤 되지 않을까"라고 답했다.

몸값을 받는 방법에 대해서도 그들은 소상히 알고 있었다. 보통은 선주에게 명령해서 헬리콥터를 동원해 돈을 운반시키고, 납치한 배위 상공에서 떨어뜨린다. 배는 해상에 떠 있기 때문에 누구도 눈치 채지 못한다. 헬리콥터는 보통 두바이나 케냐의 항구도시 몸바사에서 띄운다고 한다.

내가 "그 헬리콥터 비용은 얼마 정도 하지?"라고 묻자 두 사람 다 웃음을 터뜨렸다. "그건 배의 주인이 내야 할 몫이야. 당신이 낼 필요는 없어."

아, 그런가. 항상 내가 돈을 지불하다보니 '봉이 된 습관'이 튀어나왔다. 그래. 해적질을 하면, 그다음엔 말 그대로 '큰 배에 올라탄 기분'으로 있으면 그만'이다. 나도 그들도 다 같이 웃었지만 아무래도 걱정되는 게 하나 있었다. 배를 납치하는 데 성공하면 좋겠지만 그렇지 못한다면? 해적들은 적당한 거리를 유지하며 기다린다고 한다. 배를 추격한다 해도 도망치는 속도가 빠르거나 경비대가 반격을 해오면 포기하는 편이 낫다. 운이 나쁘면 공격할 배를 한 척도 발견하지 못할 가능성도 있다고 한다.

막대한 경비를 대기엔 도박의 성격이 강하다. 잠시 생각했다. '그래. 미리 어떤 배가 지나가는지 확인하면 된다.' 배는 정해진 날에 항구를 떠나 정해진 경로를 따라 정해진 날에 목적지에 도착하기 마련이다. 그 정보를 수하의 해적들에게 전달하면 공격 성공률이 높아질 것이다. 내가 입수할 수 있는 배의 정보는 하나밖에 없다. 일본 국적의 배다.

대학생 때 나는 탐험부에 소속돼 있었다 그런데 희한하게도 해운 회사에 근무하는 선배를 많이 알았다. 선주인 사람도 있었다. 그중 아무에게나 해운 정보를 전달받는 건 그리 어려운 일이 아니었다. 만약 단번에 외부에 누설할 수 없는 것이라고 한다면 선배 중 한 사람을 '한패'로 포섭하면 된다.

여기까지 생각이 미치자 '맞아' 하며 마음속으로 외쳤다. 지금까지 수수께끼로 남아 있던 '소말리 해적은 외국 사회의 이면과 깊이 관계돼 있다'는 의미가 이해됐다. 누구든 해적질에 투자하는 인간은 어떻게 하면 배를 납치할 확률을 높일까 하는 생각을 할 수밖에 없다. 그게 외국인이라면 나처럼 자국 배의 정보를 얻어내는 작전에 참여할 것이다. 가능성 있는 얘기다. 자신은 외국에 있어 체포될 위험도 없다. 땅 짚고 헤엄치기 식 사업이다.

한 번 성공하면 반드시 두 번째 시도를 한다. 게다가 투자자를 모아 체계적으로 움직일 가능성이 높다. 또 이것은 해적 연구 전문가가 지적한 것이지만, 몸값은 소말리아에서 발생하기 때문에 자금세탁을 할 필요가 없다. 만약 내가 국내에서 불법적인 사업을 통해 돈을 취한다면 그 돈의 출처가 문제될 염려가 있지만 이건 외국에서 얻은 돈이다.

"아프리카에서 사업이 승승장구하고 있다"고 말하면 일본 경찰이나 국세청은 조사할 수가 없다. 야쿠자에게도 이상적인 먹잇감이 될 것이다. 중요한 점은 신뢰할 만한 소말리 파트너가 한 명 있어야 한다는 것. 이것만 확실히 된다면 어떤 외국인도 간단히 참여할 수 있다. 선주와 같은 것이다. 일부 소문처럼 소말리 해적 뒤에 러시아 마피아가 있는 게 아니라 세계 각지의 사람들이 참여하고 있는 것으로 추정된다. 그래서 전모가 드러나지 않았던 것이다. 베일에 싸여 있던 해적의 모습이 보이기 시작했다. 취재로는 이해할 수 없었던 것이 견적으로 드러났다. 매출(몸값) 100만 달러를 정산해보기로 했다.

"내 몫은 4~5만 달러면 돼."

코베가 말했다.

"그래? 90만 달러를 내가 다 가져도 돼?"

나는 환호성을 질렀다.

"아니야."

코베가 고개를 저었다.

"씨족의 장로와 권력자에게 바칠 돈까지 계산해야 한다고 말했잖아."

"아, 그렇지."

내가 착각하고 있었던 것이다. 마을의 권력자가 가져갈 돈을 나누지 않으면 안 된다. 시세는 몸값의 40~45퍼센트. 이건 교섭 순서에 따라 달라진다고 한다. 코베가 가장 먼저 배에 올라타려는 이유가 바로 그 순서 때문이었다. 그리고 그 돈이 씨족 이곳저곳에 혈류처럼 흘러 들어가고, 정부 기관과 경찰에게도 들어가는 것이다.

"우리가 받을 돈은 그러니까 40만 달러 정도"라고 코베가 냉정한 목소리로 말했다. "그중에서 내 몫은 4~5만 정도면 돼."

드디어 총 경비의 견적을 뽑을 수 있었다.

이 중에 초기 경비(투자액)는 카메라맨 비용을 포함해도 5만 달러. 이 정도면 내가 어떻게든 일본에서 조달할 수 있는 금액이다. 이번에 총 130만 엔을 쓴 걸 감안하면 싸다고 할 수 있다. 그리고 내가 얻을 수 있는 총이익은 약 40만 달러.

"우와, 대단해!"

내가 소리쳤다. 솔직히 말해 내 계산법으론 1000만 엔을 넘어가면 '많은 돈'이다. 2000만 엔이 됐든 4000만 엔이 됐든 같은 돈이다.

"그것만이 아니야. 그 영상은 전 세계에 팔려나갈 거야. BBC나 CNN에 100만 달러, 많으면 2000만 달러에까지 팔 수 있어."

코베가 히죽거렸다. 일본 돈으로 1~2억 엔인가. 까무러칠 금액이다.

"그런데 말이야. 이 영상을 판매하면 난 정말 곤란한 지경에 빠질 거야."

내가 솔직하게 말하자 코베는 "이름을 감추면 돼. 내가 기자로서 판매한 걸로 하면 되잖아"라고 말했다.

"코베, 넌 괜찮을까? 네가 해적 영상을 찍었다는 사실도 금방 알려질 거야."

"난 그 5만 달러를 들고 유럽에 갈 거야. 그러면 끝나. 해적 중에서도 그러는 놈들 많아."

그렇단 말인가. 그러면 걱정하지 않아도 된단 말인가.

"알았어. 이 얘기 잊지 마."

나는 이렇게 말하곤 오른손을 내밀었다. 코베가 확실히 악수를 한 것이다. 그날 밤은 흥분이 되어 잠을 잘 수가 없었다. 엄청난 기회를 잡았다는 느낌의 흥분이었다. 그러나 카트의 흥분이 가시자 제정신으

매출

몸값   1억 엔

경비

초기 경비(투자비)

1 코베를 통한 해적 마을의 사건 교섭 단계 경비   40만 엔

2 보트 비용과 해적 일단   180만 엔

3 공격 기간의 제반 경비   140만 엔

4 무기 대여 비용   140만 엔

5 카메라맨 비용   100만 엔

소계   500만 엔

성공 보수(몸값에서 지불됨)

6 통역비(매출의 8퍼센트)   800만 엔

7 코베 분 500만 엔

8 씨족 장로나 권력자 분(매출의 40퍼센트)   4000만 엔

소계   5300만 엔

합계   5800만 엔

이익금

4200만 엔

로 돌아왔다. 아무래도 신경이 쓰이는 건 그 자체가 해적 행위라는 것이었다. 난 돈보다 엄청난 작품을 세상에 내놓고 싶다. 해적 체험 다큐멘터리 영상을 찍어 체험 논픽션을 쓴다면 세계적인 히트를 치겠지. 그러나 비윤리적이라고 지적받거나 범죄자로 체포될 것이다. 또 돈 1억 엔을 받는다 해도 아무런 의미가 없다. 윤리적인 문제를 넘어서 해적 체험을 할 수 있는 방법은 없을까. 몇 시간이고 생각을 했지만 뾰족한 수 없이 오전 5시가 됐다. '북두의 권'의 수도 모가디슈로 출발할 시간이 가까워졌다.

제 6 장

리얼 '북두의 권' 전국 모가디슈

모가디슈 교토,
20년의 대란

내전이 발발한 1991년 이후 소말리아 정세에 대해 일본어로 쓰인 자료나 정보는 극히 적다. 그리고 몇 안 되는 자료를 읽어도 이해하기 어렵다. 영어로 된 자료는 꽤 있고 더 상세하게 쓰여 있지만 이 또한 녹록지 않다. 사람이나 조직의 이름이 엉망으로 들어가 있어 싫증도 난다.

오닌의 난●이 떠오른다. 소말리아 내전과 오닌의 난의 공통점은 전쟁의 중심지가 도시였다는 것. 보통 한 장소에서 전쟁이 발발해 그곳이 황폐해지면 다른 지역으로 무대가 옮겨진다. 하지만 도시가 주된

● 일왕 고쓰치미카도後土御門 때의 연호인 오닌應仁 원년에 일어났다고 해서 '오닌의 난'이라고 부르며, 분메이文明 9년(1477)까지 계속되어 '오닌·분메이의 난'이라고도 한다. 무로마치 막부 제8대 쇼군인 아시카가 요시마사足利義政 후계자 선정 문제를 둘러싸고 각 지역을 지배하던 슈고 다이묘守護大名들이 두 개의 파벌로 나뉘어 대립하면서 벌어졌다. 10년 넘게 계속된 이 내란으로 사회·정치적 혼란이 커져 일본은 전국시대로 접어들게 되었다.

　　　수수께끼의 독립국가 소말릴란드

전쟁터가 되면 아무리 황폐해져도 어느 쪽이든 상대를 완전히 제압할 때까지 무대가 옮겨지지 않는다. '도시를 지배하는 자가 곧 승자'이기 때문이다.

전쟁이 길어지면 다른 요소가 가미돼 이야기가 복잡해지고 때로는 대립 구조 자체가 뒤틀린다. 외국이나 다른 지방의 유력한 무장 세력이 참전하거나 주요 등장인물이 죽거나, 힘의 균형이 바뀐다. 그리고 전투가 격화되고 장기화되면 전쟁의 규칙이나 사람들의 가치관까지도 변해버린다. 오닌의 난 이전과 이후 일본인이 변했다는 설도 있을 정도다.

하지만 차근차근 책을 읽어보면 오닌의 난도 핵심은 단순하다. 아시카가 막부의 양대 실력자인 호소카와 가쓰모토와 야마나 소젠이 막부 내에서 자신의 입장을 유리하게 하려고 싸웠다는 것뿐이다. 호소카와와 야마나 양쪽이 책략을 세우고, 쇼군가와 각지의 슈고 다이묘를 부추기거나 이용하기도 했다. 또는 반대로 쇼군가의 사람들과 슈고 다이묘가 호소카와와 야마나를 이용해 자신의 입장을 유리하게 하려고 했다.

중앙 정부가 기능하지 않으면 지방도 어지럽다. 그런 부수적 부분이 싸움을 복잡하게 했을 뿐이고, 궁극적으로는 호소카와 가쓰모토와 야마나 소젠의 대립이었을 뿐이다. 그 증거로 두 사람이 세상을 떠나자 금세 싸움이 축소됐고 종식으로 향했다는 점을 들 수 있다. 소말리아 내전도 마찬가지다. 아무리 '북두의 권'이라고 하지만 무질서하게 전쟁이 일어난 건 아니다.

꼼꼼히 문헌을 읽고 여러 사람에게 이야기를 들어본 결과, 나는 소말리아 내전과 혼란의 핵심은 '겐페이 전쟁'●과 '미나모토 가문 내부의 패권 싸움'이 아닐까 생각하게 됐다. 요약하자면 씨족 간의 다툼이다. 그 관점에서 보면, 소말리아 내전은 이유도 잘 모르겠고 읽는 것도 지루하지만 매우 흥미진진한 『헤이케 이야기』●●나 『태평기』●●● 같은 이야기가 된다.

아이디드(요시쓰네)가 바레(기요모리)를 쓰러뜨리고, 게다가 다이라 가문의 잔당을 서쪽에서 괴멸시켰는데, 그사이 모가디슈(교토)에서는 아리 마하디(요리토모)가 미나모토 가문의 유력자를 교묘하게 교섭해 자신이 '대통령'이 됐다고 하는 이야기가 쓰여 있다.

물론 그것을 아이디드(요시쓰네)가 받아들일 리 없다. 아이디드(요시쓰네)가 이끄는 하발 기디르(요시쓰네계) 분가 민병대는 요리토모계 아부가르 분가 사람들을 여자아이까지 무차별 학살했다. 격노한 요리토모계 아부가르도 똑같이 보복, 단 석 달 만에 수만 명이 목숨을 잃었다.

많은 사람이 이 하발 기디르의 최초의 무차별 살인이야말로 남부 소말리아가 '북두의 권'처럼 돼버린 직접적인 원인이라고 생각하고 있

● 겐페이 전쟁源平合戰은 1180년부터 1185년까지 헤이안 시대 말기에 벌어졌던 내전이다. 이 전쟁에서 조정을 장악하고 있던 다이라平氏와 지방 세력인 미나모토源氏는 일본의 각 지역에서 전투를 벌였다. 결국 다이라가 패배하고 미나모토가 전국을 장악하여 가마쿠라 막부가 수립되었다. 그리고 미나모토 요리토모源賴朝는 막부의 수장인 쇼군이 되었다.
●● 『헤이케 이야기平家物語』는 헤이케(다이라 씨)의 번영과 몰락을 묘사한 13세기 일본의 문학 작품이다. 작자는 미상이지만 다양한 텍스트와 공연물로 발전했다.
●●● 『태평기太平記』는 총 40권에 달하는 일본의 고전문학이다. 남북조 시대를 배경으로 고다이고後醍醐 천황의 즉위부터 가마쿠라 막부의 멸망, 겐무 신정建武新政과 그 붕괴 후의 남북조 분열, 간노觀應의 소란擾亂과 2대 쇼군 아시카가 요시아키라足利義詮의 사망 및 호소카와 요리유키細川賴之의 간레이管領 취임까지 약 50년간(1318~1368)의 일들을 소재로 한 군담소설이다.

수수께끼의 독립국가 소말릴란드

다. 하지만 왜 하발 기디르(요시쓰네계)가 그런 짓을 했는지 설명할 수 있는 사람은 한 명도 없다. 내가 가설을 세우고 있지만, 이야기가 길어지기 때문에 그것은 다음에 하기로 하자.

아이디드(요시쓰네)와 아리 마하디(요리토모)는 서로 한 걸음도 움직이지 않고 모가디슈(교토)에서 대치를 계속했다. 힘 있는 다른 무장 세력도 각각 두 편으로 나뉘어 대치했다. 바로 '오닌의 난'의 양상을 드러낸 것이다. 그런데 오닌의 난과 달리 소말리아에서는 '외국'이란 요소가 더해진다. 다만 소련이 붕괴하고 유일한 초강대국으로 절정기에 있던 미국이 '세계의 경찰'을 자임했던 무렵, 그들은 유엔군이란 명목으로 소말리아에 개입하려고 했다. 이것도 사실 아리 마하디 요리토모가 '내가 맞다. 내가 바로 대통령이다. 미국이여, 도와달라'고 호소한 데 따른 것이다.

미국 주체의 유엔군UNOSOM(유엔 소말리아 활동)은 1993년 모가디슈(교토)에 들어갔다. 물론 아이디드(요시쓰네) 측은 정면으로 맞섰다. 하발 기디르(요시쓰네계)는 유엔군 병사를 살해했고 이에 미국이 격노해 아이디드(요시쓰네)에게 현상금을 걸고 그를 암살하려고 여러 차례 시도한다. 그러나 미국은 소말리아의 사정에 무서울 정도로 무지했다.

미군(유엔군)이 현지에서 일하기 위해서는 소말리아인 직원을 많이 고용해야 했다. 차량 운전사, 정보 수집원 등 방대한 인원이 고용됐다. 그리고 거기에는 하발 기디르(요시쓰네계) 사람들도 많이 섞여 있었다. 그들은 당연히 자신이 속한 가문이 소중하기 때문에, 알게 된 정보는 모두 아이디드(요시쓰네)에게 흘렸다. 미군의 극비 전략은 거의 모두 누설된 것이다.

미군은 여기서 엄청난 실수를 했다. '아이디드(요시쓰네)가 있다'는 정보를 우연히 듣고, 하발 기디르(요시쓰네계)의 원로들이 모이는 회의를 무장 헬기로 습격했지만, 아이디드(요시쓰네)는 없었다. 대신 하발 기디르(요시쓰네계) 원로 70명이 살해됐다. 이 일로 하발 기디르(요시쓰네계)의 분노는 정점에 달했다.

그리고 영화화됐던 '블랙 호크다운'• 사건이 일어난다. 다시 아이디드(요시쓰네)를 잡기 위해 그들의 지배 구역에 무장 헬기와 지상 부대를 동시에 투입했으나 또다시 아이디드(요시쓰네)를 살해하는 데 실패했다. 무장 헬기 '블랙 호크'는 요시쓰네계 민병대에 격추(다운)되고 미군 13명이 살해됐다. 실은 이때 미군은 요시쓰네계 사람을 무려 천 몇백 명이나 죽였다. 거의 '학살'이나 다름없었다.

그러나 미국에 충격이었던 점은 소말리아 사람을 많이 죽인 사실이 아니라 자국민이 희생된 것이었다. 블랙 호크에 타고 있던 미군은 살해된 뒤 알몸인 채로 길거리에 끌려다녔다. 그 자초지종이 미국 뉴스에 방영됐다. 충격을 받은 미국 여론은 소말리아에서 미군이 철수하도록 압력을 가했다. 초강대국 미국의 패퇴 이후 소말리아는 아무도 건드리지 못하는 '언터처블'한 '리얼 북두의 권'이 돼버렸다.

그런데 1996년 아이디드(요시쓰네)가 바나나 수출의 이권을 놓고 숙적 아리 마하디(요리토모)와 싸우던 중 사망했다. 하발 기디르(요시쓰네

• 할리우드에서 활동하는 영국 감독 리들리 스콧과 제작자 제리 브룩하이머가 실제 전쟁 상황을 바탕으로 해서 만든 영화다. 1993년 10월 소말리아의 수도 모가디슈에 파견된 최정예 미군 부대에서 일어난 영웅적 실화를 다루고 있는데, 이 전쟁은 소말리아를 황폐화하고 있는 내란과 기근을 막기 위한 국제연합 평화유지 작전의 일환이었다. 『필라델피아 인콰이어러』의 저널리스트인 마크 바우덴이 전쟁에 참전했던 12명의 유격병을 일일이 만난 인터뷰집 『블랙 호크다운: 현대 전쟁에 관한 이야기』(1999)를 원작으로 하고 있다.

계) 분가는 당황해 그의 아들을 후계자로 세웠다.

아이디드 주니어는 매우 흥미로운 인생을 보낸 사람이다. 아이디드는 바레의 박해를 받을 때 가족을 미국으로 이주시켰다. 그래서 아이디드 주니어도 미국 국민으로 성장했다. 그리고 성인이 돼 미군 해병대에 입대했다. 미군이 소말리아를 침공했을 때 그도 통역사로 참전했다.

아이디드는 당시 자식과 싸우고 있었던 것이다. 그런데 아버지가 죽으면서 가문의 부름을 받자 즉시 소말리아로 돌아가 아버지의 뒤를 이었다. 아주 엉망이다. 아이디드 주니어는 후계자로 분투했던 것 같지만 역시 전략의 달인이었던 아버지처럼은 안 됐다. 1998년에는 마침내 아리 마하디와 화평 조약을 맺게 됐다. 이로써 8년에 걸친 요시쓰네·요리토모의 싸움은 끝난 것처럼 보였는데……

2000년 소말리아 문제를 어떻게든 해결하려는 시도가 오랜만에 유엔과 EU, 아랍 국가들의 개입으로 이뤄졌다. 각 씨족의 대표를 지부티로 불러 회의를 열었다. 여기서 소말릴란드가 발안하고, 푼틀란드가 발전시킨 '씨족 비례대표제'를 도입하기로 했다.

우선 의회를 만들고 그 의원들의 투표로 대통령을 선출하게 됐다.

아이디드도 없는 지금, 마침내 자신의 천하라고 생각한 아리 마하디였지만, 뜻밖에도 압둘 카심 살라드 하산이라는 인물에게 지고 만다. 그는 아이디드의 사촌이었다.

요컨대 새롭게 출범한 임시 정권(약칭 TNG)을 하발 기디르(요시쓰네계)가 장악한 셈이다. 그렇다고는 해도, 하발 기디르(요시쓰네계) 외에는 누구도 협력하지 않았기 때문에, 이 정부는 모가디슈의 일부를 지배해보지도 못한 채 2년 만에 자연 소멸했다.

몇 년 후 유엔과 EU, 거기에 미국이 뉘우침도 없이 또다시 강력한 임시 정권 만들기를 획책한다. 이번에는 아랍 국가들이 아니라 에티오피아와 케냐 등 이웃 기독교 국가들이 관여했다.

매번 있는 일이지만, 이번에도 누가 대통령이 되느냐를 놓고 지원 세력 끌어들이기 경쟁이 치열하게 벌어졌다. 2006년, 그중에서도 지역 강국 에티오피아를 등에 업고 경쟁에서 이긴 것은 압둘라히 유스프 도키마사. 푼틀란드 건국의 시조로 그 나라의 현직 대통령이었다.

수십 년간 요시쓰네·요리토모의 다툼이 계속되었던 모가디슈(교토)였지만, 여기서 모략의 천재 압둘라히(도키마사)가 참전, 돌연 '다이라 가문'이 또 최고의 자리를 탈환했다. 이것이 과도연방정부TFG다. 하지만 현실을 보면 남부 소말리아의 약 70퍼센트는 하위예(미나모토) 가문의 무장 세력이 지배하는 미나모토 가문의 세계. 요리토모계와 요시쓰네계는 견원지간이지만, 그래도 서로 다이라 가문보다는 낫다고 생각한다. 다로드(다이라 가문)가 수장을 맡는 두 번째 임시 정권은 모가디슈(교토)에 들어가지도 못하고, 지방 도시 바이도아를 임시 수도로 삼는 수밖에 없었다. 그리고 여기에 소말리아 내전 사상 최대의 비틀림이 시작된다. 이슬람 원리주의 세력 '이슬람법정연합'이 대두된 것이다.

겐페이의 대립에서도 미나모토 가문 내부의 항쟁도 아니고, 갑자기 가문을 뛰어넘은 종교 집단이 씨족의 전국 무장들을 때려잡아 지배 구역을 쭉쭉 넓혔다. 이는 아프가니스탄에서 탈레반이 대두된 상황과 꼭 닮았다. 지방 무장 세력들이 일반인들을 무시하는 행태로 패권 싸움에 몰두한 결과, 법과 질서를 추구하는 사람들의 기대에 부응하는

수수께끼의 독립국가 소말릴란드

식으로 탈레반이 출현했다. 그들은 함부로 사람을 죽이거나, 여기저기에 체크 포인트를 마음대로 만들어 지나가는 사람이나 차량에게서 돈을 빼앗지도 않았다.

이슬람법정연합도 마찬가지다. 이 조직은 이슬람 법(샤리아)에 의한 통치를 절대적 기치로 내걸고 절도, 살인, 강간 등을 엄격하게 단속했다. 이슬람법정연합이 지배하는 지역에서는 치안이 극적으로 좋아져, 체크 포인트가 없어졌기 때문에 물가가 급격하게 떨어졌다고 한다.

이슬람법정연합이 기존의 무장 세력과 근본적으로 다른 점은, 미나모토 가문과 다이라 가문, 오슈 후지와라 가문을 포함한 모든 씨족이 참가하고 있었다는 것이다. 그들은 이슬람주의를 내걸었기 때문에 미국이나 에티오피아 등 기독교 국가들의 개입을 싫어했고, 그 국가들을 등에 업은 압둘라히 유스프 도키마사 정부도 싫어했다.

즉, 여기서 소말리아 내전의 대립축이 씨족에서 '이슬람 원리주의 대 세속주의+미국, 에티오피아'로 바뀌었다. 적어도 겉으로는 그렇게 보인다. 하지만 현실에선 아직도 씨족 수준의 대립이 분명히 계속됐다.

이슬람법정연합은 확실히 멀티 씨족 조직이지만 그 군사력은 하위 예(미나모토), 그것도 하발 기디르(요시쓰네게)가 주체였다. 그들은 1994년의 '원로 학살 사건' 이후 미국에 대한 깊은 원한을 품었다. 그래서 반미라는 명분으로 이슬람 깃발 아래 모인 것이다. 물론 바레(기요모리)의 영화를 되찾으려는 다로드(다이라 가문)에 대한 강한 반감도 있었다.

미국은 또 실수를 저지른다. 다로드(다이라)가 주축인 남부 소말리아에서 힘없는 압둘라히 유스프(도키마사) 정부를 단념하고, 모가디슈(교토)의 각 지역을 지배하는 무장 세력들에게 돈을 주고 '반테러 동맹'이라는 것을 결성, 이슬람주의자에 대항하게 한 것이다. 그런데 '모럴'이 저하돼 있던 무장 동맹은 이슬람법정연합에 어이없이 져 모가디슈(교토)는 결국 이슬람주의자의 손에 떨어진다. '이건 안 되겠다'고 생각한 미국과 에티오피아, 압둘라히 유스프(도키마사)의 연합체는 이제 금지된 수단을 쓸 수밖에 없었다. 에티오피아 군의 출동이다.

에티오피아 대군은 국경을 넘어 소말리아를 침공, 이슬람법정연합을 쫓아냈다. 미군도 직접 전투기를 내보내 공습했다. 압둘라히 유스프(도키마사)는 모가디슈(교토)에 입성, 마치 예전의 바레(기요모리)처럼 저항하는 하위예(미나모토 가문)와 시민들을 무차별 공격했다. 이때 그는 자신의 뜻대로 될 푼틀란드 군(마제르텐 호조의 군대)을 사용했다고 한다.

이슬람법정연합의 잔당은 케냐와 지부티, 걸프 국가 등으로 달아났다. 전쟁에 이긴 압둘라히 유스프(도키마사)였지만 부작용은 컸다. 소말리아는 부족사회가 아니라 씨족사회다. 소말릴란드에 반대하는 사람이 말하는 것처럼 '소말리는 하나'인 것이다. 소말리인은 패권을 독점하려고 겐페이 전투에서 미나모토 가문 내부의 싸움으로 점점 권력을 세분화하지만, 소말리 이외의 군대가 자신들의 땅에 침입하면 공통의 적으로 인식하고 결속한다. 특히 소말리인에게 에티오피아는 역사상 일본에 있어서의 한국이나 중국과 같은 존재다. 다테 마사무네든 모리 모토나리든, 자신이 천하를 거머쥐기 위해 명나라나 남만의 부대를 일본에 끌어들였으면 어떻게 됐을까? 다른 무장이나 천황·귀족, 서민들로부터 엄청난 반발이 일어났을 것이다. 이와 마찬가지인 것이다.

에티오피아 군을 끌어들인 것으로 압둘라히(도키마사)는 다로드(다이라) 이외의 거의 모든 사람에게서 깊은 원한을 샀다. 결국 이듬해인 2007년 압둘라히 유스프(도키마사)는 대통령직을 사임했다. 그리고 유엔과 미국, 아프리카 국가, 걸프 국가들이 모여 개최한 평화회의에서 새로운 대통령으로 임명된 인물은 이슬람법정연합의 전 의장 셰이크 샤리프였다.

이상하게 생각될 것이다. 셰이크 샤리프는 이슬람법정연합의 우두머리로 에티오피아 군과 싸워 패한 당사자다. 전쟁에 진 뒤 평화회의에서 대통령으로 선출된 사람은 역사상 처음 아닌가.

그러나 이유가 있다. 이슬람법정연합은 에티오피아에 패하기 전부터 둘로 분열돼 있었다. 하나는 셰이크 샤리프가 이끄는 온건파, 다른 하나는 아웨이스라는 인물의 카리스마를 추앙한 오사마 빈 라덴의 알카에다와도 관계를 가진 과격파 '알샤바브'다. 결국 셰이크 샤리프 무리는 아랍 국가의 중재로 임시 정권 측으로 돌아왔다.

이것이 일반적인 설명이지만, 실은 이것도 씨족 대립인 것이다. 셰이크 샤리프는 요리토모계 아부가르이고 아리 마하디(요리토모)의 조카인 것이다.● 그리고 알샤바브 측의 아웨이스는 하발 기디르(요시쓰네계)다. 원래 이슬람법정연합의 군사 부문은 하발 기디르(요시쓰네계) 중심이었기 때문에 군사적으로 비주류파인 아부가르(요리토모계)의 셰이크 샤리프가 이탈했다고도 말할 수 있다.

● 유엔군에 참여하는 아시아, 아프리카 군인은 항상 돈벌이고, 나는 아프가니스탄에서 모잠비크 군인들을 만난 적이 있다. 그들은 임무가 끝나고 대량의 중국산 TV를 사들여 돌아가는 길이었다.

그리고 미국을 중심으로 하는 국제사회 측도 남부 소말리아에서 여전히 최대 세력인 하위예(미나모토 가문)의 실력자를 최고 자리에 앉히는 수밖에 없다고 생각했다. 또한 온건파지만 이슬람 원리주의자인 셰이크 샤리프(사네토모)를 최고의 자리에 앉히면 '이슬람 대 미국'이라는 구도를 피할 수 있다.

그 후 하발 기디르(요시쓰네계)를 핵심으로 하는 알샤바브는 파죽의 진격을 계속해 남부 소말리아 대부분과 모가디슈(교토)의 3분의 2를 지배하게 됐다. 셰이크 샤리프(사네토모)의 임시 정권은 모가디슈의 3분의 1밖에 지배할 수 없는 약소한 정권이 됐다.

그래서 국제사회(미국, EU, 아랍 국가, 아프리카 국가)는 아프리카 연합 소말리아 미션(아미솜)이라는 아프리카 연합 주도의 군대를 소말리아에 파견해 알샤바브라는 괴수와 싸우게 했다. 울트라 세븐(미국이나 EU)이 직접 출동할 수 없기 때문에 대신 캡슐 괴수 미쿠라스를 투입한 것과 같다. 아미솜은 일단 장갑차와 중화기를 풍부하게 보유했고 군비는 알샤바브보다 많았지만, 유감스럽게도 상황을 잘 이해하지 못한 채 전쟁터로 내보내진 캡슐 괴수였다. 알샤바브가 수도를 완전히 제압하는 것을 막는 게 고작이었다.

어떤 상황인지, 오래된 지인인 영상 기자 오쓰 시로에게 물어봤다. 오쓰는 사진작가인 나카노 도모아키와 아프리카 보도에서 투톱을 이루고 있는 베테랑으로, 2010년 모가디슈를 취재하고 있었는데 "너무 위험해서 호텔 밖으로 한 발짝도 나가지 못했다. 움직일 때는 방탄조끼와 헬멧을 쓰고 차를 탔지만 공항에서 미사일 공격을 받아 죽을 뻔했다"고 말했다. 30년 이상 아프리카 분쟁을 취재해온 오쓰에게도 "지금까지 취재한 곳 중 가장 위험했다"고 하니 상상 이상이다.

그리고 2011년 7월, 내가 소말릴란드에 체류하고 있을 때, 알샤바브의 '라마단 공격'이 시작됐다. 나는 도대체 어떻게 될 것인가 생각했다. 왜 세계 최악의 도시가 최악의 상황에 처한 시기에 돌진해 들어가지 않으면 안 되는 것인가. 그러나 모가디슈에서는 생각지도 못한 일이 기다리고 있었다.

세계에서 가장 위험한
꽃의 도시

|

상공에서 바라본 모가디슈 마을은 아름답다는 말 한마디밖에 나오질 않았다. 흰 건물이 가득하고 거대한 규모로 펼쳐지는 대도시는 마치 사진에서 본 로마 같았다. '백아_{白亞}의 도시' 바로 옆에는 푸른 바다가 흰 파도를 계속 밀어내고 있었다. 내전이 20년간 이어지고 있는 무법 지대라는 걸 잊어버릴 정도였다.

비행기 안 내 옆 자리에는 혼 케이블 TV 가로웨 지국의 코베가 앉아 있다. 그는 모가디슈에서 태어났지만 20년 전인 여덟 살 때 전란을 피해 이 마을을 나간 뒤 한 번도 돌아오지 않았다고 한다. 20년 만에 고향으로 돌아온 그는 온 마을을 돌아다니며 옷을 사 모았다. 지금은 회색 정장 상하의에 금색 시계, 흰색 에나멜 구두 차림으로 평소의 장난꾸러기가 아닌 대통령 같은 모습이다. 아쉬운 점은 정장의 팔목에 상표 태그가 붙어 있다는 것. 놀리려고 그의 얼굴을 봤는데, 눈에 눈물이 고여 있었다. 어린 시절 추억이 되살아나고 있는 것이리라.

나도 감개무량했다. 내가 아프리카 여행을 시작한 뒤 곧 내전이 일어났기 때문에 모가디슈는 내 마음에는 '절대 갈 수 없는 도시'로 자리 잡고 있었다. 개인적으로는 '세계에서 가장 모르는 도시'인 것이다.

1994년경 아직 아이디드가 미국과 싸우고 있을 무렵, 에티오피아 어딘가에서 오는 비행기 안에서 모가디슈에 거주한다는 소말리인 사업가를 만난 적이 있다.

"모가디슈는 위험하지 않나요?"라고 묻자 그는 "아니" 하며 웃었다. "무장한 경호원을 붙이면 문제없다"고 했다. 무심코 "미쳤군" 하고 중얼거렸지만 바로 지금 내가 그렇게 모가디슈에 들어가려고 한다. 문제가 있는지 없는지는 가보면 알 수 있을 것이다.

소말리아 과도연방정부TFG가 사수하는 아덴·아부두레 국제공항은 푼틀란드와 소말릴란드의 공항보다 훨씬 더 훌륭한 구조였다. 옆에서 파도가 들이닥치는 활주로를 걸어 유리창이 이어진 커다란 로비로 들어섰다. 여기도 소말리인의 땅이라고 말하는 듯 남녀노소가 북적였고, 여기저기서 사람들이 크게 소리치고 있었다.

우리는 혼 케이블 TV 모가디슈 지국의 국장인 함디라는 인물에게 호텔, 자동차, 호위병 그리고 비자까지 부탁했다. 푼틀란드는 모가디슈의 임시 정권 아래에 있는데, 푼틀란드에서 모가디슈에 들어갈 때는 또 다른 비자가 필요했다. 즉, 다른 나라인 셈이다.

함디와 작업해야 할 일은 모두 코베에게 부탁했다. 여기서도 코베는 휴대전화로 함디와 연락을 취하고 있었지만, 공항의 혼란이 심해져서 상황을 잘 모르는 듯했다.

"잠깐만" 하더니 코베는 어디론가 가버렸다. 벽에 기대어 기다리는데 선글라스를 쓴 수상한 남자가 다가와 "당신, 바시르 직원을 기다리고 있나?"라고 물어왔다. "아니"라고 대답하자 그는 가버렸지만, 나는 혼자 쓴웃음을 지었다. 바시르는 유명한 '여행업자'다. 해외 언론이 모가디슈 취재에 들어갈 경우 보통은 혼자 갈 수 없다. 대부분 먼저 케냐의 나이로비에 가서 아프리카 연합의 홍보국에 아미솜 종군 취재를 신청한다. 그 허가가 떨어지면 바시르에 소개된다. 아니면 누군가 아는 연줄을 찾아 아프리카 연합을 통하지 않고 들어오는 사람도 있지만, 역시 대부분 바시르에 가는 것 같다.

바시르는 호텔, 통역, 차량, 호위 병사, 비자 등 세트로 준비하고 기자 또는 사진작가를 챙긴다. 취재 약속도 잡아주는 것 같다. 어쩌면 바시르 외에도 비슷한 프로 투어 업체가 있을지 모르지만 방법은 같다. 그에 비해 나는 여행 업체를 통하지 않았을 뿐만 아니라, 독자적으로 개척한 연줄을 통해 소말릴란드와 푼틀란드를 지나 여기에 와 있었다. 생각해보면 배낭 여행자처럼 구소말리아를 여행하는 해외 언론인은 나밖에 없을 것이다.

다소 불안해졌지만 자신의 방식으로 들어가면 다른 사람에게 보이지 않는 것도 보인다면서 억지로 스스로를 납득시켰다. 이런 전쟁 국가 도시에서 직원이 10명 정도 있는 방송국을 책임지고 있는 함디라는 남자에게 관심이 갔다. 머리가 명석한지, 사교술이 능한지 잘 모르겠지만 어쨌든 보통 사람이 아닌 건 틀림없다.

그곳에 젊은이 세 명이 찾아왔다. 학생 같은 남자 2명과 스무 살쯤 되는 여자 1명. 남자 1명이 서투른 말투로 "재패니즈? 미스터 다카노?"

라고 물었다. "예스"라고 대답하자, 상대는 "우리는 혼 케이블 TV 직원"이라고 말했다. 그 학생 같은 남자가 국장은 아니겠지라고 생각하면서, "당신이 함디?"라고 일단 물어보니, 그는 "노!"라고 외치며 웃음을 터뜨렸다. "함디는 저 여자다." 맙소사, 젊은 여자가 지국장인 함디였다.

진홍빛에 금색 꽃무늬를 장식한 긴 가부라사르(머리부터 쓰는 어깨걸이)를 휘날리고 있는 함디는 모델 같은 얼굴에 날카로운 눈을 가지고 있었다. 내가 놀라는 것을 본 그녀는 조금 수줍은 미소를 짓다가 순간 돌아서며 "컴(오세요)"이라고 말하면서 손짓을 했다. 어쩐지 묘하게 위엄이 있다. 능력 있는 여자 상사 같았다. 나는 갑자기 부하가 된 느낌이 들어 황급히 뒤를 쫓았다.

입국 심사를 거쳐 짐을 받아 밖으로 나왔다. 역시 공항에서 한 걸음 벗어나자 경계태세였다. 준비돼 있던 랜드크루저 뒷좌석에 함디와 함께 앉으니, 양쪽에서 총을 가진 호위 병사가 꽉 밀어넣는 것처럼 함께 탔다.

도로에는 한눈에 소말리인이 아닌 것으로 보이는 반투계 아프리카인(나중에 우간다인 것을 알았다)인 아미솜 군인과 장갑차가 오가고 있었다. 그야말로 전쟁터 같은 긴박감이다. 그 사이를 누비며 달려 10분도 안 돼 호텔에 도착했다.

감옥 같은 거대한 콘크리트 담으로 덮여 간판이나 그 외 아무것도 없고 경비 군인 4명 정도가 총을 멘 채 지켜보고 있었다. 아프가니스탄 카불에서 머문 호텔과 비슷하지만 이쪽은 흙 가마니를 쌓은 위에 기관총까지 설치돼 있어 한층 더 삼엄했다.

호위 병사가 금속 탐지기로 차량 아래를 대강 확인했고 게이트를 지나 주차장에 진입했다. 차에서 내려 호텔 부지로 들어가는 입구에서 이번에는 짐을 점검한 다음 안으로 들어갔다. 안에 들어가자 큰 나무와 꽃이 심겨진 우아한 리조트의 풍경이 펼쳐졌다. 이것도 카불호텔과 비슷하다.

구소말리아 정권 시대에는 중국 대사관이었다는데, 과연 대사관을 개조해 호텔로 써도 되는 것일까? 어쨌든 쓸데없이 큰 계단이나 무뚝뚝한 방은 확실히 사회주의 냄새를 풍겼다.

방에 들어가서 자기소개를 했다. 여성 지국장 함디와 그녀 옆에는 자쿠리야라는 젊은 사진작가 겸 기술 직원. 그리고 알리라는 에디터(편집 담당)가 있었다. "유 러키, 나우 노 알샤바브(당신, 운이 좋아, 지금은 알샤바브가 없어)"라고 서툰 영어로 함디가 말했다.

"하야, 나시부 바당(맞아, 아주 운이 좋다)"라고 나도 서툰 소말리어로 대답을 했다. 우리는 무심코 웃었다. 서로 서툰 것이 웃긴 것만은 아니었다. 전혀 예상치 못한 일인데 불과 닷새 전 푼틀란드에 있을 때 정말 알샤바브는 모가디슈 시내에서 갑자기 철수해버렸다. 형세가 불리하게 됐다든가, 뭐 그런 뚜렷한 이유도 없었다. 알샤바브 대변인은 "이것은 패배가 아니다. 전략상의 일시적 후퇴다"라고 말했다. 실은 지금까지 이런 적이 몇 번 있기 때문에 주위의 소말리인들도 나도 경계를 늦추지 않았지만 아직까지 그들은 다시 오지 않았다.

변두리에서 여전히 격렬하게 전투 중이라고 하니 완전 철수는 아니지만, 어쨌든 거의 모가디슈 전역에서 그들이 사라져서 전투는 사그라들고 있었다.

"모가디슈에서 전쟁이 완전히 사라진 건 5년 만이다"라고 카메라맨 자쿠리야는 흥분하면서 말했다.

최악의 타이밍에 온 것이 최고의 타이밍이 된 것이다.

"내가 여기 온 덕분 아닌가"라고 농담을 했는데 함디는 시원스럽게
말했다.

"아니, 알라 덕분이야."

여기에 오기 전 호텔에서 한 걸음도 나가지 못할 거라고 각오하고
있었다. 그래서 아무것도 계획하지 않았다. 그러나 지금은 마을을 볼
천재일우의 기회다. 언제 전투가 다시 시작될지 모르니까 당장 나가기
로 했다. 이번에는 푼틀란드 때처럼 차를 두 대 준비해 앞의 마크II에
는 호위 병사 2명을 태우고 우리는 랜드크루저로 뒤를 따라가는 형태
를 취했다.

첫날의 시내 구경은 놀라움의 연속이었다. 언제나 처음 가는 곳은
가지고 있던 이미지와 현실의 격차에 놀라지만 이렇게까지 놀랐던 것
은 모가디슈가 처음이다. 여기에 오기 직전까지 내 이미지는 이랬다.
마을은 거의 폐허로 변하고, 대부분의 사람은 국내외의 더 안전한 장
소로 도망쳐버렸다. 남은 것은 무장 세력과 도망갈 수 없는 가난한 사
람들. 그런 사람들은 동물처럼 폐허 속에서 가만히 숨을 죽이고 유엔
등의 식량 배급으로 간신히 살고 있다…….

'그런데' 마을은 믿을 수 없을 만큼 번성했다. 건물 여기저기가 총
탄 자국이고 포탄에 맞아 붕괴된 곳도 드물지 않았다. 그러나 길가에
는 오렌지와 망고, 사모사 등을 파는 노점이 있고, 통행인도 많아 짐
을 가득 실은 트럭과 마차가 오가며 활기를 띠었다. 이제 막 니스 칠
한 가구가 쌓인 가구점 거리, 인터넷 카페, 여행사, 가전제품 상점, 레

스토랑, 비디오 대여점…… 하르게이사와 비교 안 될 만큼 대도시다. 물론 알샤바브가 철수한 뒤 갑자기 이렇게 된 것은 아니고 계속 이랬을 것이다.

나는 하르게이사로 돌아가는 티켓을 구입하러 항공사 사무실에 갔고, 그 후 송금 회사 '다하부시르'의 지점을 방문했다. 모두 '비아 로마(로마 거리)'라는 이탈리아어 이름의 번화가에 있었는데, 사람과 자동차가 많아서 좀처럼 앞으로 나아가지 못할 정도였다. 가게 물건도 거기에 드나드는 사람의 복장도 푼틀란드와 소말릴란드보다 훨씬 세련됐다. 분위기로는 도쿄 하라주쿠와 기치조지에 가까웠다.

바로 '도시'다. 도시의 3분의 2가 알샤바브에 눌려 눈앞에서 매일 격전이 벌어졌고 20년간 전쟁이 끊인 적이 거의 없는데 하라주쿠나 기치조지라니 어떻게 된 건가.

나에 대한 호위 경계태세는 푼틀란드와 비교가 안 됐다. 이 마을에서는 총탄에 맞는 것뿐만 아니라 납치되는 것도 무섭다. 알샤바브는 물론 하발 기디르 민병대 등은 외국인 납치를 즐기는 것으로 알려져 있다. 함디는 그런 것도 잘 알았다. 사무실이나 가게에 갈 때도 먼저 호위 병사 2명이 내려 총을 들고 주위를 둘러본다. 그 긴장감도 푼틀란드의 기력이 없는 병사와는 달랐다. 내가 타는 차는 딱 가게 입구에 붙어 내가 최대한 밖을 걷지 않도록 한다. 즉, 외국인(나)의 존재 자체를 주위에서 최대한 의식하지 못하도록 했다.

항공사도 송금 회사도 깔끔한 사무실에서 넥타이를 한 엘리트 같은 직원이 척척 컴퓨터 자판을 두드리는 게 일본이나 유럽과 다르지 않다. 게다가 항공사에서는 "편도? 소말릴란드 비자가 아직도 없어?"

하는 싫은 얼굴을 대하게 됐고, 다하부시르에서는 "해외 송금을 받기 위해 계좌를 만들어야 하며, 그러려면 며칠이 걸린다"는 말을 들었다. 소말릴란드와 푼틀란드보다 세세한 규칙이 많고 융통성이 없다. 선진국에 온 것 같다. 결국 송금은 포기했지만 하르게이사에 가는 티켓은 살 수 있었다. 의외로 일이 시원스럽게 끝나 이곳을 좀더 구경하기로 했다.

세안비누와 세탁비누를 구입하기 위해 하마르웨이네 시장에 갔다. 거대한 포장마차 거리는 인파로 뒤덮였다. 여기서는 포장마차 앞에 차를 대지 않고 걷는 것이 허용됐다. 조금 넓어진 장소에 남자들이 모여 있다. 중고 휴대전화를 경매에 부치고 있었다. 코베는 나에게 방법을 보여주기 위해 자기가 손님인 척하고 경매에 참가했는데, 출발가 80달러로 시작한 노키아는 마지막에 30달러 근처까지 떨어졌다. 코베가 낙찰될 뻔해서 돈이 없었던 나는 조마조마했다.

무엇보다 감동적이었던 곳은 양복점이다. 자쿠리야가 입고 있는 청바지는 하르게이사의 가게에서 본 적이 없다. 산 가게에 데려가달라고 했다. 가게 자체가 하르게이사와는 전혀 달랐다. 하르게이사 가게는 인도와 중동 시장의 연장선상에 있는 유형이다. 가게의 카운터 뒤에 옷이 줄지어 있다. 손님이 원하는 것이 있으면 점원이나 주인에게 그것을 가리키며 보여달라고 한다. 상품은 적고 크기도 한정돼 있으며 무엇보다 자유롭게 볼 수 없다.

그런데 모가디슈 상점은 일본 상점과 완벽하게 똑같다. 디자인과 크기가 미묘하게 다른 청바지와 면바지, 티셔츠, 커터 셔츠 등이 옷걸이에 죽 매달려 있어 손님이 직접 하나하나 살펴볼 수 있다. 게다가 하르게이사에서 전혀 못 본, 일본에서도 입고 싶어한 상품이 많았다. 구경만 하려고 했는데 무심코 물욕이 작렬했다.

함디가 나에게 "다카노, 이리 와" 하며 손짓했다. 가보니 일부러 오래된 느낌을 낸 얇은 카고 바지였다. 다른 제품뿐만 아니라 이것도 중국산이지만, '일부러 오래된 느낌'이라든지, 화학약품으로 색깔을 뺀 청바지 같은 것은 중동·아프리카 전역에서도 상당히 도시적인 장소가 아니면 찾을 수 없다. 일반적으로 현지인은 '보기에도 부자 같은' 옷을 좋아하기 때문이라고 한다.

내 마음에 쏙 들었다. 조금 작은 것 같다고 말했더니 직원이 "탈의실에서 입어보라"고 했다. 입어보고 거울을 보니 약간 작다. 함디에게도 보여줬더니 그녀는 직원에게 뭔가를 말한다. 그러자 직원은 다른 크기를 가져다줬다. 이번에는 딱 맞는다. "크루프 바당(멋지다)"이라고 함디가 말해줬다. 가격 흥정은 함디가 벌써 했다. 15달러였다. 어, 꽤 한다. 역시 대도시다. 그래도 모처럼이니까 더 생각하지 말고 살까.

나는 대체 무엇을 하고 있는 것인가. 마치 모가디슈에 쇼핑하러 온 것 같다. 착각도 정도가 있다. 그러나 착각하고 있는 사람은 나 혼자가 아니었다. 어느새 코베는 다른 가게에 가서 여성 샌들을 사고 있었다. 이것 또한 내가 아내에게 사주고 싶을 만큼 훌륭하다. 게다가 8달러라는 좋은 가격이다.

"아내한테 줄 거야"라고 코베가 능청스럽게 말했다. 그는 열아홉 살에 결혼하고 아이를 하나 낳았지만, 그의 가문과 아내의 가문은 사이가 좋지 않아 쌍방의 가족이 논의해 2년 후 이혼했다. 하지만 서로 포기하지 않고 아직 이메일을 교환하며 가끔 몰래 만나기도 한다. '도시의 기념품'은 전 아내를 만족시킬 것이다.

내 안에서 '세계 최악의 비참한 도시 모가디슈'라는 이미지는 와르르 무너져갔다. 그리고 새로운 의문이 생겼다. 왜 이 마을은 이렇게 번성하고 있지? 중앙 정부도 없고, 전투도 끊이지 않는데.

강인한 여자 지국장
함디

|

모가디슈는 내가 지금까지 전혀 본 적이 없는 도시다. 너무 의외여서 이 도시의 번영을 강조했다. 그러나 다른 한편으로 '무법 도시'라는 별명도 결코 포기하지 않았다. 왜냐하면 어깨에 자동 소총을 걸친 사람이 여기저기에 있기 때문이다. 너무 평범하게 보여 점점 '현지에서 유행하고 있는 독특한 어깨걸이 가방'처럼 보일 정도다. 항상 병사들을 가득 실은 트럭이 지나간다. 특히 기관총과 로켓 발사기를 비치한 무장 트럭 '테크니컬'의 위압감은 대단하다.

위에 탄 병사가 "비켜, 비켜!" 소리치고, 다른 차량이나 사람들을 쫓아버리려는 듯 대단한 속도로 마구 달린다. 테크니컬이 지나간 옆에서는 그야말로 '민병대' 느낌인 남자가 총을 하나 등에 메고 어린아이의 손을 잡고 폐허가 된 건물 앞을 터벅터벅 걷기도 한다. 에누리 없이 '리얼 북두의 권'의 세계다.

수수께끼의 독립국가 소말릴란드

대낮이라고 하는데 총성도 이따금 들렸다. "전투를 하고 있지 않은 데 왜?"라고 묻자 카메라맨인 자쿠리야가 "(곳곳에서 경비를 하는) 정부 군 병사는 뭔가 움직이는 것을 보면 반사적으로 방아쇠를 당겨버린 다"고 대답했다. 움직이는 것은 어쩌면 적일 수도 있지만, 종종 까마귀 와 개, 일반 시민이기도 할 것이다.

말도 안 된다. 며칠 후 국제사면위원회가 '정부군에 의한 비인도적 행위'를 고발하고 그것이 국제 뉴스로 보도됐는데 이는 당연하다. 무 엇보다 무차별 총격은 정부군 병사가 하고 있는 비인도적 행위의 극 히 일부에 지나지 않는다.

정말 싫은 것은 차가 정체돼 있는 동안 근처에서 연달아 총성이 울 렸을 때다. 모가디슈는 새 차를 포함해 자동차가 넘쳐 금세 정체가 된다. 이런 곳에서 교전이 벌어지면 곤란하다. 어디로도 도망갈 수 없 다. 이럴 때는 '밝게 번성하는 위험한 도시'라는 모순이 응축돼 있다 는 걸 느낀다.

번영과 위험의 묘한 조화다. 잊을 수 없는 광경이 있다. 지역 주민들 은 흰색 미니밴을 합승 버스로 이용하고 있다. 물론 다른 차량과 마찬 가지로 이것도 모두 일본 차다. 그런 미니버스엔 때로 총구를 열어둔 총을 든 민병대가 타고 있다.

'자리에 앉지 않으면 되지'라는 식으로 돈을 내지 않고 억지로 입 구에 선다. 보기에는 납치된 차량이다. 한번은 차의 양쪽에 자동 소총 을 치켜든 민병대 두 명이 선 채로 타고 있는 버스가 반대편에서 달려 왔는데, 버스 정면에는 크게 히라가나로 '유치원'이라고 쓰여 있어, 그 초현실적인 느낌에 현기증이 났다. 그런 유치원이 있을까! 그 사진을 못 찍은 것이 안타깝다.

이런 뒤숭숭한 땅에 방송국이 존재한다는 것 또한 놀라운 일이다. 우리 같은 일반 외국인에게는 상상하기 어렵지만 결코 안전한 존재가 아니라는 정도는 짐작이 간다. 일본 언론조차 '저곳은 우익이다'라든지 '매국노'라는 등의 괴롭힘을 받는다. 이 땅이라면 괴롭힘 정도로는 끝나지 않겠다. 그래서 혼 케이블 TV의 모가디슈 지국을 방문했을 때 흥미진진했다. 호텔뿐만 아니라 여기에도 간판은 없었다. 보기에 평범한 민가다. 차분한 주택가지만 여기서도 함디는 신중하게 입구의 철문 바로 앞까지 차를 붙였다.

3층짜리 건물의 2층과 3층에 지국 사무실이 있었다. 컴퓨터로 뭔가 작업하며 수다를 떨고 있던 직원들이 일어나 인사를 건넸다. 놀랍게도 모두 20대의 젊은이였고 여성도 서너 명 있었다. 여기에는 총 10명의 정규 직원이 있고, 그 외에 파트타임 직원이 몇 명 출입하는 것 같다. 지금 취재하러 나가 있는 직원도 있는데, 그 역시 나중에 만나니 20대였다.

모두 밝게 미소 지으며 "와, 외부인이 왔다!"면서 술렁인다. 왠지 대학 동아리 방이나 고등학교 학생회실에 있는 듯한 기분이 든다. 지국장 함디는 '능력 있는 여자 학생회장'이라고나 할까. 이곳도 위험과 경박함이 묘한 조화를 이루고 있었다.

왠지 모가디슈 지국의 직원은 지국장인 함디를 포함해 영어를 하는 사람이 아무도 없는 것 같았다. 소말릴란드와 푼틀란드에서 만난 기자들은 보통 영어를 했기 때문에 의외였다. 코베를 데리고 와서 다행이다. 그의 통역 없이는 이야기를 할 수가 없었다.

수수께끼의 독립국가 소말릴란드

'학생회실'에는 설비를 제대로 갖춘 뉴스 녹화용 스튜디오도 있었다. 함디는 직접 현장 취재를 하며 아나운서로 일한다. 그리고 금전 문제를 포함해 지국의 모든 업무를 관리하고 있다.

혼 케이블 TV는 하르게이사가 본국이고 나이로비, 지부티, 런던, 모가디슈가 4대 지국이라고 들었지만, 어쨌든 여기 모가디슈는 구소말리아의 수도이며, 매일 전쟁 뉴스가 다른 어떤 지국보다 많다. 취재의 위험을 감당할 뿐만 아니라 함디는 매일 뉴스에서 얼굴을 드러내고 있다. 소말리인이라면 누구나 함디의 얼굴을 알기에 언제 누구에게 표적이 돼도 이상하지 않다.

들어보니 함디는 막내라고 한다. 20대 중후반의 남자 직원도 몇 명 있다. 왜 그들이 아니라 가장 젊은 여자가 지국장이지? 누가 결정했지? 이렇게 묻자 '히스'라는 이름의 체격 좋은 남자 기자가 조금 쑥스러운 듯 "작년에 다 같이 결정했다"고 했다. "당시에는 여자가 그녀 혼자였고 가장 잘하고 있으니까."

"여자가 한 명이었기 때문"이라는 건 이유가 되지 않지만, 카메라맨 자쿠리야나 다른 남자들도 씩 웃고 있고 정말 엉성하다고 느껴졌다. "야, 너희! 거기에 똑바로 서봐"라고 말하고 싶을 정도지만, 이 대화를 표정도 바꾸지 않고 듣고 있던 함디가 "다카노, 이리 와!" 하며 부르자 "예!" 대답하고 바로 뒤를 따라가는 나도 그들과 큰 차이가 없다. 학생회장실, 아니 '지국장실'로 갔다.

콜라를 마시겠느냐고 해서 "예"라고 대답했더니 함디는 남자 직원한테 심부름을 시켰다. 함디는 도대체 누구인가. 일단 아는 것은 아버지가 상인이고 그녀는 열일곱 살 때 지역 라디오 방송국에서 일한 것을 계기로 기자가 됐다는 사실이다.

"왜 기자가 됐어?"라고 묻자 "진실을 전하고 싶어서"라며 올곧은 눈으로 대답한다. 2년 전부터 혼 케이블 TV에서 근무하고 있다고 한다. 지금까지 촬영한 뉴스 영상을 일부 보여줬다. 함디는 가끔 정치인과 군인 같은 사람을 인터뷰하고 있었다.

'역시'라고 생각했다. 케냐의 난민 캠프에서 만난 모모이 마리안과 모습이 겹쳐졌다. 언론이나 NGO 세계에서 그 여자가 의연한 사람이라면 그녀가 전면에 서는 것은 매우 유효한 일이다.

'호텔 샤모의 자폭 테러'가 있었다. 지난해(2010) 샤모라는 호텔에서 바나딜 약학 대학 입학식이 열렸는데, 여장을 한 남자 자살 폭탄 테러리스트가 돌진해 참석했던 임시 정권의 장관 4명을 포함해 학생과 교수 25명이 죽고 60명이 다쳤다. 알샤바브가 저지른 테러 중에서도 가장 냉혹하고 무자비한 사례다. 혼 케이블 TV 직원이 사건 직후 달려가 비디오를 찍은 현장에는 피투성이의 시체가 가득했다. 어떤 장관은 목이 싹둑 잘려서 피 웅덩이 속에 무릎을 꿇고 쓰러져 있었다. 그 외에 아미솜 군이 장갑차와 보병으로 알샤바브의 부대와 교전하고 있는 모습을 바로 옆에서 찍은 것도 있었다.

"함디, 당신도 이런 곳에 가는 건가?"

간단한 영어와 몸짓으로 물었다.

"물론."

"무섭지 않아?"

"무섭다고? 흐흐흐……."

그녀는 태연하게 웃고 있었다.

함디는 나를 잘 돌봐줬다. 라마단 기간엔 여기 사람들도 기본적으로 오후에는 일하지 않는다. 나도 이후에 호텔에 돌아갔지만 식사가 제공되지 않았다. 이 호텔은 유엔과 NGO, 언론 관계자 등 외국인들이 많이 이용한다. 그리고 외국인은 밖에서 식사를 할 수 없다. 그래서 1박에 100달러를 내지만(현지인은 40달러) 대신 3식이다. 라마단 기간에 외국인을 위해 특별히 요리를 해주지만 정해진 시간에만 먹을 수 있다. 하지만 호텔에 돌아온 시간이 너무 늦자 함디는 호텔 매니저에게 뭔가 강하게 항의했다. 옥신각신하는 건가 싶었는데, 함디가 이쪽을 살짝 보며 "걱정 마. 먼저 방으로 돌아가"라고 했다.

30분쯤 지났을까, 함디가 생선과 스파게티를 점심으로 가져왔다. 아무래도 요리사에게 억지로 만들게 한 것 같다. 나는 감사하게 먹었다. 정말 맛있었다. 그런데 나중에 코베에게 들었더니 그게 아니었다. 함디가 나를 위해 직접 만들었다는 것이다. 야무지고 착실한 사람일 뿐만 아니라 배려도 있고, 손님을 대접하려는 강한 의지와 요리 솜씨도 지녔다.

놀랍게도 내가 모가디슈에 있는 동안은 함디가 반드시 점심 전에 호텔에 와서 요리를 할 수 있는지 확인했다. 오히려 카메라맨 자쿠리야의 말로는 "맛보고 그녀 마음에 들지 않을 때는 다시 시키거나 스스로 요리를 하고 있었다"고 말했다. 게다가 그녀는 그런 것을 결코 내색하지 않았다.

오늘 밤 함디는 자쿠리야와 함께 저녁 식사 후 다시 나를 보러 호텔에 왔다. 모가디슈의 상황을 전혀 모르는 나로선 물어보고 싶은 게 무척 많다. 이것저것 물어보니 함디가 "이제 늦었으니까 집으로 간다"

고 했다.

9시 반. 확실히 알샤바브가 철수했다고 하지만 이곳은 결코 안전한 도시가 아니다. 그 증거로 10분에 한 번은 총성이 들린다. 나는 당연히 자쿠리야나 다른 남자가 그녀를 집까지 차로 데려다주는 것이라고 생각했는데 아니었다.

"우리 집은 알샤바브 지역에 있어"라며 함디는 담담하게 말했다. 거기에는 일반 차량으로 가는 것이 오히려 위험하니까, 함디 혼자 합승 버스를 타고 정부군과 알샤바브 군의 전선을 넘어갈 것이라고 말했다. 함디는 눈밖에 보이지 않는 검은 베일을 덮었다. 그러지 않으면 이슬람 원리주의자들에게 바로 붙잡힌다.

정말 대단하다, 함디. 그녀는 알샤바브가 지배하는 곳에서 매일 정부 관할 지역으로 출근하고 전투나 테러를 취재해 VTR을 만들며, 자신도 얼굴을 드러내면서 뉴스를 읽고, 그 일이 끝나면 밤늦게 합승 버스를 타고 다시 적지로 돌아간다.

알샤바브는 여자가 밖에서 일하는 걸 인정하지 않는다. 심지어 얼굴을 내밀고 TV에 나오는 것은 율법상 허용하지 않는다. 어떤 의미로는 알샤바브가 여성에게 베일을 의무화하고 있어 가능할 수도 있다. 그렇다고 해도 엄청난 배짱이다.

"다카노 내일 또 봐"라며 그녀는 낮은 목소리로 말한 뒤 자쿠리야를 거느리고 주홍색 옷을 휘날리며 떠나갔다. 비밀 활약을 하는 공주 같았다.

구알샤바브
지배 구역에 들어가다

모가디슈 도착 사흘째. 나는 '강인한 공주 함디'의 조율로 알샤바브가 일주일 전까지 지배했던 지역을 방문했다. 이번 테마는 "내 눈으로 보는 것"이다. 알샤바브에 그걸 적용할 생각이었다.

알샤바브는 알카에다와도 연결돼 있고, 광신자들로 알려져 있다. 하지만 그것은 서양 미디어가 그렇게 말하는 것일 뿐이다. '광신자'만으로는 그들이 단기간에 남부 소말리아의 대부분을 제압할 수 있었던 이유를 설명하기 힘들다. 소문대로 리비아의 카다피와 에리트레아(에티오피아로부터 분리 독립해 세워진 국가) 혹은 알카에다로부터 자금 지원을 받고 있는 경우라도 지역 주민들의 지지가 없으면 그 정도까진 되지 못했을 것이다.

이슬람 원리주의로 국가의 통일을 이루는 게 민주주의에 반하는지 아닌지 논쟁하는 건 서양의 관점에서 본 이론에 불과하지 않은가. 의외로 일반 소말리인에게 알샤바브는 인기가 있는 게 아닐까.

그런 가설을 세웠던 나였지만, 실제로 케냐 난민 캠프에서 최근까지 알샤바브의 지배하에 살다 도망쳐온 사람들에게 이야기를 들어보니 생각을 고칠 수밖에 없었다. 알샤바브는 너무 폭력적이고, 사람을 아무 이유 없이 죽인다. 한결같이 "알샤바브가 나쁘다"고 했다.

나는 하르게이사에서도 와이얍의 주선으로 모가디슈 알샤바브 지배 구역에서 피란 온 난민 4명에게 이야기를 들었다. 모두 모가디슈 시내나 교외에서 태어나 자란 사람들로 직접 알샤바브의 지배를 경험했다.

하위예계 아부가르 출신인 사이드 파라는 "라디오에서도 TV에서도 음악이 금지됐다. 휴대전화를 검사하고 만약 안에 음악이 담겨 있으면 사람들이 보는 앞에서 메모리칩을 입에 넣어 삼켜야 한다"고 말했다.

아부가르의 아흐메드 하산의 이야기는 더 강렬했다.

모가디슈의 다니레 지역에서는 알샤바브가 아이들을 군인으로 삼으려고 데려갔다. "아이들을 만나게 해달라"고 지역의 지도자 두 명이 씨족의 원로를 통해 알샤바브 지역 간부에게 호소했는데, 이튿날 주민들 앞에서 그들의 혀를 가위로 잘라버렸다고 한다.

카란 지역에서는 아부가르 지도자 세 명이 자경단을 조직하고 1991년 내전 발발 이후에도 다른 무장 세력의 침입을 막고 있었다. 알샤바브가 쳐들어왔을 때도 격렬하게 저항해 격퇴했다. 하지만 알샤바브는 지도자들과 가까운 씨족 사람들에게 돈을 써서 세 명의 지도자를 살해했다. 그러곤 이튿날 아침 사람들이 모여 있는 곳에 시체 세 구를 던졌다. 주민들은 공황 상태에 빠져 정부군이 지배하는 메디나 지역으로 도망쳤다.

이상의 두 이야기는 그가 직접 본 것은 아니지만 그 지역에 사는 친척으로부터 사건 직후 전화로 들은 것이다. 모가디슈에서 10킬로미터 정도 떨어진 어촌 출신으로 독립계 레일 바나딜 씨족에 속하는 마하메드 아리라는 젊은이의 이야기도 비참하고 복잡하다.

그들의 씨족은 '포르투갈의 자손'이란 전설이 있으며 사실 그는 백인의 피가 섞인 듯한 느낌이었다. 남자들은 멋있고, 여성들은 미인이라고 한다. 그래서 다른 종족과 결혼하고 싶어하지 않는다.

내전이 발발한 뒤 지금까지 통혼을 거부해왔던 원한으로 다로드 씨족과 하위예 씨족의 무장 민병대들의 표적이 돼 마을은 초토화됐다. 재산은 약탈되고 남자들은 죽임을 당하며 여자들은 강간을 당했다. 그 마을은 하위예 씨족 무장이 지배하게 되고, 마을과 통행인들로부터 거액의 세금을 걷었다. 마하메드의 마을은 알샤바브가 오기 전에 이미 엉망이었던 셈이다. 그래도 그의 말에 따르면 알샤바브의 가혹함과 두려움은 그 민병대들과는 다른 종류의 것이라고 한다.

"알샤바브는 분명히 세금은 취하지 않는다. 대신 각 가정에서 최소한 명의 젊은이를 군인으로 전선에 데려간다. 그리고 딸들도 빼앗아 군인과 강제로 결혼시킨다. 내 사촌 한 명도 그것 때문에 행방이 묘연해졌다. 거부하면 바로 살해당한다."

그에게 듣고 처음 알게 된 사실이지만 소말리아의 무장 세력들은 다른 씨족 마을 사람들을 절대 징병하지 않는다. 그들은 모두 자기 씨족 사람밖에 믿지 않기 때문이다. 하발 기디르 무장 군대는 동일한 하발 기디르의 남자들로 구성돼 있다. 비슷한 이유로 다른 종족의 여성을 데려가는 일도 드물다. 즉, 소말리인에게는 자신의 아들과 딸이 강제로 끌려가 행방을 알 수 없게 된다는 게 첫 경험이었던 것이다.

알샤바브에게는 뇌물이 통하지 않는 것도 사실이고 아무리 돈을 모으려고 해도 결코 허용되지 않는다. 이 역시 소말리인들이 경험한 적 없는 종류의 공포를 일으킨 것 같다. 결국 케냐의 난민 캠프에서나 하르게이사에 있는 난민에게 들어도 알샤바브의 평판은 최악이다. 분명히 나의 '알샤바브=의외로 인기설'은 탁상공론이었다.

함디와 자쿠리야의 이야기를 들어보면 알샤바브가 아니라 오히려 그 전신인 '이슬람법정연합'이 내가 생각한 '인기 있는 이슬람 원리주의자'에 가까웠다. 이슬람법정연합도 음악이나 영화를 금지하고 여성에게 베일을 의무화하며 조금이라도 도둑질을 하면 손목을 잘라내는 등 엄격한 규율을 강조했다. 하지만 그때까지 무장 세력들의 터무니없는 소행에 신물이 나 있던 마을 주민들로부터는 뜨겁게 환영받았다. 함디도 자쿠리야도 "이슬람법정연합이 모가디슈를 지배하고 있던 때가 평화로웠다. 그때가 가장 좋았다"고 입을 모은다. 그만큼 광범위하게 이슬람법정연합이 받아들여진 셈이다.(이후 더 다양한 씨족 사람들에게 들었지만, 대답은 마찬가지였다.)

이슬람법정연합은 그러나 미국과 에티오피아와 푼틀란드 연합군에 대패해 붕괴했다. 다양한 사람의 증언을 통해 알샤바브의 전체 모습이 대략은 그려진다. 일주일 전까지만 해도 그들에게 점거된 지역에 간다는 것은 매우 흥미롭게 여겨졌다. 뭔가 그들의 흔적이 남아 있을 것이다, 거기서 알샤바브에 대해 '실감實感'을 얻을 수 있으면 좋겠다고 생각했다. 문제는 그런 위험한 곳에 갈 수 있느냐는 것이었다. 알샤바브의 흔적뿐만 아니라 민병대가 잔류할 가능성도 있다.

함디의 수완은 놀라웠다. 그녀는 정부군의 장군이자 국회의원이기도 한 '아라레'란 인물을 내가 묵고 있는 호텔에 불러들였다. 군화와 안경에 콧수염을 기른 아라레 장군은 위엄이 넘쳐흘렀지만 함디는 전혀 겁내지 않고 협상을 시작했다.

나중에 안 사실이지만 "텔레비전에 출연시켜줄 테니 우리 취재에 동행해달라"고 한 것이었다. 모가디슈 정치인이나 군인도 지명도를 높이기 위해 모두 TV에 나오고 싶어한다. 즉 물물교환인 것이다.

협상은 이뤄졌다. 아라레 장군은 자기 휘하에 있는 정부군 병사를 모았다. 병사 10명 정도를 태운 픽업트럭 세 대가 준비됐다. 알샤바브의 잔당이 있어도 응전할 태세를 갖췄다. 우리 쪽 TV 취재단인 함디와 자쿠리야, 기자 히스, 통역 코베와 나도 자동차 세 대를 붙였다.

알샤바브가 지배하는 지역에 간다고 하지만 차로 5분도 달리지 않아 도착했다. 호텔 바로 옆까지 그들이 다가왔던 것 같다. 압둘라지즈라는 지역인데 완전히 폐허다. 3층짜리 큰 건물이 도로 양쪽에 줄지어 있다. 원래는 상당히 번화한 지역이었는지도 모른다. 그러나 건물은 포탄이나 총탄을 맞아 너덜너덜했고 주민들의 모습은 보이지 않았다. 완전히 유령 도시. 도로는 포장이 다 파괴돼 차량이 통과하면 흙먼지 구름이 인다. 차를 세우고 모두 걸어봤다.

우리의 발걸음 소리와 군인의 총이 달그락거리는 소리만 울린다. 사진을 찍기 위해 부대에서 멀어지자 근처는 침묵에 싸이고 강렬한 햇볕이 쨍쨍 내리쬐어 피부를 태운다. 이런 풍경을 언젠가 영화에서 본 것 같다. 「풀 메탈 재킷」인지 「플래툰」인지 잊었지만 베트남 전쟁을 그린 영화의 마지막이 이런 느낌이었다. 그리고 주인공 한 명이 그늘에 숨어 있던 게릴라 잔당에 저격돼 죽는 장면이다.

괜찮은 걸까, 이런 곳을 걷고 있어도. 그런 내 걱정을 실제로 입에 담은 것은 솔직한 푼틀란드인 코베였다.

"이 근처는 지뢰가 있는 것 아냐? 위험한 거 아냐?"

그러자 함디는 "안심해" 하며 명랑하게 웃었다.

"만약 네가 죽으면 '아, 그는 좋은 사람이었다. 아쉬운 사람을 잃었다'고 분명하게 말해줄게."

코베가 웃음 반 눈물 반으로 나에게 통역하자 함디와 일행은 또 크게 웃었다.

"다카노, 그녀는 악마다." 코베는 중얼거렸다.

함디는 잔해 더미를 피하면서 긴 드레스 자락을 끌고 굽 높은 샌들로 총총 걷는다. 눈길을 끈 것은 그녀의 긴 드레스 아래로 나팔바지 밑단이 살짝 살짝 보이는 것이었다. 정말 멋쟁이다. 그렇게 많이 입으면 몹시 더울 텐데, 그녀는 땀 한 방울 흘리지 않고 태연하게 걸음을 이어갔다.

잠시 걷다보니 갑자기 사람이 나타났다. 처음엔 몇 명씩 엿보는 것 같다가 곧 수십 명이 우르르 몰려왔다. 왠지 외계인과의 첫 접촉 같았다. 잘 보면 대부분 여성과 아이들이었다. 그들은 우리가 정부군 부대라는 것을 확인하자 환호성을 지르더니 갑자기 미친 듯이 노래를 부르면서 춤을 추기 시작했다.

소말리인들은 다른 아프리카인에 비하면 춤을 그리 좋아하지 않는다. 호텔이나 집에서 결혼식이나 생일 파티 등을 할 때는 춤을 추기도 하지만, 사람들 앞에서 춤추는 일은 없다. 나는 한 번도 본 적이 없다. 그런데 지금, 그들은 손도끼와 나무 막대기를 휘두르고 손뼉을 치며, 때로는 양손을 하늘로 치켜들면서 춤을 추는 가운데 기쁨을 분출하고 있었다.

"드디어 우리는 해방됐다. 알샤바브의 식민지에서 해방됐다"며 즉석에서 노래를 불렀다. 그들의 감정 표현이 너무 직선적이어서 의심이 많은 나는 처음에 "외국인인 나와 TV에 보여주기 위한 게 아닐까"라고 의심했다. 그런데 생각해보면 여기 오기로 결정한 것은 바로 얼마 전이고, 아라레 장군에게 그런 연출 능력이 있을 리 없다. 이렇게까지 기뻐한다는 것은 알샤바브의 지배가 얼마나 고통스러운 것이었는지를 말해준다.

알샤바브가 철수하고 여기에 들어간 미디어도 우리가 처음일지 모른다. 여성들에게 알샤바브 지배하에서의 생활을 여러 가지 물어보고 싶었지만 그들의 기쁨에 그럴 상황은 아니었고, 아라레 장군이 차를 타고 가버리는 바람에 우리도 그를 따랐다.

다음으로 방문한 곳은 인접한 카란 지역. 맞다, 아부가르 자경단이 오랫동안 지키고 있었지만 마지막에 알샤바브의 계략에 빠져 지도자들이 살해됐다는 그 장소다. 이곳은 5층, 7층의 새로운 건물도 있고 상업 지구였던 것 같다. 북두의 권 시대에도 빌딩이 계속 세워졌다는 것을 알 수 있지만 좀 전에 봤던 곳보다 더 폐허다. 손상이 적은 현대적인 빌딩이 하나 남아 있었다. 알샤바브가 본부로 사용했던 곳이다. 그 건물의 계단을 통해 꼭대기까지 올라갔지만 안에는 총탄 자국 외에는 아무런 생활의 흔적이 없었다.

모가디슈 마을이 한눈에 보였다. 녹색이 많은 평화로운 대도시로밖에 보이지 않는 것이 아이러니였다. 거리로 곧장 나가 이번에는 야쿠시 지역에 들어갔다. "내가 태어난 곳"이라며 코베가 말했다.

이곳에는 주민들이 돌아왔는지 사람들의 모습이 약간 보였다. 나무 그늘에 아미솜의 전차가 멈춰 있고 그 옆에서 주민으로 보이는 사람들이 차를 마시고 있었다. 아미솜 병사 무리도 보인다. 놀랍게도 스카프로 머리를 감싼 여성 병사도 있다. "이런 격전지에 외국 여성 병사가!?"라고 생각했지만 여성 군인은 필수다. 알샤바브는 여장한 남자나 진짜 여성을 테러에 이용한다. 행여 수상한 여성이 있어도 남자 군인은 몸을 검색할 수 없다. 여성은 여성 병사가 상대해야 한다.

무전기를 손에 든 아미솜의 사령관이 있었고, 아라레 장군과 몇 마디 말을 주고받았다.

"어디서 온 건가?" 나도 영어로 물어봤지만, 영어를 모르는 듯했다. 스와힐리어로 다시 묻자 "(우간다의 수도) 캄팔라에서 왔다"고 했다. 캄팔라에서는 일반 서민들도 영어를 하는데, 그는 학교에 가지 않은 것인가, 아니면 시골 출신인가.

아미솜의 주 전력은 우간다인 병사다. 그들이 이런 곳에 온 이유는 '돈벌이를 위해서'다. BBC의 보도에 따르면 우간다 병사는 모국에서 120달러의 월급을 받지만, 여기에 오면 적어도 1000달러는 번다.●

그대로 걸어 모가디슈에서 두 번째로 큰 시장이라는 데 도착했지

● 나중에 알게 된 사실이지만, 코카콜라 공장도 마찬가지로 "아무도 공격하지 않는다. 대신 현재의 통치자에게 세금을 지불한다"는 불문율이 통용되고 있는 것 같다.—지은이

만 주변은 모두 불타고 옛날 모습이 남아 있지 않았다. 그때 강인한 지국장 함디가 내게 말했다. "여기서 카메라를 켤 테니까 코멘트 해."

대사도 함디한테 배우고 반복해서 연습했다. 자쿠리야가 찍는 카메라 앞에 선 나는 더듬거리는 소말리어로 "나는 일본인 작가다. 알샤바브가 철수한 압둘라지즈, 카란, 야크시를 방문해서 기쁘다"고 말했다.

이 뉴스 영상은 그날 저녁 8시경에 방송됐다. 소말리아, 소말릴란드, 푼틀란드는 물론 전 세계 소말리인에게 내 리포트 영상이 전달된 것이다. 뜻밖에도 TV에 데뷔했다. 코멘트는 완전히 '미리 짠 것'이었지만…….

완 전 한
민 영 화 사 회

|

알샤바브에 점령되면 주민 대부분은 도망친다. 도망치려다 만 사람들도 고생한다. 그럼 알샤바브로부터 해방되면 '해피엔드'일까. 정부의 보호를 받게 되는 것일까. 대답은 '노'다. 어쨌든 20년간 중앙 정부가 없다. 말 그대로 '무정부 상태'인 것이다. 지금의 정부도 어디까지나 '임시 정권'이다. 게다가 일주일 전까지 수도의 3분의 1밖에 지배하지 못한 명목상의 정부일 뿐이다.

일상생활에 필요한 최소한의 것, 예를 들어 전기, 수도, 전화 등은 도대체 누가 유지하고 있을까. 전화와 관련해서는 하르게이사에서 만난 난민으로부터 재미있는 이야기를 들었다. 그는 바레 시대에 경찰관이었다고 했다. 내전에 돌입한 이후로는 송금 회사와 휴대전화 회사의 경비 업무를 맡았다.(휴대전화 회사가 생긴 것은 2000년 이후인 듯하다.)

그때 어떤 민병대(무장)도 휴대전화 회사와 송금 회사는 결코 공격할 수 없었다고 한다. 그들에게도 필요한 존재이기 때문이다. 돈과 휴대전화 없이는 전쟁도 약탈도 할 수 없다.

휴대전화 회사는 모가디슈 시내는 물론 남부 일대에 안테나와 지점을 만들었다. 수많은 무장 세력이 각 지역을 지배하고 있지만, 누가 지배해도 '지금 그곳을 다스리는 자에게 이익의 20퍼센트 지불'이라는 규칙이 있다고 전 경찰관이 말했다. 또한 회사는 지역에서 자기 씨족 사람을 솔선해서 고용해야 한다.●

구소말리아 전화는 소말릴란드, 푼틀란드, 남부 소말리아 등 세 지역으로 나뉘어 있다. 각각의 지역에서 이동통신 네트워크를 형성하고 지역을 넘으면 '국제전화'가 된다. 예를 들어, 소말릴란드의 휴대전화는 모가디슈에서도 사용할 수 있지만 소말릴란드를 통해 통화하고 있는 것으로 간주돼 요금이 비싸다. 이른바 해외 로밍과 같다. 그래서 소말리인은 지역이 변경되면 보통 사용하는 휴대전화의 SIM 카드를 바꾼다. 나도 그렇게 하고 있다.

또한 국제전화 국가 번호도 구소말리아는 252이지만 지금은 소말릴란드 252-2, 푼틀란드 252-90, 남부 소말리아 252-6이다. 이처럼 전화는 무정부의 영향을 전혀 받지 않는다. 정부의 규제 하나 없이 각 회사가 순수하게 경쟁하고 있기 때문에 요금도 서비스의 질도 아프리카에서 1, 2위를 다투는 것으로 알려져 있다. 인터넷도 비슷한 것 같다.

소말릴란드, 푼틀란드, 남부 소말리아 지역에 걸쳐 있는 한 가격이

● 적어도 소말릴란드는 모바일 라우터나 스마트폰의 월 요금이 일본 돈으로 1000엔 미만으로 역시 쌌다.─지은이

아주 저렴해 도대체 1분에 얼마인지 아무도 대답할 수 없을 정도다. 그래서 옛 소말리아의 소말리인들은 모두 하루 종일 전화기를 붙들고 산다. 와이얍도 함디도 내가 뭔가 질문해 답변이 바로 나오지 않으면 즉시 누군가에게 전화를 건다. 인터넷이 있어도 검색하는 것보다는 전화를 통해 정보를 얻는다. 누군가에게 메일을 보내면 메일을 보냈으니 보라고 상대에게 전화하는 것이 그들에게는 일상이다.

이야기를 생활로 되돌려보자. 전화나 인터넷은 정부가 없어도 문제 없다. 그럼 전기, 수도, 가스, 학교, 병원 등 일상생활에 필수적인 것은 어떨까. 함디와 자쿠리야에게 묻자 놀랍게도 "씨족이 경영하고 있다"고 말했다. 아니, 원래 모가디슈 시내가 씨족 단위로 분할돼 있다는 것이다. 함디는 하발 기디르 중에서도 아일 분가에 속해 있고 아부와르라는 아일 분분가의 강력한 무장 세력이 지배하는 곳에 살고 있었다.

자쿠리야는 다로드 가문의 오가덴 분가에 소속돼 있지만, 이 씨족은 에티오피아와 케냐령 소말리 지역에 많이 살고 구소말리아에는 적다. 특히 모가디슈 시내에서는 꽤 소수파이며 그들이 지배하는 지역은 없다. 결국 자쿠리야의 가족은 하발 기디르와 아부가르 지역의 경계선에 살고, 평소 되도록이면 양쪽과 모두 사이좋게 지내려고 노력한다. 상황에 따라 더 안전하다고 생각되는 쪽에 붙는 곡예 같은 일을 하는 셈이다.

수도와 전기도 마찬가지다. 그들 이야기로는 1996년까지 수도와 전기가 없었지만, 1997년 이후에는 각 지역을 지배하는 씨족이 독자적으로 전기와 물을 가설했다. 씨족에서 유력한 기업가가 사업을 맡아 하거나 씨족 사람들이 돈을 보태 업자를 고용했다. 지금도 그것을 유지하고 있다. 사용량은 당연히 각 가정에서 관리자에게 지불한다.

학교도 '씨족 경영'이다. 그러나 지배 지역 씨족과 학교의 씨족이 같다고는 할 수 없다. 함디는 지배 씨족과 같은 하발 기디르의 아일 분 분가가 경영하는 학교에 갔는데, 자쿠리야는 어느 쪽도 아니며 다로드의 마제르텐 분가가 경영하는 학교에 다녔다고 한다.

지배구 안에 다른 씨족의 학교가 있어도 괜찮다. 그리고 학교는 씨족 경영이지만, 다른 씨족의 아이들도 받아들이고 있다. 이 부분은 뭐라고 할까, '양식이 있다'는 느낌이다.

기본적으로 병원도 학교처럼 운영되고 있는 것 같다.

"흥미로워!"

나는 감탄했다. 남부 소말리아는 무정부 상태라든가, 내전으로 엉망이 돼 있다든가, 그런 것만 보도되지 사람들은 정부 없이 생활을 상당히 잘 영위하고 있다. '관에서 민으로'라는 고이즈미 준이치로 전 총리의 슬로건이 떠올랐다. 미국 공화당뿐만 아니라 고이즈미도 가능한 한 작은 정부를 지향했다.

어떤 의미에서는 그 궁극이 모가디슈라고 할 수 있다. 군대를 포함해 모두 '민간'으로 전환했기 때문이다. 씨족은 '민간'이라고 말할 수 없다는 반론을 제기할지 모르지만, 그렇게 따지면 기업도 민간이라고 할 수 없을 것이다. 씨족 쪽이 기업보다 공공성이 상당히 높다. 완전한 민영화 사회. 그것이 모가디슈다.

이야기만으로도 흥미롭지만, 어떤 식으로 씨족이 지역을 지배·운영하고 있는지 실제로 보고 싶어 함디에게 요청하자 그녀는 즉시 조율해줬다.

알샤바브가 지배했던 구역을 견학한 뒤 우리는 와다지루라는 지역으로 향했다. 이곳은 아부가르의 다웃 분분가의 자치구로 20년간 한 번도 다른 씨족의 무장 세력들이나 알샤바브의 침입을 허락하지 않았다고 한다. 씨족의 영역이라고 해도 여러 형태가 있어 누구나 부담 없이 갈 수 있는 곳이 있는 반면, 씨족의 군인이 단단히 지키며 외부인을 쉽게 들이지 않는 곳도 있다. 와다지루는 후자의 전형이다. 이번 방문도 우리 단독으로는 어려워 아라레 장군에게 동행을 부탁했다. 마침이 와다지루 지구에 터키 정부와 적십자연맹이 들어와 큰 난민 캠프를 만들 계획을 세우고 있었다. 그것을 혼 케이블 TV가 취재하는 형태를 취했다.

씨족의 자치구는 모든 출입구에 씨족이 운영하는 '검문소'를 둔다고 들었다. 낯선 차가 그곳을 지나치면 경비 군대가 일단 그 차에 총격을 가한다고 한다.

틀림없이 작은 초소 같은 건물과 도로를 봉쇄하는 막대가 있을 거라 생각했는데, 그런 것은 없었다. 작은 도로 옆 나무 그늘에 고등학생쯤 돼 보이는 젊은이들이 돗자리에 누워 있거나 플라스틱 의자에 앉아 이야기를 나누고 있었다. 얼핏 보면 한가한 젊은이들이 시원한 장소에서 쉬고 있는 것으로밖에 보이지 않았지만 아라레 장군의 부대와 우리 차가 거기에 딱 멈춰 섰다. 젊은이들은 자세히 보면 총을 가지고 있었다. 여기가 바로 검문소였다.

검문소를 통과해 우리는 큰 민가를 하나 찾았다. 아무런 설명도 듣지 못한 나는 함디의 뒤를 조용히 따라갔지만 아라레 장군에겐 묘한 긴장감이 흘렀다. 넓은 테이블이 있는 방에 들어갔다. 우리는 의자에 앉아 기다려야 했다. "여기는 누구 집이야?" 하고 함디에게 묻자 "와다지루 지역의 보스 집"이라고 작은 목소리로 대답했다.

10분 정도 지나자 한쪽 다리가 없는 50대로 보이는 남자가 목발을 짚고 들어왔다. 머리는 반질반질 깎아 올렸고, 감정을 드러내지 않는 눈을 하고 있었다. 아라레 장군이 일어나 허겁지겁 악수해도 무표정이었다. 낯선 외국인인 내가 소말리어로 자기소개를 해도 자세히 쳐다보기만 할 뿐 표정을 바꾸지 않는다. 바로 '대부'의 풍격이다. 아흐메드 하산 아도우, 통칭 '다아'가 그의 이름이었다. 우리 이야기를 듣고, 대부 다아는 고개를 끄덕였고 나갈 준비를 했다.

밖에 나오자 그의 군인이 트럭을 타고 몰려왔다. 그들은 겉으로는 임시정부에 소속돼 있다고 하고 실제로 몇몇은 군복에 'TFG(소말리아 과도연방정부)' 마크를 달고 있었지만 실상은 '민병대'였다. 아라레 장군이 데리고 있는 정규 정부군과 분명히 다른 점은 우선 무기였다. 병사의 절반 정도가 자동 소총이 아니라 기관총을 어깨에 메고 있었다. 소총은 손에 들고 보통 때 쏘는 것이며, 대체로 30연발총이었다.

기관총은 기본적으로 땅이나 흙주머니 등에 놓고 사용한다. 기관총의 총알은 소총 총알보다 두 배 정도 크고 그만큼 파괴력도 강하다. 총알 벨트에 연결할 수 있으며, 벨트가 계속되는 한 끊임없이 쏠 수 있다. 대부 다아의 민병대는 온몸에 그 총알 벨트를 둘둘 감고 있다. 위압감이 대단했다.

정규군과 민병대는 그 외에도 풍기는 분위기가 다르다. 정규군은 우선 복장을 잘 갖추고 있다. 개중에는 장비가 부족한 것일까, 샌들 차림이 있기도 했지만 일단 '제대로 하자'는 의지가 보인다. 또는 위로부터

그렇게 강제되고 있다. 모양을 잘 갖추는 게 군인의 기본인 것이다. 그런데 민병대는 반대다. 갈카요나 모가디슈에서도 그렇지만 일부러 무너뜨린다. 본래는 실내에서 쓰는 마우스(허리에 두르는 천)라는 것을 바지 대신에 착용하거나 분홍색과 붉은색 스카프를 머리에 감고 있는 사람도 있다. 일본의 무로마치 전국시대라면 '바사라婆娑羅'나 '가부키모노かぶきもの'라고 불렀을 것이다.● 양아치와 폭주족과도 통하는 부분이 있다. 불량 문화라는 것은 어느 시대 어느 세계에나 있구나 생각했다.

그리고 다아의 집 앞에서 레드 크레센트의 터키인 직원 2명이 합류해 출발했다. 이 와다지루 지구는 도시의 한 구획이라기보다는 '마을' 같은 느낌이었다. 길은 좁고 아이들과 염소, 닭 소리가 떠들썩하게 들린다. 전선이 들어와 있는 집이 많지만 없는 집도 있다.

도중에 수도용 탱크가 설치된 콘크리트 건물이 보였다. 거기서 수도를 곳곳에 끌어다 쓰는 것 같다. 수도를 그렇게 쉽게 끌어다 쓸 수 있는 걸까, 기술자는 있는 걸까 생각하고 있는데, 외곽의 해변 마을에서 주민으로 보이는 사람들이 파란색 플라스틱 관을 얕게 판 도랑에 묻고 있었다. 확실히 수도다. 보기에도 쉬운 듯했다. 특별한 기술 따윈 필요 없다. 전기도 내 생각보다 간단한 게 틀림없다. 휘발유를 사오고, 발전기를 돌리고, 그 후 전선에 연결해 그것을 질질 끌어 연장하면 되는 것이다. 자신들이 무엇이든 해야 한다고 하면 큰일인 것 같지만, 독점 전력 회사와 정부에 의존하는 것보다 훨씬 더 주체성 있고 생동감

● '預'와 '予'는 동일한 한자 이체자이며, 따라서 '預言者'와 '予言者'를 의미상 구분할 이유는 전혀 없다는 중국 문자 학자 다카마 도시오 박사의 견해에 따라 여기서는 '予言者'라고 쓴다.—지은이

있는 것처럼 보였다.

수도를 끌어오는 이유는 주변 해변에 수천 명을 수용할 수 있는 거대한 난민촌을 건설하기 위해서였다. 터키와 레드 크레센트가 돈을 내고 와다지루 지역, 즉 대부 다아가 그것을 관리하는 듯했다.

관리 비용으로 다아에게 도대체 얼마의 돈이 떨어질 것인지 생각해봤다. 토지 사용료, 전기·수도 유지비, 보안 비용, 물자와 이를 운반하는 트럭 등의 통행세를 포함해 막대한 금액이 될 게 틀림없다. 완전 민영화 사회랄까 씨족 경영 사회, 전부 가지고 있어도 나쁘지 않다.

함디의 지시에 자쿠리야가 TV 카메라를 켜고 기자 히스가 아라레와 대부에게 마이크를 대고 인터뷰를 시작했다. 나는 한 가지 궁금한 게 있어 함디에게 물었다.

"다아는 지방 무장 세력 아냐?"

함디의 대답은 "아니"였지만 무장과 자치구 자경단의 차이는 무엇일까. 그리고 내 의심을 확인해주는 듯 내가 모가디슈를 떠난 지 이틀 후 혼 케이블 TV에서 "와다지루 지역에서 정부군과 자경단 충돌"이라는 뉴스를 내보내고 있었다. 병사 두 명이 사망했다. 나중에 함디에게 이유를 묻자 시원스럽게 "검문소에서 돈을 둘러싸고 전쟁이 났다"고 답했다. 자주 있는 일인 것 같았다. 보통이라면 그런 돈은 '관(정부)'이 분배해 결정할 텐데 이쪽은 '관'이 없다. 오합지졸 정부군 병사와 엉망인 민병대 간의 쟁탈전이 돼버린 것 같다.

군대도 민영화돼 있기 때문에 그 정도는 어쩔 수 없는 것일까. 완전 민영화 사회 역시 정부에 의존해 살고 있는 나 같은 연약한 일본인의 상상을 뛰어넘는 것이었다.

현 장 에 와 서
처 음 알 게 된 것

내가 묵고 있는 호텔엔 외국인 손님이 거의 없었다. 두세 차례 백인을 봤고 나머지는 모두 소말리인이다. 비즈니스맨도 있고 정치인도 있다. 임시정부의 장관과 의원도 많이 있었다. 해외에 거점이 있어 가끔 여기로 돌아오는 사람도 있고, 자택은 시내에 있지만 위험해서 경비가 잘돼 있는 호텔에 산다는 사람도 있다.

그 속에서 우연히 일본인을 만났다. 다키노 게이타는 프리랜서 카메라맨이다. 최근에는 사진을 발표할 수 있는 매체(잡지)가 차례로 폐간돼 지금은 사진으로 먹고사는 걸 포기하고 중고 카메라 판매로 생계를 꾸리고 있다. 그리고 돈을 모아서 가끔 이번처럼 소말리아 등에와서 어디까지나 취미로 사진을 촬영하고 있다고 한다.

벌써 막대한 적자를 안고 이제 소말리아 취재가 일보다는 보람처럼 돼버린 내가 할 얘기는 아니지만, '진짜 취미로 소말리아까지 오는구

수수께끼의 독립국가 소말릴란드

나' 싶어 감탄했다. 다키노는 2년 전에도 모가디슈에 와서 이 호텔에 묵었는데, 숙소 바로 뒤에서 쾅쾅 전투가 벌어져 너무 위험해 거의 밖으로 나갈 수 없었다고 한다.

"알샤바브가 철수한 덕분에 이번에는 여러 곳을 둘러볼 수 있었어요."

그는 컴퓨터에 저장해놓은 사진을 흔쾌히 보여줬다. 난민(국내 피란민 포함)의 사진이 많다. 훑어보면서 나는 '역시'라고 생각했다. 모두 미소를 짓고 있다. 이번에 '60년 만의 대기근'이라는 얘기에 이끌려 나는 케냐의 난민 캠프도 돌아봤고 여기 모가디슈 시내 곳곳에 마련된 캠프도 방문했다. 그리고 몇 가지 공통점을 발견했는데, 그중에서도 가장 두드러지는 것은 '별로 불행하지 않다'는 것이었다.

아프리카의 기아와 난민이라고 하면 앙상하고 파리가 달라붙은 아이들, 멍한 눈으로 아기를 안고 있는 엄마, 누추한 옷을 입고 절뚝거리는 노인 등이 떠오른다. 그런 사진만 보여주는 탓이다. 그런데 실제로는 얼핏 보고 '난민'이라는 것을 아는 사람은 거의 없다. 목욕이나 화장실, 세탁 문제로 고생은 하겠지만 이상하게도 산뜻한 모습이다. 캠프에 파리가 많은 것은 확실하지만 보통 음식이 있는 곳과 동물이 있는 곳에는 어디에나 있다. 공항에도 호텔에도 있다. 나한테도 잘 들러붙는다.

'작은 키에 상반신은 알몸인 아이'라는 것도 별로 불행하지 않다. 더운 지역인 데다 상반신이 알몸인 아이는 드물지 않다. 일본처럼 과자를 먹거나 하지 않기 때문에 비만인 사람도 없다.

무엇보다 이미지와 다른 점은 웃는 사람이 많다는 것이다. 사실 소말리인은 남자도 사진에 찍히는 것을 싫어한다. 무슬림 여성들은 낯선 남자에게 사진 찍히는 것이 좋지 않다고 여기기 때문에 더욱 그렇다. 때로는 받아들이는 사람도 있지만 대체로 카메라 앞에서 얼굴이 굳어진다. 일본인도 외국인이 갑자기 "사진 찍어도 되나요"라고 하면 긴장하고 굳는다. 당연하다면 당연한 일이다. 전문 사진작가라면 몰라도 나 같은 아마추어는 일단 굳어버린 사람의 표정을 풀 수 없다.

그래서 소말리 지역에서 웃는 여성을 찍는 것은 매우 어렵지만 난민캠프는 다르다. 카메라를 들이대면 모두 싫어하는 기색 없이 싱글벙글 미소를 짓는다. 케냐도 그렇고 여기서도 그렇다. 덕분에 이번에 내가 찍은 사진 중 웃는 여성의 90퍼센트는 난민들이다.

하지만 미소를 짓는 난민이라니, 언론이나 NGO 등의 보고서에서는 본 적이 없다. 혹시 내가 만나는 난민들이 우연히 친절한 사람들이었는지도 모른다는 의구심도 사라지지 않았지만, 다키노의 사진 속 인물들 역시 만면에 미소를 짓고 있었다. 난민만이 아니다. 병원에 실려온 환자와 그 가족에도 그런 여자가 있었다.

가장 강렬했던 것은 등 전체가 새빨갛게 타서 짓무른 아이를 안은 젊은 엄마가 기쁜 듯 미소 짓고 있는 사진이었다. 다키노는 말했다.

"이 아이는 근처에서 폭탄이 터져 큰 화상을 입은 겁니다. 내가 봐도 '이건 너무한 거 아냐'라고 생각했지만 싱글벙글하고 있었어요." 그 말을 들으니 생각났는데, 예전에 타이, 미얀마 국경 지대에 갔을 때 "미얀마 정부군이 마을에 불을 질러 도망쳤다"고 하는 소수민족 사람들을 만난 적이 있다. 그들의 마을에서는 남성 두 명이 살해되고 여성 몇 명이 강간당했다고 하는데, 그렇게 말하면서도 카메라를 들이대면 방긋 미소를 지었다.

왜 난민이나 중상자 가족은 미소를 띨까. 그것은 분명 안심이 돼서 그런 것 같다. 그들은 전쟁이나 기아로부터 필사적으로 벗어났다. 난민 캠프도, 병원도 겨우 당도한 '안전지대'인 것이다. 그리고 우리처럼 카메라를 들고 있는 외국인은 '자신들을 도와줄 사람'이라고 무의식적으로 인식한다. 그래서 경계심 없이 오히려 사이좋게 지내고 싶다는 의사 표시로 미소를 짓는 것이다. 이것이 현장의 실상이다.

그런데 이런 사진이나 영상은 일본이나 서양 국가에서는 볼 수 없다. 항상 보이는 것은 비참하고 불쌍한 사람들뿐이다. 이유는 단순하다. 그런 이미지를 내지 않으면 동정을 자아낼 수 없고 기부금도 모이지 않기 때문이다. 유엔과 NGO가 그런 사진이나 영상을 내는 경우 그냥 '선전'이라고 생각해도 된다. 신문, TV, 인터넷 등에서도 그런 사진과 영상뿐이지만, 이쪽은 이쪽만의 사정이 있는 것이다. 이상하게 웃는 사진이나 영상을 올리면 스토리가 어렵게 돼버린다고 볼 수 있다.

기자도 '불쌍한 난민'으로 이야기를 만들면 간단하다. 순식간에 일이 끝난다. 그런데 취재 대상이 즐거워하면 취재하는 사람도 고생하지 않는 것처럼 보인다. '소말리아는 위험하고 난민은 비참하다'는 방향으로 보도하면, 그것을 보도하는 기자도 대단하다고 독자(시청자)가 인정해준다.

그래서 비참하게 보이는 피사체를 부지런히 찾고 촬영한다. 그중에서도 웃는 얼굴이 없는 사진(예를 들어, 우연히 아래를 보고 있다든가, 걱정거리가 있고 눈이 멍한 것처럼 보인다든가)을 싣는 것이다. 큰 화상으로 죽을지도 모르는 아이를 안고 미소 짓는 어머니의 사진이 현지의 어려움을 훨씬 생동감 있게 전달한다고 생각한다. 그런 것을 다키노를 상대로 역설한 나였지만 사실 나도 많이 착각하고 있었다.

개다. 나는 개를 좋아하고 외국에 가면 목줄도 없이 거리를 돌아다니는 강아지들 사진을 찍는 것이 취미지만 이슬람권에서는 어려운 일이다. 이슬람에서 개는 '부정한 동물'이라 여겨 사람들이 기피한다. 반면 고양이는 사랑받는다. 나는 이것을 '우연히 예언자 무함마드가 고양이파였기 때문'이라고 해석했다. 무함마드는 고양이를 좋아하는 것으로 알려져 있다. 테이블 위인지 의자의 팔걸이인지 잊었지만, 기르고 있는 고양이가 무함마드의 소매에 몸을 맡기고 잠들어버렸다. 의자에서 일어서려고 했던 무함마드였지만, 고양이를 깨우는 것이 안쓰러워서 소매를 가위로 살짝 잘라버렸다고 한다. 정말로 고양이 바보지만, 덕분에 개는 대단한 불이익을 받게 됐다.[•]

소말리인 영역에서도 그렇다. 예를 들어, 하르게이사에서 개는 철저하게 학대받는다. 개체수 자체가 적은데 가끔 보여서 사진을 찍으려고 하면 근처에 있는 사람들이 닥치는 대로 개에게 돌을 던진다. 설마 부정한 개를 촬영하려 하고 있다고는 꿈에도 생각지 않는 것 같다. 나를 위해 친절하게 풍경을 방해한 개를 쫓아내주는 것이다. 불쌍하게도 개는 깨갱 비명을 지르며 도망가고 내가 아무리 "그만해!" "그게 아니야!"라고 설명해도 전혀 알아주지 않는다.

모가디슈에서는 내 의도를 좀더 알아줬다. 함디 일행은 내가 개를

• 이슬람권에서 고양이는 쥐잡기에 보탬이 되고 있다.

좋아하는 것을 재미있어하며 개를 볼 때마다 나를 불러 가르쳐주고 운전자도 차를 일부러 천천히 몰았다. 그래도 시내를 매일 맴돌아 발견한 것은 단 다섯 마리. 그중 세 마리는 '항상 거기에 있는' 단골 개였다.

그런데 나흘째(다키노와 만나기 이틀 전) 개가 많이 있는 장소를 발견했다. 알샤바브 지배 구역 바카라 시장터다. 바카라 시장은 소말리아뿐 아니라 아프리카 최대의 시장이라고 하는데 놀라운 정도로 광대했다. 그러나 포장마차 거리는 철저하게 파괴되고 식당이나 상점이었던 건물도 총알, 포탄 자국투성이여서 여기가 시장인지도 모를 정도다. 한때 아이디드 민병대가 죽인 미군 시체를 발가벗긴 채 끌고 다닌 곳도 여기라고 함디한테 들었다.

전날 방문한 지역과 마찬가지로 여기도 유령 마을이었다. 당나귀 수레에 가재도구를 싣고 돌아온 사람들이 가끔씩 보이지만 아직 주민들 대부분은 돌아오지 않았다. 그저 개만 많이 보였다. 그중에는 임신한 개, 갓 태어난 강아지도 있었다. 다만 단 한 군데는 고양이가 20마리 정도 놀고 있는 '고양이 집단 거주지'였는데 그 외에는 모두 개의 세계다.

"오, 개 천국 아닌가!"

감격한 나는 마구 사진을 찍었다. 왜 여기에 이렇게 많은 개가 있는지 모르겠지만 아마 학대하는 사람이 없어졌기 때문에 모여든 것이리라 추측했다. 동시에 걱정도 들었다. 이런 곳에 있어도 먹이는 없을 것이다. 도대체 뭘 먹고 살고 있을까. 갓 태어난 강아지도 있는데. 뭔가 먹이를 주고 싶은 기분이었다.

하지만 다키노의 이야기를 듣고 아연실색했다.

다키노는 내가 방문한 다음 날 같은 장소에 갔다. 그는 나처럼 경찰 부대와 함께 있지 않았기 때문에 호위 병사를 10명이나 고용했다. 그런데 동행하던 군인 한 명이 다키노에게 "저걸 봐라"라고 말해줬다. 이상한 냄새가 나서 보니까 인간의 사체였다. 살은 없고 거의 뼈만 남아 있었다. 근처에는 군복도 떨어져 있었던 데다 "알샤바브 병사의 시체다. 개에게 먹혔다"고 군인이 말했다고 한다. 다키노는 그 사진을 보여줬다. 군복과 척추 같은 뼈가 나란히 촬영돼 있었다. 개 천국! 그것은 시체 위에 이뤄진 세계였던 것이다.

이슬람에서 개를 '부정한 동물'이라고 하는 이유를 조금은 알 수 있었다. 물론 이슬람권뿐만 아니라 고대부터 전 세계 어디서나 개는 전장의 시체를 먹어치웠다. 하지만 최후의 심판을 기다리는 시신을 태우거나 손상하는 행위를 절대로 허용하지 않는 이슬람, 원래 고양이 파 이슬람에게는 인상이 너무 나쁘다.

"대단하네"라고 중얼거리는 것이 고작이었다. "역시 현장에 오지 않으면 모르는 것이 많지요"라고 다키노는 명랑하게 말했다. "자기 돈으로 온 보람이 있네요."

그렇다. 현장에 오지 않으면 모르는 것이 많다. 그리고 자신의 희망에 부응하지 못하는 현실을 쏠쏠하게 맛볼 때도 있다.

카 트 와
이 슬 람 원 리 주 의

|

세계 최악의 도시 모가디슈. 시내에서 전투가 거의 사라졌다고 해도
안전한 도시와는 거리가 멀었다. 매일같이 알샤바브에 의한 테러나 암
살이 일어나고, 변두리에서는 여전히 격렬한 전투가 벌어지고 있었다.
카메라맨 다키노에 따르면 병원으로 실려가는 부상자 수는 2년 전 호
텔에서 나가지 못했던 전투 때와 다를 게 없다고 한다.

　나도 모가디슈에 와서부터는 매일 "나 이제 죽는 거 아냐?"라고 심
각하게 생각했지만, 그것은 전쟁도 알샤바브와도 관계없고, 카트의 강
한 부작용 때문이었다. 카트 부작용이라고 하면 약효가 끝난 뒤 생기
는 '카디로'가 있다. 신경이 날카로워지고 자신이 누군가에게 표적이
된 것 같은 위기감이나 주위 사람들로부터 버림받은 듯한 외로움이
엄습한다. 이것은 이것대로 힘들지만 카디로를 느끼기 시작하면 조금
남아 있는 카트를 씹는 '이자바네(카트를 맞이해)'를 연발하며 극복해왔

다. 그러나 하루도 빠짐없이 한 달 동안 카트를 했더니 카디로보다 더 무서운 부작용이 있다는 것을 알게 됐다. 그것은 변비다.

나는 어렸을 적부터 자주 설사를 하고 지금까지 심각한 변비를 앓은 적이 한 번도 없었다. 게다가 소말리 영역에 오면 내 위장은 절정이다. 카트 덕분이다. 카트란 단순한 나뭇잎이고 흙먼지투성이라 이렇게 비위생적인 것도 없을 것 같지만, 생으로 많이 먹어도 설사 한 번 한 적 없고 위장 상태도 좋았다.

"카트는 신이 나를 위해 만든 것"이라고 말하곤 했지만, 푼틀란드를 이동할 때 심상치 않은 사태가 벌어지기 시작했다. 대변이 잘 안 나온다. 화장실에서 신음하지 않으면 나와주지 않는다. 그리고 모가디슈에 들어와서는 지옥의 고통으로 변했다. 대체로 매일 강한 변의가 습격하는 것은 오전 3시쯤이다. 아무래도 카트가 약효를 내고 있을 때는 변의도 마비돼 있는 것 같고, 카트가 없어져서 카디로가 시작될 무렵 강렬하게 생긴다.

이 호텔은 밤 12시부터 새벽 5시까지 전기가 멈춘다. 자쿠리야와 함디에 따르면 도시의 대부분은 '씨족 영업' 전력 덕분에 24시간 전기가 공급된다고 하는데, 1박에 100달러짜리 호텔에서는 낮과 밤에 4, 5시간씩 정전이라니 아이러니다.

캄캄한 와중에 헤드라이트를 켜고 화장실에서 버티지만, 나올까 말까 하는 상태가 이어지다가 숨도 멎는다. 중간에 항문이 찢어져 선혈이 솟구치지만 중요한 것은 솟구쳐주지 않는다. 물론 중간에 멈출 수도 없다. 4시쯤 모스크에서 첫 아잔(코란의 독경)이 들리고, 그에 맞춰 "알라 앗쿠바르!(신은 위대하다)"라고 주문을 외우며 숨을 내쉰다.

임산부의 출산은 아니지만 이 호흡법이 맞는 것 같은 생각이 든다. 그래도 나오지 않는다. "아, 이제 죽을지도……"라고 생각하는 시간이 15분이나 20분 정도 계속되고, 마지막에는 어떻게든 피투성이가 된 것이 뚝 나온다. 이 무렵에는 땀에 젖어 있고 그대로 샤워를 하고 죽은 듯이 잠든다.

낮에도 항문이 욱신거려서 아프다. 이렇게 힘들면 카트를 잠시 줄이는 게 좋겠지만 그렇게도 못 한다. 나는 이번 취재에서 상당한 피로가 쌓였다. 술도 없고 카트에서 힘을 얻어 스트레스를 발산시킨다. 뭐니 뭐니 해도 털어놓을 수 있는 누군가와 이야기를 하는 카트 연회가 없어서는 안 된다. 소말리인과 카트 없이 이야기를 하는 것은 정말 어렵다.

사실 모가디슈에 와서 그게 가장 큰 문제가 되고 있었다. 여성 함디는 물론 자쿠리야와 히스 등 혼 케이블 TV의 주요 스태프는 아무도 카트를 즐기지 않는 것이다. 그들은 아침부터 오후 2시 정도까지 나와 함께 취재도 하고, 점심 식사 후에는 뉴스 영상을 편집해 프로그램을 만든다. 그리고 저녁 식사를 한 다음 내 방에 나타나는 것이 겨우 8시 정도다.

"다카노, 이것 봐, 미로다"라며 자쿠리야가 케냐 산 카트 무더기가 담긴 비닐봉지를 바닥에 던진다.

"낙타 젖이야." 함디도 비닐봉지에 들어 있는 우유를 플라스틱 용기에 담아준다.

"고마워!"

나는 허겁지겁 연회 준비를 한다. 방에 하나밖에 없는 의자는 함디에게 양보하고 우리는 카펫 위에 바로 앉는다. 자쿠리야가 사오는 카트는 질이 좋지 않다. 내가 나이로비에서 구한 유럽 수출용 특등품과는 비교가 되지 않는다. 군데군데 짙은 색이 있고 그야말로 신선도가 떨어진다. 맛도 좋지 않고 효과도 별로다. 술을 마시지 않는 사람에게 술심부름을 부탁하면 싸구려 와인을 사올 때가 있는데, 카트도 '아무거나 괜찮다'고 생각하는 것 같다.

추한 카트 복용자들의 푸념이지만, 푼틀란드의 장난꾸러기 기자 코베도 "자쿠리야는 뭘 몰라"라고 말하면서 둘째 날부터는 직접 사러 나갔다. 내가 낙타 젖을 마셔가며 카트를 씹기 시작하면 다른 사람들은 "마치 소말리인 같다"면서 웃는다. 소말리인들은 케냐령에서도 소말릴란드에서도 푼틀란드에서도 낙타 젖을 매일 마신다. 일반적으로 '마신다'는 것과 달리 "낙타 젖을 마신다"는 동사가 소말리어에 있을 정도다. 또한 풍요로움을 나타내는 '아노 이요 나밧드(젖과 평화)'라는 표현도 있는데, 이것 역시 낙타 젖이다.

신맛 나는 요구르트 음료 같은 액체를 묘하게 기합을 넣고 꿀꺽꿀꺽 마시며 "맛있다!"고 말하면 모가디슈의 젊은이들은 "다카노는 이상한 놈이다"라며 즐거워했지만, 같은 추악한 카트 복용자 코베만은 "아, 싸고 싶은 거냐?"라고 태연하게 말했다. 그렇다. 조금이라도 배변을 좋게 하고 싶어 우유를 폭음하고 있다. 아무래도 소말리아 카트 복용자들도 활용하는 방법인 것 같다.

싸구려라고 해도 카트는 카트, 30분 하면 눈앞에 갑자기 수평선이 펼쳐지는 듯한 해방감을 맛볼 수 있다. 하지만 한편으로 수평선이 열려도 180도에 지나지 않는다. 역시 쌍방이 열리지 않으면 360도 전망은 얻을 수 없다.

대화는 활기를 띠지 않는다. 그들은 곧 동료끼리 혹은 휴대전화로 누군가와 이야기를 시작하고 틈틈이 어색하게 질의응답을 할 수밖에 없다. 밤에 외국인인 내가 호텔 밖으로 나가는 것은 '호위 병사와 함께'라고 해도 말도 안 된다고 하므로 누군가의 집에서 카트 연회를 할 수도 없다.

한 시간 반이 지나면 '신데렐라' 함디는 자쿠리야를 이끌고 집으로 간다. 단편적인 이야기밖에 들을 수가 없다. 모가디슈와 남부 소말리아의 사정에 정통하고 카트를 즐기는 사람은 없는지 함디에게 찾아달라고 요청하자 나흘 만에 겨우 한 명을 데리고 왔다.

케냐 국경에 가까운 최서남부의 게도주 출신으로, 혼 케이블 TV 게도 지국의 모하메드라는 젊은 기자다. 그는 게도주를 중심으로 알 샤바브를 취재하고 있었지만 요즘에는 전투 격화로 위험해져 두 달쯤 여기 모가디슈에 피란해 있다고 한다.

함디 일행과 있을 때도 이야기를 하지만 그들이 돌아간 후가 더 재미있어진다. 모하메드는 다로드인 데다 바레 직계 마레한 분가이기 때문이다. 모가디슈에 와서 나는 씨족 관계의 어려움을 통감하고 있었다. 소말릴란드는 이스자아크 씨족이 대부분이었고, 푼틀란드에서는 다로드 씨족뿐이기 때문에 신경 쓸 일이 거의 없었다.

그런데 모가디슈에서는 여러 씨족이 잡다하게 섞여 있어 누구나 자기 의견을 쉽게 피력하지 않는다. 이쪽도 섣불리 물을 수 없다. 그것도 함디 일행이 있는 동안은 좀처럼 이야기가 활기를 띠지 않는 원인이었다. 예를 들어, 하위예의 무장 세력 분가에 속하는 함디 앞에서 "바레 시절은 좋았다"와 같은 얘기는 다로드의 모하메드도 장난꾸러기 코베도 절대 하지 않는다. 그녀가 없어지면 갑자기 안심이 돼(또한 카트도 적당히 효과가 나고) 그런 이야기를 하게 된다.

바레는 다로드 가문뿐 아니라 모두에게 미움받고 있었다. 지금도 미움을 사고 있다. 그런데 다로드는 예전보다 인기가 있다. 마제르텐 가문처럼 바레 시대에 비주류파로 찬밥을 먹던 사람들조차 그렇다. 마제르텐 가문의 코베도 말한다. "압둘라히 유스프 아흐메드도 지금은 말하고 있어, '이런 지독한 내전이 될 줄 알았다면 바레 정권을 쓰러뜨리지 않았을 텐데'라고." 바레의 '성과'에 대해 모하메드는 열거한다.

· 소말리어 표기를 아랍 문자에서 로마자로 바꿔 식자율을 비약적으로 끌어올렸다.
· 아랍 연맹에 가입했다.
· 남녀평등을 이루고 씨족 중심주의를 폐기했다.
· 이슬람 과격 사상을 눌렀다.
· 도로와 학교, 병원, 공장을 많이 지었다.

같은 이야기를 푼틀란드에서도 들었다. 그러나 과연 "지금도 바레를 숭배하고 있다"고 단언하는 사람은 모하메드가 처음이고, 소말리아의 역사와 현황은 '씨족'이라는 프리즘을 통해 자유자재로 변화하는 것을 또다시 실감하게 됐다. 바레의 업적 중에서 지금도 영향을 미치고 있는 것은 '이슬람 과격 사상을 억제했다'는 것이리라.

놀라운 이야기지만 1991년 이전, 즉 바레 시대에는 여성이 스카프를 쓰고 있지 않았다고 한다. 모가디슈에서는 호텔이나 레스토랑에서 일상적으로 술을 마시고 있었다고도 한다. 한편 바레는 아랍 문자에서 로마자로 바꿀 때, 그 정책에 반대한 저명한 이슬람 법학자 몇 명을 처형했다. 그 밖에도 그는 이슬람을 경계하고 기회 있을 때마다 탄압을 자행했다.

이교도인 일본인에게는 감이 안 오지만, 실은 이슬람만큼 이슬람 국가의 통치자를 위협하는 것도 없다. 이슬람 국가의 근현대사는 이슬람 탄압의 역사이기도 하다. 그것은 이슬람 원리주의 체제인 수단과 사우디아라비아도 마찬가지다.

남부 소말리아에서 왜, 이제 와서 이슬람 원리주의가 이렇게 대두했느냐 하면, 첫째 무장 세력의 도를 넘은 난폭함에 사람들이 반감을 가졌기 때문이다. 둘째 독재 정권이 무너진 뒤 바레가 금지하고 있던 것이 인기를 얻고 그가 장려(강제)했던 것은 싫어졌기 때문이다.

그 증거로 바레 정권이 무너져 내전이 시작됨과 동시에 여성은 스카프를 쓰게 됐고 술 판매는 기피하게 됐다. 사실 모하메드가 말했지만 바레가 또 금지하고, 바레 이후 20년이나 융성한 것이 있다. 바로 카트다.

카트는 1980년대에 금지됐다. 당시 카트는 유일하게 에티오피아에서 들어오고 있었는데, 수입에 종사하던 이들이 주로 반정부 게릴라였기 때문에 그 자금원을 끊는 목적이 있었다. 또 카트 연회가 반정부 집회로 이어지기 쉽다는 공포 때문이기도 했다. 독재 정권은 민중이 모이는 것을 싫어한다. '5명 이상 집회 금지' 등은 아시아와 중동의 독재 국가에서는 드물지 않다. 하물며 카트 연회라도 있으면 그 기세를 빌려 모두 정치로 이야기꽃을 피우고 "지금의 정부는 썩고 있다. 우리가 바꿔야겠다"고 큰소리친다. 와이얍 같은 소말릴란드인은 지금도 곧잘 그렇게 달아오른다.

나는 예멘에서 매우 인상적인 장면을 본 적이 있다. 전에도 썼지만, 지금으로부터 10년 전(1999), 나는 한 달간 예멘에서 카트에 빠진 생활을 하고 있었다. 매일 밤 행상인들이 모이는 아지트 같은 곳으로 가서 잎을 갉아먹었다. 어느 날, 행상인 동료 형님한테 "사담 후세인을 좋아하나?"라고 물었다. 마침 두 차례에 걸친 미국의 이라크 침공 후였고 반미 감정이 높아진 한편, 독재 정권에 대한 혐오도 있었다. 예멘 사람들은 '반미'와 '반정권-현 정권' 사이에서 흔들리고 있는 것처럼 보였다.

그러자 형님은 갑자기 일어나 오른손 검지를 높이 들고 외쳤다.

"나는 사담을 믿지 않는다. 나는 사레도 믿지 않는다. 내가 믿는 것은 알라뿐!"

훌륭한 수염, 큰 키에 흰 장의를 입은 형님이 그렇게 하면 카리스마가 빛나(나중에 오사마 빈 라덴을 영상으로 볼 때 그가 생각났다) 왠지 여기서 민중 봉기라도 일어날 것 같은 생각이 들 정도였다. 실제로 행상인 무리는 이런 장면에 식상해 있는 듯했고 "또 시작했다" 정도의 표정을 지어 맥이 빠졌지만, 나는 이 장면에서 카트 연회의 위험성을 실감했다.

모가디슈에 머무는 동안 예멘에서는 반정부 시위가 점입가경이었다. 매일 카트 연회에서 누군가가 "우리가 믿는 것은 대통령이 아니다, 알라뿐!"이라고 외치며 이번엔 정말 모두가 '오!' 하며 호응하는 모습

수수께끼의 독립국가 소말릴란드

이 눈에 띈 것이다.*

이 예멘 형님의 발언은 내게 "위정자에게 이슬람이 얼마나 무서운지"도 가르쳐줬다. 왜냐하면 "믿는 것은 알라뿐!"이란 말은 무슬림에게 절대적인 진실이며, 아무도 이를 부인할 수 없기 때문이다. 원래 코란에서 세계를 다스리는 것은 움마(이슬람 공동체)가 뽑은 칼리프뿐이다. 그런데 왜 군인 출신인 녀석과 서구에서 대학을 나온 녀석이 사람들 위에 군림하고 있는 것인가. 거기에 권력의 정당성은 하나도 없다. 그래서 이슬람권의 권력자는 이슬람을 시끄럽게 주장하는 이들을 크게 경계하고 단속한다. 바레도 그랬다. 그런 까닭에 카트도 이슬람의 위정자(특히 독재자)에게 너무 위험한 물건인 것이다.

---

* 예멘에서 카트가 금지되지 않은 것은 카트의 생산과 판매가 국내 최대의 산업이기 때문이다. 정부와 대통령 자신이 그걸로 한몫 잡았을 것이다.─지은이

알샤바브를 지지하는
마이너리티

카트를 씹으면서 모하메드에게 알샤바브 이야기를 들었다. 알샤바브는 지금 도대체 얼마만큼의 힘을 지니고 있을까. 텔레비전, 신문, 인터넷 등의 정보로는 남부 소말리아 대부분이 알샤바브의 지배하에 있으나 최근에는 조금씩 힘이 수그러들고 있다고 한다. 하지만 구체적인 근거는 하나도 없다. 모하메드는 "힘이 떨어지고 있는 것은 사실"이라고 말했다. 그는 "게도주에서 몇 달 전까지만 해도 7개 지구 모두 알샤바브가 지배했지만 지금은 두 지역뿐"이라고 명쾌하게 답했다.

힘이 떨어지고 있는 이유는 뭘까. 여기에도 여러 설이 난무하고 있다. 갈카요주의 코베는 "알샤바브는 리비아 카다피로부터 지원을 받고 있다. 지금 카다피 정권이 붕괴하고 있기 때문에 자금이 없어지고 있는 것"이라고 했다. 또한 에티오피아에서 분리 독립한 에리트리아가 군사 지원을 하고 있다고 유엔 기구는 보고한다. 미국의 압력으로 에리트리아가 충분히 지원할 수 없게 된 것이 아니냐는 사람도 있다. 모하메드는 그 원인을 국내에서 찾았다.

"알샤바브는 마을 사람들로부터 세금을, 유목민으로부터 가축을 빼앗는다. 하지만 주민의 절반이 기근 때문에 케냐나 에티오피아로 도망쳐 재정적으로 힘들어하는 것 같다."

모하메드에 따르면 먼저 알샤바브가 나타난 시기에는 많은 사람이 환영했다고 한다. 하지만 시간이 점점 흐르면서 "그들은 이상하다"는 걸 깨달았다. 알샤바브가 게도주에서 실시한 정책은 다음과 같다.

- 각 가정에서 아이들을 군인으로 데려간다.
- 알샤바브 군인은 거의 집에 돌아갈 수 없다. 돌아간다 해도 1시간 정도. "만약 아버지와 어머니가 '알샤바브를 그만둬'라고 말한다면 나는 부모를 죽이겠다"고 말하게 한다.
- 병사에게 "정부군 병사를 죽이면 그만큼 천국이 가까이 온다"고 가르친다.
- 알코올은 채찍질 100회. 그 형벌을 보러 가지 않으면 체포.
- 담배, 음악, 축구는 금지.
- 남자는 수염을 길러야 하고 바지는 발목이 보일 정도로 짧게 한다.
- 여성은 베일을 쓴다.
- 4인 이상 집회 금지.
- 카트 금지.

카트와 이슬람 극단주의는 모두 융성하고 있지만 상반되는 관계에 있는 셈이다. 모하메드는 "카트는 사람들의 반발이 너무 심해서 금지하지 못했다"고 한다. 마을 바깥에 특별 매장을 마련하고 거기서만 판매하며 나머지는 집 안에서 가족과 먹는 것만 허용하기로 했다. 이처럼 무리한 정책을 시행했는데, 카트만은 금지하지 못한다니 소말리인들의 카트 사랑은 놀랍다. 뭐 의존하게 돼버려 그만두려 해도 그만둘 수 없는 것이겠지만. 내가 변비로 죽을 정도가 돼도 계속 먹는 것처럼 말이다.

다만 카트 연회를 결코 용서하지 않은 것은 바레와 같다. 그런데 모하메드는 "처음에는 다들 알샤바브를 환영했지만 지금은 그렇지 않다"고 말했다. 그럼 현재 알샤바브를 자발적으로 지지하고 있는 사람은 얼마나 될까?

기자로서 모하메드의 역량이 어느 정도인지 몰라 어림짐작에 불과하겠지만 그는 "남부 전체에서 10~20퍼센트 정도일 것이다. 그렇지만 바이주와 바코루주에서만 30~40퍼센트, 주파 데호주에서는 50퍼센트"라고 대답했다. 나는 이해가 가면서 동시에 의문이 들었다.

바이주와 바코루주의 지지가 높은 것은 이해할 수 있다. 두 지역은 흔히 '바이 바코루'라고 하여 하나로 묶이며 미디어에서는 소말리어로도 영어로도 좀처럼 쓰이지 않지만, 주민 대부분이 '라하웨인 씨족'이다. 나누는 방법으로 여러 가지가 있지만, 일반적으로 소말리에는 5대 씨족이 있다고 돼 있다.

- 이스자아크 (주요 거주지: 소말릴란드)
- 다로드

동부 가문(하루티) [주요 거주지: 푼틀란드, 소말릴란드 동부]
서부 가문 [주요 거주지: 남부 소말리아 최남단, 에티오피아, 케냐]
· 하위예 [주요 거주지: 남부 소말리아 중앙부와 북부]
· 디루 [주요 거주지: 지부티, 소말릴란드 서부, 남부 소말리아의 일부]
· 라하웨인 [주요 거주지: 남부 소말리아 바이주, 바코루주]

덧붙여서, TFG(소말리아 과도연방정부)의 국회 의석은 푼틀란드 등과 마찬가지로 씨족 비례제를 도입하고 있다. 일반적으로 '4·5'로 불린다.

하위예 81석
다로드 81석
디루(이스자아크 포함) 81석
라하웨인 81석
기타(독립계) 40석

이스자아크와 디루는 같은 계열의 씨족이라는 설과 다른 계통의 씨족이라는 설이 있다. 이스자아크 가문은 후자, 이스자아크 외에는 전자의 입장을 취하고 있다. 물론 너무 싹둑 자른 듯한 할당이라는 비판이 많지만 일단 국회의원 수만 봐도 라하웨인 씨족이 하위예, 다로드 등 거대 씨족에 필적할 만한 인구를 보유하고 있는 걸 알 수 있다. 그런데 지금까지 봐온 것처럼 라하웨인 씨족은 소말리아의 역사에 전혀 나오지 않는다. 완전히 정치적 소수자인 것이다.

일본에서는 이런 가문의 예가 눈에 띄지 않지만, 어디까지나 편의상 류큐 왕국琉球王國 류큐 왕족의 쇼尚씨●로 비유해보겠다. 소말리인들은 씨족끼리 으르렁거리면서도 문화는 같다. 그 기반이 되고 있는 것은 소말리어다. 일본과 마찬가지로 남북으로 기다란데, 방언 차이가 크지 않다. 소말릴란드의 하르게이사와 모가디슈는 1000킬로미터 떨어져 있으면서도 언어상 도쿄의 표준어와 시즈오카 사투리 정도의 차이밖에 없는 것 같다. 그런데 왠지 라하웨인만 다른 방언을 쓴다. 일반적으로 라하웨인의 방언을 '아흐 마이 마이(마이 마이 사투리)', 그 외의 소말리어를 '아흐 마하(마하 사투리)'라고 부른다.

이 두 방언이 얼마나 다른지 확인할 능력이 내겐 없다. 하지만 보통의 소말리인 모두가 "마이 사투리는 전혀 모르겠다"고 한다. 내 지인이 "오키나와 노인의 말은 전혀 알 수 없다"고 말하는 것과 같다. 그래도 불편함이 없는 것은 라하웨인(쇼씨) 사람들 모두가 이중 언어처럼 표준 소말리어(마하 사투리)로 말하기 때문이다.

생활도 다르다. 표준 소말리어(마하 사투리)로 말하는 소말리인들은 전통적으로 유목민이지만, 라하웨인은 대부분 농민이다. 해적 이야기에서 쓴 것처럼 소말리아는 유목민 우위 사회다. 아마도 유목민의 무력이 더 위일 것이다. 헤르(규칙)도 "사람을 죽이면 낙타 100마리" 또는 "결혼할 때 신부집에 낙타 20마리" 등 유목사회를 전제로 만들어져 있다. 유목민은 농민이 없으면 살 수 없는데 농민보다 높다. 마치

● 본일본 오키나와현에 있었던 왕국의 이름. 류큐 왕국은 제1 쇼尚씨 왕조 와 제2 쇼尚씨 왕조 시대로 구분된다.

옛날 일본의 무사와 농민의 관계 같다. 그 정도는 문헌을 읽어 나도 알고 있지만 모하메드가 "다른 종족은 모두 라하웨인(쇼씨)과 결혼하지 않는다"고 말해 놀라고 말았다. 금시초문이다.

"왜?"

"라하웨인(쇼씨) 여자는 예쁘지 않다. 요리나 빨래도 못 한다"고 모하메드는 시원스레 말했다.

"그리고 라하웨인(쇼씨)은 금방 물건을 달라고 말하기 때문에 미움을 받아."

왜 그들이 물건을 갖고 싶어하냐면 "가난하니까"라는 아주 노골적인 대답을 모하메드한테 들었다. 결혼하지 않는다는 것은 치명적이다. 나중에 안 사실이지만, 라하웨인을 거지 취급을 하는 사람이 많다. 혼케이블 TV 바이 지국의 라하웨인 기자가 모가디슈에 와 있었는데, 나도 함께 식사를 했지만 그는 "나는 라하웨인이니까 다른 사람보다 넉넉하게 줘"라는 자학 개그로 웃음을 터뜨릴 정도였다.

결혼하지 않는 이유로 다른 언어를 꼽기도 한다. 하지만 말이 통하지 않기 때문에 결혼하지 않는지, 결혼하지 않기 때문에 말이 점점 통하지 않게 됐는지, 어느 쪽이 먼저인지는 닭과 달걀 같은 것이다. 라하웨인이 다른 가문과 결혼하지 않는다는 이야기를 나중에 하르게이사의 와이얍에게 하자 "어, 정말이야?" 하고 놀랐다. 와이얍은 모가디슈에 20년간 살았다. 그런데 그런 기본적인 것도 모른다. 소말리인들사이에서 라하웨인에 대한 관심 자체가 극히 낮은 것을 짐작할 수 있다. 상황을 점점 알게 됐다.

"결국은 라하웨인은 정치적·경제적 마이너리티로, 지금까지 무장 세력과 과도 정부에 굉장한 불만이 있으니까 알샤바브를 지지하는 건가?"

"그렇다"고 모하메드가 답했다. 다시 조금 생각하고 나서 덧붙였다. "네가 맞다."

수단을 가리지 않는 다이라 가문의 패권 싸움에 싫증이 나서, 이스자아크 가문은 분리 독립했다. 한편 지리적으로 다른 종족에 둘러싸여 무력도 부족한 라하웨인 가문은 "이슬람의 기치 아래 평등"을 내건 알샤바브에 동조한 셈이다. 그러나 라하웨인의 바이 바코루보다 주바 데호주에 알샤바브 지지자가 많다고 한다. 그것은 왜일까?

"거기는 자레루가 많다"고 모하메드는 카트 잎을 끊임없이 씹으면서 대답했다.

자레루구나!

자레루는 소말리아어로 '머리가 곱슬곱슬하다'라는 의미로, 케냐인이나 우간다인에 가까운 반츠계 씨족이다. 19세기까지는 노예였던 것으로 알려져 있다. 공통 소말리어(마하 사투리)를 쓰고 지금은 소말리아 문화를 가진 떳떳한 소말리아 사람이지만 일반 소말리인은 "머리가 곱슬곱슬하고 코가 납작하게 뭉개진 놈"이라고 업신여기는 경향이 있다. 라하웨인 씨족이 정치적 마이너리티라면 자레루는 수적으로도 마이너리티다. 주바강과 샤벨 강변에 살면서 농업을 영위하고 있다. 차별받는 씨족은 아니지만, 그 일보 직전 같다는 느낌이랄까.●

● 나중에 자레루 씨족의 친구가 생겨 자세히 들었지만, 자레루가 무기를 보유하는 것을 옛날부터 다른 종족들이 금지했다. 그래서 다른 종족에게 뭔가 일을 당해도 보복할 수 없었다. 그런데 알샤바브 군대에 들어가 처음 총을 가지고 사람에게 명령하는 권리를 얻었다. "그래서 지금도 더 많은 사람들이 알샤바브에 들어가고 있다"고 한다.—지은이

지금까지 빠져 있던 퍼즐이 쏙쏙 맞춰지는 것 같아 나는 흥분했다. 낙타 젖을 마시고 카트를 마구 씹으면서 머리가 고속으로 회전했다. 알샤바브를 적극 지지하고 있는 것은 오로지 마이너리티인 것이다. 지금까지 주요 씨족으로부터 변변한 취급을 받지 못했던 사람들이 알샤바브 덕분에 빛을 봤다. 반대로 말하면 알샤바브는 그런 사람들을 이용하고 있는 것이다.

또, 전부터 생각하고 있던 가설이 현실을 따라 뇌에 명확하게 나타났다. 알샤바브는 아프가니스탄의 탈레반뿐만 아니라 사실 이슬람 원리주의라기보다는 '마오이스트'가 아닌가?

알샤바브는
마오이스트?

|

‘이슬람 원리주의’라는 말에 대해 설명하지 않으면 안 되겠다. 일본어로는 ‘이슬람주의’나 ‘이슬람 교조주의’ 혹은 ‘이슬람 부흥주의’라고 말하는 사람도 있지만 어느 것도 적절하다고 할 수 없다.

‘원조’인 중동에서도 곤혹스러워하고 있다. 아랍어나 소말리어에서는 ‘이슬라미(이슬람적)’라고 한다. 원래 이슬람교도인데 그것이 이슬람적이라고 하면 이상하다는 걸 아랍인과 소말리인도 알고 있다. 다른 호칭이 없는 것 같다. ‘이슬람 법도가 강한 사람(또는 생각)’이라는 뜻이다. 영어로는 ‘이슬라미스트’라고 부르는 것이 보통이고, 일본어로 번역하면 ‘이슬람주의자’다. ‘이슬람 지상주의’라는 의미를 포함한다.

자주 지적되는 것처럼 ‘원리주의fundamentalism’는 기독교 용어로, 이슬람에는 그런 개념이 없다. 그것을 일단 이해하고 사람들이 널리 쓰는 ‘원리주의’라는 말을 사용하겠다.

수수께끼의 독립국가 소말릴란드

이슬람 원리주의를 쉽게 설명해주는 책이나 전문가가 없어서 내 나름대로 정리해봤다. 한마디로 말하면 이슬람 원리주의는 '왓하브파'라는 이슬람 법학의 일파에서 유래한다. 매우 극단적인 생각이기 때문에 현재 공식적으로 채택한 나라는 사우디아라비아뿐이다. 즉 사우디는 원리주의 국가다. 여성의 사회 참여를 엄격히 제한하고 술을 절대 인정하지 않으며 불륜은 채찍질로 처형한다. 이런 것을 국가의 법률로 정하고 있는 곳은 사우디뿐이다.

원리주의자의 목적은 크게 세 가지가 있다고 여겨진다.

· 세계를 이슬람으로 통일한다.
· 사회를 샤리아(이슬람 율법)로 통치한다.
· 움마(이슬람 공동체)를 통일하고 칼리프(예언자의 뒤를 잇는 자, 움마 대표)를 부활시킨다.

현실에서는 어떨까. 이념이야 어떻든 간에 돈이 없으면 아무것도 할 수 없는 세상이다. 원리주의자도 예외가 아니다. 최대 후원자는 뭐니 뭐니 해도 사우디다. 어쨌든 원리주의 국가이기 때문이다. 지난 20년 동안 이슬람 원리주의가 전 세계로 확산될 수 있었던 이유는 냉전이 끝난 뒤 사회주의 대신 서구의 물질주의에 대항하는 사상이 필요했기 때문이라고 말한다. 나도 그렇게 생각하지만 실제로는 사우디에 의한 왓하브 사상의 수출 영향이 크다. 사우디인들은 오일 머니로 얻은 부를 바탕으로 전 세계에 왓하브파의 모스크와 마드라사(이슬람 학교)를 마구 짓고 있다.

실제로 소말릴란드에서도 왓하브파의 모스크와 마드라사가 건설되고 있다. 학교는 학비가 전혀 들지 않아서 아이를 보내기 쉽다. 왓하브 모스크에 다니면 사우디인과 커넥션이 생겨 사업에도 크게 도움이 된다. 세속파인 와이얍조차 이런 경제적 혜택에 이끌려 무심코 장남을 왓하브의 마드라사에 보냈는데 지금은 몹시 후회하고 있다.

주로 '세속적'인 이유로 소말릴란드와 푼틀란드에서 '원리주의화'가 진행되고 있다. 남부 소말리아도 내가 들은 바로는 같은 상황인 듯싶다. 그러나 여기서 중요한 점은 사우디적인 '근본주의'는 '온건파'라는 것이다.

원리주의에도 '온건파'와 '과격파'가 있다. 과격파로는 알카에다와 탈레반 등이 있다. 과격파의 사상은 20세기 이집트에서 태동했다. 앞서 썼던 것처럼 이슬람권의 위정자는 숙명적으로 이슬람을 억압하거나 탄압한다. 탄압되는 가운데 역으로 이슬람이 첨예화된 것이다. 사이이드 쿠투브라는 이집트인 이슬람 사상가는 "이슬람의 사상을 막는 무슬림은 진정한 무슬림이 아니다. 화키루(불신자)다. 그래서 이교도와 마찬가지로 죽여도 좋다"고 말한다. 여기서 체제에 대항하는 테러를 정당화했다.

불신자를 죽일 때 행여 신자가 연루돼도 "이슬람의 대의를 위해 어쩔 수 없었다. 게다가 그들은 믿음을 가진 자로 천국에 갈 수 있기 때문에 좋다"고 했다. 이쯤 되면 '자신이 폭탄을 안고 불신자를 죽이면 천국에 간다'고 생각하는 일은 간단해진다. 이슬람이 절대 허락하지 않는 '자살'도 가능해져 자폭 테러가 정당화됐다.●

아이러니하게도 사우디는 과거에 무슬림 동포단과 알카에다 같은 과격파의 최대 후원자였는데, 지금은 그들로 인해 힘들어하고 있다.

사우디는 원리주의 국가지만 깊이 따져보면 모순이 많다. 최대의 모순은 "왜 사우디가家라는 한 가족이 국민을 지배하고 있는지 이슬람적으로 설명할 수 없다"는 것이다. 이것은 이슬람 국가의 풀리지 않는 숙제다.

또 문제가 되는 것은 현실에서 정치를 하기 위해서는 타협이 필요하다는 점이다. 사우디가 사담 후세인이 있는 이라크 침공에 맞춰 미군을 주둔시킨 것이 좋은 예다. 게다가 미군 중에는 피부와 머리카락을 노출시킨 여성 군인까지 포함돼 있었다.

어린 시절부터 원리주의를 주입당한 젊은이들은 당연히 광분한다. 사우디 체제는 이들을 탄압한다. 탄압받은 젊은이들은 국내에 있을 곳이 없어 밖으로 나간다. 밖에서 뭘 하는지는 상관없이 이슬람의 대의를 위해 노력하는 것으로 생각하기 때문에 사우디 왕족이나 부자는 그들에게 투자를 한다.

예전에 "남편이 건강해서 부재중이 좋다"라는 TV 광고가 있었다. 사우디에 대비하면 "과격파가 건강해서 부재중이 좋다" 정도로 해석된다. 수단 정부가 그랬고, 걸프 국가의 왕족에도 그런 사람들이 있다고 한다.

반면 자신들은 원리주의가 아닌데 과격파를 이용해 이웃 나라의 정치에 개입하거나 방해하는 나라 및 지배자도 있다. 카다피의 리비

• 이 글을 쓰고 있는 2012년 11월도 마찬가지다. 이 사상을 전면적으로 이어받아 격렬한 무장투쟁을 해온 것은 2011년 '아랍의 봄'으로 무바라크 정권을 무너뜨리고 이듬해 대선에서 집권하게 된 '무슬림 동포단'이다. 그러나 이들은 이미 '무장투쟁'을 포기하고 온건 노선을 표방하고 있다.—지은이

아와 파키스탄도 자국의 원리주의·과격파를 탄압하면서 이웃 나라의 과격파를 지원했다고 한다. 또한 이슬람 국가도 아닌데 외국의 이슬람 원리주의·과격파를 응원하는 국가까지 출현했다. 확실히 알샤바브를 지원하고 있다고 생각되는 유일한 나라인 에리트리아공화국 정부가 그렇다.

에리트리아는 기독교 국가로, 중동의 일부 세속적인 '놈들' 사이에서는 "여자와 술을 자유롭게 살 수 있는 잘 알려지지 않은 좋은 리조트"로 인기를 얻고 있다. 그런데 에리트리아의 천적으로 지금도 가끔 교전하는 에티오피아가 소말리아 임시 정권을 군사적으로 지원하자 에리트리아는 '술을 한 방울이라도 마시면 사형'인 알샤바브를 지원하고 있다.

그럼 왜 유엔과 미국은 에리트리아를 제재하지 않는가. 에리트리아가 이스라엘과 우호적인 관계에 있기 때문이라고 알려져 있다. 중동의 정세를 따라가다보면 국제 모략 정치의 좁고 험한 길로 들어선다. 특히 카트를 하고 있을 때 이상하게 머리가 선명해지기 때문에 이런 이야기에 푹 빠지는 경우가 많다.

내 손이 닿지 않는 걸 생각하는 것은 나중으로 미루자. 내가 원하는 건 '실감'하는 것이다. 이야기를 과감히 되돌리자. 이슬람 원리주의는 내가 이해하는 한, 여태 얘기한 것과 같은 느낌이다. 하지만 알샤바브는 또 다른 문제다. 모하메드의 이야기를 듣는 사이에 탈레반과 마찬가지로 마오이스트가 아닌가 하는 생각이 강해졌던 것이다.

나는 2007년에 아프가니스탄에 간 적이 있다. 그때 현지 아프간인 기자에게 "아프가니스탄의 평화는 탈레반과 손을 잡지 않으면 성립되지 않는 것"이라고 들었다. 탈레반은 국제사회에서 이슬람 과격파의 컬트 교단처럼 여겨지고 있지만 현지에서는 이미지가 달랐다. 그 기자에 따르면 처음 탈레반이 등장했을 때는 무장 세력들의 싸움이 끝나 사람들이 환영했다고 한다. 그러다 점점 방식이 과격해져 인기가 없어졌지만, 지금도 일정한 지지는 있다고 한다. 그래서 탈레반과 평화를 맺는 것은 현실적이며, 현 정권도 그것을 고려하고 있을 것이라고 했다.

실제로 내가 직접 시골을 방문해보니 그 의미를 정확히 알 수 있었다. 탈레반은 엉뚱하다고 국제사회는 말한다. TV, 음악, 영화, 사진, 축구 관전, 음주, 친족 이외의 남녀가 대화하는 것 등을 전면 금지했다. 거스르면 살해당한다. 특히 이렇게 말하는 아프간인이 도시의 인텔리 계층이라면 설득력 있게 들린다. 하지만 시골에 가면 어떨까. 전기가 없다. 그래서 텔레비전도, 라디오 카세트도 없다. 카메라도, 사진 가게도 없다. 술을 내오는 식당도 없고 영화관도 없다. 남녀가 단둘이 데이트할 만한 환경도 아니다. 즉 마을 사람들에게 탈레반의 '컬트적인 금지 사항'은 조금도 힘들지 않을 것이다. 필요가 없기 때문에 처벌을 받거나 죽을 일도 없다.

알샤바브도 마찬가지다. 그들의 지지자들이 사는 곳은 남부 소말리아에서도 가장 시골이다. 농촌은 아마 전기가 거의 들어오지 않을 것이다. 거기는 원래 음악도 영화도 축구 관전도 없고 남녀 교류도 술도 없다. 남자가 수염을 기르는 것이나 바지와 허리띠를 짧게 하는 것은 도시의 세련된 젊은이라면 모를까, 시골 주민들한테는 별일이 아닌 것이다.

즉, 전체적으로 볼 때 힘들지 않았던 것은 아닐까. 대체로 소말리인만큼 다른 사람에게서 이것저것 명령받는 걸 싫어하는 민족도 없다. 그래도 알샤바브를 따르는 것은 근본적으로 '이것저것 명령받고 있다'는 느낌이 거의 없기 때문이 아닐까. 카트에 대해서만 단호했던 이유는 전기가 없어도 카트가 있는 지역은 적지 않기 때문일지도 모른다.

이슬람 원리주의·과격파의 사상은 "코란의 세계로 돌아가라"는 것이다. 지금의 사회는 타락하고 원래 이슬람에서 이탈했기 때문이다. 그 최대의 원흉은 서구 문명이다. 술, 성 해방, 돈과 물건에 대한 집착, 종교의 부정으로 이어지는 과학만능주의 말이다. 마오쩌둥의 사상도 마찬가지였다. 서구 문명은 타락하고 있다. 진정한 생활은 농촌에 있다고 그는 말했다.

알샤바브의 지도자들은 아프가니스탄의 알카에다 군사·사상 교육을 받아온 '엘리트'다. 그리고 지지자들은 질박한 농민이 중심이다. 나중에 아이들을 군인으로 만드는 코스도 마찬가지다. 일본인 중에도 '도시생활은 거짓에 지나지 않는다. 정말 인간다운 생활은 시골에 있다'고 생각하는 사람이 많다. 나도 가끔 그런 생각에 사로잡힌다.

마오이스트는 세계 곳곳에 있다. 사회주의는 빈사 상태지만 마오쩌둥은 여전히 자본주의(시장경제주의)에 대항하는 가장 강력한 이데올로기가 아닐까. 그리고 우연히 이슬람권에 있는 마오이스트 과격파가 탈레반과 알샤바브인 것은 아닌가. 모하메드에게 그것을 물어봤다. 시골 사람에게는 그들의 계율이 힘들지 않았던 것은 아닐까 하는 점에서는 알샤바브 지지자들도 "확실히 그렇다"고 고개를 끄덕였다. 다만 '알샤바브가 마오이스트와 비슷하다'는 얘기는 아무리 설명해도 전혀 알아주지 않았다.

이렇게 해서 내 안에 또 하나의 수수께끼가 풀렸다고 장담할 수는 없지만 수수께끼를 푸는 열쇠 하나 정도는 발견했다고 말할 수 있겠다. 비록 나중에 변비라는 지옥의 고통이 기다리고 있어도 역시 카트 연회는 그만둘 수 없다.

모든 것은
'도시'이기 때문에

모가디슈에서 체류한 일주일은 순식간에 지나갔다. 안타까운 건 '힘
센' 함디가 있는데도 시외로 한 걸음도 나가지 못한 것이다. 나는 남
부 소말리아의 '풍경'이 소말릴란드나 푼틀란드와 어떻게 다른지 보고
싶었다.

남부는 큰 강이 두 개 흐르고 농업도 활발하다고 한다. 바나나와
망고 등 과일을 수확하는 것으로도 알려져 있다. 소말릴란드와 푼틀
란드처럼 낙타와 염소만 있는 게 아니라고 들었다. 그것을 내 눈으로
확인하고 싶었다. 지방 도시의 개발 정도도 보고 싶었다. 이탈리아 식
민지 시절 이후로 무엇이 어떻게 바뀌었는지 구체적으로 지역의 원로
등에게 직접 들어보고 싶었다.

함디 일행인 혼 케이블 TV 직원은 모가디슈밖에 모르고, 나이가
어려서 15년도 더 된 일은 잘 모른다. 전통문화에 대한 지식도 부족하

다. 그러나 시외에는 어디든 알샤바브가 있다. 임시정부군이 있는 지역이나 지방의 반反알샤바브 지역도 약간 있지만 길은 한정돼 있다. 한 군데라도 알샤바브가 점거한 구역이 있으면 외국인인 나는 갈 수 없다. 그들에게 발견되면 즉시 납치되거나 죽는다.

결국 모가디슈 시내만 돌아다녀야 했다. 어쩌면 그게 더 좋았는지도 모른다. 모가디슈만으로도 내 눈과 귀로 알게 된 게 너무 많다. 일주일의 모가디슈 체류 중 가장 잘 알게 된 건 이곳이 '도시'라는 점이다. 처음 여기에 왔을 때 의외의 번영에 '왜?'라며 놀랐는데, 이곳도 도시이기 때문이다. 매일 도시에 나오면 유엔군과 NGO 등 국제사회에서 보내온 식량을 실은 트럭을 여러 대 본다. 난 항상 '저건 현지 소말리 주민에게 얼마나 돌아갈까'를 생각했다. 트럭 전세 요금, 연료비, 화물 하역 노동자의 인건비, 음식 보관 장소의 자릿세, 보관 경비원, 식량 분배 장소 자릿세, 노동자를 모으고 나누는 브로커 비용, 분배 시 호위병 비용 등. 부패와 횡령이 전혀 없고 모든 음식이 신속하게 도움이 필요한 사람에게로 배부되더라도, 얼핏 떠오른 것만으로도 이만큼의 비용이 든다. 실제로는 더 들 것이다.

물론 부패와 횡령은 어쩔 수 없이 횡행하고 있다. '60년 만의 대기근'이라고 하는 현재조차 모가디슈 시장에서 식량 가격이 예년보다 떨어지고 있는 것만 봐도 짐작할 수 있다.

'도시'의 장점은 그 외에도 얼마든지 있다. 내가 머무는 동안 지부티 대통령이 모가디슈를 방문했다. 셰이크 샤리프 사네토모 대통령과 기근에 대한 지원 이야기와 평화 회담을 했다. 그때 경비가 장난이 아니었다. 나도 교통 체증에 휘말려 갔혔는데, 나중에 TV를 보니 1000

명이 넘는 군인이 동원됐다고 한다. 내가 떠난 후 터키 총리도 위문과 외교 목적으로 방문을 했는데, 내가 머무는 동안 터키 정부 관료들이 미리 방문해 호텔이나 회의장 등을 준비하고 있었다. 그때도 군인이 100명 이상 동원됐다. 도대체 경비대에 돈을 얼마나 쓰는지 모르겠다. 막대한 액수일 것이다. 물론 임시 정권이 내는 게 아니라 지부티나 터키 또는 다른 국제 기관이 낸 것이다.

5000명이 넘는다고 하는 아미솜 군인도 각 지방의 사람들이 보살펴주고 있다. 식사, 빨래, 숙소 관리, 자릿세, 통역 요금, 차량 연료비 등. 모두 지역에 떨어지는 돈이다. 내가 머무는 동안 본 것만 해도 이 모양이다. 그리고 이런 일이 20년 이상 끝없이 계속돼온 것이라고 쉽게 상상할 수 있다.

어쨌든 전쟁과 기아는 거의 끊임없이 계속되고 있다. 평화회의는 큰 규모의 것만 20개가 넘는다. 작은 회의는 무수하다. 그때마다 전쟁 당사자와 관계자들을 불러 모은다. 회의 한 번 하는 것만으로도 상당한 액수의 돈이 들 것이다. 하물며 정전이 되면 '부흥' '인적 보상' 등의 명목으로 얼마가 사용되는 걸까.

그중엔 '평화라니 웃기지 마'라고 생각하는 무장 세력도 있을 것이다. 그렇게 '말한 대가'로 그 단체에 돈이 지불되는 것은 아닐까? 레이먼드 챈들러의 소설을 보면 '분쟁은 나의 생업Problem is my business'이라는 말이 나온다. 주인공인 사립탐정 필립 말로가 큰소리치는 장면이다. 모가디슈의 경제는 그 말 그대로다.

문제를 일으키면 일으킬수록 돈이 밖에서 들어온다. 아무도 진지하게 문제를 멈추려고 생각할 필요를 못 느낀다. 푼틀란드가 해적을 기

간산업으로 삼고 있는 것과 같이 모가디슈는 '문제' 전반이 기간산업
인 것이다. '문제=기간산업'이란 등식은 남부 소말리아 전반에 적용되
는 말이긴 하지만 모가디슈 이외의 다른 지역은 외국에서 접근하기가
쉽지 않다. 모가디슈는 공항도 항구도 있고 그리고 무엇보다 수도다.
일단 물건도 사람도 돈도 여기에 떨어진다. 그래서 모두 모가디슈에
몰려 떨어진 것을 차지하려고 경쟁한다.

그런 탓에 전쟁이 끝나지 않는다. 모가디슈를 얻는 사람이 승자가
된다. 모가디슈에서는 씨족 분쟁의 복잡함도 소말릴란드나 푼틀란드
와는 격이 다르다. 소말릴란드는 이스자아크 씨족이 80퍼센트 이상이
고, 푼틀란드는 대부분이 동부 다로드 씨족으로 구성돼 있다. 그런데
모가디슈는 온갖 씨족이 권력과 부를 추구하기 위해 자신들의 고향
에서 도망쳐 이곳에 모인다. 다양한 무장 세력이 덮친다. 외국 세력도
몰려 있다.

나는 소말릴란드와 푼틀란드에서 씨족 정치에 대해 잘 배웠다고 생
각했지만 모가디슈에 와서 내 지식이 입문의 영역을 벗어나지 못했
다는 것을 통감했다. 함디의 제안으로 한때 미군이 하발 기디르 원로
70명을 살해한 현장에 갔을 때의 일이다. 코베나 다른 직원은 "위험
하다"고 걱정했다. "거기는 하발 기디르의 지배 구역이고 그들은 외국
인을 싫어한다. 지금도 보면 납치하려 한다"고 했다. 그러나 함디는 한
번 말하면 아랫사람들의 의견에 귀를 기울이지 않는다. 나는 그녀가
하발 기디르이기 때문에 뭔가 커넥션이 있을 것이라 생각했다. 그런데
함디는 다른 연배의 기자에게 동행을 요구했다. 함디는 하발 기디르에
속하지만 아일 분분가다. 그러나 그곳은 아이디드 직계인 사아드 분분

가의 지배 구역이다. 그래서 사이드 분분가 소속의 남자를 데려가지 않으면 안 되는 것이라고 했다. 이렇게까지 세분화돼 있다.

도착하니 흰색 콘크리트 외벽만 남은 3층 건물의 잔해가 있었다. 주위엔 작은 민가가 두 채 있을 뿐 아무것도 없었다. 건물은 미군 무장 헬기에 의해 완전히 파괴돼 지금은 염소밖에 살지 않았다. 함디가 설명했다.

"여기에 하발 기디르 모든 분분가의 원로들이 모인 거야. 하발 기디르는 원래 분분가끼리 사이가 좋지 않아. 아이디드도 모두가 지지하고 있던 게 아니야. 하지만 미군이 모두 죽여버렸어. 그래서 하발 기디르는 그 후 '미국과 아리 마하디를 쓰러뜨리겠다'며 일치단결하게 됐어."

덧붙이면, 나는 미군이 하발 기디르의 장로를 몰살시키고 말았기 때문에 하발 기디르의 전통적인 힘은 약화되고 아이디드의 무장 세력이 커져버린 게 아닐까 추측한다. 이 이야기를 하는 동안에도 코베는 내게 "사진을 찍지 마"라며 큰 소리로 외쳤다. 그는 "여기는 위험해. 운전사도 '그만두는 게 좋겠다'고 말하고 있어"라고 했다. 그런데 나는 별다른 위험을 느끼지 못했다.

함디에 따르면 아이디드가 죽은 뒤 하발 기디르의 유대가 깨져 지금은 각각의 분분가 또한 사이가 나빠졌다. 함디가 속한 분분가와 하발 기디르 직계의 분분가 사이에 어떤 문제가 있었던 걸까. 이렇게 뭔가 문제가 있으면 항상 씨족 관계에 주의를 돌리지 않으면 안 된다.

소말리의 씨족 이야기는 뉴스와 문학, 국제기구 보고서 등에 별로 등장하지 않는다. 그래서 아무리 자료를 읽어도 모르는 것이 '씨족'을 매개로 하면 시원스럽게 설명되기도 한다. 이런 일도 있었다.

함디 무리에게 "만약 알샤바브가 없어지면 남부 소말리아는 어떻게 될까?"라고 묻자 함디는 "임시 정권이 전국을 장악할 것"이라고 대답했고, 자쿠리야는 "그 가정 자체가 잘못됐다. 알샤바브는 탈레반이나 알카에다처럼 테러 조직으로 존속하게 될 것"이라고 답했다.

바레의 직계인 모하메드는 "임시 정권과 알순나가 충돌할 것"이라고 말했다. 알순나의 정식 명칭은 '알순나 와루자마아'. 공식적으로는 '소말리아의 전통적인 이슬람을 보호하기 위해 알샤바브와 싸우는 말티 씨족의 조직'이라고 하지만 실제로 '이슬람'은 알샤바브와 싸우기 위한 명분에 지나지 않는다. 알순나는 에티오피아가 완벽하게 지원하는 하발 기디르 중심의 무장 세력 중 하나다. 각양각색의 대답이 나왔지만 "무장 세력들이 힘을 되찾고 옛 전국戰國 상태로 돌아갈 것"이라고 대답한 사람은 없었다.

모두 명확하게 "그럴 리가 없다. 무장 연합은 이제 힘이 없다"고 답했다. 2006년 무장 부대들은 모가디슈에서 이슬람법정연합에 패배하고 무기를 전부 내놓았기 때문이라고 한다. 그리고 그 무기는 이슬람법정연합이 에티오피아와 미국의 군대에 대패했을 때 없어졌다. 여기서 걸리는 것은 '무기를 내놓았다'는 대목이다. 자료에 따르면, 무장 연합은 제대로 저항도 하지 않고 항복해버렸다. 승산이 없을 것 같아 처음부터 싸우지 않았던 것이다. 그렇다면 무기도 제대로 내놓지 않고 가지고 있는 게 아닐까? 이렇게 반박했지만 모두 "그렇지 않다"고 고개를 저으며 같은 설명을 반복한다. 내가 고개를 가로저으며 계속 말하자 통역하던 코베가 좌절한 얼굴로 참견한다.

"무기를 내놓을 수밖에 없잖아. 이슬람법정연합 안에 있는 자신과 같은 씨족에게 준 거야. 그럼 그 씨족은 강해지지. 이슬람법정연합에서 지위가 오르게 돼. 그러면 씨족 전체가 강해져."

아, 그런 것이었단 말인가. 나는 무릎을 탁 쳤다.

예를 들어, 하발 기디르의 아일 분가의 무장은 이슬람법정연합 안의 같은 아일 분분가 부대에 무기를 내놓는다. 그러면 이슬람법정연합에서 아일 분분가의 지위가 오른다. 무기를 공급했기 때문에 무장 측도 강하게 처벌되지 않는다. 또 무장 전체가 이슬람법정연합의 부대로 탈바꿈할 수도 있었을 것이다.

"만약 무장 연합이 이겼으면 같은 일이 일어났을까? 이슬람법정연합의 씨족이 자신과 같은 씨족에게 무기를 내놓았을까"라고 묻자 코베는 "물론"이라고 대답했다.

이 정도는 소말리인들에게는 상식이다. 하지만 이 상식이 소말리인 이외에는 전혀 공유되지 않기 때문에 외부인에게는 '소말리아는 이해할 수 없는 곳'이다. 이런 씨족 정치는 소말릴란드를 포함해 지역 곳곳에서 이뤄지고 있다. 그 복잡성, 격렬함에서는 모가디슈를 능가할 곳이 없다. 그런데 이런 이야기를 듣고 있으면 '정말 모가디슈는 엉뚱한 곳'이라는 인상을 갖게 된다. 사람들도 리얼 북두의 권 같은 인물들뿐이라는 생각이 드는 것이다. 그런데 반드시 그렇지만은 않다. 정말 놀랍게도, 모가디슈 사람들은 전반적으로 조용하고 인상이 좋으며 소말릴란드와 푼틀란드 또는 케냐의 소말리인들에 비해 사교적이다.

내가 만난 것은 주로 함디 등 혼 케이블 TV 직원과 호텔에 숙박하는 사람들, 호텔 직원, 차량 운전사 정도다. 지식인과 교육을 잘 받은 부류인 건 사실일 것이다. 하지만 다른 지역에서 만난 지식인과 교육을 잘 받은 사람들은 더 거칠고 직선적이었다. 소말리인들은 일반적으로 남의 이야기를 듣지 않지만 모가디슈 사람은 비교적 정중하게 들어준다. 독단적인 함디마저 내가 이야기하기 시작하면 일단 끝까지 인내하고 듣는다. 소말릴란드를 비롯한 다른 소말리인들은 친절하지만 거칠다. 카트 연회에서도 이야기를 시작하면 나를 바로 잊어버린다. 잠시 후 갑자기 생각나서 "다카노 뭔가 원하는 것이 있어?" 하며 큰 소리로 묻는다. 콜라가 마시고 싶다든가 카트가 부족하거나 화장실에 가고 싶다고 하면 즉시 조치해준다. 그러곤 "만족해?" 하고 묻는다. 내가 고개를 끄덕여 감사를 표하면 방긋 웃고 또 잊어버린다. 그런 느낌이다.

반면 여기서는 항상 내 존재를 걱정해주고 이야깃거리를 꺼내준다. 배려가 섬세하다. 함께 있으면 즐겁고 편안하다. 내가 서투른 소말리어로 말할 때의 반응도 다르다. 소말릴란드는 과장되게 놀라거나 웃거나 하는 한편, 갑자기 빠른 소말리어를 쏟아내고 내가 이해하지 못하는 걸 알게 되면 "뭐야, 못 알아들은 거야?"라며 일방적인 반응을 보인다. 그리고 영어가 가능한 사람은 내 소말리어를 무시하고 영어로 말하는 게 보통이다.

하지만 모가디슈에서는 호텔 직원들도 친절하다. 영어를 할 수 있어도 소말리어로 이야기하려고 노력하고 천천히 말해주거나 알기 쉬운 단어를 사용하면서 여러 가지를 세세하게 배려한다. "당신은 소말리어를 할 수 있으니까 이제 소말리인"이라는 칭찬도 해준다. 나는 "소말리어 따위 배워도 소용없다"고 투덜댔지만 모가디슈에 와서 처음으로 "배워서 좋았다!"고 감동했을 정도다.

결국 모가디슈 사람들은 도시인이다. 영어 가능 여부와 상관없이 (소말릴란드 사람들이 영어를 훨씬 잘한다) 그들은 세련되고 사회성이 뛰어나며 겸손과 수줍음도 갖추고 있다. 나는 모가디슈에 머무는 동안 함디와 자쿠리야에게 매일 밤 카트와 낙타 젖을 사다달라고 했는데 그들은 비용을 요구하지 않았다.

이것은 소말리월드에 익숙해져 있는 나로선 놀라운 일이다. 소말리월드에서는 심부름을 요구할 때 선물이 철칙이다. 나중에 돈을 받을 수 없는 걸 두려워하기 때문이다. 특히 외국인인 나에 대해서는 더욱 그렇다. 가장 놀랐던 점은 함디 무리가 소말리아 지도를 나에게 사준 것이었다. 나는 소말리아 행정 구분이 세세하게 기록된 지도를 갖고 싶었다. 인터넷에서 찾으면 주까지는 나오지만 주 아래의 구까지 게재돼 있는 것은 눈에 띄지 않았다. 마을 곳곳에서 지도를 찾다가 어느 인쇄소에서 발견했다. 그런데 한 장에 60달러라고 했다. 파산 직전인 나에겐 너무 큰돈이어서 포기했다. 그러자 모가디슈를 떠나기 전날, 함디 무리가 호텔에 와서 그 지도를 내밀었다.

소말리인에게 공짜로 무언가를 얻거나 받은 경험이 없던 나로선 처음엔 무슨 일이 일어나고 있는지 전혀 알지 못했다. 그들이 마음대로 사서 나에게 돈을 청구하는 것으로 착각해 화를 낼 뻔했다. 실제로는 혼 케이블 TV의 모가디슈 지국 예산으로 구입했다고 한다. 감격 정도가 아니었다. 나중에 알았다. 역시 그들은 도시인이었다. 멀리서 온 손님을 대접하지 않으면 안 된다고 생각한 것이다. 돈 문제가 우선이 아니라 멋있게 보이고 싶었을 것이다.

전쟁이 20년간 계속돼도, 적어도 교육을 잘 받은 사람들 사이에서 그 기질이나 문화는 없어지지 않는다. '오닌의 난'의 폐허 속에서도 교토 사람들은 다른 나라 사람들에 비하면 여전히 우아했을 것이라고, 옛 일본 생각을 하게 됐을 정도다. 아이러니하게도 함디나 자쿠리야, 다른 사람들은 모두 소말릴란드를 싫어했다. 함디 무리는 "어쨌든 그런 것은 인정하지 않는다. 있을 수 없다"며 이유마저 대지 않는다. 이미 논외라는 느낌이었다. "우리 도시인의 허가 없이 마음대로 나라를 만드는 건 있을 수 없다"는 것처럼 들렸다.

내가 지지하는 소말릴란드를 혐오하고, 문제를 기간산업쯤으로 여기는 모가디슈 사람들. 하지만 난처하게도 나는 우아하고 멋진 이곳 사람들이 좋아졌다. '함디 무리도 소말릴란드에 살면 좋았을 텐데' 하고 몽상에 잠겼다.

제 7 장

하이퍼 민주주의 국가 소말릴란드의
수수께끼

전국 시대의
소말릴란드

생각해보면 소말릴란드도 수년 전까지는 모가디슈와 같은 상태였다. 푼틀란드에서는 마제르텐 씨족의 주요 분가 셋의 싸움이, 남부 소말리아에서는 하위예와 다로드 씨족 간의 전쟁, 그리고 하위예 씨족 내부 간의 싸움이 펼쳐지고 있었다. 마찬가지로 소말릴란드에서도 이스자아크 씨족의 주요 세 분가가 권력을 둘러싸고 다툼을 벌였다. 이 싸움은 지금도 '선거'라는 모의 전쟁의 형태로 이어지고 있다.

초대 대통령 토르: 중앙 내륙 도시 브루오와 동부 에리가보를 주요 거점으로 하는 하발 유니스 씨족
2대 대통령 에가루 수도: 하르게이사와 항구도시 베르베라를 주요 거점으로 하는 하발 아와르 씨족(와이얍과 고 사마타 교수의 씨족)
3대(현직) 대통령 시랑요: 베르베라와 브루오를 주요 거점으로 하는

하발 자로 씨족

씨족과 정치인의 이름만 파악하면 소말릴란드 전국사도 상당히 재미있다. 바레 정권 시절 소말릴란드(당시 북부 소말리아)에서는 소말리국민운동SNM이라는 반정부 게릴라 활동이 전개됐다. 이 게릴라는 해외에 도피한 지도자들에 의해 이뤄지고 있었다. 재미있는 건 분가들이지도자를 돌아가며 맡고 있었던 점. 사단도 씨족별로 나뉘어 있었다.

제1사단 하발 자로
제2사단 하발 유니스
제3사단 이다가레 분가(하발 유니스 씨족의 형제 분가)
제4사단 하발 아와르 씨족의 사드·무세 분가
제5사단 하발 아와르 씨족의 이세·무세 분가

1991년 바레 정부가 붕괴하자 게릴라 군은 하르게이사로 개선했다. 앞에도 썼지만, 처음에는 좋았다. 한때 바레 측을 적대시했던 서쪽 가다부르시 씨족, 동부 다로드 씨족과 화해하고 소말릴란드공화국의 독립을 선언했다. 씨족의 원로와 유력자들이 모인 회의에서 SNM이 임시정부를 담당하는 것으로 결정돼 당시 SNM의 지도자였던 하발 유니스 씨족의 토르가 초대 대통령으로 선출됐다.

그러나 공통의 적을 잃은 소말릴란드는 엉뚱한 곳으로 달리기 시작했다. 가장 큰 문제는 새로운 공화국 정부가 '하발 유니스 씨족의 정부'로밖에 인식되지 않았던 것이다. 무장 차량 '테크니컬'이 나다니고 곳곳에서 민병대가 약탈하며, 제멋대로인 체크포인트를 만들어 시민들로부터 돈을 빼앗았다. 정부의 구심력은 떨어졌고, 1992년 동부의 중심 도시 브루오에서 정부 측 하발 유니스 씨족과 하발 자로 씨족 사이에 전투가 발발했다.

이어서 최대 수입원인 베르베라 항구의 이권을 둘러싸고 정부 측 하발 유니스 씨족과 하발 아와르 다테 씨족의 이세·무세 분가가 충돌했다. 특히 후자의 전쟁은 반년 동안 계속돼 2000명 이상이 사망했다. 이것이 '1차 내전'이다. 이들 세 씨족 간의 분쟁은 이스자아크 원로들도 해결할 수 없는 상황이었다. 결국 중립적 입장에 있는 가다부르시 씨족이 중재에 나서 우여곡절 끝에 화해에 도달했다.

1993년 가다부르시 씨족 마을 보라마에서 '보라마 회의'라는 대형 콘퍼런스가 개최됐다. 소말릴란드에 사는 전 씨족 대표 150명, 그 외 지식인, 디아스포라(해외 거주자) 등이 옵서버로 참가해 총 참석 인원이 2000여 명에 달했다. 이 회의가 '전설'이 된 것은 참가자 수뿐만 아니라 기간 때문이기도 하다. 회의는 무려 석 달 이상 계속됐다. 매일 나무 그늘에 돗자리를 깔고 원로들이 논쟁을 벌였으며, 주위 사람들도 돗자리 위에 둘러앉아 토론을 진행했다. 중요한 것은 누가 이 대형 콘퍼런스의 비용을 대고 있었느냐다. 소말리아에서 가장 중요한 주제는 돈이다. 정답을 말하면 사업가, 디아스포라, 소말릴란드 국내 NGO 등 대부분 소말릴란드인이 모아서 냈다. 이 회의에서는 최종적으로 매우 중요한 몇 가지가 결정됐다.

· 정부 경찰이 생길 때까지 각 씨족이 경찰 기능을 갖고 민병대와

도둑을 단속하며 치안을 책임진다.

· 각 씨족은 민병대를 해체하고 무기를 회수한다. 무기는 정부 소유로 한다. 또한 무장 해제 이전에도 무기는 도시와 공공 장소에 반입하지 않는다.

· 소말릴란드의 외부 침공이 있을 경우 각 씨족은 하나가 돼 싸운다.

· 구루티(장로의 특별평화회의)를 상설한다.

또한 회의에서는 원로 150명이 대통령을 결정하는 투표를 진행해 하발 아와르 씨족의 에가루가 제2대 대통령에 당선됐다. 회의는 대성공으로 끝난 것처럼 보였지만 그렇지 않았다. 에가루의 대통령 선출에 대해 최대 세력인 하발 유니스 씨족이 강하게 반발했다. 그들은 자신들의 대표인 초대 대통령 토르가 재선될 것으로 믿고 이 회의에 참석했다. 그런데 하발 아와르 씨족과 에가루의 숫자 놀음에 패했다고 여긴 것이다. 그들이 돈 모으기에 능숙했다고 할 수도 있다.

분노한 하발 유니스 씨족은 자신들의 술탄(우두머리)을 부통령으로 임명하라고 강요했으나 에가루가 거부하면서 완전히 결별하고 말았다. 하발 유니스 씨족은 자신들끼리 회의를 열고 '에가루 정권은 정당성이 없다'고 결론지었다. 그러곤 하필이면 남부의 아이디드 씨족과 함께 투쟁하기로 결정했다. 아이디드는 이를 환영하면서 토르를 자신들의 '자칭 정권'에 끌어들여 부통령의 지위를 줬다.

한편 소말릴란드의 무장 해제는 순조롭게 진행됐다. 각 씨족은 무기를 정부에 반납했고 민병대는 정부군이나 경찰 군인으로 재편성됐다. 하지만 하발 유니스 씨족과 그 형제 씨족인 이다가레 분가는 응하지 않아 전투가 일어났다.

직접적인 원인은 '항구'였다. 소말릴란드 정부의 수입은 예나 지금이나 주로 수입품의 관세. 베르베라 항구 관세, 하르게이사 공항 관세 그리고 육로로 옮겨오는 카트에 걸린 관세가 대부분을 차지한다. 하르게이사 공항의 토지를 전통적으로 지배하는 이다가레 분가가 그 권리를 정부에 양도하길 거부하고 반란을 일으켰다. 형뻘인 하발 유니스 씨족의 요구에 따른 것이다.

브루오와 하르게이사에서 정부군, 정부 측 민병대와 하발 유니스 씨족이 전투를 시작했다. "하발 유니스 씨족+이다가레 분가 대 다른 모든 씨족"의 구도였다. 이것이 '제2차 내전'이다.

1차 때보다 큰 피해를 냈지만 각 지역 씨족 원로들과 종교 지도자, 디아스포라 등이 중재에 나서 1995년 하르게이사에서 다시 대규모 회의가 열렸다. 하발 유니스 씨족과 이다가레 분가도 무장 해제에 응해 소말릴란드 통일을 위해 모든 종족이 힘을 모으기로 했다. 그 후에도 동부 다로드 씨족 대부분이 소말릴란드를 배반했지만 이스자아크 씨족과 가다부르시 씨족의 유대는 무너지지 않았다. 또한 동부 다로드 씨족과 정부군의 교전 외에 큰 전투나 내전은 일어나지 않고 있다. 에가루가 사망하고 민주화로 이행한 이후 이들 3개 씨족의 항쟁은 대통령 선거라는 모의 전쟁으로 확대되고 있다.

첫 번째 선거에서는 에가루 정권의 부통령이자 하발 아와르 씨족의 지지를 얻어낸 리야레(가다부르시 씨족)와 삼대 가문 중 유일하게 대통령을 내지 않은 하발 자로 씨족의 시랑요가 맞대결했다. 수십 표 이하의 매우 근소한 차이로 시랑요가 패했다. 폭동이 일어날 뻔했지만 시랑요는 "민주주의를 지켜라"라며 제지했다.

　그리고 2010년 두 번째 대선에서 시랑요가 다시 출마, 승리를 거두고 3대 대통령에 취임했다. 소말리아 최대의 송금 회사 '다하부시루'의 소유자가 하발 자로 씨족이고, 그가 상당한 돈을 선거 자금으로 시랑요에게 제공한 것이 승리의 요인 중 하나로 알려져 있다. 지금 불만을 더해가고 있는 것은 최대 파벌인 하발 유니스 씨족이다. 초대 대통령 토르는 다른 씨족의 지원을 얻지 못하고 끝났다.

'지상의 라퓨타'로
돌아가다

세계 최악의 마을인 꽃의 도시 모가디슈와 지상의 라퓨타 소말릴란드의 수도 하르게이사가 직항으로 연결돼 있는 것은 생각해보면 이상한 일이다. 모가디슈에서 하르게이사까지 2010년 8월 기준으로 네 곳의 항공사가 비행을 하고 있다. 그중 두 곳은 국적 불명의 소말리인이 경영하고, 나머지 둘은 케냐 항공사다.

비행 일정은 격주로 결정하나 싶을 정도로 자꾸 바뀌기 때문에 확실한 것은 알 수 없지만 대체로 일주일에 서너 편 정도로 꽤 자주 비행하고 있다. 그런데 최소 나흘 전이 아니면 예약하기가 어렵다. 내가 코베와 탄 비행기도 만원이었다. 모가디슈와 소말릴란드를 오가는 이들은 어떤 사람일까. 사업가, 정치인, 어느 쪽에든 친척이 있는 사람. 그리고 모가디슈의 부자 중에는 1년에 한 번씩 소말릴란드에 피서처럼 '피전避戰'을 가는 사람도 많다고 와이얍이 말했다. 이 지역은 연중 전쟁이기 때문에 가끔은 가족 모두 '평화'를 만끽하러 하르게이사에 간다는 것이다.

하긴 기내를 둘러보니 남녀노소가 빠짐없이 있어, 단지 사업이나 정치 목적만은 아니란 게 분명했다. 나는 몰래 누가 모가디슈 사람인지 소말릴란드 사람인지 판별해보려고 했다. 하지만 비슷한 복장으로 대부분 안전벨트를 하려는 의지도 안 보이고 거의 모두가 큰 소리로 소란스럽게 말하고 있어 "소말리는 소말리"라는 말을 다시 확인하는 것만으로 끝났다.

약 한 시간 반을 비행해 하르게이사에 도착했다. 와이얍이 내 비자를 준비해서 기다리고 있었다. 20달러를 강제 환전한 후 소말릴란드 실링 돈다발을 보며 "아, 돌아왔구나" 하고 감회에 빠져 있을 때 동행한 코베는 이민국에 잡혀 있었다. 소말리아 또는 푼틀란드에서 비행기로 소말릴란드에 입국할 때는 소말리아 사람이라도 여권을 제출하도록 의무화하고 있다. 게다가 현재 소말리아 임시 정권이 발행하는 '소말리아공화국' 여권은 접수하지 않는다. 소말릴란드가 임시 정권을 혐오하기 때문이다. 소말릴란드 이외의 소말리 사람에겐 항공사에서 여권 대신 여행증명서 같은 것을 발급해준다. 또한 구소말리아 시대의 옛 여권도 쓸 수 있다.

나도 그 정도는 알고 있었으므로 코베에게 몇 번씩 "여권은 있지? 가지고 있지 않으면 소말릴란드에 못 들어간다"고 말했다. 그런데 이 푼틀란드의 장난꾸러기 코베는 준비하지 않았던 것이다. 그의 형뻘인 한 사람은 보사소에서 소말리아공화국의 여권 위조업을 하고 있다고 한다. 하나 만들어주면 좋았을 텐데 그렇게 안 한 것은 "소말릴란드도 소말리아의 일부"라는 그와 그의 가문의 신념에 반하기 때문일 것이다. 여권을 휴대하지 않으면 감옥행 또는 강제 송환이다. 와이얍이 "혼케이블 TV가 그의 입국을 보장한다"고 알고 지내던 담당관에게 약속하자 코베는 풀려났다.

"그래서 말했잖아? 네가 인정하지 않아도 소말릴란드는 독립 국가라니까"라고 내가 농담조로 말하자 그는 "재작년에 비행기로 왔을 때는 여권 따위 필요하지 않았다"고 응수했고, 낮은 목소리로 "이래서 나는 소말릴란드가 싫다"고 악담했다.

이것으로 소말릴란드에 도착한 것은 세 번째다. 처음에는 '정말 이런 나라가 있구나' 하고 반신반의하는 마음이었다. 두 번째는 '여전하구나'라는 익숙한 감정. 그리고 이번에는 '어떻게 여기는 한가로울까'라는 말로 요약됐다.

공항 밖으로 한 걸음 나오면 경비 군인도 없고 마을로 향하는 길에도 사람의 모습이 보이지 않는다. 라마단 오후여서 대체로 사람들은 집에서 낮잠을 자고 있을 것이라고 예상할 수 있지만, 먼지투성이 길을 염소 가족이 터벅터벅 걷고 자카란다 보라색 꽃과 히비스커스 계열의 빨간색 혹은 분홍색 꽃이 피기 시작하는 가운데 새소리가 쩍쩍 들리면 여기가 타히티나 세이셸이나 아마미 오시마인가 생각하게 된다.

항상 자신이 직면하고 있는 것에만 관심을 두는 '전형적인 소말리인' 와이얍은 나에게 여행이 어땠는지 묻지도 않고 지금 소말릴란드에서 문제가 되고 있는 '대사건'에 대해 열심히 설명하기 시작했다.

"외무부 장관이 호주의 기업과 계약하며 마음대로 서명했다는 것이 지난주 아일랜드 대사의 고발로 밝혀진 거야. 외국 기업과 정부가 계약할 때 대통령이 서명해야 한다고 헌법에 명시돼 있기 때문에 이 것은 분명히 헌법 위반이야. 지금 우리는 그것을 추궁하고 있어."

볼펜을 휘두르며 역설하지만 너무 평화로운 화제에 솔직히 나는 질려버렸다. 어쨌든 지난 2주간의 뉴스라고 하면 전투, 해적, 테러, 난민, 기근의 끝없는 반복이었다. 푼틀란드도 모가디슈도 '헌법 위반'은커녕 헌법 자체가 존재하지 않는 곳이었다. '와이얍은 '평화 멍청이'가 돼버린 게 아닐까' 의심했을 정도다. 하지만 실제로 멍청이가 된 것은 나였다. '위험 지대 멍청이' '연금 멍청이' '파오리 멍청이'.

이튿날 호텔을 나와 마을을 어슬렁거렸는데 처음에는 호위 없이 걷는 게 왠지 무서웠다. 꿈속에서 바지를 입지 않고 팬티만 입고 걸을 때와 같은 이상한 불안감이었다. 익숙해지자 그것은 서서히 쾌감으로 바뀌었다. 매번 그렇지만 "히 혼" "차이나"라고 말을 거는 것도 기쁘다. 전에는 일일이 "노, 재패니즈"라고 부정했지만, 지금에 와서는 아무래도 좋아 "히 혼!"이라고 불리면 빙그레 웃으며 "히 혼!"이라고 말해준다. 놀라운 것은 정말 총을 가진 사람이 없다는 것이다. 민간인은 물론이고 가끔 위장복을 입은 군인으로 보이는 사람도 있는데 그들도 빈손이다.

이따금 긴 총신 같은 것이 눈에 띄어 깜짝 놀라지만 모두 나이 든 남자가 갖고 있는 나무 지팡이다. 텔레솜과 솜텔레 등 휴대전화 회사 입구에서 경비를 하는 경비원도 경봉 같은 짧은 막대기를 허리에 꽂고 있을 뿐이고, 은행을 대신하는 송금 회사 다하브시루 경비원조차 맨몸으로 보인다. 나중에 들었는데 일단 권총을 휴대하고는 있다고 한다. 하지만 만약 누군가가 자동 소총을 들고 들이닥친다면 권총은 아무 소용이 없다. 총을 가진 강도가 절대 오지 않는다는 강한 확신을 회사와 소말릴란드 치안 당국도 갖고 있다. 은행 보안 담당자가 권총뿐이라니.

실눈을 뜨고 총을 찾았지만 전혀 보이지 않는다. 믿을 수가 없었다. 전에 도쿄에서 스구레에게 "소말릴란드에는 총을 가진 사람이 없다"고 말했더니 "어, 진짜?" 하며 아주 놀랐던 게 생각난다. 푼틀란드와 모가디슈에서도 내가 같은 이야기를 하면 놀라거나 오히려 의심스러운 듯 내 얼굴을 빤히 쳐다볼 사람이 몇 명 있었다. 나로서는 "소말리인 주제에 왜 그런 기본적인 지식도 없는 거야?"라는 궁금증이 생겼지만 지금 간신히 그들의 기분을 조금 알 것 같았다.

현 소말리아(푼틀란드와 남부 소말리아)에서는 마을에서 총을 들고 있는 사람을 만나는 게 평범한 일이다. 소말릴란드 사람도 푼틀란드 사람이나 남부 소말리아 사람과 같은 소말리인이고, 게다가 한때는 똑같이 총을 들고 걷는 사람이 많이 있었다. 그리고 뉴스에서는 나쁜 것은 보도되지만 좋은 것은 보도되지 않는다.

"소말릴란드에서는 총을 들고 마을을 걷는 사람이 없어졌다"는 건 뉴스가 되지 않을 것이다. 그래서 소말릴란드 이외의 장소에 거주하는 소말리인은 "평화라든가 치안이 좋다든가라고 말해도 아무도 총을 가지지 않는 일은 없겠지" 하고 머리로 믿고 있는 것이다. 소말리인들이 이 정도 인식이니 비소말리인인 서양인과 일본인이 제대로 인식할 수 있을 리가 없다.

총을 가진 사람이 없으면 나를 납치하려는 인간 또한 없는 것이다. 마음대로 걸을 수 있는 이 즐거움이란! 오랜만에 가게와 벽에 그려진 그림을 감상했다. 푼틀란드와 모가디슈에서도 그림은 그려져 있었지만 차창 너머로 바라볼 수밖에 없었다. 빵과 통조림, 기계 공구, 타이어, 달러 뭉치 등. 결코 훌륭하지 않고 멋있지도 않지만 일본처럼 "이런 식으로 그리면 무난하겠지"라든가 "이런 식으로 그리면 미국적인 분위기라 근사하겠지" 같은 일체의 계산 없이 손이 원하는 대로 그린 그림이다. 그림을 보면서 걷다보니 낙타와 염소, 사자, 새 등이 초원에서 사는 모습을 생생하게 그린 긴 담벼락이 있었는데, 이게 뭘까 싶던 차 알고보니 정부의 '축산부'였다.

뒷길로 들어가 낯선 곳에서 헤매고 있는데, 민가 앞에 의자를 내놓고 앉아 있던 중년의 남자가 "어이, 뭐하고 있어!"라고 나를 향해 소리쳤다. "왔다 갔다 하고 있을 뿐인데" 하고 경계하는 기색으로 대답하면 "그런가, 이 도시는 치안이 좋으니까 어디를 가도 괜찮아!"라며 다시 큰 소리로 말했다. 빙빙 돌아 시내의 번화한 장소로 돌아왔다. 오전은 역시 활기차다.

라마단이 종반에 접어들어 라마단 축제 '이드'가 가까워지고 있기에 마을은 호황을 누리고 있었다. 옷이나 신발, 칫솔 대용 나뭇가지 등을 파는 포장마차가 시끌벅적했고, 차가 선착순 경쟁이라도 하듯이 머리를 들이밀며 경적을 울렸다.

내 눈앞에서 버스 운전사가 창문에서 얼굴을 내밀어 당나귀 수레를 끄는 아저씨에게 소리를 지르고, 아저씨는 당나귀에게 소리를 지르고, 깜짝 놀란 당나귀는 갑자기 방향을 바꿔 이쪽으로 돌진해온다. 당나귀에게 치일 것 같아 나는 옆으로 비켜섰다가 옥수수 포장마차에 부딪혔고, 물건을 팔던 아이의 형이 화를 내며 소리쳤다.

결국 내가 이 '소리 지르기 도미노'를 멈추고 말았다. 포장마차 형에게 사과했을 때 그는 이미 이쪽을 안 보고 있었다. 나만 항상 한 박자 느리다. 분명 그 형은 '인다이얼은 멍청하네'라고 생각한 게 틀림없다. '인다이얼'은 직역하면 '작은 눈'이고 일본인·중국인·한국인을 한 묶음으로 부르는 소말리 세계에서의 가장 일반적인 호칭이다. '멍청하다고 생각해도 좋지 않은가' 나는 생각했다. '봉'이라든가 '적'이라고 생각되는 것보다 훨씬 좋은, 무엇보다 아무도 나에게 특별한 관심을 두지 않는 것이 편했다.

지금까지 소말릴란드에서 당연히 누려왔던 평화와 치안이 좋은 것임을 푼틀란드와 모가디슈 여행을 통해 나는 겨우 인식할 수 있게 됐다. 한마디로 말하면 이건 '기적'이다. 치안이 좋은 건 정신적으로만 편한 게 아니다. 돈도 들지 않는다. 호텔은 단 10달러, 밥은 세 끼 먹어도 7~8달러. 호위병도 차량도 필요 없다. 그리고 나와 와이얍의 카트 비용을 합쳐서 10달러 전후. 하루 2000엔이면 돈이 남는다. 경비 비용은 단번에 전날의 10분의 1 이하로 떨어졌다.

문제는 와이얍의 조율비용이다. 지금까지 하루 40달러를 지불하고 있었다. 와이얍은 금전에 관해서는 매우 사무적이고 건조한 사람이다. 항상 어려운 협상을 강요당하고 있었다. 푼틀란드와 모가디슈 여행도 그가 조율한 것이니 그것도 합쳐서 앞으로 일당을 얼마나 지불하면 좋을까? 저녁에 혼 케이블 TV에 출근하기 전에 호텔로 마중 와준 그를 방으로 불러 단둘이 이야기했다.

나는 남은 짧은 체류 기간에 하고 싶은 일을 말했다. 소말릴란드는 남부 소말리아는 물론이고 같은 문화를 가지지 않은 푼틀란드와도 전혀 다르다. 차이는 어디에 있는가 하면, 다음 세 가지 점이라고 나는 생각했다. 나에겐 여전히 미스터리다. 아니면 대략적인 사실관계를 알고 있어도 구체적인 내용은 모르기 때문에 실감할 수 없는 부분이다.

· 두 번의 내전에서 어떻게 디야(배상금)를 지급했나.
· 무장 해제는 어떻게 성공했나.
· 복수정당제 민주주의로 어떻게 전환할 수 있었나.

"이것을 제대로 알지 못하면 일본에 돌아갈 수 없다"고 내가 말했다. "이것이 나에게 마지막 수수께끼야."

"알았다"고 와이얍은 응답했다.

"나에게 묻는 것은 무엇이든 가르쳐준다. 그래도 부족하면 모든 평화 협상에 참여하고 그런 것을 가장 잘 아는 원로에게 너를 데려가겠다."

고마운 일이다. 나머지는 '얼마가 필요하냐'는 것이다. 그러자 와이얍이 내 어깨를 두드리며 미소를 지었다.

"사히부(친구여), 우리는 이미 그러한 단계를 지났다. 하루에 얼마인지는 아무래도 좋다. 네가 지불할 만큼이면 된다."

어안이 벙벙했다. 튼실한 그의 손을 잡으면서, 나는 오늘 마지막 해방감을 천천히 맛보고 있었다.

아프리카 TV
포장마차 마을

이튿날부터 새로운 일과가 시작됐다. 저녁 6시경 '아후루'(금식 직후의 식사)를 먹는다. 사모사, 대추, 수박 등의 세트 또는 낙타 고기 덮밥. 모두 맛있다. 끝나면 와이얍이 혼 케이블 TV의 차로 데리러 온다. 마크 Ⅱ 라이트밴 또는 랜드크루저다. 도시를 달리면서 20대의 젊은 직원을 하나둘 태우는데, 마지막에는 10명으로 불어나기도 한다. 수학여행처럼 모두 와글와글 기뻐하면서 우선 카트 시장으로 향한다.

푼틀란드와 모가디슈 여행에서 하르게이사로 돌아왔을 때 너무나 평화로운 것에 놀란 것만큼이나 또 놀란 건 여기저기에 카트 포장마차가 있는 것이었다. 푼틀란드나 모가디슈에서는 차로 달리고 있으면 가끔 볼 수 있는 정도였는데 여기서는 시야에서 끊이지 않는다. 일본의 자동판매기 정도의 빈도로 만난다.

하르게이사는 확실히 소말리 세계에서 '카트 수도'다. 하지만 와이얍과 유쾌한 동료들은 포장마차에서 거의 카트를 사지 않는다. 대신 시장에 간다. 시장에서는 도매 가격이므로 포장마차보다 20~30퍼센트 싸다.

시장은 전쟁터 수준의 살기와 혼돈으로 가득 차 있다. 모두 단식을 잘 참았다. 음료수나 음식보다 카트에 굶주린 것처럼 보일 정도다. 땅바닥은 떨어진 카트 잎으로 가득 찼고 그것을 염소가 마구 먹고 있다. 사람과 자동차가 밀집해 있고 고함 소리가 울려 퍼진다. 군중 사이로 우리가 탄 차가 돌진하면 티셔츠나 러닝셔츠를 입은 깡패 같은 사람들이 우르르 몰려온다. 그중에는 창틀에 매달려 떨어지지 않는 놈도 있다. 그래도 운전기사는 신경 쓰지 않고 그대로 차를 달린다.

항상 정해진 가게에 간다. '가화네'라는 여성 오너의 이름이 붙은 브랜드의 직영점이다. 가화네는 에티오피아 할랄에 광대한 카트 농장을 보유하고 있어 재배에서 출하, 수입, 판매까지 모두 처리하는 일본의 대형 식품 업체와 같은 방식을 취한다. 당연히 제대로 관리되고 있기 때문에 품질이 좋다.

하르게이사에서 가장 인기 있는 레스토랑 중 하나(소말릴란드에서 유일하게 아르덴테● 파스타를 먹을 수 있는 가게다)도 여성 오너가 경영한다. 배짱과 영리함이 있다면 소말리에서는 여자가 여러 가지를 해낼 수 있는 것 아니냐는 내 가설을 지지해준다.

그런데 카트도 '가다루' '차비스' '앗바야바' 등 여러 종류가 있다. 가다루는 맛이 없고, 물로 희석한 싼 술 같은 카트다. 앗바야바는 가

● 쫄깃하게 딱 알맞게 익은 상태.—자은이

격이 그다지 높지 않으나 강렬하여 효과가 이틀간 지속되기 쉽다는 소주 '다이고' 같은 카트다. 한번 시도했는데 흥분이 멈추지 않아 한밤중에 마을을 빙빙 돌았다. 그리고 와이얍 무리가 좋아하는 가장 값비싸고 맛이 좋고 부드러우면서 강하고 효과가 있는 싱글 몰트 같은 차비스.

카트 가격은 계절에 따라 오르내린다. 가장 높은 때는 비가 오지 않는 10월에서 3월 사이로 4월에 비가 조금 내리기 시작하면 값도 서서히 내려간다. 그리고 7~8월에는 건기의 절반 정도 가격이다.

카트는 킬로그램 단위로 판매하고 있고, 일반인은 '레부아'(4분의 1킬로그램)의 묶음을 산다. 레부아의 부피는 콘서트에서 건네지는 꽃다발 정도다. 한번은 내가 사진을 찍어 "이거 먹는 거야" 하고 일본의 가족과 친구에게 보여줬더니 "염소가 됐어?"라며 깜짝 놀랐다. 레부아는 4달러 정도다.

가화네에서 나는 내 몫의 돈을 지불하지만 와이얍은 돈을 안 낸다. 외상인 것이다. 가화네는 매월 말 방송국에 외상값을 통합 청구한다. 물론 와이얍의 월급에서 제한다. 각각 콘서트 꽃다발 정도의 카트를 사들여 차 안이 녹색 냄새로 꽉 찼다.

우리는 군중을 치어 죽일 정도의 기세로 시장을 탈출해 도시의 서쪽 교외로 향한다. 도중에 물과 콜라도 대량 구매한 후 자갈과 파편으로 뒤덮인 언덕을 점점 올라가 높은 철탑이 있는 부지 앞에서 멈췄다. 별로 크지 않은 2층 건물이 소말리어 국제방송 '혼 케이블 TV' 본사다.

1층은 스튜디오와 편집 장비 등이 각 방에 죽 놓여 있어 일본의

수수께끼의 독립국가 소말릴란드

방송국이나 제작사와 비슷한 분위기다. 인사를 하면서 옆을 지나 좁은 나무 계단을 삐걱삐걱 올라가면 다다미 10개 정도 넓이의 방이 있다. '중앙 편집실'이다.

소말리인들은 방에 들어갈 때 일본인과 마찬가지로 반드시 신발을 벗는다. 이곳처럼 바닥이 먼지나 카트 쓰레기투성이인 결코 위생적이지 않은 방에서도 마찬가지다. 하지만 벗고 정리를 안 하기 때문에 입구에는 더러운 신발이나 샌들이 홍수에 떠내려온 것처럼 어지럽게 겹쳐 쌓인다.

일본과 똑같이 돗자리나 카펫을 깔고 벽에 기대어 다리를 내뻗고 앉는다. 1층과 달리 이곳의 직원들은 오로지 노트북으로 작업하고 있다. 낮에 찍은 사진을 확인하는 카메라맨, 기사를 쓰는 기자, 편집 소프트웨어 프로그램으로 편집하는 편집자. 푼틀란드나 모가디슈에서도 그랬지만 여기서도 연장자는 와이얍과 30대 중반의 남성 기자 한 명뿐 나머지는 모두 20대다. 종이 신문과 라디오라면 30대에서 50대 노인들도 보통 있다. 텔레비전 방송국에만 왜 이렇게 젊은이뿐인지 생각해보니 결국은 장비의 문제다. 연령이 낮을수록 비디오, 카메라, PC, 인터넷 등 신기술에 강하다는 만국 공통의 이유에서다.

모가디슈 지국은 지국장을 비롯해 여자가 많았던 탓에 고등학교의 학생회실 같은 차분한 분위기가 흐르고 있었지만 이쪽은 '놈들'뿐이다. 카트를 먹으면 몸이 화끈 달아오르기 때문에 즉시 셔츠를 벗고 러닝셔츠 한 장만 입은 차림이 된다. 그야말로 염소처럼 녹색 잎을 열심히 씹고 담배를 피우면서 "케인!(가져와)!"이라든지 "이미카, 이미카!(지금이야)" 하며 휴대전화나 눈앞의 상대에게 소리를 지른다. 누군가가 시시한 농담을 하면 다른 사람은 녹색으로 물든 이빨을 보이며 으하 하하 웃는다.

시간이 지날수록 카트 잎과 빈 페트병, 캔, 비닐봉지, 절반은 흘러넘친 재떨이가 여기저기 흩어진다. 방은 열기와 사람의 숨과 담배 연기에 그을리고 삶아져 압력솥 안에 있는 것 같다. 나도 열기가 올라온다. 내가 대학 시절에 소속돼 있던 탐험부의 방도 비슷한 분위기였다.

이곳의 '주요 인물'은 국장인 와이얍이다. 긴 다리를 쭉 내뻗고 정신없이 잎을 탐하고 있는 모습에서 한눈에 봐도 일을 하고 있는 것 같지는 않다. 하지만 사실 편집자가 편집하는 모니터를 자세히 들여다보고 이것저것 참견하고, 들락날락하는 직원한테서 보고를 받고 휴대전화로 지시를 내리고 있다.

솔직히 처음에 나는 적잖이 당황했다. 나는 단순히 와이얍과 개인적인 사이이고 그들은 열심히 일하고 있었기 때문에 정작 소말릴란드 현대사에 대한 강의를 받을 여유를 좀처럼 찾을 수 없었다. 그러나 방송국의 중추에서 매일 몇 시간씩 지내는 것은 실제로 매우 재미있었고 도움도 됐다. 방송국은 당연히 최신 정보가 모여드는 곳이다. 여기도 소말리 세상의 모든 뉴스가 들어온다. 편집실 TV는 모니터로 사용되며 항상 혼 케이블 TV 방송이 켜져 있다. 전투 장면이 나오거나 누군가가 연설하고 있으면 와이얍이나 가까운 직원에게 "이거, 어디?" 혹은 "이거, 누구?" 하고 물을 수 있다.

그렇게 해서 나는 남북 분단 도시 갈카요에서 떠난 후에도 전투가 이어져 2주에 30명이 죽었다는 정보를 알았고, 게다가 이번 전투는 공항 쟁탈전이 발단이었다는 해설도 들을 수 있었다. 앞에서도 썼지만, 씨족의 이름과 자세한 경위는 TV에서 공개하지 않기 때문에 소말리어를 알고 있어도 TV를 보는 것만으로는 파악할 수 없다.

에티오피아 영내 소말릴란드와의 국경 근처에서 씨족 분쟁이 일어나 100여 명이 살해됐다는 소식에도 놀랐다. 소말리어를 모르면 틀림없이 남부 소말리아나 푼틀란드라고 생각했을 것이다. 에티오피아 영내 소말리인 지역은 대체로 평화롭고 안정돼 있는 것으로 알려져 있다.

"(다로드 씨족의) 오가덴 분가 내에서 일어난 사건에 정치적 요소는 아무것도 없다"며 와이얍이 별로 관심을 나타내려고도 하지 않았던 것에도 놀랐다. 그들은 정치와 관련된 전투와 암살엔 민감하지만 씨족 간 분쟁엔 기본적으로 관심이 없다. 옛날부터 자주 일어났던 일이고, 결국 원로들이 논의한 후 디야(배상금)를 내면 끝이라고 생각하기 때문이다. 태풍으로 인한 산사태나 큰 교통사고처럼 취급하는 것이다. 한편 정치적 사건은 커지면 어디까지 갈지 모르고 때로는 소말릴란드의 안정과 독립에 영향을 주기 때문에 매우 세밀하게 점검한다.

모가디슈의 '대부 다아'가 다스리는 와다지루 지역에서는 정부군과 다아 민병대가 싸우고 있었다. 얼마 전 내가 머물던 곳을 뉴스 영상으로 보는 게 묘했지만 더 기묘한 건 군 지휘관이나 정치인, 알샤바브 대변인을 인터뷰하거나 스튜디오에서 뉴스를 읽는 것이 함디와 기자 히스 등 내가 아는 사람들뿐이라는 것이었다. 보통 여행지에서 만난 사람들과는 메일이나 전화를 주고받을 수는 있어도 영상에서 모습을 보는 일은 거의 없다. 하물며 푼틀란드와 모가디슈에서 만난 사람들은 언제 또 만날 수 있을지 모른다고 생각했는데 매일같이 TV에서 대면할 수 있는 것이다.

한번은 보사소에서 신세를 졌던 '뚱보 아흐메드'가 특집으로 등장했다. 여전히 뚱뚱하고 재미있으며 잘 지내는 것처럼 보인다. 그는 스튜디오에서 중년 남성과 뭔가 이야기하는 토크쇼에 출연했다. 상대 남성은 묘하게 더듬거리며 말했다. 와이얍에게 물어보니 "말더듬증이 있는 사람이다. 사람들이 어떻게 어려움을 겪고 있는지를 소개하고 싶다고 아흐메드가 말해서 그 프로그램을 하나 만들어보라고 했다"는 것이었다.

프로그램에 나온 사람은 '보사소 말더듬증연맹' 회장 정도 되었다. 전화로 이야기하는 것이 어렵고 일을 잘할 수 없어 아내에게 무시당해 폭력을 쓰는 경우가 많다든가, 우리는 일종의 장애인이란 걸 모두에게 이해시키고 싶다는 말을 하고 있었다. 일본에서 듣는 이야기와 거의 같다.

나는 말더듬증으로 고생하고 있는 후배가 가까이 있어 남의 일 같지 않았다. 일본에서도 힘든데 하물며 날마다 '말 경쟁'을 벌이고 있는 소말리 세계에서 말더듬증은 너무나 힘들 것이다. 뚱보 아흐메드는 느긋한 얼굴로 고개를 끄덕이며 능숙하게 상대의 이야기를 끄집어냈다. 그가 좋은 일을 하고 있다는 생각이 들었다. 10년 동안 여덟 번 결혼했으니 사람의 마음을 사로잡는 데 능숙한 건 당연한 일.

동시에 소말리아나 해적 국가 푼틀란드 기자가 이런 정직한 프로그램을 만들어 방영하고, 그것을 시청자가 흥미롭게 보고 있다고는 일본인이나 서양인은 꿈에도 생각지 못할 것이라고 여겨졌다. 그렇다고는 해도 혼 케이블 TV의 또 다른 얼굴은 '적당히'다. 뉴스, 드라마, 애니메이션, 영화 프로그램은 모두 다른 데서 무단으로 빌려온 것이다. 알자지라와 BBC 영화, 애니메이션 「톰과 제리」, 터키의 연애 드라마, 심지어 유튜브에서 끌어온 일본의 프로레슬링까지 자유롭게 가져다 쓰는 배포를 보이고 있다.

"우리 TV는 국제 언론인 연맹이나 저작권 협회 어느 것에도 가입하고 있지 않기 때문에 문제없다"고 말하며 와이얍이 웃었다. 혼 케이블 TV는 결코 예산이 윤택한 방송국이 아니다. 광고도 거의 들어오지 않는다. 그래서 자신들이 할 수 있는 것은 해적 취재든 전장 보고서든 뭐든지 하고, 못 하는 것은 언제든지 다른 데서 차용한다고 한다.

나는 예전에 일본에서 타이완 여성이 경영하는 아시아계 신문사에서 일한 적이 있다. 임기응변을 모토로 편집회의 및 저작권 개념이 없는, 그렇지만 자유롭고 즐거운 신문사였다. 그 간편함과 가벼움 때문에 나는 '아시아 신문 포장마차 마을'이라고 불렀을 정도지만 혼 케이블 TV도 꽤 비슷하다. '아프리카 TV 포장마차 마을'이라고 말하고 싶을 정도다. 학생들이 방송국을 만들면 이런 스타일이 될지도 모르겠다.

한때 일본에서 기자라고 불리는 사람들도 그들처럼 활기에 차 있지 않았을까 싶다. 싼 월급에도 열심히 일하고 술이나 담배를 마구 하는 등 생활은 엉망이었지만 독립심 강한 일을 하고 있었던 것은 아닐까. 여기에는 여명기의 즐거움이 넘쳐흐르고 있었다. 생각해보면 소말리 사람만큼 신문이나 텔레비전 기자에 적합한 민족은 없다. 정보를 아주 좋아하고 매우 빠르며 밀어붙이기에 강하고 타인에 의해 자신의 의견이 좌우되지 않는다.

소말리인들은 싫증을 잘 내는 사람들이라고 생각했지만 여기 직원은 카트의 힘을 빌려 정말 끈덕지게 일한다. 편집장인 아이다루스라는 젊은이는 매일 아침 8시에서 밤 12시까지 아무렇지 않게 일하고 있다. 휴일은 단 하루도 없다. 나는 라마단 기간엔 대체로 밤 7시부터 12시까지, 라마단이 끝나고는 2시부터 8시까지 방송국에 있었지만 아이다루스는 항상 편집실에서 컴퓨터를 노려보고 있었다.

대신 카트 소비량도 막대해 평균 3레부아(4분의 3킬로그램), 많을 때는 1킬로그램도 씹곤 한다. 그렇게 씹고도 잘 잔다. 대체로 나 같은 사람은 1레부아밖에 씹지 못한다. 게다가 낙타 젖을 많이 마시는데도 아직 변비 지옥에서 헤어나오지 못하고 있다.

그렇게 말하자 그는 "낙타 젖으로는 안 된다. 우유를 마셔"라고 한마디 조언을 해줬다. 그때까지 몰랐는데 사우디아라비아나 예멘에서 수입된 팩우유가 마을에서 그냥 판매되고 있었던 것이다. 우유로 바꿨더니 확실히 변비가 순식간에 나았다. 그래서 나는 매일 잎을 씹으면서 오랜 시간을 편집실에서 보냈다. 단편적으로 와이얍의 강의를 듣고 가까이에 있는 한가로운 직원에게 소말리어를 배우고, 뉴스와 뉴스의 배후에 있는 상황 등에 대해 물었다.

"슬슬 돌아가자"는 와이얍의 말에 밖으로 나오면 항상 하늘에는 별이 가득했고 하르게이사의 거리가 펼쳐져 있었다. 시원한 바람이 불고 마을은 조용했다. '하르게이사는 좋다'고 생각한다. 모가디슈처럼 전쟁도 외국인 납치도 없고, 일본처럼 까닭 모를 폐쇄적인 분위기도 없다. 성장기의 야자수 같은 발랄한 에너지뿐이다. 그리고 매번 똑같이 '내가 만약 20대 미혼이라면' 같은 망상에 휩싸인다. 하르게이사에 살고 소말리아 여성을 얻어 이 여성의 씨족에 들어가면 소말리에 대해 잘 알 수 있을 것이다. 또 다른 삶으로 생각이 날아가고 있었다.

소말릴란드 평화 협상의
모든 것을 아는 원로의 제자가 되다

내 이번 여행의 주제는 자신의 눈으로 보고 자신의 귀로 듣는 것이다. 소말릴란드의 역사를 아는 데다 그것을 직접 체험한 사람에게 가르침을 받고 싶다. 선생님은 두 명 있었다. 한 명은 말할 것도 없이 와이얍. 다시 그의 약력을 소개하자.

1958년 하르게이사에서 태어나 18세 때 고등학교 교육을 받기 위해 당시 수도 모가디슈로 이사했다. 고등학교를 졸업한 뒤 정보국에서 수습 신문기자로 일하다 대학의 언론학과에서 공부했다. 대학을 졸업한 후에는 정보국에서 발행하는 신문의 기자 겸 편집장에 취임. 그다음엔 구소말리아 국영 텔레비전의 출범에 참여했고 국립 극장의 프로듀서로 취임했다. 신문, TV, 극장이라는 세 가지 주요 언론의 주요 업무를 맡은 구소말리아 안에서도 최고 수준의 저널리스트인 것이다.

한편 하르게이사는 정부군의 무차별 공격으로 많은 사람이 죽고 황폐해졌다. 모가디슈 정부는 "반정부 게릴라를 진압했다"는 정도밖에 정보를 흘리지 않았지만, 가끔 하르게이사로 연결된 전화를 통해 무시무시한 일이 일어나고 있다는 것을 알고 있었다. 결국 그의 친가 가족은 모두 에티오피아령 난민 캠프로 달아났다.

1991년 바레 정권이 아이디드의 군대에 의해 전복되고 내전 상태에 돌입하자 북부 출신 사람들은 모두 버스 여러 대에 나란히 나눠 타고 고향으로 돌아갔다. 와이얍이 하르게이사에 돌아왔을 때 훼손 없이 그대로 남아 있는 집은 정부군이 숙소로 사용하던 건물 정도였다고 한다. 그때의 영상은 혼 케이블 TV 본국에 남아 있다. 영상에 따르면 마을 전체가 현재 모가디슈의 구알샤바브 지배 구역처럼 폐허로 변해 있었다. 구바레 정부군이 촬영한 영상도 남아 있었다. 그 속에는 도시의 외곽 언덕에서 시내를 향해 무차별적으로 대포를 쏘는 모습이 담겨 있었다.

와이얍은 빈털터리인 채로 오두막 같은 집을 만들었다. 이주하고 넉 달 뒤 그는 '호리야다(독립)'라는 등사판으로 찍는 신문을 친구와 함께 시작했다. 소말릴란드 최초의 신문이었다. 다행히 사람들은 정보에 굶주려 있었기 때문에 이 신문은 불타나게 팔렸다. 신문사를 설립하고 넉 달 뒤에는 일반적인 생활을 할 수 있게 됐다고 한다.

이후 신문 기자 겸 편집장 겸 소유주로 2000년까지 소말릴란드에서 일어난 모든 정치 이슈를 기사로 써왔다. 예를 들어, 1994년에 발견된 '집단 처형 묘지'는 영어 문헌에서도 본 적이 없어 와이얍에게 듣지 않으면 모를 정도였다. 사진을 찍고 자세히 취재한 몇 안 되는 기자 중 한 명이라고 생각된다. 집단 처형은 바레 정권이 저지른 비인도

적 범죄 중에서도 가장 무자비하고, 현재 입증 가능한 매우 중요한 사건이다. 소말릴란드의 독립을 뒷받침할 '대의'로 최고의 설득력을 지닌다. 나는 와이얍에게 부탁해 백골이 늘어서 있는 현장 사진 네 장을 빌렸다. 이 사진 자체가 매우 귀중한 증거다.

방송국에는 그 밖에도 여러 영상이 남아 있었다. 나는 자료와 대조하면서 사실관계나 자료에 나타나지 않은 '사건의 내막' 같은 일화도 알 수 있었다. 다만 그는 기자이기 때문에 내전 종결의 경위와 결과는 알고 있더라도 씨족 원로 간 토론에 직접 참여하진 않았다. 구체적으로 '정산'이 어떻게 일어났는지는 모른다.•

당사자에게 직접 이야기를 듣고 싶다고 요청했더니 그는 "알았어. 소말릴란드의 모든 평화 회담에 참석한 원로에게 소개하지. 그보다 더 잘 아는 사람은 아무도 없어"라고 답했다. 나를 데려간 곳은 대통령 관저 옆에 있는 구루티(원로원)였다. 구루티는 일명 '피스 키퍼'라고 불리는 곳인데 경비가 허술했다. 총을 든 군인이 혼자 문 앞에 서 있었으나 차량 유도에 바빴다.

'이래도 괜찮을까?'라고 생각했지만 현장에 발을 디뎌보니 조금 납득이 갔다. 안에는 나무 지팡이를 들고 흰 수염에 허리띠와 하얀 장의를 입고 있는 시골 노인들이 나무 그늘에 앉아 이야기하거나 건물 사이를 어기적거리며 걷고 있었다. 그림에 나오는 듯한 아프리카와 중동의 '원로'다.

그들에게 정치적 힘이 없다는 것은 한눈에 알 수 있었고, 만약 누

• 그러나 현지의 당사자급에서는 씨족에 따라 '정산'이 열린 것 같다. 구루티가 관여하지 않았기 때문에, 구체적으로 어느 정도 정산이 이뤄졌는지는 잘 모르는 것 같다.—지은이

군가가 그들에게 해를 끼치거나 납치하면 그 씨족 전체가 복수하러 올 것도 뻔했다. 아무도 그들을 습격하지 않을 것이다. 이 광경만으로도 '피스 키퍼'의 의미를 조금 안 듯한 기분이 들었다.

동시에 원로원보다는 양로원 같은 광경에 위기감도 들었다. 소개받을 원로는 소말릴란드 20년 평화 협상에 전부 참석한 몇 안 되는 인물이라고 한다. 상당히 고령일 것이다. 영어를 알까. 안다고 해도 이야기가 잘 통할까. 그런데 만나보고 깜짝 놀랐다. 키는 2미터 가까이에 어깨도 넓고 깔끔하게 정장을 입은 현역 슈퍼헤비급 격투 선수 같은 남자였다. 이름은 압둘라히 데레(키다리 압둘라히), 나이는 54세. "원로원에서 가장 젊은 사람"이라고 나중에 와이얍이 말했다.

눈빛이 날카롭고 악수를 해도 웃지 않았다. 말수는 결코 많은 편이 아닌 듯하지만 와이얍의 소개를 대강 듣고 나를 보며 깨진 종 같은 목소리로 "무엇을 알고 싶냐"고 했다. 너무 큰 소리에 몸이 찌릿찌릿 울리는 것 같은 생각이 들 정도였다. "내전 종결이나 씨족의 법 등에 대해 듣고 싶은데……"라고 기어들어가는 목소리로 대답하자 불만스러운 듯 "오늘 집으로 와라. 내가 무엇이든 가르쳐주지. 됐지? 무엇이든 다!"라고 단언했다. 부드러운 모가디슈 사람에 비해 소말릴란드 사람은 친절을 베푸는 방식도 딱딱하지만 이 정도까지 무서운 사람은 처음이었다.

그날 밤 저녁을 먹고, 와이얍에게 이끌려 그의 집을 방문했다. 소말릴란드에서 개인의 집을 방문하는 것은 처음이었다. 이 무렵 알게 된 것이지만, 소말리인은 사람을 집에 쉽게 부르지 않는다. 차도 외부 찻집에서 마시는 게 보통이다. 친척이 아닌 사람을 집으로 부를 때는 상당한 식사를 마련해야 하기 때문이라고 한다. 이런 자기 집 초대의 문턱 높이는 조금은 일본인과 통하는 부분이다.

압둘라히 선생님(이미 '선생님'이라고 마음속으로 부르기 시작했다)을 방문하는데 당연히 카트를 사가지 않으면 안 된다. 와이얍은 "다카노, 무스바루를 살 거야?"라고 말했다. 가장 비싼 카트다. 가장 비싼 카트는 항상 우리가 구입하는 가화네 브랜드의 차비스일 것이라고 생각했지만 실은 그 외에도 있었다. 그것이 바로 '무스바루(손톱)'다. 가지를 자른 부분이 동물이나 맹금류의 발톱처럼 바늘 모양으로 구부러져 있어 붙은 이름이라고 한다. 가격은 보통 차비스의 2배 이상. 1인분에 10달러나 하는 초고급품이다.

마치 고급 프랑스 와인을 안은 것처럼 손톱 카트를 잔뜩 안고 선생님 댁에 갔다. 식사 때 쓰는 방에는 테이블과 의자, 거실에는 소파가 일렬로 놓인 서양식 집이다. 불안하게도 와이얍은 "나는 방송국에 가야 해서"라며 후딱 돌아가버렸다. 나는 선생님과 그의 동생, 친척 같은 씨족 남자들 사이에 남겨졌다.

"긴장 풀어라!"라고 선생님은 깨진 종 같은 목소리로 외쳤다.

"예!"

온 힘을 다해 긴장을 풀어보려고 했지만 꽤 어려웠다. 선생님은 부인 같은 사람에게 속치마를 가져오게 해서 "갈아입어라"라고 나에게 명령했다. 속치마는 미얀마의 그것과 완전히 똑같아 당황하진 않았다. 그러고는 손톱 카트를 씹어댔다. 와이얍에 따르면 '최고, 최강'이라고 하는데 긴장한 탓인지 좀처럼 효과가 나타나지 않았다.

역시나 다른 사람들은 나 같은 건 신경 쓰지 않고 이러쿵저러쿵 뭔가를 이야기하고 있었다. 또다시 소말리 버라이어티 출연이다. 공연자의 틈새에 달라붙어 말을 해야 한다. 아무도 눈치 채지 못한 곳에서 나 혼자 악전고투하면서 조금씩 선생님의 이야기를 끄집어냈다. 선생님의 실상은 의외였다.

1956년 서부 마을 보라마에서 태어났다. 모가디슈의 국립 소말리아대학 교육학부를 졸업하고 초등학교 교사가 됐다. 1981년부터는 국가의 '문화예술 아카데미' 직원으로 하르게이사에 부임했다. 1991년 바레 정권이 무너진 뒤 학문적 능력을 인정받아 서기로 소말릴란드의 온갖 평화 협상에 참여했다. 현재는 구루티의 사무국장을 맡고 있다.

과연 지금도 구루티 회원은 읽고 쓸 수 있는 사람이 절반도 안 된다. 20년 전이라면 더욱 그렇다. 거기서 젊은 지식인 선생님이 기록원에 발탁된 것이다. 그리고 모든 평화 협상 현장에서 자리를 벗어날 수 없게 되었다. 구루티의 임기는 4년이지만 그는 국무부 공무원 대우를 받아 임기가 없다. 구루티의 멤버처럼 평화 협상을 할 재량은 주어지지 않는 대신 항상 구루티 활동에 참여할 수 있는 셈이다. 회의록과 보고서를 작성하는 것도 그이기에 누구보다 세세하게 알고 있다.

또 하나 기쁜 '오산'은 그가 이스자아크 씨족이 아니라 소수인 가다부르시 씨족이었던 것이다. 소말릴란드에 반대하는 사람은 흔히 "그것은 이스자아크가 마음대로 만든 나라"라고 비난한다. 그래서 소수의 의견이 중요하다. 게다가 소말리아 문제는 씨족에 따라 같은 상황이 전혀 다른 색깔로 보인다. 나는 '씨족 프리즘'이라 부르고 있다. 가다부르시 씨족의 눈으로 본 소말릴란드는 과연 어떤 색일까.

밤이 깊어 친척 남자들은 하나둘 돌아갔고 우리 두 사람만 남겨졌다. 드디어 강의 개막이다. 선생님의 강의는 '구루티란 무엇인가'부터 시작됐다. 현재 구루티의 일은 크게 두 가지다. 하나는 피스 키퍼로서 분쟁 조정 역할을 맡는 것이다. 다른 하나는 의회에서 결정한 법안을 살피는 일본의 중의원이나 미국의 상원과 비슷한 일이다. 구루티의 현재 의석수는 82석. 인구와 같은 비율로 의석수가 결정된다.

이스자아크 씨족 45
가다부르시 씨족 10
동부 다로드 씨족
- 도르바한테 분가 11
- 와르센게리 분가 7

(이하, 독립 씨족)
마디간 1
아바 유니스 1
가보에 1
아키쇼 1
가하이레 1
기타 4

'씨족 비례대표제'는 획기적인 아이디어다. 이를 흉내 내 푼틀란드와 가르무도그, 모가디슈의 임시 정권 등 여러 '자칭 국가'가 씨족을 기반으로 의회를 설립했다. 소말리에는 역사적으로 씨족을 초월한 국가가 존재하지 않았다. 그래서 구소말리아의 틀이 무너지고 새로운 나라를 만들 때에도 "정부의 정당성은 어디에 있느냐"고 추궁을 받았다. 대통령 선택에도 국회의원 선택에도 우선 '국가의 범위'와 '어떤 나라를 만들 것인가'라는 공감대를 얻어야 한다.

씨족의 대표가 정권의 정당성을 보장하는 것은 소말리인이 받아들이기 쉬운 방법이기 때문에 지금은 완전히 소말리 사회의 표준 민주주의로 정착했다. 즉 '국가의 범위=참여 씨족의 범위'가 됐다.

구루티는 현대 소말릴란드의 발명이다. 선생님에 따르면 원래 구루티는 '지혜를 가진 원로들이 특별히 모이는 회의'라는 뜻으로 16세기 '오모로 전쟁'이라 불리는 에티오피아와의 전쟁에서 대패했을 때 소말리 씨족 원로들이 모인 것이 최초였다고 한다. 즉 비상 특별 집회인 셈이다.

현대 구루티의 발상도 마찬가지다. 1988년 바레 정부군에 의한 무차별 공격으로 하르게이사의 시민들이 학살돼 대부분 에티오피아 난민이 됐다. 그때 이스자아크 씨족의 원로들이 "앞으로 어떻게 할 것인가"를 의논하기 위해 모인 것이다.

그때까지 이스자아크 씨족의 반정부 게릴라 '소말리국민운동SNM'은 씨족 원로들의 지지를 얻은 게 아니라 어디까지나 정치 투쟁이었다. 그러나 정부군의 무차별 공격 이후 전쟁은 씨족 전체의 일이 됐다. 씨족이 취해야 할 길은 두 가지. 하나는 붕괴하고 있는 SNM을 지원하고 씨족 전체가 싸움을 계속하는 것. 또 하나는 정부와 화해하는 것이었다.

매우 어려운 선택이다. 싸움을 계속할 경우 희생자가 더 늘어나 자칫하면 이스자아크 전체가 멸망할 수도 있다. 그렇다고 해서 화목을 도모하면 죽임을 당한 수만 명의 사람이 드러나지 않고 묻히며, 앞으로도 정부의 탄압을 견디면서 살아야 한다. 결국 구루티는 "씨족 전체가 전쟁을 계속하겠다"고 결정했다. 게릴라는 원로들 아래에서 씨족으로 재편성됐다.

제1사단은 하발 유니스, 제2사단은 하발 자로 등 이런 식으로 사단까지 씨족 단위로 구축됐다. 식량, 무기도 각 씨족이 독립적으로 조달했다. 구루티는 또 '가다부르시와 동부 다로드와의 관계를 어떻게 할 것인지' 논의했다. 바레 정권 시절, 이스자아크의 움직임을 봉인하려고 바레는 가다부르시와 동부 다로드를 중용해 탄압에 이용했다. 가다부르시는 이스자아크와 적대관계에 있었다.

원망도 있고 당연히 복수하고 싶은 마음도 있을 터. 그러나 구루티는 "가다부르시와 동부 다로드와의 관계를 좋게 만드는 수밖에 없다"는 결론에 도달했다. '공정한 입장에서 세 종족이 결속하지 않으면 북부의 통일과 독립은 없다'고 생각했기 때문이다.

그 무렵 가다부르시도 구루티를 열고 있었다. 선생님도 거기에 참여했다. 가다부르시 역시 앞으로 어떻게 할 것인지 생각해야 했다. 만약 정권이 붕괴되면 이스자아크가 복수하기 위해 싸움을 일으킬 가능성이 크다. 싸울 준비를 할 것인가, 아니면 이스자아크와 협조 노선을 취할 것인가. 논의 결과 가다부르시의 구루티는 '협조하는 것이 좋다. 그러나 상대방의 반응을 본다'는 결론에 이르렀다.

1991년 바레 정권이 붕괴하자 정부군은 사라지고 게릴라군이 돌아왔다. 이스자아크는 예정대로 가다부르시와 동부 다로드에게 평화를 호소했다. 세 씨족은 항구도시 베르베라에 모였다. 이것이 소말릴란드의 첫 번째 평화 회담이다. 선생님도 물론 참석했다. 역시 처음에는 전전긍긍했던 것 같다. 게다가 가다부르시의 대표 중 한 명이 베르베라에서 이스자아크의 민병대에 의해 살해됐다. 가다부르시의 젊은이들은 분노하고 복수를 외쳤지만 선생님은 열심히 제지했다.

"알리는 평화를 추구해 여기에 온 것이다. 알리의 의지를 따라야 하는 게 아닌가."

가다부르시 씨족의 젊은이들은 안정을 되찾고 회의에 참가했다. 이들 씨족은 "북부의 모든 씨족이 평화롭게 살 수 있도록 해야 한다"는 결론에 이르렀다.

베르베라 회의 후 이스자아크와 가다부르시, 이스자아크와 동부 다로드가 각각 회담을 가졌다. 그런 다음 각 씨족이 지역으로 돌아가 분가에서 분분가, 분분분가 등 말단까지 평화 회담의 경위를 설명하고 이해를 구했다. 당사자는 디야를 지불하고 합의했다.

이때는 '구루티=이스자아크 원로 회의'였다. 구루티의 인정으로 소말릴란드공화국이 독립을 선언했지만 어디까지나 이스자아크의 구루티가 인정하는 정치 체제였다. 소말릴란드=이스자아크의 나라라고 생각해도 어쩔 수 없었다.

변화가 일어난 것은 제1차 내전으로 이스자아크가 전쟁 상태에 빠져든 이후였다. 이스자아크의 구루티는 전쟁 당사자였다. 특히 어려운 문제는 정부 측의 하발 유니스와 반정부 측의 하발 아와르가 다투는 베르베라 항구의 이해관계였다.

선생님을 포함한 가다부르시의 대표단은 "부르지도 않았는데 자발

적으로 중재에 나섰다"고 한다. 그리고 "베르베라 항구의 이익에 우리
는 아무런 관심이 없다. 하지만 소말릴란드 전체의 평화는 우리에게
중요하다"고 호소했다. "중재자는 중립적이어야 한다"고 선생님은 반복
해서 말했다.

일본인도 분쟁이 일어났을 때 제3자가 중재하지만, 소말리와는 180
도 다르다. 일본의 경우 당사자보다 윗사람에게 중재를 요구한다. 법
원, 도시의 유력자, '나라', 일족 중 가장 훌륭한 사람 등 '권위'에 의지
한다. 그리고 결정이 내려졌을 때 내용에 불만이 있어도 그 권위에 따
르는 것을 좋은 것으로 생각한다.

그런데 소말리는 "제삼자에게는 힘이 없다"고 생각한다. 중재자는
중립적으로 사회 진행의 역할을 맡는다. 그리고 분쟁 당사자 간 협상
을 통해 당사자들이 납득한 경우에만 계약이 성립된다. 중개자는 그
계약의 '증인'이 된다. 싸움에는 술탄(씨족의 우두머리)도 자주 개입한
다. "그들은 권력과 힘으로 밀어붙이는 게 아닌가"라고 묻자 선생님은
고개를 저었다.

"그들에게 그런 힘은 없다."

술탄이라는 말은 옛 이슬람권의 '술탄(황제, 왕)'에서 유래해 절대권
력의 소유자라고 생각하기 쉽지만 실제로는 독단적인 행동을 취하면
순식간에 씨족의 원로와 구성원들로부터 외면받는다고 한다.

"회의를 열고 모두의 의견을 수렴하는 것이 술탄의 일이며 일종의
국회의장 같은 것"이라는 설명이다. 이 역시 '중개자'의 일종이다. 또한
술탄은 씨족의 역사와 헤르(규정)를 자세히 알고 있다. '관습이나 법에
대해 잘 아는 존경받는 선생님' 같은 느낌이랄까. 그런 의미에서 역시

변호사의 역할과 비슷하다.

이야기를 듣고 있자니, 소말리 씨족 간의 협상과 계약은 오히려 기업과 비슷하다는 생각이 들었다. 기업들이 협상하고 계약할 때 변호사의 입회하에 서명을 하는 느낌이다. 소말리는 평등사회다. 중요한 것은 권위가 아니라 계약이다.

다른 전쟁에서는 동부 다로드 씨족도 중재에 나서 1차 내전이 끝났다. 여기서 재미있는 건 이 평화에 토르 정부가 불만을 품고 있었다는 사실이다. 정치인 입장에서는 씨족이 마음대로 합의해버려 자신들의 힘을 빼앗긴 것처럼 느꼈기 때문이다. 그러나 국민 대부분은 씨족의 화해를 지지했기 때문에 정부로서도 받아들이는 수밖에 없었다.

그리고 1993년 석 달 이상 지속됐던 '보라마 대회의'에서 구루티 상설이 결정됐다. 여기서 가다부르시와 동부 다로드를 비롯한 소말릴란드의 전체 씨족이 구루티에 참여하는 것으로 확정됐다. 이는 일본의 참의원과 같이 국가 기관에 통합됐다. 씨족의 분쟁을 미연에 방지하고 정치화의 폭주를 막을 목적이었다. 즉 첫 번째 내전에서 전체 씨족의 소말릴란드공화국이 성립된 셈이다. 그런데 또다시 이스자아크의 최대 파벌 하발 유니스가 반란을 일으켜 제2차 내전에 돌입했다.

"그래서 또 구루티 중재에 들어가 평화가 맺어졌군요."

내 말에 선생님은 마뜩잖은 얼굴로 고개를 저었다.

"틀렸어. 구루티 중개는 작동하지 않았어."

"왜요?"

"구루티가 중립이 아니게 됐기 때문이지."

구루티는 공식적으로 국가 기관이 됐다. 구루티 회원은 정부로부터 돈을 받고 있었다. 소말리의 평등의식은 대단하다. 전체 씨족이 참여한 구루티의 최고 권위도 중립 여부가 문제다. 결국 디아스포라가 중재에 나섰고, 전쟁 중인 씨족들이 별도로 평화 협상을 벌였다. 하발자로와 하발 유니스는 구루티의 구성원이 아닌 가문의 원로들을 동원해 협상에 임했다고 한다. 정부는 인정할 수밖에 없었다.

소말리인들은 정부의 권위 따윈 인정하지 않는다. 유엔을 인정하지 않는 건 물론이다. 유엔은 처음부터 '소말리아가 예전부터 존재했다'는 걸 바탕으로 움직였다. 1차 내전이 끝나고 다음 내전이 일어나려고 할 때 유엔은 당시 에가루 대통령에게 소말릴란드 전역에 유엔군 파병을 타진했으나 단번에 거절당했다. 비록 내전에 돌입해도 자신들이 대처하는 편이 낫다고 생각한 것이다. 중립이 아니면 원로든 정부든 유엔이든 필요 없다는 것이다.

이쯤 되니 납득이 간다. 소말리인들은 어쨌든 타인에게 이것저것 간섭받는 것을 정말 싫어한다. 그것은 푼틀란드도 남부 소말리아도 마찬가지다. 유엔이나 구미 제국은 '위로부터의 민주주의'를 강요한다. 대통령이 있어야 하고, 그다음 국민의 대표를 선정하고 장관과 지방 관료를 결정한다. 그런 다음 국민에게 설명하고 전쟁을 하지 말라고 호소한다.

소말리의 민주주의는 다르다. '아래로부터의 민주주의'다. 이는 국가와는 독립적으로 작동한다. 먼저 동과 동, 구와 구, 시와 시 등 이런 식으로 바닥의 작은 그룹에서 큰 그룹으로 평화와 협력관계가 구축돼 각각의 이권을 보장한다. 그러고는 마지막에 국가가 나타난다. 아니, 원래 국가도 없지만 현대 민주주의에서는 국가가 반드시 있어야 한다고 하니 소말릴란드인은 '하이브리드 국가'를 만든 것이다. 어떤 의미에서는 소말리의 전통사회는 국가를 초월한 세계화에 아주 적합하다.

20년간 국제사회가 남부 소말리아에 이것저것 계속 요청해도 전혀 효과가 없는 것은 당연한 일이다. 다행히 제2차 내전이 끝난 뒤 전쟁이라고 부를 만큼 큰 분쟁은 일어나지 않았다. 최근 일어난 분쟁이 있으면 구체적으로 어떤 절차에서 평화 협상이 이뤄졌는지 취재하고 싶다고 하자 선생님은 "지난 10년 동안 씨족 간에 어떤 문제가 일어나도 구루티가 바로 해결해버렸기 때문에 아무것도 없다"고 답했다.

제2차 내전에서 보았듯이, 구루티가 만능은 아니지만 일정한 범위 안에서는 유효하게 기능하고 있다. 즉 중립일 때는 기능한다. 이것이 푼틀란드 등과 결정적으로 다른 점이다.

소말리의 규정
'헤르'의 진실

선생님의 강의는 이틀에 걸쳐 이어졌다. 텍스트도 제대로 갖춰져 있다. 「소말릴란드 헌법의 발전」이라는 영어로 된 두꺼운 논문이다. 저자는 선생님 자신. 사실 선생님은 최근까지 하르게이사 법대에서 공부하고 학위 논문을 저술했다고 한다. 옛날에 학위를 취득한 사람이 또다른 학부에 들어가 다시 배운다는 것은 놀라운 일이다. 자신이 경험한 평화 협상을 학문적으로 정리하고 싶었던 것이다. 아주 자세하게 적혀 있어 귀중한 자료임에 틀림없다.

이 논문에서도 '씨족'에 관한 것은 피했다. 먼저 '가다부르시'나 '하발 유니스' 같은 구체적인 씨족의 이름이 전혀 없다. 대신 '아우다루주 씨족'이라든가 '브루오 씨족'과 같이 지명으로 쓰여 있다. 그것도 중재자 역할을 한 것은 '아우다루 씨족'이라고만 돼 있고, 분쟁을 일으킨 것이 어느 씨족인지는 적혀 있지 않다. 가장 중요한 디야(배상금)에 대해서는 아무것도 언급하지 않았다. '헌법'에 대해 쓴 법학 학위 논문이니까 어쩔 수 없지만, 여기에는 서구 문명에서 아는 범위까지만 쓰여 있다.

소말릴란드에서 일어난 두 차례의 내전은 어떻게 해결된 걸까. 그 핵심은 여전히 수수께끼였다. 씨족의 원로들이 논의해 해결한 것은 이해했다. 중립적인 중재자가 자리를 마련해 소말리의 규정 '헤르'에 따라 정산했다는 것도 들었다. 하지만 구체적으로 어떻게 한 것일까.

남자가 살해되면 피해자 측에 낙타 100마리, 여성이라면 낙타 50마리가 지불되는데, 그것은 '혈연 결사(디야를 지불하는 씨족 그룹)'라는 분분분분분가 정도의 매우 작은 그룹을 단위로 하고 있다. 일본으로 말하면 '반상회'쯤 되는 규모다. 수천 명이 희생된 내전에는 엄청난 수의 '혈연 결사'가 말려든다.

관동 일대의 반상회가 서로 죽이고 죽고 해서 그 배상금을 서로 지불하는 상황 같은 것이다. 명확한 자료, 컴퓨터와 소프트웨어가 없으면 계산하기 어려울 것이다. 아, 정말 신기하다. 그것을 알고 싶다.

"알았어. 가르쳐주지. 하지만 그 전에 소말리의 '헤르'에 대해 알아야 해" 라고 선생님은 말했다. 처음부터 법칙에 따라서 가르치지 않으면 안 되는 것 같다. "헤르는 알고 있는데"라고 속으로 생각했지만 선생님을 내 생각대로 말하게 하는 일은 불가능하기 때문에 얌전히 초급 편부터 이야기를 들었다.

예상한 대로 가장 먼저 '비리 마 게이도(죽이면 안 되는 사람)'가 꼽혔다. 즉 여성, 어린이, 노인, 환자, 평화의 사자, 포로, 손님, 공동체의 지도자, 종교 지도자다. '그건 이미 알고 있어요'라고 생각했지만 다음 전개가 의외였다.

"옛날 이런 일이 있었다"며 선생님이 말을 이어갔다. 선생님의 증조부는 하르게이사의 나사 하부로(유방산) 근처에서 일어난 전쟁 때 이스자아크에게 잡혀 포로가 됐지만, 비리 마 게이도에 따라 해를 입지 않고 몸값을 지불한 뒤 풀려났다. 몸값은 낙타 15마리분이었다고 한다. 선생님의 씨족은 그것을 계기로 적이었던 씨족과 친해지고 계속 우호관계가 이어졌다.

"그래!"

눈앞에 번개가 친 것 같았다. 비리 마 게이도가 아니다. 해적의 이야기다. 전부터 소말리 해적은 어떻게 그렇게 솜씨 좋게 인질을 잡고, 관리하고, 몸값을 협상해서 받고, 인질을 석방하는 걸 원활하게 실행할 수 있는지 신기하게 생각했다. 그들은 원래 그냥 시골 어부 또는 낙타치기였는데 말이다. 그래서 뭔가 흑막이 있는 건 아닌지 억측하는 외국인 저널리스트도 있곤 했지만 실은 전통 중 하나였던 것이다. 옛날부터 몸값을 요구하는 걸 육지에서 해왔던 것이다. 해적은 먹이를 바다에서 잡는 것일 뿐 다른 작업은 선생님 증조부의 시대와 꼭 같다.

또 모가디슈에서 하발 기디르가 '외국인을 즉시 납치한다'는 의미도 알게 됐다. 하발 기디르는 하위예 가문 안에서는 전통을 남기고 있는 씨족이므로 '납치 문화' 역시 더 강하게 유지하고 있는 것이다. 현재 납치 문화는 소말릴란드에는 없고(법으로 금지돼 있으며 처벌된다) 압도적으로 남아 있는 곳은 푼틀란드다. 소말릴란드의 핵심에 앞서 푼틀란드 해적의 핵심을 알게 돼 나는 감동했다. 나의 감동과는 관계없이 선생님의 강의는 계속됐다.

"헤르는 변하는 것과 변하지 않는 것이 있어. 비리 마 게이도는 변하지 않는 헤르지만, 평화 협정은 변하는 헤르야."

응? 평화 협정도 헤르? 헤르는 '규정'이 아니었나? 선생님의 설명에 따르면 비리 마 게이도 같은 근본적인 헤르는 이스자아크든 하위예든 모두가 공유하고 있는(적어도 옛날에는 공유하고 있던) 것이라고 한다. 한편 각 씨족 내의 헤르는 동일하지 않다. 예를 들어, 씨족의 구성원을 성인 남자만 세는 씨족도 있고 아기에서 노인까지 모든 남자를 세는 곳도 있다. 디야의 지불 방법도 일정하지 않다. 그래서 그것을 서로 맞출 필요가 있다.

'변하는 헤르'는 결국 '계약'이다. 규정과 계약이 동일한 단어라는 게 납득이 가지 않고, 대체로 이해하기 어렵다. "헤르(평화 협정) 협상은 헤르(법)에 따라 진행됐다"는 문구조차 만들어진다. 실제로 소말리인들은 이렇게 말하지 않겠지만⋯⋯. 뭐, 그래도 소말리인의 습관으로 그렇게 말하는 것이겠지.

"도대체 어떻게 디야를 지불했습니까?"라고 재촉하자 선생님이 대답했다.

"내전은 두 번 다 디야 지불이 없었다."

"네!?"

"수천 명이 죽었잖아. 어떻게 지불해? 그런 것은 불가능하다."

'멘붕'이 왔다. 비리 마 게이도(죽이면 안 되는 것)를 지키고 디야에 의한 정산 구조가 있었기 때문에 소말릴란드의 기적의 평화가 실현된 것이 아니었단 말인가. 밥을 먹으려고 하는데 밥상을 엎은 듯한 기분이 들었다. 전통의 힘으로 해결한 게 아닌가. 이렇게 솔직하게 묻자 선생님은 또 엄격한 얼굴로 "넌 아직도 모르고 있구나"라며 설명을 시작했다.

"문제가 생겼을 때 씨족의 원로들은 먼저 그것이 '우라르(전례가 있는 것)'인지 '우굿브(전례가 없는 것)'인지를 알아본다. 우라르라면 전례에 따라 처리한다. 우굿브라면 그 자리에서 새로 논의해 해결책을 찾는다. 그리고 그것이 새로운 '우라르'가 되는 것이지."

마치 법원과 같다. 소말리의 전통은 정말 깊다. 단지 옛날부터의 규칙을 준수하는 것만이 전통이 아니라 새로운 문제에는 새로운 해결책을 찾는 것도 전통 중 하나다. 즉 두 차례의 내전은 소말릴란드의 씨족에게 '전례 없던 것'이었던 셈이다. 그래서 모두 해결 방법을 생각했다. 그 결과 "디야는 지불하지 않는다"는 결론을 얻은 것이다. 게다가 이야기를 들으니 1차 평화 회담 때는 "젊은 여성 20명씩을 교환한다"는 방법을 채택했다. 이 방법은 보사소의 뚱보 아흐메드에게 한번 들은 적이 있다.

"다툼이 심할 때 특별한 방법이 있어. 거의 하지 않지만. 미움이 더이상 강해지는 것을 막기 위해 가해자 측의 가문에서 예쁘고 젊은 여성을 선택해 피해자의 집에 시집을 보내는 거다. 시집간 여성은 처음에는 굉장히 힘들어한다. 엄청 괴롭힘을 당할 거야. 자신들의 가족을 죽인 놈의 가족이니까. 그렇지만 아이가 태어나면 달라지지. 모두에게 손자가 되기 때문에."

선생님은 소말리어 격언을 가르쳐주었다.

"살인의 피는 분만의 양수로 씻는다."

이 특별한 방법이 적용된 것은 '베르베라 항구의 싸움'이다. 가장 치열한 다툼이 있었다. 하발 아와르 일파와 하발 자로 일파가 각각 젊은 여성 20명씩을 보내 며느리로 맞이했다. 마침 남부 소말리아에서 미군 주도의 국제연합소말리아활동UNOSOM의 군대가 '평화'를 기치로 상륙, 아이디드와 정면으로 싸움을 시작한 시기다. 북부와 남부의 차이일 것이다. 남부는 미군이 격퇴당하고 내전은 수렁에 빠졌고, 소말릴란드에서는 분쟁이 해결됐다. 젊은 여성을 교환했던 양자는 지금은 좋은 관계를 유지하고 있다고 한다. 놀랄 수밖에 없다.

두 번째 내전 때는 젊은 여성의 교환도 이뤄지지 않았다. 그것은 "씨족 간의 싸움이라기보다는 정치적인 다툼이었다고 판단했기 때문"이다. "씨족은 정치를 못 한다"고 선생님은 강조한다. "씨족은 헤르(규정)에서 사물을 판단할 수밖에 없다. 그리고 헤르는 눈에 보이는 것에서밖에 효과가 없다. 헤르는 목초지와 물의 사용권 분배라든가 몇 명, 기껏해야 수십 명 죽은 것에 대한 배상금이나 눈앞에 있는 것에는 활용할 수 있다. 하지만 1000명 이상 살해당했을 때나 민병대를 무장해제하고 정부군에 편성하거나, 정부의 각료 선택에 편향이 있거나, 대통령을 신용할 수 없다고 하는 것에는 통용되지 않는다. 쉽게 말하면 유목민 소말리의 전통생활을 넘은 부분은 '보이지 않는 것'이며, 씨족이 아니라 정치에 맡길 수밖에 없다는 매우 현실적인 판단인 것이다. 그래서 두 번째 내전에서는 각 씨족이 일단 휴전을 하고, 하르게이사 대회의에서 나라 만들기 방법을 다시 검토하는 것으로 합의했다.

또 하나, 내가 착각하고 있었던 게 있다. 헌법이나 헌장에 대한 것이다. 첫 번째 내전 후 보라마 대회의에서도, 두 번째 내전 후의 하르게이사 대회의에서도 모두 몇 달 동안 논의된 것은 헌장이나 헌법 조항이었다고 한다. 민병대가 뒤섞여 살육하는 북두의 권 같은 싸움을 하고 있던 사람들이 '헌법'이라든가 '헌장'이라니. 좀 황당했지만 실제 헌법·헌장은 싸움을 그만두고 소말릴란드공화국을 함께 운영해나가기 위한 일종의 '계약'인 것이다. 즉 소말릴란드의 헌법은 모든 씨족이 서명한 '헤르(계약)'가 된다. 물론 소말리의 전통에 따라서 한 것이다. 소말리의 전통은 속이 깊다. 알았다고 생각해도 껍질을 벗기면 또 다른 면이 나타난다. 양파 껍질을 벗기는 것 같다. 소말리의 씨족에 들어갈 수 있으면 좋겠다는 생각이 들었다. 씨족에 들어가 체험하지 않으면 진정한 핵심을 알 수 있을 것 같지 않다.

"저도 소말리 여성을 얻으면 씨족에 들어갈 수 있어요?"

농담처럼 말했는데, 선생님은 진지한 얼굴로 대답했다.

"여성을 얻을 필요 따위는 없다. 어디서나 원하는 씨족에 들어가면 된다."

"들어가게 해줄 건가요?"

"그렇다. 잘 들어, 소말리 전통의 핵심은 피가 아니야. 계약이지."

"?!"

도대체 오늘 몇 번 놀라는지 모르겠다. 소말리인들은 공통 조상이 있어 모두가 혈연으로 이어져 있다고 생각했는데 피가 아니라니! 선생님이 말하기로는 소말리에서 가장 기본적인 것은 '혈연 결사'다. 거기에 참여함으로써 자신과 가족은 생활의 안전을 보장받는다. 그리고 만약 상대가 받아준다면 '혈연 결사'를 옮기는 것도 가능하다. 사실 혈연결사보다 위의 분가 단계에서도 씨족의 가지를 이동하거나 분가끼리 합병하는 일이 종종 일어나고 있다. 예를 들어, 독립계였다가 하위에 산하에 들어간 씨족도 있고, 이스자아크 내부에서도 하발 자로에서 하발 유니스로 바꾼 분분가도 있다고 한다.

더 재미있는 점은 하발 유니스의 형제 분가인 이다가레 분가에는 '연합'이라든가 '이익 결사'라는 분분가가 존재한다는 것이다. 여러 씨족이 연합해 새로운 씨족을 만들거나 이익을 같이하는 사람들이 모여 마치 정당처럼 가문을 만들기도 한다는 얘기다. 최근에는 남부에서 도망쳐온 '전락하기 직전'인 반투 계열의 농민 씨족 자레루가 이스자아크의 여러 분가 산하로 들어갔다. 각 분가의 술탄(가문의 우두머리)은 "그들은 우리 동포다. 그들에게 해를 가하는 것은 우리가 용서하지 않는다"고 공식적으로 말했다. 이제 누구도 자레루를 차별할 수 없게 됐다.

모두가 하나의 피로 연결돼 있다는 것은 소말리의 허구이며 사실은 계약인 것이다. 이제 알게 됐다. 왜 소말리아의 규정을 헤르라고 부르는지. 헤르는 원래 '계약'이란 의미다. 각 씨족에 속할 때 나누는 약속이 헤르이며, 일단 씨족에 들어가면 계속 지켜야 한다. 즉 '규정'이 된다. 그리고 빌리 마 게이도처럼 '변하지 않는 헤르'도 '소말리인인 이상 지키지 않으면 안 되는 계약 조항'인 것이다. 사실 에티오피아나 케냐, 아랍인 같은 얼굴의 소말리인들도 종종 있다. 조상은 소말리인이 아니지만 소말리의 씨족과 헤르(계약)를 맺고 소말리인이 된 사람이 여럿 있었다.

그래서 나도 소말리인이 될 수 있다. 어떤 의미에서는 그것이야말로 소말릴란드 '기적의 평화'의 핵심일지도 모른다.

소말리인처럼
되다

라마단이 끝나고 라마단 축제 '이드'도 끝났다. 이드는 각 가정과 가문에서 양이나 낙타를 잡아 잔치를 하고 가족 피크닉을 나가거나 하지만, 내 보호자인 와이얍은 하루도 빠짐없이 방송국에 나갔고, 나도 압둘라히 선생님에게 가서 카트를 씹으며 강의를 듣고 있었다.

이드가 끝나면 일상생활로 돌아간다. 사람들과 말하는 기회도 비약적으로 늘었다. 아침은 나시바 카페에 가서 마키아토를 마시며 햄버거와 사모사를 먹는다. 낮에는 큰 아카시아나무 그늘이 있는 찻집에서 달콤한 소말리식 밀크티와 적당하게 쓴 에티오피아풍의 커피를 마신다. 나무마다 걸린 빨강과 노랑, 파랑 비닐봉투의 잔해가 건조한 바람에 날려 펄럭인다. 당나귀 수레나 염소 떼나 랜드크루저가 흙먼지를 피워 올리고, 한가한 아저씨가 던진 돌에 맞은 개가 깨갱 비명을 지르고 비틀거리며 도망간다. 그리고 여러 사람이 나에게 말을 건

수수께끼의 독립국가 소말릴란드

다. 소말리인들은 머리로 생각한 것을 전혀 거르지 않고 그대로 입으로 내뱉는다.

"당신 일본인인가?"

"네."

"일본은 끝났다. 이제는 중국이다!"

뭐라는 거야, 대체! 나는 발끈하지만 정작 아저씨는 하하하 웃으며 저쪽으로 가버렸다. 나시바에서 아침을 먹고 있을 때 신문을 옆에 낀 아저씨가 "안녕, 당신 무슬림?" 하고 말을 걸어왔다.

"아니요."

"그럼 지옥에 떨어지지 말아라."

'웃기지 마'라고 생각했는데, 그 아저씨는 벌써 다른 인간과 수다를 떨고 있었다. 아침부터 "지옥에 떨어진다" 같은 말을 듣는 건 참을 만한 일이 아니지만 상대는 악의도 뭣도 없기 때문에 대처할 방법이 없다.

때로는 제대로 '악의'가 있는 경우도 있다. 일부러 논쟁으로 싸움을 거는 것이다. 이런 식의 논의는 소말리어로 '화디쿠 디리루'라고 한다. 소말릴란드뿐만 아니라 푼틀란드와 모가디슈에서도 인기가 높다. TV를 능가하는 소말리 세계 최고의 오락인 듯싶다.

그러나 내게는 결코 즐거운 시간이 아니다. 대부분의 사람은 동일본 대지진에 무관심하다고 말했는데 속으로는 관심을 가지고 말을 걸어오는 사람도 있다.

"일본에서 대지진이 났다고 들었는데. 왜 일어났는지 알고 있어?"

"지질학적 원인인가?"

"아니. 너희 일본인은 신을 안 믿기 때문이야."

어이가 없어 말을 할 수 없다. 하지만 같은 말을 두 명에게서 들었다. 한 명은 하르게이사에서 태어난 소말릴란드 사람, 다른 한 명은 하필이면 모가디슈 사람이었다.

"그럼 모가디슈는 어때? 20년이나 같은 소말리인끼리 죽이고 있는 것은? 신을 믿지 않기 때문인가?"

이렇게 대꾸하면 아저씨(이런 걸 말하는 사람은 반드시 아저씨다)는 태연하게 "그건 신의 경고"라고 말한다.

"무슬림이 아니면 지옥에 떨어져. 무슬림은 좋은 일을 하면 천국에 가고, 나쁜 짓을 하면 지옥에 떨어지지. 신이 결정하는 거야."

연기에 휩싸이면서 끝이 난다.

지난번(2009)에는 한 명도 만나지 않았지만 모가디슈에서 하르게이사로 오는 사람은 의외로 많았다. 그런 사람 누구도 모가디슈나 소말리아에 대해 탄식하지 않는 것은 훌륭할 정도였다.

"모가디슈 사람들은 전쟁을 두려워하지 않아. 왠지 알아?"

"아니."

"신을 믿고 있기 때문이야. 하지만 너는……" 하는 똑같은 결론에 이른다.

나는 인터넷에서 일본의 사이트나 블로그를 보고 있었는데, 몇 번이나 "소말리아는 서양 강대국의 의도에 농락된 비극의 나라" 같은 문장을 봤다. 그때마다 "뭐가 비극이야, 웃기지 마!"라고 분개했다. 일본인이 "일본은 안 된다"고 하는 것과 같은 정도의 빈도와 강도로 소말리인은 "소말리인은 강하다. 소말릴란드(또는 소말리아)는 좋은 나라다"

라며 으스댄다. 소말릴란드는 그렇다고 해도 소말리아 어디가 좋다는 걸까? 처음 들었을 때 귀를 의심했지만 그들은 "지금은 전쟁을 하고 있지만 곧 끝난다"라든가 "석유도 희토류도 많이 있어 미래가 밝다"라든가 "소말리아가 강한 나라이기 때문에 에티오피아와 미국이 통일을 방해하는 거야"라고 말한다.

논의라기보다는 '억지'에 가깝다. 아침부터 이런 화디쿠 디리루(억지 논의)에 얽히는 것은 괴롭다. 왜냐하면 아침에 나는 대부분 전날 밤의 카트 부작용으로 상태가 심하게 안 좋기 때문이다.

소말리인 욕을 실컷 쓰고 있지만 한편으로는 요즘 나 자신이 빠르게 소말리인처럼 되어가고 있다. 소말리인 독을 뒤집어써서 그것이 체내에 침투했다고 할까, 미라 사냥꾼이 미라가 된다고 할까. 어쨌든 매일 아무것도 하지 않고 카트를 씹으며 정치와 씨족 이야기에 정신이 팔려 친척의 송금으로 살고 있는 것 자체가 매우 표준적인 소말리 남자다.

여비는 모가디슈에서 고갈됐기 때문에 하르게이사에 돌아와서는 시급히 호주 시드니에 사는 처형에게 소말리의 송금 회사 '다하부시루'를 통해 송금해달라고 부탁했다. 다하부시루는 전 세계에 200~300개의 비활성화된 지점을 갖고 있다. 시드니만 해도 얼마든지 있다. 처형은 인터넷에서 검색해 그 지점 중 하나가 집에서 비교적 가까운 곳에 있는 것을 발견, 일본 화폐로 30만 엔 정도를 준비해 갔다.

"가봤더니 깜짝 놀랐어. 채소 가게 길 반대편에 키오스크 같은 건물이 있는데 그게 지점인 거야."

돈을 하수구에 버리는 게 되지 않을까. 그런 의심을 품고 창구에서 묻자 사람 좋아 보이는 아저씨가 나왔다.

"제부가 하르게이사에 있기 때문에 직접 돈을 보내고 싶다"고 하자 그 아저씨도 소말릴란드인으로서 매우 기뻐했다고 한다. 응대는 일반 은행보다 훨씬 정중하다. 송금 수속을 마치고 집으로 돌아온 후에도 일부러 전화로 "내일 금요일은 소말릴란드에서는 휴일이기 때문에 오늘 안에 돈을 찾아가도록 제부에게 말하는 게 좋다"고 전해준 모양이다.

다하부시루의 특징은 무엇보다 '초고속' '초간단'에 있다. 은행처럼 이쪽 계좌는 필요하지 않다. 처형은 내 이름과 전화번호를 알려줬을 뿐이다. 시드니에서 신청이 완료되면 순식간에 하르게이사에서 받을 수 있다. 물론 처형에게서 전화가 왔지만 다하부시루의 하르게이사 지점에서도 제대로 "돈이 도착했다"고 연락이 왔다. 내 숙소에서 다하부시루 지점은 코앞이다. 휙 하고 가서 이름을 말하자 직원이 "외국인이 받으러 온 것은 처음"이라며 반갑게 맞아줬다. 5분도 걸리지 않아 30만 엔 상당을 받을 수 있었다.

호주머니가 두둑해지니 순간 평온해졌다. 푼틀란드 기자 코베에게 돈을 얹어서 일당을 지불해도 절반 이상 남아 있다. 선생님과 와이얍에게 카트와 음료를 사고 나를 위해서도 손톱 카트 따위를 산다. 순식간에 지폐는 줄어들었지만 "없어지면 또 처형에게 부탁하면 되지"라고 생각했다. 소말리인 사고 패턴의 전형인 것이다.

호주머니가 두둑하고 마을은 평화롭다. 소말리인(특히 소말릴란드인)의 까칠함에도 익숙해졌다. 그들은 왠지 모르지만 거의 문을 노크하지 않는다. 직원도 그냥 아는 사람도 우선 내 방문 손잡이를 빙글빙

글 돌린다. 반응이 없으면 주먹으로 쾅쾅 두드린다. 물건은 무엇이든지 던진다. 현금이든 사람의 여권이든 뭐든 던진다. 그들이 던지지 않는 것은 휴대전화뿐. 휴대전화는 소말리인의 생명이다. 망가지면 곤란하니까 던지려다 아슬아슬하게 단념하는 모습을 여러 번 봤다.

만났을 때는 몰라도 헤어질 때는 인사를 하지 않는다. "내일"이라고 말하면서 등을 돌린다. 전화는 갑자기 끊는다. 남의 이야기는 기본적으로 듣지 않는다. 그리고 화다쿠 디리루. 하지만 익숙해지자 하르게이사는 매우 아늑한 곳이었다. 거리를 걷다보면 하루 두세 번은 여자가 "안녕!" 하고 말을 걸어온다. 얼굴을 검은 베일로 푹 덮은 젊은 여성이 소말리어로 "어디에서 왔어?" "라마단 금식 하고 있어?" 하고 물었던 적도 있다.

방송국에서도 주방에서 요리를 하고 있는 여자와 "용돈 줘" "아니, 지금은 아냐. 일본에 가면 있으니까. 함께 가자" "에이, 멀기 때문에 싫어. 게다가 지금 원해" 같은 수다를 즐긴 적도 있다. 카트의 부작용으로 아침에는 죽고 싶을 만큼 기분이 우울하지만 점심을 먹고 서서히 회복한 뒤 카트를 씹으면 절정에 이른다. 소말릴란드와 소말리인의 수수께끼를 정신없이 파고들고 기억해도 취재에 아무런 도움이 되지 않는 소말리어를 열심히 배운다.

'소말리'가 실감을 넘어 자신의 피와 살이 되고 있다고 느낀 것은 하르게이사에 돌아온 지 열흘 정도 지났을 무렵이다. 나는 방송국에서 일찍 돌아와 호텔 로비에서 일기를 쓰고 있었다. 조금 떨어진 곳에 모가디슈에서 온 젊은이(그는 도시 사람 같은 매우 예의 바른 청년이었다)가 냄비에 담긴 뭔가를 먹고 있었다. 그것이 신경 쓰여 내가 획 하고 일어나 그의 냄비 속을 들여다봤다. 스파게티였다. 나는 젊은이의 얼굴을 쳐다보고 "바스토!(스파게티!)" 하고 큰 소리로 말했고, 그대로 내 의자로 돌아와 일기를 쓰기 시작했다.

그리고 10초 정도 지나 깜짝 놀랐다.

"나, 지금 소말리인이 됐잖아!"

젊은이가 무언가를 먹고 있는 게 신경이 쓰였을 때부터 냄비를 엿보고, 말을 걸고, 일기로 돌아올 때까지 무엇 하나 생각하지 않았다. 단지 눈앞에 있는 것에만 반응했다. 왠지 처음 자전거를 타게 됐을 때라든지 처음 접영을 할 수 있게 됐을 때와 같은 기분이었다. 이론으로는 알아도 실감으로는 전혀 모르던 것을 문득, 자연스럽게 알게 됐을 때의 느낌이다.

마찬가지로 억지 논의 '화디쿠 디리루'에도 단지 압도되기만 하는 게 아니라 조금씩 반응하게 됐다. 특히 소말릴란드에 대한 논의에서 그랬다. 나는 결국 외부인이고 취재하는 사람이기도 하니까 어쨌든 소말리 사람들의 의견에 귀를 기울이고 있었다. 꽤 무리한 이론이라도 "그렇게 생각할 수도 있나?" 하고 이해하려고 노력했다. 무엇보다 소말리인은 말투가 일본의 TV 탤런트 수준이고 영어도 잘한다. 일본어로도 논의에 약하고, 영어도 서툰 나로서는 논쟁에 접어들면 당해낼 도리가 없다. 반론하고 싶지만 역시 철저히 듣는 역할이 돼버린다.

그런데 '바스토! 사건' 다음 날인가 다음다음 날 그 벽을 깨고 말았다. 나는 카트의 부작용인 기분 저하와 변비 이외에 요통에도 시달리고 있었다. 원래 요통은 지병으로 원인이 무엇인지 잘 모르겠다. 반은 정신적인 것이고, 반은 추간판의 문제가 아닐까 생각한다. 최근에

수수께끼의 독립국가 소말릴란드

는 운동이나 스트레칭을 해 증상이 잘 나타나지 않는다.

하지만 푼틀란드와 모가디슈에서 반은 납치된 것 같은 여행을 하고 하르게이사에 돌아와서도 카트를 씹거나 잠만 자는 나날을 보낸 것은 좋지 않았다. 몸을 너무 움직이지 않았기 때문에 건강이 급격히 나빠진 것이다. 물론 육체적, 정신적 피로도 있다. 매일 낯선 아저씨들에게 "지옥에 떨어진다"는 말을 듣는 것도 상당한 스트레스임에 틀림없다.

이제 몸을 움직이지 않으면 안 되겠다고 생각해 시장에 나갔는데 허리 오른쪽에 격렬한 통증이 왔다.

"이건 위험한데!"

나는 얼굴을 찡그리면서 비틀비틀 걸어 간신히 나시바 카페에 도착했다. 거기서 멍하니 앉아 있는데 또 낯선 아저씨가 다가왔다. 처음에는 "먼 일본에서 온 것을 환영한다"고 말하며 우호적이었으나, 내가 소말릴란드에 대한 책을 쓰기 위해 여기에 왔다고 말하자 "소말릴란드의 책 따위를 누가 읽어?"라고 했다. 씨족의 이름을 묻자 "나는 씨족주의가 싫어. 씨족은 문제를 일으킬 뿐"이라고 딱 잘라 말한다. 이런 사람은 십중팔구 동부 다로드 또는 모가디슈 사람이다.

"소말릴란드는 씨족의 힘으로 평화롭게 된 거 아닌가"라고 묻자 "이런 건 평화가 아냐. 그 때문에 소말리아는 통일이 안 됐어. 소말리아 내전의 원흉은 소말릴란드야"라고 받아쳤다. 이 말을 듣고 나는 멍해졌다. 구식민지의 국경선을 유지하고 있는 것, 이전의 독립을 회복하고 있는 것 등을 예로 들며 소말릴란드에는 독립할 근거가 있다고 했지만 "그런 것은 주민의 뜻이 아니다"라고 반론을 펼쳤다. 큰 격론이 됐다.

"푼틀란드도 같은 정도로 치안이 좋다"고 그가 말해 "거짓말이다. 푼틀란드에서 나는 호위를 붙이지 않으면 마을을 걸을 수 없었다"고 대꾸했다.

"일본의 일부가 독립하고 싶다고 말하면 너는 인정할 건가?"라고 그가 말하면 "주민의 의사가 있으면 인정한다"고 대답했다.

"씨족주의는 부패와 연고주의뿐이고 하나도 좋은 것이 없다"고 그가 말하면 "그럼 넌 디야(배상금)를 지불하지 않나? 디야가 없으면 무언가 잘못됐을 때 어떻게 살아가야 하는가?"라고 반박했다.

디야까지 꺼내자 상대는 꽤 놀랐다. 나는 소말리 영역에서 상당한 경험을 쌓고 있으며, 압둘라히 선생님과 와이얍 덕분에 소말리아의 전통과 역사에도 통달했다. 상대가 쳐오는 공을 닥치는 대로 반격할 만한 능력이 몸에 배어 있었다.

그가 너무 끈질기게 "소말리는 하나"라고 반복하니 나도 끝내려고 소리쳤다.

"소말리는 하나가 아니다. 구영국령 소말릴란드, 구이탈리아령 소말리아, 지부티, 케냐의 소말리인 지구, 에티오피아의 오가덴(소말리인 거주 구역) 이렇게 다섯 개다. 만약 네가 '소말리는 하나'라고 말하고 그것이 옛날 소말리아만을 가리키는 거라면, 지부티와 에티오피아와 케냐 소말리인은 소말리인이 아닌가?"

그 사람은 잠시 당황하더니 조용히 오른손을 내밀었다. "너, 대단한데. 어느 쪽이든 소말리의 일을 그렇게 공부해줘서 기뻐." 그는 내 손을 꽉 쥐며 악수하더니 쓴웃음을 지으며 가버렸다.

"오옷! 소말리인한테 처음 이겼다!"

흥분으로 숨을 헐떡이며 무심코 승리의 포즈를 취하고 말았다. 그리고 눈치 챘다. 허리가 스윽 하고 가벼워지는 것을. 역시 요통의 절반은 소말리인에게 당하는 스트레스에서 오는 것 같다.

이렇게 나의 소말리인화는 급속히 진행됐다. 이 정도라면 이른 아침부터 낯선 사람을 붙잡고 "너는 지옥에 떨어진다" 같은 폭언을 하는 것도 시간문제이리라는 생각이 들었다. 이제 적당한 때가 됐는지도 모른다. 무엇보다 이제 돈이 없다. 해외의 친척에게 너무 무심해 인연이 끊기다니 이런 소말리인도 적지 않을 것이다.

마지막으로 남겨진 수수께끼를 빨리 풀고 귀국해야겠다고 생각했다.

세계에 자랑하는
하이퍼 민주주의

지난번(2009)에 소말릴란드를 방문했을 때 구소말리아를 북부(소말릴란드)와 남부로 나눠, 왜 북부는 내전을 독자적으로 종결시킬 수 있었는지를 살펴보고는 다음과 같은 결론을 얻었다.

- 남부에서는 종주국 이탈리아가 씨족의 구조를 파괴해버렸지만, 북쪽은 구영국령이었고 간접 통치를 했기 때문에 씨족의 전통이 유지되고 있었다.(비리 마 게이도 및 정산 방법, 무장 해제 등)
- 북부는 이전부터 씨족 간에 자주 전쟁을 하고 있었으므로 정전에도 익숙했다.
- 산업이 풍부하고 수도도 있는 남부와 달리 북부는 가난하고 서로 빼앗을 이권이 적었다.

수수께끼의 독립국가 소말릴란드

위의 결론에서 특별히 변경해야 할 점은 없다고 생각한다.

다만 한 가지 생각해야 하는 것은 푼틀란드의 존재다. 와이얍 등 대부분 소말릴란드 사람은 자신들을 '북부'라고 부르고, 모가디슈를 중심으로 하는 구이탈리아령을 '남부'라고 부른다. 하지만 실제로는 구이탈리아령이면서 전통문화를 유지하고 있는 푼틀란드의 존재를 무시하고 있다.

소말릴란드는 내전을 종결시켰다. 그런데 푼틀란드는 일시적으로 치안이 매우 나빴던 시기가 있었던 것 같고 지금도 씨족 간 항쟁이 계속되고 있지만, '내전'이라고 부를 만한 직접적인 대규모 전투는 일어나지 않았다. 씨족 비례대표제 민주주의 정부를 만들고 '국가'라고 불러도 지장이 없는 완결된 정치 구조를 갖추고 있다.

그러나 소말릴란드와 푼틀란드는 국가 구조가 근본적으로 다르다. 푼틀란드의 민주주의는 이렇다.

국회 의석은 씨족마다 세세하게 할당돼 있다. 각 씨족은 자체적으로 선거를 실시한다. 장난꾸러기 기자 코베의 씨족에는 한 명이 할당돼 있다. 그래서 그는 다음 선거에 입후보할 예정이라고 한다. 만약 그가 출마하면 가문의 유력자가 수십 명 모여 후보자 중에서 적합한 인물을 투표로 선정한다. '유력자'는 가문의 우두머리다. 즉 씨족 안에서 모든 것이 완결되고 있다.

코베가 만약 씨족의 대표(의원)로 뽑히면 의회에 출석해 다른 의원과 함께 대통령을 다수결로 선출한다. 자연스럽게 대통령은 유력 씨족에서 나온다. 요약하면 푼틀란드에서는 씨족이 정치를 하고 있는 것이다.

소말릴란드는 전혀 다른데, 우선 의회가 두 개 있다. 하나는 구루티 (원로원). 푼틀란드와 마찬가지로 씨족의 인구에 비례해 의석이 배분되고 있지만, 구루티 회원은 세습적인 씨족의 우두머리 중에서만 뽑는다. 씨족은 분가에서 분분분분가 단계까지 '우두머리'가 많이 있다. 그 중에서 선택하는데, 일반인은 참여할 수 없다. 귀족원 같은 것이다.

또 하나는 정당에 의한 의회. 이곳엔 누구나 참여할 수 있다. 소말릴란드의 정당 정치는 매우 흥미롭다. 이쪽은 '특정 씨족을 기반으로 하지 않는다'는 생각이 응축돼 있다. 먼저 정당의 수는 세 개로 한정돼 있다. 정당 수를 제한하지 않으면 작은 분분분가 정도의 수준까지 정당을 만들어버릴 게 뻔하기 때문이다. 세 개밖에 없으면 씨족 간에 협력을 해야 한다.

정당을 세 개로 만드는 선거를 치른다. 사람(의원)을 선택하기 전에 '당'을 선택하는 선거가 있는 것이다.

헌법에 이 정당 선거를 10년에 한 번 실시한다고 명기돼 있다. (원고를 쓰고 있는 2012년 8월 현재 그 선거가 진행되고 있다.) 소말릴란드 전역을 여섯 개 선거구로 나눠 득표율을 겨룬다. 상위 세 개 당이 '국가의 공인 정당'이 된다.

그뿐만이 아니다. 정당으로 인정받기 위해서는 여섯 선거구 중 최소 네 선거구에서 20퍼센트 이상의 득표율을 올려야 한다. 소말리는 유목민이기 때문에 씨족은 흩어져 있고 이동도 있지만 대략 영역이 정해져 있다. 그래서 네 선거구에서 20퍼센트 이상의 표를 얻는 것은 사실상 소말릴란드 모든 씨족의 지지를 얻어야 하는 것이다. 아무리 전체 득표율이 높아도 하나의 선거구에서 20퍼센트를 얻지 못하면 '씨족에 치우쳐 있다'고 간주돼 정당으로서의 자격을 잃거나 순위가 내려간다.

의원 선거는 정당 단위로 실시된다. 일본처럼 '무소속'은 없다. 현재는 UDUB(통일민주인민당, 통칭 우두브), 쿠루미에(통일당), UCID(공정복지당, 통칭 우이드) 세 당이 있다. 그중 하나의 당에서 출마한다. 의원선거는 4년에 한 번이다. 이와는 별도로 대통령 선거가 있다. 각 당이후보를 선택한다. 최대라고 해도 세 명밖에 후보자가 나오지 않는다. 선택은 소말릴란드의 모든 '국민'이 한다. 즉 소말릴란드의 정치는 세 권력으로부터 이뤄진다.

대통령	정치인
의회	정치인
구루티(원로원)	씨족의 장로

구루티가 상원인 걸 제외하면 미국의 정치 체제와 같다. 일반적으로 정치를 하는 것은 대통령과 의회다. 압둘라히 선생님이 거듭 말한 것처럼 "씨족이 정치를 할 수는 없다". 씨족은 '씨족의 이익'만 추구한다. 앞서도 썼지만 푼틀란드에서 해적을 단속해도 해결 방법이 없는이유다.

가문이 어떻게 정치에 도움이 안 되는지 내가 실감한 사례가 있다. 소말릴란드에서는 2010년 대선이 몇 번이나 연기됐다. 문제는 '유권자의 수'다. 소말릴란드의 선거는 국제 NGO가 옵서버로 참가해 '대체로공정한 선거'라고 인정받고 있지만, 엄밀히 말하면 이중 투표가 적지 않게 존재하는 것으로 알려져 있다. 같은 사람이 두 번 투표하는 것은 부정이다. 왜 이런 일이 일어나는가 하면 정부가 유권자 수를 파악하지 못하고 있기 때문이다. 그래서 정부는 유권자 한 명 한 명을 '등록'하는 작업을 시작했지만 어쨌든 유목민이고, 행정 기구가 갖춰져 있지 않기 때문에 난항을 겪었다. 대통령 선거 시기가 돼도 이 작업이 끝나지 않았다. 여당은 "등록이 아직 완결되지 않았다"라는 이유로 선거를 여러 번 연기했지만 야당은 "선거를 하면 진다는 걸 알고 있기 때문에 여당이 부정하게 지연시키는 것"이라고 비난했다.

이 이야기를 들은 나는 와이얍에게 "그런 것은 씨족에게 세어보라고 하면 한 방에 알 수 있지 않아?"라고 물었다. 끝 씨족(분분분분분분가 정도)에서 위로 보고하면 합계는 순식간에 나올 것이라고 생각했다. 그러자 와이얍은 웃었다.

"불가능해. 모든 종족이 자신들의 수를 부풀려 보고할 테니까."

으음. 가문의 그물망은 범죄자를 잡는 데 활용할 순 있지만 명단을 만들거나 인구를 파악하는 데 쓸 수는 없다. 이래서는 선거에서 곤란한 것뿐만 아니라 각지에 병원과 학교가 얼마나 필요한지도 파악할 수가 없겠다.

씨족의 법 '헤르'는 계약이어서 A 씨족과 B 씨족 등 상대적인 문제는 해결할 수 있지만 절대적인 숫자와 상황은 파악되지 않는다. 그래서 소말릴란드인은 정치를 정치인에게 맡기기로 했다. 그러나 정치인은 야심이 있고 폭주할 수도 있다. 그것을 감시하는 것이 씨족이다.

소말릴란드의 의회와 구루티는 일본 중의원과 참의원 같은 관계다. 새로운 법안을 만들 때 먼저 의회에서 토의해 가결되면 구루티에 보내진다. 구루티에서도 통과되면 법안은 성립되지만 구루티에서 부결되면 의회로 환송한다. 일본에서는 참의원에서 부결되더라도 중의원에서 다시 표결해 3분의 2 이상의 찬성을 얻으면 법안이 성립된다. 소말릴란드는 구루티의 찬성을 얻지 못하면 법안이 절대로 성립되지 않는다. 그래서 법안은 의회에 되돌려져 수정을 한 뒤 다시 구루티에 보내진다. 이로써 통과되면 성립, 부결되면 의회로 반환되거나 폐기된다.

일본의 중의원·참의원 제도를 설명하자 와이얍이 "그것은 의미가 없다"고 말했다.

"양쪽 모두 정치인이 하고 있잖아. 만약 여당이 두 의회를 모두 장악하면 자동으로 법안이 통과돼. 만약 다른 의회(참의원)에서 여당이 소수라면 법안은 통과되지 않고. 또 아래의 국회(중의원)에서 다수파가 3분의 2 이상이면 상위 의회는 필요가 없어. 어느 쪽으로 해도 의미가 없지."

맞는 얘기라 대꾸할 말이 없다. 소말릴란드의 경우 정치인이 정치인을 감시하는 것이 아니라 씨족의 원로가 정치인을 감시한다. 의회가 통과시킨 법안을 구루티가 부결하는 건 어떤 경우냐고 압둘라히 선생님에게 물어보니 이런 예를 들었다. 올해(2011) 여당이 여성의 정계 진출을 촉진하기 위해 의석 중 30개를 할당한다는 법안을 제출, 의회에서 통과됐지만 구루티에서 부결돼 결국 폐기됐다.

"그건 너무 보수적인 것 아닌가요?"

내가 눈살을 찌푸리자 선생님은 고개를 저었다.

"특정 그룹에 의석 할당을 해도 된다고 헌법 어디에도 쓰여 있지 않아."

선생님은 "우리도 여성이 정치에 많이 참여하면 좋겠어. 하지만 의석 할당은 헌법 위반이야. 여당은 그런 것을 깊게 생각하지 않고 다음 선거를 위해 선심성으로 했을 뿐이지. 법안이 통과하면 여성 표를 많이 얻을 수 있으니까. 하지만 진심으로 여성 의석 할당을 하고 싶다면 먼저 헌법을 바꿔야 한다"고 했다. 헌법 개정위원회를 설립해 원로와 지식인, 종교 지도자 등이 논의하고 그 결과를 의회에서 심의하는 절차가 헌법에 명시돼 있다고 한다.

그뿐만이 아니다. 의회의 법안은 사실 여성뿐만 아니라 차별받는 씨족에도 의석을 할당하려고 했다. 그러나 당사자인 차별받는 씨족의 원로들(구루티의 멤버)은 "그것은 새로운 차별을 낳을 뿐"이라며 맹렬히 반대했다. "의석 범위 같은 것에 의존하지 않고 우리가 일반적으로 정치에 참여할 수 있게 되는 것이 진정한 평등"이라고 했다.

정말 정직하다. 감탄이 흘러나왔다. 확실히 지금의 정권은 인기가 없어 다음 선거에서는 이기기 어렵다. 여당이 체면을 신경 쓰지 않고 작전에 나선 것도 이해할 수 있다. 그런 정치인의 대중영합주의적인 것에 원로원이 제동을 건 것이다. 제도적으로는 소말릴란드의 정치 체제가 일본보다 훨씬 세련되고 현실적이다.

내년도 예산안 등 재정에 관한 한 구루티가 관여하지 않고 의회만으로 결정할 수 있다는 것도 현실적이다. "씨족의 원로는 숫자에 대해 잘 모른다"는 것이 이유다. 구루티에서는 의회와 상관없이 회원이 자유롭게 의제를 제출하고 논의가 진행된다고 한다. 정당이 거론할 수 없는 소수자 문제에 대해서도 언급할 수 있다.

예를 들어 차별받는 씨족인 가보에의 대표가 자신의 가문이 처한 상황을 의제로 올린 적도 있다. 거기서 논의된 문제는 법적으로 아무런 힘이 없지만 신문이나 TV를 통해 국민에게 알리게 된다. 피차별민 대우를 개선해야 한다고 말한 것도 그 가문 원로의 의견으로 국민에게 전해진다. 물론 그것은 다방면의 영향력을 갖는다.

정치는 정치인에게 맡기고 씨족은 그것을 감시하며 흠결을 보완한다. 씨족은 무력을 갖지 않고 유일하게 무력을 가진 정부군은 정치에 관여하지 않는다. 소말릴란드가 세계에 자랑하는 하이퍼 민주주의다.

소말릴란드가 민주주의 체제로 이행한 것은 바레 정부에 반발한 게릴라 SNM 시대부터 정해진 노선이었다. '복수정당제로 전환'도 1995년 제2차 내전 종결 후 열린 하르게이사 대회의에서 씨족 간에 합의됐다. 하지만 씨족의 원로들이 저항했으니 역시 간단한 문제는 아니었던 것 같다. 그것을 가능하게 한 것은 제2대 대통령 '에가루' 시대다.

정치인 에가루의
무서운 책략

에가루는 1993년부터 2002년 갑자기 병으로 죽을 때까지 소말릴란드의 가장 중요한 10년을 다스린 '뛰어난 정치인'이었다. 에가루는 세평이 좋지 않은 인물이었다. "독단적이고 부패가 심하다"는 비판이 제기됐다. 같은 씨족이자 에가루 추종자인 와이얍 등은 "부패는 있었지만 개인 욕심을 채운 것이 아니라 나라를 위해서였다"고 변호한다.

에가루는 기구한 인생을 보낸 인물이기도 하다. 젊은 나이에 영국 식민지 시대 독립 운동에 참여해 정치인이 되고 소말릴란드의 독립과 남부 소말리아의 통합에 온 힘을 다했다. 단 나흘만 존재한 1차 소말릴란드공화국의 총리였고, 남부와 합병한 후 소말리아 민생 시대에도 역시 총리에 취임했다.

바레가 쿠데타를 일으켜 정권을 잡은 뒤 에가루는 체포돼 무려 20년간 감옥살이를 했다. 소말릴란드의 넬슨 만델라 같다. 바레 정권이 붕괴하자 에가루는 많은 모가디슈 거주 북부인과 마찬가지로 하르게 이사로 돌아왔다. 그리고 이번에는 구소말리아에서 소말릴란드를 독립시키는 역할을 했다.

에가루의 영상이 방송국에 남아 있었다. 몸집은 작지만 표정이 살아 움직이고 에너지가 넘치는 인물이었다. 달변가이기도 했다. 소말릴란드가 독립을 선언한 후 에티오피아에서 열린 구소말리아 회의에 소말릴란드 대표로 참석했을 때 그는 이렇게 연설했다.

"1960년 통합 때 우리는 낙타에 재산을 싣고 모가디슈로 갔다. 1991년 내전 후 우리는 재산을 모두 두고 돌아온 것이다. 자신의 낙타 정도는 데려와도 되는 것 아닌가."

북부 사람들이 지금껏 모가디슈에서 쌓아온 것을 포기하니 낙타 (주권) 정도는 인정하라는 것이다. 1993년 1차 내전 후 에가루는 씨족 대표들이 모인 중요한 회의에 청바지를 입고 등장했다. 소말릴란드에서 청바지를 입는 사람은 젊은이들 중에서도 별로 없다. 정치인 중에서는 전혀 없다고 할 수 있다. 그런데 에가루는 입고 있던 청바지를 손으로 당기면서 "무장 해제가 실현될 때까지 나는 이 청바지를 벗지 않겠다"고 외쳤다. 자신의 발언에 대한 인상을 자아내는 연출이었던 셈이다.

에가루는 자신이 속한 하발 아와르의 인맥을 교묘하게 이용하여 자신의 정치활동을 방해하는 씨족주의의 힘을 꺾을 생각을 했다. 한편 적지 않은 원로들은 에가루의 독단을 우려했다. 에가루의 공과는 최대의 난관이었던 '무장 해제'에 잘 나타나 있다.

아무리 이야기를 잘해도 그것만으로 씨족 민병대가 "예, 예" 하며 정부에 무기를 내놓을 리 없다. 씨족의 원로들이 설득하면 그 아래 민병대 지도자들은 말을 들을 수밖에 없다는 의견도 있지만 실제로는 그리 간단한 게 아니었던 것 같다. 소말리 씨족은 일본의 회사나 관공서와는 다르다. 위에서 아무리 말해도 자신에게 이익이 없다고 생각하면 따르지 않는다.

민병대는 정부군에 편입됐다. 무기를 건네줘도 지도자는 정부군에서 일정한 지위를 얻을 수 있다. 그뿐만이 아니다. 소말리의 기본 원리는 돈이다. 에가루는 그걸 잘 알고 있었다. 자신의 씨족 하발 아와르의 거상들로부터 자금을 조달, 민병대 지도자와 개별적으로 협상하고 그들에게 최대의 무기인 무장차량 테크니컬을 사들인 것이다.

돈을 받을 수 있고 정부군 내에서 지위도 보장된다면 민병대의 지도자들도 문제가 없다. 무장 해제는 비교적 순조롭게 진행됐다. 씨족의 힘만으로는 무장 해제가 불가능했을 것이다. 에가루의 공적이다.

한편 무장 해제가 소말릴란드의 구석구석까지 이뤄지지 못했던 것도 에가루의 독단적인 성향 때문인 것으로 알려져 있다. 에가루는 자신을 따르면 환대하고 반대하면 타협 없는 자세로 배제했다. 그 결과 하발 유니스가 반란을 일으켜 2차 내전이 시작됐다.

부통령은 두 소수파 중 가다부르시를 선택, 동부 다로드(도르바한테, 와르센게리)의 요구는 거들떠보지도 않았다. 가다부르시의 상인들이 그를 지원하고 있었던 것이다.

2차 내전이 어떻게든 끝나고 하발 유니스도 무장 해제에 따랐지만, 그때 동부 다로드의 절반 이상이 소말릴란드 정부에서 이탈해버렸다. 에가루는 그것을 막으려는 행동도 취하지 않았다. 에가루가 조금이라도 동부 다로드를 끌어들이는 노력을 했다면 지금 소말릴란드가 안고 있는 가장 큰 문제를 풀 수 있었을지 모른다.

복수정당제로의 이행도 에가루가 강하게 밀어붙였다. 수법은 놀라웠다. 원로들의 저항을 초조해하던 그는 후다닥 자신의 정당을 만들었다. 게다가 정부의 돈을 유용한 것으로 알려졌다.

이에 분노한 원로들이 강하게 비난하자 에가루는 그들을 체포해 감금했다. 또한 각 씨족에서 자신을 지지하는 사람을 새롭게 '술탄'으로 임명했다. '술탄'은 각 씨족에 한 명이고 게다가 세습이니까 터무니없는 폭거였다. 한편 반에가루파는 자기 씨족의 '술탄'이 친親에가루일 경우 새로운 '술탄'을 임명했다.

이제 각 씨족은 '술탄'이 두 명씩 됐고, 친에가루파와 반에가루파로 갈라졌다. 그리고 반에가루파는 에가루에 대항하기 위해 다른 정당을 만들었다. 이것이 야당이 되고 우연히도 복수정당제로 전환됐다. 대략적으로 말하면 이렇게 복수정당제는 시작된 것 같다. 꽤 위험한 밧줄타기 곡예다.

씨족의 분단은 과거 영국이 지배하던 시대에도 있었지만 이처럼 각 씨족의 내부가 분단된 것은 아니었다. 내 추측이지만 에가루는 숙적인 바레의 수법을 이용한 것이 아닐까 싶다. 그리고 바레가 무리한 방법으로 독재를 유지했는데, 그 역시 같은 정도로 무리하게 민주화를 추진한 것은 아닐까 생각한다. 에가루를 지지한 건 바레 정권이 무너진 후 모가디슈에서 소말릴란드로 돌아온 사람들이었다. 싫어한 사람은 게릴라 투쟁을 실제로 수행한 군인과 게릴라 지도자들이었다.

반에가루파는 친에가루파를 '패잔병'이라며 바보 취급했다. 모가디슈에서 몸만 도망쳐왔다는 뜻이다. 친에가루파는 반에가루파를 '붉은 깃발'이라고 부른다. 한때 게릴라가 사회주의 정권인 에티오피아의 지원을 받았기 때문이다. "군인 출신이고 공산주의자로 머리가 굳은 자"라는 야유의 뜻을 담고 있다.

이렇게 씨족과는 무관한 대립 구조가 생겼고, 이를 기반으로 복수 정당제를 실현했다. 원래 복수정당제로 전환하는 것 자체가 정해진 노선이었으므로 친에가루파나 반에가루파 모두 이후에는 기탄없이 논의하면서 공통의 규칙을 만들길 원했다. 그 결과가 10년에 한 번 정당 선거와 전체 선거구에서 20퍼센트의 득표를 조건으로 하는 것 등이다.

에가루의 분단 공작에 씨족은 한때 내부 혼란을 겪었지만 결국은 안정됐다. '술탄'은 여러 명이 돼버렸지만 예전부터 있던 '술탄'이 넘버 원, 새로운 쪽이 '넘버 투'로 순위를 매겼다. 또 구루티가 제도화하고 '술탄'의 일이 증가하면서 "이제는 둘이 있어 편하다"고 얘기하는 사람도 있다. 즉 씨족의 유대는 그대로 유지되면서 구루티가 지금도 정치인을 감시하는 입장에 있을 수 있는 것이다. 에가루의 이런 독단적인 행동과 곡예 같은 책략이 없었다면 소말릴란드가 복수정당제로 전환할 수 있었을지 모르겠다.

다른 많은 소말릴란드의 정치인처럼 에가루도 모가디슈에 가고 싶었던 것 같다. 2차 내전이 한창일 때 "소말리아 연방으로 돌아가자"고 한 적이 있고, 내전이 종결되자 "소말리아 평화회의를 하르게이사에서 열자"며 국제사회에 멋대로 호소하기도 했다. 그는 30년 전 자신이 한 번 한 것을 다시 재현하고 싶었던 건 아닐까. 즉 "우선 소말릴란드가 독립한 뒤 남부 소말리아와 합병해 연방 공화국을 만든다. 그리고 전에는 획득하지 못했던 '소말리아 연방 대통령' 자리가 그의 머릿속에 있었던 것은 아닐까.

이런 아이디어는 소말릴란드 국민 누구도 지지하지 않았고, 씨족의 원로들도 철저하게 반대했다. 원로들의 반대가 대단해서 그들의 힘을 없애기 위해서라도 복수정당제 전환을 서둘렀다. 에가루와 씨족과의 치열한 다툼이 하이퍼 민주주의를 낳은 것이다.

압둘라히 선생님에게 "평화를 유지하는 것이 언제 가장 어려웠나요?"라고 물었던 적이 있다. 그러자 "20년간 계속 힘들었다"는 대답이 돌아왔다.

2차 내전 이후도, 에가루가 복수정당제를 강행했을 때도, 첫 번째 대통령 선거에서 불과 수십 표 차이로 진 쪽이 폭동을 일으킬 뻔했을 때도, 유권자를 등록한다는 이유로 여당이 선거를 미뤘을 때도, 이전 선거에서 정권 교체가 일어났을 때도 항상 "무슨 일이 일어나도 이상하지 않다"는 분위기가 흘렀다고 한다.

또 하나 의외의 사실을 덧붙이자면 소말릴란드는 완전히 무장 해제되지 않았다. 테크니컬(무장 전차)이나 대포, 기관총 등 중화기는 대부분 정부에 반납했지만, 자동 소총(칼라시니코프)의 상황은 '무장 해제'라는 말과는 거리가 멀다. 아직 상당수가 일반 가정에 보존돼 있다고 한다.

나는 그 이야기를 푼틀란드에서 처음으로 들었다. 아마 푼틀란드인이 소말릴란드를 질투해서 근거 없는 험담을 하는 것이라고 생각했지만, 와이얍에게 물었더니 당연한 듯 "그렇다. 왜냐하면 총은 우리 문화니까"라고 말해 깜짝 놀랐다. 와이얍에 따르면 '무장 해제'는 '민병대를 정부군과 경찰에 편입하고 중화기를 몰수하는 것'이 중요하며 그것으로 충분한 것이었다.

현재 소말릴란드 국군엔 힘센 사령관이 없고, 군이 쿠데타를 일으키거나 정부에 압력을 가하거나 군 내부에서 분열하거나 하는 일 자체가 발생하지 않을 것 같다. 그런데 뭔가 문제가 발생해 '즉시 내전'이 될 우려는 낮지만, 폭도들이 총을 들고 난동을 부려 내부 붕괴로 이어질 가능성은 항상 존재한다.

그런데 소말릴란드는 이미 15년 동안이나 고급 치안을 유지하고 있고 그런 사태를 한 번도 초래하지 않았다. 내부 붕괴는커녕 위기를 극복할 때마다 '이스자아크와 다른 씨족의 화해' '내전 종결' '모든 씨족의 계약' '(대략적인) 무장 해제' '복수정당제로 전환' '보통선거에 의한 대통령 선출' '평화적 정권 교체'로 점점 국가의 수준을 향상시키고 있다.

지상의 라퓨타의 수준을 넘어 '천공의 성 라퓨타'처럼 날고 있다. 민주주의가 너무 높은 수준으로 가버려 오히려 현실감을 잃을 정도다. 일본인을 상대로 내가 "소말리아에 자칭 독립국이 있다"고 하면 상대는 "오호, 그래?" 하며 흥미진진해하지만 "복수정당제를 실현하고, 정권 교체도 하고"라고 말하면 거짓말이라고 치부한다. 왜 '환상적인 수준'까지 소말릴란드는 스스로를 높여버렸을까. 여러 가지 생각한 끝에 압둘라히 선생님에게 물어봤다.

"소말릴란드인들이 그동안 무슨 일이 일어나도 참고 평화를 지켜온 것은 결국 국제사회에서 인정받고 싶기 때문 아닌가요?"

압둘라히 선생님은 몇 초간 생각한 뒤 "그렇다"며 천천히 고개를 끄덕였다. 역시 그런가. 나는 부탄과 소말릴란드를 머릿속에서 겹쳐봤다. 지난번에 왔을 때도 소말릴란드가 부탄과 비슷하다는 걸 직관적으로 파악했지만, 그때 나는 부탄에 가본 적이 없었다. 이듬해 정말 우연이지만 나는 부탄에 가서 이것저것 조사해 책을 한 권 썼다. 사람이나 문화는 조금도 닮지 않은 이 두 나라는 외부의 개입을 최대한 피하는 방법으로 분란을 멀리해온 것 외에 또 하나 공통점이 있다. 국제사회에서 인정받기 위해 노력해왔다는 것이다.

자주 회자되는 것처럼 부탄은 결코 이상적인 국가를 만들려고 한 게 아니었다고 나는 생각한다. 인도와 중국이라는 강대국 사이에 끼어 독자적인 색깔을 내세우지 않으면 흡수돼버릴 거라는 두려움 때문에 필사적으로 전통문화를 중시하거나 환경 입국을 국가 정책화하는 등 국제사회에 '부탄은 독자적으로 노력하고 있는 나라'라는 호소를 계속했다. 네팔계 주민을 대거 추방한 것도 독자성을 유지하려는 어려운 결단이었을 것이다. 그 결과 (어디까지나 국내에 남은 국민에게만 그렇겠지만) 아주 좋은 나라가 된 게 아닌가 싶다.

소말릴란드도 그렇고 어쨌든 독립을 인정받고 싶다는 일념으로 위기를 극복해왔다. 만약 일찍 독립이 인정됐다면 여기까지 진화했을지 의문이다. 내 생각에는 국제사회, 더 단적으로 말하면 유엔이라는 '고급 회원제 클럽' 같은 것이 아닌가.

인류 보편의 이념을 바탕으로 한 공정한 조직이라고 착각하는 경우도 있지만 실제로는 민주주의도 인권도 직접 관계가 없다. 보다시피 이 클럽은 5개국 이사의 권한이 매우 강하고, 이사 중 1개국이라도 반대하면 어떤 좋은 제안도 거부돼버린다. 그것부터 반민주주의적이다. 게다가 이사의 하나인 중국 자체가 인권이나 민주주의와는 무관하고 회원도 비민주주의 국가가 많다. 그건 어쩔 수 없다. 여하튼 제2차 세계대전의 전승국에 의해 임의로 만들어진 회원제 클럽이기에 공평과 정의를 기대하는 건 무리다.

초기 단계에서는 이 클럽에 비교적 쉽게 가입할 수 있었다. 그런데 최근에는 멤버도 증가하고 있고 가입이 매우 어렵다. 가입 기준도 점점 높아져 '국민의 뜻'이라든가 '인권'이라든가 '민주주의'라든가, 기존 이사국조차 수행하지 못하고 있는 높은 조건을 들이대고 있다.

"우리는 고급 클럽이다. 인격이 좋고 일도 성공하고 있는 사람이 아니면 가입할 수 없다"와 같은 이야기다. 결국은 그것도 명분이고 이사장인 미국의 마음에 드는지에 따라 거의 모든 것이 정해지지만 어디까지나 그런 명분을 내건다.

반면 일단 가입하면 기본적으로 종신회원이므로 이후 파산하든 범죄를 하든 탈퇴당하는 일은 거의 없다. 구소말리아처럼 이미 회원 본인이 의식 불명에 빠진 지 20년이 지나도 그것을 인정하지 않고 막대한 돈을 쏟아부어 소생시키려 하고 있다. 그리고 가입이 허용되지 않는 사람은 언제까지든 이사회가 내세운 명분에 따라 우직하게 계속 애를 쓴다. 씨족의 원로도, 에가루 등의 정치인도, 민병대의 옛 지도자도, 정부를 비판하는 언론인도 그리고 일반 시민도…….

그것이야말로 소말릴란드를 전인미답의 하이퍼 민주주의 국가에 이르게 한 궁극의 원인이라고 생각한다.

지상의 라퓨타를
넘어

|

귀국하기 전에 해결해야 할 일이 몇 가지 있었다. 먼저 소말릴란드 소수파인 동부 다로드 씨족의 도르바한테와 와르센게리의 의견이다. 도르바한테 사람들은 푼틀란드의 수도 가로웨에서 함께 카트를 씹으면서 이야기를 들었다. "도르바한테는 누구도 소말릴란드를 지지하지 않는다"고 주장했다. 내가 "하지만 소말릴란드 정부에도 도르바한테 사람은 있겠지?" 하고 반박하자 "극히 일부"라거나 "그들이 잘못하고 있다"고 딱 잘라버렸다.

소말릴란드의 수도 하르게이사에서 이야기를 듣고 싶었다. 압둘라히 선생님 말로는, 동부 다로드의 대부분이 반소말릴란드로 기울어진 것은 에가루가 그들을 외면했기 때문만이 아니다. 1998년 푼틀란드가 설립됐기 때문이라고 한다.

어디까지나 선생님의 이야기지만, 푼틀란드는 EU의 소말리아 특사인 이탈리아 외교관의 유도에 의해 만들어졌다고 한다. EU도 푼틀란드처럼 각 씨족(국가)의 연합체다. 그중에는 영국처럼 소말릴란드에 우호적인 씨족도 있지만 구소말리아 종주국인 이탈리아는 열성 소말리아 부활론자다. 이권도 상당히 있는 것 같다.

이탈리아로서는 소말릴란드의 독립이 소말리아 부활에 방해되기 때문에 저지하고 싶을 것이다. 그래서 이스자아크의 숙적인 마제르텐에게 푼틀란드 정부를 만들라고 권유했다. 푼틀란드가 탄생하자 도르바한테와 와르셍게리는 두 정부 사이에 끼어버렸다. 국가로서 잘 정비되고 경제적으로도 발전하고 있는 것은 소말릴란드이지만, 씨족으로는 아무래도 푼틀란드 쪽이 끌린다. 최대 희생자는 그들이라고도 한다.

나는 하르게이사에서 동부 다로드 사람들과 이야기한 적이 없다. 아니, 분명 있을 것이다. 그들은 하르게이사에 머무는 동안 자신의 배경을 밝히려 하지 않았다. 그래서 모르는 것이다. 나는 일부러 동부 다로드 사람들을 찾았다. 나시바 카페를 도르바한테 사람들이 많이 이용하고 있다고 하기에 물으며 돌아다니다가 영국에 거주하는 도르바한테라고 하는 말쑥한 중년의 신사를 만났다.

"소말릴란드 따위는 아무것도 아니다. 치안이 좋다거나 평화롭다고 말하지만 그것 말고는 아무것도 없다"고 전적으로 부정했다. "치안이 좋고 평화로우면 충분하지 않나!"라고 반박했더니 그 사람은 불쌍할 정도로 말이 없어졌다. 나시바 옆에 더 서민적인 찻집이 있다. 거기에도 얼굴을 내밀었다. 영어를 하는 주인은 "나는 라하웨인"이라고 말했다. 마이 마이 사투리를 하는 남부의 농민 씨족이다. 이런 곳까지 와서 찻집을 하고 있다니. 시간도 없고 해서 "소말릴란드에 대해 동부 다로드의 의견을 듣고 싶다"고 솔직히 말하자 "소말릴란드 따위는 존재하지 않는다"고 그는 가장 먼저 자신의 의견을 말했다. 화디쿠 디리루(억지 논의)다.

"그럼 여긴 어느 나라야?"

"물론 소말리아다."

그러자 수십 명의 손님이 일제히 "노!"라고 외쳤다. "이곳은 소말릴란드다!"

주인은 겁내지 않고 "누군가 하루티(동부 다로드)는 없나? 하루티라면 내 의견에 찬성해줄 것"이라고 외쳤다. 그러자 흰 수염의 할아버지가 일어섰다.

"나는 와르센게리지만 소말릴란드 사람이야."

가게 안은 큰 웃음에 휩싸였다. 주인은 수줍은 웃음을 짓고 있었다. 나도 웃고 말았다. 그리고 생각했다. '참 평화롭다.' 가게 주인과 손님은 지금 자신이 있는 나라가 어디인지에 대해 인식이 다르다. 이상한 상황이지만 별로 상관없다. 화기애애한 걸 넘어서고 있다. 그 주인은 좋은 사람이고 그 후에 내가 가게 앞을 지나갈 때마다 "헬로 재팬!" 하며 싱글벙글 웃으며 손을 흔들어줬다.

도르바한테를 찾아도 보이지 않아 사이좋은 호텔 직원에게 부탁해보니 30분 후에 한 명을 소개시켜줬다. 과연 초고속의 소말리인이다. 호텔에 나타난 것은 아민이라는 차분한 청년이었다. 와르센게리의 본거지인 라스 고라이(독일인이 납치된 장소)에서 태어났고, 그 후에 도르바한테의 본거지인 라스 아노라는 마을로 이사했다. 그래서 도르바한테와 와르센게리 양쪽을 다 잘 알고 있었다. 하르게이사대학을 올해 졸업해 교육부에 취직했다.

"와르센게리의 60퍼센트 정도가 소말릴란드를 지지하고 있지만 도르바한테 중 소말릴란드를 지지하는 사람은 30퍼센트 정도"라고 아민은 깔끔한 영어로 말했다.

"나는 솔직히 저쪽에 있었을 때는 '부당한 취급을 받고 있다'고 생각했지만 대학에 들어가기 위해 하르게이사에 와보니 별로 싫은 것도 없고 마음이 바뀌었어."

그는 차분하게 말을 이어갔다.

"가장 큰 문제는 취업이야."

도르바한테는 소수이기 때문에 연줄이 별로 없다. 그래서 일을 찾기 어렵다고 했다.

"일단 일을 구하면 문제가 없어. 내가 있는 교육부의 장관도 도르바한테이고, 씨족 어쩌고저쩌고하는 것은 아무 상관 없어."

아민의 논리정연한 말솜씨에는 설득력이 있었다. 그의 태도는 소말릴란드를 지지하기보다는 '제대로 생활할 수 있다면 어디라도 좋다'는 느낌이었다. 이런 것이 좁은 틈에 끼어 사는 동부 다로드의 솔직한 감정일지도 모른다.

소말릴란드 취재는 이것으로 일단 종료됐다. 나머지는 현실에서 처리할 일뿐이다. 즉 돈이다. 송금으로 받은 돈은 어느새 깨끗이 사라졌다. 호텔비 그리고 와이얍에게도 사례비를 전달해야 한다. 다시 처형에게 보내달라고 했는데, 예상치 못한 일이 생겼다. 처형은 지금 일본에 일시 귀국해 있다는 것이다. 게다가 지방을 여행 중이라고 한다.

당황한 나는 친구 녀석들에게 전화를 걸어 상담했다. 여러 사람에게 폐를 끼친 결과, 유럽 웨스턴유니언 은행이 하르게이사에 지점이 있는 것으로 확인됐다. 나는 가쓰시카구에 거주하는 친구 한 명에게 송금을 부탁했다.

"다카노, 돈 보냈어"라는 전화를 받고 안심한 것도 잠시였다. 웨스턴유니언 은행의 하르게이사 지점이라는 것이 어디에 있는지 누구도 알지 못했다.

하르게이사가 폐허에서 부활한 것을 20년간 계속 지켜봐온 와이얍조차 모른다. 그는 지인들에게 닥치는 대로 전화를 걸었지만 역시 알 수가 없었다. 여우에게 홀린 기분이었다. 나와 와이얍은 택시를 타고 "저기에서 본 것 같다"와 같은 미확인 정보에 의존, 하르게이사 마을을 빙빙 돌았다.

마지막에 겨우 찾아냈다. 지그지그 얄이라는 작은 언덕 위에 있었다. 뭐야! 와이얍의 집에서 걸어서 5분 거리였다. "지난주 열었다"고 하니 아무도 모를 수밖에 없었다. EU 은행인 웨스턴유니언에서는 송금을 받기 위해 신분증명서가 필요했다. 내가 만일 출국할 때까지 돈을 받지 못할 경우를 고려해 수령자 이름을 와이얍으로 해놓았다. 와이얍은 여권을 가지러 걸어서 집으로 갔다. 그동안 나는 멍한 상태로 눈 아래에 펼쳐진 하르게이사의 시내를 바라보고 있었다. 갑자기 심하게 그리운 기분이 들었다. 이 풍경은 전에 본 적이 있다.

생각났다. 처음으로 미야자와와 함께 하르게이사에 왔을 때다. 도착한 이튿날 와이얍에게 어디든 경치 좋은 곳으로 데려가달라 하고 사진을 찍었다. 그것이 바로 이 장소였던 것이다. "그때로부터 한참 멀리 와버렸다"고 나는 생각했다. 그때는 환상의 라퓨타가 존재하는 것을 알게 된 것만으로도 흥분했다. 지금은 소말리 세계에 몸도 마음도 푹 잠겨 있다. 감상에 빠져들면서 아무 생각 없이 카트 잎을 주워 근처에 있던 염소에게 먹이다가 지나가는 사람한테 "너 뭐하는 거야!"라고 혼났다.

"카트를 염소에게 먹이지 마!"

그때로부터 상당히 멀리 왔어도 잔소리하는 무리에서는 전혀 멀어지지 않았다.

"염소는 그냥 떨어져 있는 카트를 먹고 있잖아!"

"너, 누구한테 허락을 얻었어?!"

끝 모를 화디쿠 디리루를 전개하고 있는데 와이얍이 돌아왔다. 지점에서 무사히 송금을 받은 것이다. 나는 그것을 그대로 와이얍에게 줬다.

"어?"

그는 놀란 얼굴을 했다. 전에 지불한 일당을 생각하면 3배 이상의 금액이었기 때문이다.

"괜찮아, 받아"라고 하자 와이얍은 내 머리를 큰 팔로 꽉 안았다.

"와라루(형제)!"

나도 내 행동에 조금 놀랐다. 소말리인의 요구에 질려서 항상 협상에 신경 쓰고 있었는데 왜 협상 없이 그렇게 줘버린 것일까. 물론 와이얍에게 감사한 마음이 가장 크다. 그의 엄청난 지식과 경험 그리고 인맥은 돈으로 환산할 수 없는 가치가 있다. 그가 없었더라면 내 소말리 여행도 없었을 것이다.

동시에 나는 내 자신이 소말리인의 가치관에 닿아 있는 걸 실감했다. 소말리인은 철저하게 계약이다. 그것은 틀림없다. 하지만 그들은 정말 친한 관계에서는 계약하지 않는다. 와이얍이 나에게 그랬던 것처럼 "맡길게"인 것이다. 그리고 '맡겨진' 쪽은 그 마음에 답해야 한다. 결과는 시세보다 더 많이 주는 것이다!

친해지면 돈을 쓰지 않아도 된다고 생각하지만 반대였다. 점점 돈이 더 드는 것이다.

하지만 그것은 몹시 기분 좋게 돈을 쓰는 방법이었다. 소말리인도 우리 일본인처럼 돈보다 인간관계가 더 중요하다고 생각하는 때가 확실히 존재했다. 마지막 순간에 약간의 놀라움이 기다리고 있었다. 내가 떠나기 전날 모가디슈 지국에서 '공주 함디'와 수행원인 자쿠리야가 하르게이사에 온 것이다. 공항에 마중 갔다가 나는 그들의 모습에 기겁했다.

함디는 까만 가죽으로 된 긴 옷에 검은색과 금색 머리띠, 거기에 면으로 된 흰색 가부라사루를 두르고 있었다. 자쿠리야는 양모 안감이 붙은 인조 가죽옷에 와인색 셔츠, 청바지, 아디다스 하이컷 신발 차림이다. 두 사람 모두 세련된 정도가 아니다. 어떻게 봐도 '외국인'이다. 여기와는 기가 막히게 안 어울린다. 그들도 소말릴란드는 처음이고, 외국에 온 듯한 얼굴로 두리번거리고 있다.

함디는 혼 케이블 TV에서 본사 오너 등과 할 이야기가 있다고 했다. 나는 단골인 나시바 카페에 자쿠리야를 데려갔다. 이번에는 나의 '홈'이다. 항상 다른 손님이 하고 있는 것처럼 "와리야(야)!"라고 웨이터에게 소리쳤다. 그러자 자쿠리야는 눈살을 찌푸렸다.

"왜 여기서는 다들 와리야, 와리야라고 아우성을 치는 거야? 모가디슈에서는 아무도 그렇게 하지 않아."

"응?"

소말릴란드에서도 푼틀란드에서도 나이로비의 이스리에서도 그렇기 때문에 소말리 세계 어디서도 그럴 거라 생각했다. 모가디슈에서는 다른가. 생각해보니 모가디슈에서는 외부 찻집에 나가본 적이 없다.

"소말리인들은 노마드(유목민)라 어쩔 수 없지."

내가 쓴웃음을 지으며 말하자 그는 단호히 말했다.

"우리는 달라. 우리는 시민citizen이야."

다시 도시 사람의 자존심을 알게 된 순간이었다. 예전부터 하르게 이사에서 만난 모가디슈 사람들한테서도 느꼈던 바이지만 그들은 소말릴란드에서 '평화'가 아니라 '시골'이라든가 '가난'을 찾아내고 있다. 극단적인 이야기로 "아무리 평화로워도 시골(가난)이라면 의미가 없다"고 생각하는 부분조차 있다.

"여기서는 모두 소리치고 있지만 모가디슈에서는 다들 총을 마구 쏘고 있잖아!"

내가 큰 소리로 지적하자 도시 사람들은 말없이 쓴웃음을 짓고 있었다. 하지만 그들은 역시 다른 소말리인보다 우리 일본인의 감각에 가깝다.

함디와 만나 차를 타고 방송국으로 향했다. 그녀는 여전히 나와는 별로 말하지 않고 미소를 짓지도 않았지만 내가 다시 소말리어로 "마휘안타이(잘 지냈어)?" 하고 묻자 속삭이는 듯한 목소리로 "잘 지냈어"라고 일본어로 대답했다.

"와항 크파라 후사나하이(너와 다시 만나서 기뻐)"라고 하자 "기쁘다"고 또 적막하게 일본어로 대답하고는 수줍은 듯이 미소를 지었다. 일본어로 이것은 무엇이냐고 묻는 소말릴란드 사람은 거의 없지만 모가디슈 사람들은 물어본다. 함디는 한 번 가르쳤을 뿐인데 제대로 기억한다.

방송국은 사람들로 북적거렸다. 이번 일주일 동안 지국 여러 곳에서 직원이 와 있었다. 와이얍이 제작 보도국장에 취임하고 드디어 본격적으로 새로운 체제를 출범시켰다. 취임 후 자신의 방침을 각 지국 직원에게 전달하기 위해 하르게이사의 본사로 부른 것이다. 이미 돌아 갔지만 최근까지 푼트의 장난꾸러기 기자 코베도 머물고 있었고, 지금은 소말릴란드 각지의 기자와 지부티 지국 직원도 와 있다.

나는 다른 소말리인 직원과는 소말리어가 섞인 영어로 이야기했지만, 지부티 사람은 영어를 못 해서 소말리어 섞인 프랑스어로 대화했다. 와이얍을 중심으로 왁자지껄 이야기를 하고 있다. 카트를 씹으면서 나는 옆에서 보고 있었다.

"재미있네."

소말릴란드를 열렬히 지지하는 와이얍과 하르게이사 본사 사람들, 소말릴란드를 절대로 인정하지 않고 여기가 소말리아라고 생각하는 공주 함디 일행 그리고 구소말리아가 어떠했는지 전혀 알 바 아니라고 생각하는 지부티 국적의 소말리인 직원들.

사상과 신조가 전혀 다른 사람들이 어떻게 다른 방송국보다 더 재미있고 좋은 뉴스를 만들지에 대해 뜨겁게 이야기하고 있다. 그것은 주인과 손님이 소말릴란드 지지와 반대로 정면 대립하고 있는데, 느긋하게 쉬고 있는 찻집의 풍경과도 겹친다.

나는 소말릴란드를 지지한다. 하지만 이런 풍경도 좋다. 국경 없는 유목민 소말리인 같고, 세계 어느 민족, 어느 문화의 수준에서 봐도 '건전'하다.

동시에 혼 케이블 TV라는 게 일종의 '씨족'이라는 점도 실감한다. 그들은 모두 개별 계약으로 방송국 직원이 됐다. 모가디슈 지국은 만 장일치로 함디를 지국장으로 선출했고, 그 함디가 직접 오너와 예산에 대해 흥정했다. 함디가 지국의 모든 인사권을 쥐고 있다. 사람을 몇 명 고용하거나 누구에게 월급을 얼마 지불할지 판단하는 것도 지국장에게 달려 있다. 독립 채산제와 꽤 비슷하다. 다른 지국도 그런 것 같다. 즉 혼 케이블 TV라는 씨족이 있고 그 안에 하르게이사 분가, 모가디슈 분가, 지부티 분가가 있는 것이다. 경우에 따라서는 모가디슈 분가와 가로웨 분가(코베)가 독자적으로 협력하기도 한다. 인간은 자신이 알고 있는 시스템밖에 만들 수 없다.

그래서 일본인이 회사를 만들면 그것은 마을사회가 되고, 소말리인은 씨족사회가 된다. 이제 나도 숙소에 돌아갈 시간이 됐다. 내일은 일찍 떠나야 한다.

"임명장은 있어?"

와이얍에게 말을 걸었다. '어, 그렇지, 그렇지' 하는 얼굴을 하고 그는 가방 속 봉투에서 종이 한 장을 꺼내 나에게 줬다. 거기에는 "히데유키 다카노 당신을 혼 케이블 TV 동아시아 지국 대표로 임명한다"고 적혀 있었다. 나도 혼 케이블 TV라는 씨족의 일원이 되고 싶다. 일본의 뉴스를 보내줄 테니 그쪽에서도 뉴스를 보내주면 좋겠다. 이렇게 와이얍에게 말했더니 "오케이!" 하고 흔쾌히 승낙, 오너에게 말해 정식 임명장을 받아준 것이다. 혼 케이블 씨족 도쿄 분가다.

와이얍이 모두에게 "야, 오늘부터 다카노도 우리 동료다!"라고 큰
소리로 말하자, "와우!" 하는 함성이 들끓었다. "이제는 친구가 아니라
동료"라며 악수를 청하러 오는 사람도 있다. 함디도 "후후후" 하며 낮
은 소리로 웃고 있다.

수수께끼의 독립 국가 소말릴란드는 실제로 존재한다. 그리고 그것
만큼이나 확실하게, 국가를 초월한 곳에 소말리인이 살아 있다. 형식
적이지만 나는 그 말단에 추가되어 최고로 행복한 기분에 빠졌다.

'디아스포라'가 된 나

2009년과 2011년 두 차례에 걸친 소말리아행을 통해 책 한 권을 쓸 만한 재료는 이미 모여 있었다. 그것으로 소말리 취재를 끝내도 괜찮 았겠지만 실제로는 두 번째 취재 후 귀국하고 나서 점점 더 소말리 세계에 빠져들었다.

소말리는 재미있다. 알면 알수록 새로운 진실이 나타난다. 일본에는 다른 전문가가 없기에 '아무도 하지 않는 일을 한다'는 내 신조에도 맞다. 불행하게도 혼 케이블 TV 도쿄 지국으로서 뉴스를 보낸 것은 아직 없다. 보도의 노하우를 아는 소말리인 직원이 없으면 취재·편집 을 할 수 없기 때문이다.

그래도 하르게이사와 모가디슈에 메일이나 전화를 주고받는 동안 소말리의 기자, 나아가 '소말리'가 내 정체성처럼 되어버렸다.

재일在日 소말리인 유학생 남매를 찾아내고부터는 그들(특히 오빠)과

매주 만나고 있다. 소말리어를 배우고, 그들과 씨족이나 정치에 대해 논의하고, 소말리 요리를 만들어 함께 먹는다. 일본에 있으면서 소말리의 일원이고 싶어하는 나는 완전히 디아스포라다. 스스로 디아스포라가 돼보니 왜 그들이 결코 풍부하지 않은 생활인데도 매달 일본 화폐로 수십만 엔의 돈을 계속 송금하는지 겨우 알 수 있었다.

'가족 생각' 혹은 '씨족의 탄탄한 결속'뿐만이 아니다. 잊히는 것이 무서운 것이다. 아무리 돈이 있고 좋은 직업을 갖고 있어도 결국은 '본 고장'을 떠난 사람에 불과하다. 그것만으로는 소말리 세계에서 무가치하다. 그래서 가족이나 친척이 요구하는 경우 혹은 요청이 없어도 부지런히 송금하고 가능한 한 자주 소말리 세계에 돌아가려고 노력한다. 그리고 소말리 세계, 특히 씨족 내에서 자신의 존재를 자꾸 어필하려고 하는 것이다.

나도 그렇다. 와이얍한테 "이번 달은 어렵다. 좀 도와달라"고 메일이 오면 바로 시부야 센터 거리에 있는 상품권판매점 '다이코쿠야'로 간다. 일본에서는 왠지 다이코쿠야가 웨스턴유니언 은행 기관 중 하나이기 때문에 거기서 하르게이사로 송금한다.

디아스포라로서 물론 '귀성'도 하고 싶다. 2012년은 다른 일을 내팽개치고 봄가을에 두 차례나 소말릴란드와 소말리아로 돌아갔다. 매번 아는 친구에게 줄 기념품을 사고, 재일 소말리인으로부터는 집에 전달할 기념품을 받아가고, 돈은 더 들어가고, 짐은 많고, 그래서 결코 쉽지는 않지만 그것은 귀성 때 누구나 경험하는 것이다.

돈에 대해 다투는 것도 지금은 거의 없다. 하르게이사에 가면 차비, 카트 비용, 밥값, 그 외 이런저런 돈은 가만히 있어도 와이얍이 지불해준다.

모가디슈에 가면 공주 함디를 비롯한 혼 케이블 TV 직원이 하나부터 열까지 돌봐준다. 그들은 돈을 일체 요구하지 않는다. 함디는 내가 소지한 돈이 바닥나면(매번 이렇게 되는데) "가는 길에 무슨 일이 있으면 안 되니까 가져가" 하고 수백 달러를 준다. 거의 친척 누나 수준이다. 나이로는 내 딸 정도지만.

대신 내년(2013년)에는 함디가 일본에 오고 싶어하기 때문에 가능한 한 협력할 생각이다.

가능하면 그녀와 함께 여기저기 돌아다니며 비디오를 찍고, '함디의 일본 발견'이라는 제목으로 프로그램을 만들어 혼 케이블 TV에 방송하고 싶다고 남몰래 생각하고 있다. 그러면 내가 소말리 기자 씨족 내에서 인정받고 나아가 소말리 세계에서 유명해질 수 있지 않을까 하는 속셈도 있다.

그 후 소말릴란드, 푼틀란드, 남부 소말리아가 어떻게 돼갔는지 쉽게 기록하고 싶다.

소말릴란드는 동부의 도르바한테와의 분쟁을 제외하면 여전히 치안이 잘 유지되고 있다. 자동차는 늘어났고 건설 붐이다. 코카콜라도 하르게이사 근교에 공장을 만들었다.

2012년 11월, 내가 머무는 동안 '공인 정당을 결정하는 선거'가 열렸다. 소말릴란드의 헌법은 '정당은 3개까지'라고 규정하고 있다. 그리고 10년에 한 번, 그 세 정당을 결정하는 선거가 실시된다.

최종 세 개에서 빠진 정당은 소멸하고 정치인은 세 정당 중 하나에 입당하게 된다. 왜 그런 일을 하는 걸까. 우선 씨족끼리 뭉치게 하는 것을 방지하기 위해서다. 또 정당이 난립하면 국민이 혼란스러울 테니까.

마침 일본에서도 중의원 선거가 시작됐지만 인터넷에서 '신당 난립으로 국민 혼란'이라는 뉴스가 나와 무심코 웃어버렸다.

소말릴란드 쪽이 역시 시스템적으로는 일본보다 한 수 위다. 그리고 무엇보다 내가 소말릴란드의 정치를 높게 평가하는 것은 그들이 항상 스스로 생각하고 자신들에게 맞는 시스템을 만들고 있기 때문이다.

물론 실수도 많고 시행착오의 연속이지만 유엔과 선진국에 떠맡기는 것이 아니고 그저 흉내만 내는 것도 아니다. 일본도 이제는 구미에서 모델을 찾는 걸 그만두고 소말릴란드를 참고해야 하지 않을까 진지하게 생각해본다. 서구 민주주의를 뛰어넘은 것은 확실히 거기에 이유가 있기 때문이다.

푼틀란드는 실제로 소말릴란드를 모델로 하고 있다. 씨족 비례 의회에 이어 현재 '헌장'도 작성 중이다. 헌장은 소말릴란드가 헌법의 전 단계로 씨족의 합의를 받기 위해 '임시 계약서'로 작성한 것이다. 푼틀란드 사람들은 결코 인정하지 않는다고 생각하지만 역시 소말릴란드의 방법이 가장 소말리에 맞는다는 걸 알고 있다.

무엇보다 푼틀란드는 소말리아공화국의 틀에 들어 있다고 자처하기 때문에 헌법은 제정하지 않는다. 만약 제정하면 '독립'을 선언한 게 된다. 또한 복수정당제로 전환하는 움직임도 없다. 씨족 지상주의 상태다. 해적의 기세도 전혀 줄지 않았다.

해적이라고 하면, 실은 일본에 현재 소말리 해적 네 명이 머물고 있다. 정확하게는 해적 행위의 피의자다. 2011년 3월 일본 상선 미쓰이 유조선이 해적에게 습격을 당했다. 근처에 있던 미군이 급습해 유조선을 구출하고 해적들을 붙잡았다. 그리고 그 해적들을 일본에 넘겨준 것이다. 일본에서도 국제 협력이라는 이름 아래 '해적 내처법'이라는 법률이 정비돼 있어 해적이 재판을 받게 돼 있다.

해적 피의자 네 명은 푼틀란드의 전통 해적 거점이며, 현직 대통령의 씨족에서 나뉜 에일 출신이다. 그중 세 명은 마제르텐, 한 명은 하발 기디르라고 한다.

내가 아는 재일 소말리인은 지금 열 명쯤. 그중 네 명이 해적(피의자)인 놀라운 상황이다.

재판은 곤란하기 짝이 없다. 나도 한번 방청하러 갔는데, 해적 행위를 목격한 제삼자가 없기에 입증이 어렵다. 게다가 여권도 신분증도 없는 해적 피의자는 이름, 나이, 국적조차 확인할 수 없다. 만약 의뢰가 있다면 내가 그들의 정확한 성명, 나이, 국적을 조사해도 괜찮을 텐데 불행히도 아직 그런 요청은 오지 않았다.

유로에서는 새로운 문제가 일어나고 있다. 해적이 유죄를 선고받고 감옥에 들어가도 자신의 고향보다 훨씬 편안한 데다 형기를 마치기 전 수감자가 "이런 좋은 나라에 살고 싶다"고 망명을 희망하는 사례가 속출하고 있다.

그리고 서양에서는 그것을 거부할 만한 논리를 갖고 있지 않다. "내전과 빈곤으로 해적을 안 하면 살아갈 수 없는 삶"이라고 말하면 받아들이지 않을 수 없다. 이제 해적에게 혜택을 베풀고 있는 것이다. 서구 민주주의는 소말릴란드에서도 소말리아에서도 패배했지만 푼틀란드 해적에게도 패배하고 있는 셈이다.

그런데 남부 소말리아는 이웃 나라 케냐와 에티오피아가 본격적으로 군사 개입을 한 결과 이슬람 알샤바브의 힘이 현저히 떨어지고 있다. 이제 남부 소말리아 대부분은 정부와 그 동맹자의 지배하에 있게 됐다.

2012년 10월에는 바레 정권이 1991년 붕괴된 후 처음으로 '공식 정부'가 탄생했다. 대통령은 임시 정권의 대통령이었던 셰이크 샤리프 계의 하산이라는 인물이지만, 셰이크 샤리프로부터 굉장히 먼 분가 출신이다. 전 유엔 직원이며, 동시에 전 이슬람법정연합의 멤버로 구미 측과 이슬람 측 모두에 얼굴이 알려져 있다. 나쁘지 않은 인선이라고 시민들로부터 상당한 지지를 얻고 있다.

모가디슈의 거리에는 더 이상 총을 들고 활보하는 일반인이나 민병대가 없다. 총성도 거의 들리지 않는다. 급속히 보통 마을과 같은 풍경으로 변하고 있다.

그러나 이것은 표면적인 이야기다.

남부의 각지에는 아직 '가르무도그국' '아루슨나 와루쟈마아' '히만이요 혜부' 등 모두 하발 기디르가 주체인 '자칭 국가' '자칭 정부'가 할거하고 있으며 해적도 있다.

또한 알샤바브에서 해방된 각지에서는 씨족 항쟁이 재현되고 있다. 나는 내 눈으로 그 현장을 봤다. 원로끼리의 대화에도 참여했지만 듣고 있던 대로 남부는 북부처럼 정산 시스템이 확립돼 있지 않다.

예를 들면, 남자 한 명이 살해됐을 때, 북쪽은 낙타 100마리 분으로 정해져 있지만, 남부에서는 그것조차 정해져 있지 않다. 또한 북부처럼 중개하는 제삼자 씨족도 없기 때문에 정부가 대신해야 한다. 뭐랄까, 협상의 길이 너무 멀다.

게다가 정부라고 해도 결국 푼틀란드보다 단계가 낮은 씨족의 집합체에 불과하다. 병사도 각 씨족에서 뽑혀왔다. 서로 완전히 신뢰하지 않는다. 앞으로 어떻게 될지 전혀 예상할 수 없다.

모가디슈 자체는 치안이 상당히 회복되고 있다. 어디까지나 2012년 말의 상황이지만 폭탄 테러도 많이 줄어들었다. 그러나 정부 관료, 언론인, 외국인 등 알샤바브에 '적'으로 지목되고 있는 사람들은 오히려 이전보다 위험한 상태에 놓여 있다.

나를 집으로 초대한 바 있는 언론인은 거리에서 누군가에게 권총에 맞아 의식불명의 중태에 빠졌으나 두 번에 걸친 대수술로 간신히 목숨을 건졌다. 그는 아프리카 다국적군 '아미솜' 라디오 방송국에 근무하고 있어 알샤바브의 표적이 된 것 같다.

더 충격적인 건 혼 케이블 TV 모가디슈 지국 기자로 나와 함께 취재에 갔던 히스가 암살된 것이다. 게다가 함디 등의 이야기에 따르면 암살한 것은 알샤바브가 아니라 정부 측 정치인이라는 것이다.

전투가 줄어들면 '민의'나 '국제사회의 눈'이 정치인의 부패와 범죄 행위로 향하게 된다.

기자들도 당연히 그쪽을 취재하고 고발한다. 표적이 된 정치인은 현저한 불이익을 입기 때문에 그들을 말살하려고 한다. 또한 알샤바브와 양다리를 걸친 정치인도 많다. 그것을 파헤치는 것 또한 기자들에게 매우 위험한 행위다.

그래도 그들은 보도를 중단하지 않는다. 여자 지국장 함디도 눈썹 하나 흔들리지 않고 위험한 상황에서 취재를 계속하고 있다.

이렇게 말하는 나 자신도 소말리아에서 격한 전투와 맞닥뜨렸다.

경위가 복잡하기 때문에 설명은 생략하지만 함디 등 소말리인 언론인들과 함께 새 정부의 정치인을 동행 취재하고 있던 때의 일이다. 모가디슈 마을을 떠나 염원하던 남부 마을과 농업지역을 둘러보며 토지의 풍요로움에 놀라고 감동한 건 좋았는데, 어느새 알샤바브와 아프리카 다국적군인 아미솜이 대치하는 최전선에 가버리고 말았다.

돌아오는 길에 알샤바브 군대의 매복 공격을 받았다. 정치인과 외국 언론인(나)은 그들에게 딱 좋은 표적이다.

내가 탄 장갑차는 적의 총알에 맞아 탕탕 하는 충격음에 휩싸였다. 이쪽 병사도 응전하여 차량 위에서 기관총을 쐈다. 탄피가 샤워할 때의 물처럼 흩어졌다.

눈앞에서는 동행하던 랜드크루저가 로켓탄 공격을 받아 금세 불길이 치솟았다. 운전하던 병사는 당황해서 문을 열고 밖으로 튀어나오다 총탄에 맞았다. 병사는 피 묻은 채 필사적으로 우리 차로 뛰어 들어왔다. 총을 맞은 그의 오른팔에서는 살이 튀어나와 피가 흐르고 있었다.

마치 베트남전쟁 영화에서 보던 것처럼 너무나 비현실적이어서 망연자실했다.

전투는 15분에서 20분 정도 이어졌다. 우리는 어떻게든 적의 공격을 견뎠고, 드디어 아미솜 지원 부대가 도착해 알샤바브 군은 철수했다. 이쪽은 군인 셋이 다치고, 차량 세 대가 불에 탔을 뿐 다행히 사망자는 나오지 않았다. 아미솜 사령관은 "적군을 열 명 정도 죽인 게 아닐까"라고 했지만 아무 증거가 없어서 사실관계는 전혀 알 수 없다.

지금까지 운 좋게 피해왔던 남부 소말리아 '북두의 권' 같은 장면을 실제로 체험하게 됐다. 힘든 경험이었지만 이것에 질려서 소말리아에 더는 가지 않겠다고 한 것은 아니다. 오히려 이 정도까지 하면 내가 '디아스포라'라고 말해도 누구도 불평하지 않을 것이다. 오히려 이점을 하나 얻었다고 생각한다.

그리고 디아스포라로서 꼭 하나 제언하고 싶다.

소말릴란드를 인정해주면 좋겠다. 독립 국가로 인정하기 어려우면 '안전한 장소'로만 인정해줘도 된다. 실제로 소말릴란드의 안전도는 국토의 일부에서 테러와 전투가 나날이 계속돼 매년 사망자가 수백 또는 1000명 이상 나오고 있는 것으로 추정되는 타이와 미얀마보다 훨씬 높다.

소말릴란드가 안전하다는 것을 알면 기술과 자금 원조가 와서 투자와 사업, 자원 개발 등도 시작된다. 유엔과 다른 구호단체 직원이 체류해도 안전하고 돈도 들지 않는다. 어쨌든 소말릴란드는 구소말리아권에서 '문제'가 곧 산업이 되지 않는 드문 지역이다. 이는 소말리 사회에 명확한 메시지가 된다.

"평화롭고 치안도 좋으면 돈이 떨어진다."

이해타산에 민감한 소말리인에게 이렇게 효과적인 메시지는 없다. 해적을 퇴치하는 방법으로도 가장 효과가 있을 것이다. 푼틀란드 정부도 해적에게서 나오는 돈보다 국제사회에서 치안과 평화를 교환해 얻을 수 있는 돈이 많으면 재빨리 해적을 없앨 게 분명하다. 푼틀란드 정부는 그만큼의 능력도 있다.

'문제'가 비즈니스라고 생각하는 남부 소말리아도 마찬가지다. 전쟁을 일으키거나 치안이 불안한 곳으로 부지런히 돈을 떨어뜨리는 행위는 폭력과 무질서를 촉진하는 방향으로만 진행된다. 지금 소말릴란드는 평화롭고 돈이 없으니까 남부의 무리에게 바보 취급을 당하고 있지만, 평화로우면서도 돈이 벌리면 그들도 눈빛이 바뀔 것이다. 소말릴란드를 지원하는 것이 소말리 사회 전체를 지원하는 가장 좋은 방법이다.

그러나 소말릴란드에 지원과 투자가 이뤄진다고 해도 소말리 전문가로서 참여하고 싶진 않다. 내가 하고 싶은 것은 미지세계에 대한 탐험이기 때문이다.

지금 생각하고 있는 건 소말릴란드 동부의 푼틀란드와 국경 경계선에 있는 지역을 낙타로 여행하는 것이다. 그곳은 해발 2000미터의 산이 이어져 남미의 기아나 고지 같은 거대한 절벽도 있다. 아래는 광대한 정글이다. 그 근처가 도대체 어떻게 돼 있는지, 하르게이사 사람들에게 물어도 전혀 모른다. 정보가 극히 적다.

전에도 썼지만, 이 지역은 고대 이집트 왕조 시대, '푼트'라는 왕국이 있었다고 전해진다. 푼틀란드의 어원이 된 왕국이다. 유향과 몰약이 이집트의 파라오에게 운반됐다.

또한 푼트는 시바의 여왕이 다스리는 나라였다는 설도 있다. 그 유적이나 뭔가의 흔적이 남아 있지 않을까. 하르게이사 근교에 있는 세계 문화유산급 '라스 게일 벽화'조차 최근까지 외부에 알려져 있지 않았다. 누구에게도 알려지지 않은 채 조용히 모래 또는 밀림에 묻혀 있을 가능성도 없지 않다. '고양이 하산'이 '일본 여왕의 무덤'이라고 거짓말을 한 신비의 피라미드 '테디모'도 아직 조사되지 않은 상태다.

전부터 그 지역을 탐험하고 싶다고 생각했지만 랜드크루저 두 대를 동원해야 한다. 하루 최소 300달러. 그 외 모든 경비를 합치면 한 달 가는 것만으로도 막대한 비용이 든다. 여러 가지 고려한 결과, 낙타 캐러밴을 짜는 편이 훨씬 저렴하다는 것을 깨달았다. 동시에 이것은 소말리 유목민의 전통 문화를 깊이 이해하는 좋은 기회이기도 하다.

벌써부터 기대가 된다. 어쩌면 대단한 발견이 기다리고 있을지도 모른다. 신비의 고대 왕국 푼트. 과연 실존했던 것일까. 가보지 않으면 알지 못한다.

소말릴란드와 소말리아 근현대사 연표

■ 전사前史

기원전 15세기경

현재 소말리인들이 사는 지역(아프리카의 뿔)은 몰약과 유향의 산지로 고대 이집트 왕조로 알려져 있다.

기원전 5세기경

현재 케냐·에티오피아 국경에서 북상해온 민족이 아프리카의 뿔에 정착, 소말리인이 됐다는 설도 있지만, 기원전 10세기 무렵 홍해 부근의 민족이 남하해 소말리인이 됐다는 설도 있다.

기원전 7~10세기경

아라비아반도에서 예언자의 일족이 와서 소말리인에게 이슬람을 전했던 것으로 알려져 있다.

■ 소말릴란드

1827년

영국 동아프리카회사가 소말리의 씨족과 첫 공식 협정을 맺는다.

1887년

영국이 아프리카의 뿔 북부를 '영국령 소말릴란드'로 보호령화한다.

1899년

다로드 출신의 사이드 모하메드 압둘라 하산이 이끄는 다르비슈 군이 영국과 이스자아크의 연합군을 상대로 전투를 개시한다.

1920년

영국군의 공습으로 인해 약 20년간의 '영국·다르비슈 전쟁'이 종결된다.

1954년

영국이 소말릴란드 일부를 에티오피아에 할양, 소말리인들은 큰 반감을 가진다. 동시에 많은 소말리인 사이에서 '대소말리주의(모든 소말리인이 하나로 모여 국가를 형성한다는 생각)'가 기대를 모으게 된다.

1960년

6월 26일 소말릴란드가 영국에서 독립하여 '소말릴란드공화국'이 된다. 초대 총리는 하발 아와르의 무함마드 이브라힘 에가루.

7월 1일 이탈리아에게 신탁통치를 받던 소말리아가 독립, 동시에 소말릴란드와 합병하여 '소말리아공화국'이 성립된다. 초대 대통령은 압둘라 아덴 오스만, 초대 총리는 에가루(~1962년).

1967년

에가루가 소말리아 총리에 복귀(~1969년).

1969년

제2대 대통령 압둘라시드 샤르마르케가 암살되고 군부의 쿠데타로 다로드의 시아드 바레가 정권을 장악. 국명은 '소말리아 민주공화국'으로 개칭되고 사회주의 독재 정권이 시작된다.

1977년

이웃 에티오피아의 정치적 혼란을 틈타 소말리아는 에티오피아를 침공하지만 소련의 에티오피아 사회주의 정권 지지로 대패한다. 이후 소말리아는 미국과의 관계를 깊이 다져나간다.

1981년

북부의 정치가가 중심이 돼 반정부 조직 '소말리국민운동SNM'을 결성한다. 이듬해 이 조직은 무장 투쟁을 시작한다.

1988년

바레 정권이 하르게이사를 무차별 폭격하고 대규모 처형을 단행. 수만 명의 시민이 학살되고 수십만 명이 에티오피아령으로 도망간다. 이스자아크는 씨족 전체가 반정부 투쟁을 재개한다.

1991년

1월, 하위예 씨족의 아이디드가 이끄는 반정부 게릴라 '통일 소말리아 회의USC'가 수도 모가디슈를 제압, 바레 정권이 붕괴한다.

2월, 항구도시 베르베라에서 이스자아크, 가다부르시, 동부 다로드가 첫 번째 회담(베르베라 회의)을 하여 북부 씨족의 평화에 합의한다.

5월 18일, SNM이 북부에서 분리 독립을 선언. 소말릴란드공화국이 '부활'한다. 초대 대통령은 SNM 의장이었던 하발 유니스의 아부디라후만 아흐메드 알리 투르.

1992년

2월 새 정부는 구심력을 잃고 내전에 돌입(1차 내전). 특히 베르베라에서 사망자가 2000명에 이른다. 10월 셰이크 회의에서 원로들에 의해 평화 협상이 진행되어 '모든 공항 및 항구는 정부의 소유로 돌리는 것'으로 합의하고 평화가 성립된다.

가장 가혹했던 '베르베라 전쟁'의 당사자는 젊은 여자 20명을 교환하기로 합의.

1993년

2~5월, 서쪽 마을 보라마에서 큰 회의 개최(보라마 회의), 구루티(원로원)의 상설, 씨족 민병대의 무장 해제, 각 씨족이 평화 질서에 책임을 갖는 것, 소말릴란드 독립의 유지 등이 결정된다. 동시에 제2대 대통령에 에가루가 선출된다.

7월 에가루에게 불만을 가진 하발 유니스는 소말릴란드에서 이탈을 선언, 투르는 남부 소말리아의 아이디드와 합류, 부통령의 자리를 얻는다.

1994년

하르게이사에서 전투 시작, 제2차 내전에 돌입한다.

1996년

씨족 간의 평화 협상이 이뤄져 내전 종결. 10월 하르게이사 회의에서 소말릴란드 헌법 제정, 복수정당제 도입, 무장 해제의 완수 등이 결정된다. 동 의 회에서 열린 대통령 선거에서 에가루가 대통령에 재선된다.

1998년

동부 다로드를 중심으로 '푼틀란드 정부' 수립을 선언. 그러나 독립 국가가 아니라 '소말리아공화국 내의 독립 정부'를 일컫는다. 초대 대통령은 마제르텐의 압둘라히 유스프. 그 후 소말릴란드와 푼틀란드 사이에 국경선을 둘러싸고 영토 분쟁이 발발하며 현재에 이르기까지 다툼이 계속된다.

2001년

주민 투표 실시, 97퍼센트가 별도의 확인을 포함한 신헌법에 찬성한다.

2002년

에가루 사망. 헌법의 규정에 따라 부통령 다히루 리야레 카힝(가다부르시)이 대통령으로 승격된다. 같은 해 첫 총선(국회의원 선거)에서 카힝이 이끄는 통일 민주당UDUB이 승리한다.

2003년

국민에 의한 최초의 대통령 선거 실시. 부대통령 카힝이 하발 자로 출신으로 SNM 전 의장인 시랑요에게 승리. 80표 차이의 박빙으로 논란이 있었지만 대법원이 카힝의 승리를 인정한다. 반대편 후보였던 시랑요도 이를 받아들여 평화적으로 직접 민의에 의한 최초의 정권이 탄생한다.

2009년

여당에 의한 대통령 선거의 연기가 야당의 반발을 부르고 국가 분열 직전의 위기에 빠지지만 에티오피아, EU 등의 중재로 화해한다.

2010년

대선에서 시랑요가 카힝에게 승리. 제3대 소말릴란드 대통령이 되어 평화적 정권 교체가 실현된다.

2012년

헌법의 규정에 따라 공인 정당을 결정하기 위한 선거가 실시된다.

■ **소말리아 및 기타 지역**

1894년

이탈리아가 아프리카의 뿔 남부 지역의 지배권을 확보했다. 1908년까지 '이탈리아령 소말릴란드(소말리아)'로 식민지화한다. 이탈리아 이민자들이 많이 정착한다.

1945년

제2차 세계대전 종료. 이탈리아령 소말리아는 유엔의 결정으로 10년간 한시적으로 이탈리아의 신탁통치령이 된다. (10년 후 독립이 약속된다.)

1963년

영국이 케냐의 독립을 승인. 소말리인들이 사는 북부의 몇몇 지역은 주민 투표를 통해 소말리아에의 귀속을 결정했지만 무시당한 채 그대로 케냐령이 된다.

1991년

임시 대통령에 취임한 알리 마흐디에 아이디드가 강하게 반발, 둘 사이에 격렬한 전투가 발발한다. 몇 달 새 수만 명이 희생된다. 이후 남부 소말리아는 현재에 이르기까지 20년 이상 내전이 계속되고 있다.

1993년

미군 주도의 유엔 평화유지군이 소말리아에 파견돼 아이디드 군대와 충돌. 1994년에는 미군 헬기가 격추되는 '블랙호크다운' 사건이 발생하고 1995년 유엔군이 소말리아에서 전면 철수한다.

1996년

아이디드가 알리 마흐디와의 전투 중에 사망한다.

2000년

지부티 알타에서 열린 회의 때 아이디드의 사촌인 압둘 카심 살라드 하산이 아리마하디를 이기고 소말리아 과도국민정부TNG의 대통령으로 선출된다. 그러나 이 정권은 거의 기능하지 않고 자연 소멸한다.

2006년

소말리아 과도연방정부TFG 발족. 초대 대통령에 현직 푼틀란드 대통령인 압둘라히 유스프가 선출된다. 하지만 수도 모가디슈에 들어가지 못하는 약소 정권이었다. 한편 이슬람 원리주의 무장 세력 '이슬람법정연합'이 주민과 지역 무장 세력의 지지로 추진력을 크게 얻어 수도를 제압하고 남부 대부분 지역을 지배한다. 그러나 연말 서양의 지원을 받은 에티오피아 군이 소말리아를 침공하면서 이슬람법정연합은 거의 괴멸 상태에 이른다. 이때부터 푼 틀란드에서 해적이 급속히 확대되기 시작한다.

2007년

압둘라히 유스프가 과도연방정부 대통령을 사임, 이슬람법정연합 전 의장 알리 마흐디의 조카인 셰이크 샤리프가 대통령에 취임한다.

2008년

이슬람법정연합의 분파인 과격파 '알샤바브'가 남부 각지에서 세력을 확장, 우간다 군을 중심으로 하는 아프리카 다국적군 '아프리카 연합 소말리아 미션(아미솜)'이 소말리아에서 평화 유지 활동을 시작한다.

2011년

알샤바브가 모가디슈에서 철수. 에티오피아 군과 케냐 군이 국경을 넘어 소말리아에 침공, 알샤바브와 격렬하게 전투를 치른다.

2012년

소말리아에서 21년 만에 공식 '정부' 발족. 공식 국명이 '소말리아 연방 공화국'으로 개칭된다. 대통령은 아부가르의 하산이 된다. 정부군이 각지에서 알샤바브를 격퇴하고 남부의 지배를 확립하는 한편, 알샤바브에 의한 폭탄 테러와 암살은 일상화된다. 또한 각지에서 씨족 항쟁이 재현되고 있다.

참고문헌

■ 일본어 도서

요시다 이치로, 『국가 마니아: 세계의 진기한 나라, 이상한 지역으로!』, 지쿠마
　문고, 2010
NHK '아프리카' 프로젝트, 『아프리카 21세기 내전·월경·격리 끝에』, 일본방
　송출판협회, 2002
마쓰모토 진이치, 『칼라시니코프 Ⅰ』, 아사히문고, 2008
로렌스 라이트, 히라가 히데아키 옮김, 『붕괴하는 거탑: 알카에다와 '9·11'로
　가는 길』, 하쿠수이샤, 2009
오다 히데오, 가와다 준조 등, 요네야마 도시나오 감수, 『'신판' 아프리카를 아
　는 사전』, 헤이본샤, 2002
시라토 게이이치, 『르포 자원대륙 아프리카 폭력이 연결하는 빈곤과 번영』, 아
　사히문고, 2012

■ 일본어 논문

엔도 미쓰구, 「붕괴 국가와 국제 사회 : 소말리아와 '소말릴란드'」, 가와바타 마
　사히사·오치아이 다케히코 편, 『아프리카 국가를 다시 생각한다』, 고요쇼
　보, 2006
엔도 미쓰구, 「소말리아에서 '분쟁'과 국가 형성을 둘러싼 문제」, 사토 아키
　라 편, 『아프리카·중동 분쟁과 국가 형성 연구 보고서』, 아시아경제연구소,
　2010
엔도 미쓰구, 「소말리아에서 시아드 바레 정권의 재검토: 통치와 남아 있는 제

도를 둘러싸고」, 사토 아키라 편, 『통치자와 국가: 아프리카 개인 지배 재고찰』, 아시아경제연구소, 2007

■ 영어 도서

Joan Lewis, *Understanding Somalila and somaliland: Culture, History and Society*, C. Hurst & Co. Publishing Ltd, 2008

Mark Bradbury, *Becoming Somaliland*, Indiana Univ Press, 2008

Peter D. Little, *Somalia: Economy without State*, Indiana Univ Press, 2003

Mary Harper, *Getting Somalia Wrong?: Faith, War and Hope in Shattered State*, Zed Books, 2012

Martin N. Murphy, *Somalia: The New Barbary? Piracy and Islam in the Horn of Africa*, Hurst&Co., Ltd., 2011

옮긴이

신창훈
성균관대 정치외교학과를 졸업하고 신문 기자를 하고 있다. 『내일신문』을 거쳐 『헤럴드경제』
에서 국회, 정당, 기획재정부, 한국은행 등을 출입했다. 일본 게이오대 MBA(경영대학원) 방문
연구원을 지냈다. 현재 ㈜헤럴드 미래사업본부장을 맡고 있다. 지은 책으로 2007년 대선의
'네거티브 신드롬'을 파헤친 『덴마크 코끼리』(공저), 옮긴 책으로 『부자 나라에 살면서 행복하
지 못한 일본인들의 이야기』 『국가는 부유한데 나는 왜 행복하지 않을까』 등이 있다.

우상규
2018년 현재 『세계일보』 도쿄 특파원으로 재직 중이다. 옮긴 책으로 『일본 우익 설계자들』
『끝이 없는 위기』 『소와 흙』 등이 있다.

수수께끼의 독립 국가
소말릴란드

초판인쇄	2019년 2월 28일
초판발행	2019년 3월 8일
지은이	다카노 히데유키
옮긴이	신창훈 우상규
펴낸이	강성민
기획	노만수
편집장	이은혜
편집	강민형
마케팅	정민호 정현민 김도윤
홍보	김희숙 김상만 이천희
펴낸곳	(주)글항아리 | **출판등록** 2009년 1월 19일 제406-2009-000002호
주소	10881 경기도 파주시 회동길 210
전자우편	bookpot@hanmail.net
전화번호	031-955-8891(마케팅) 031-955-1936(편집부)
팩스	031-955-2557
ISBN	978-89-6735-583-8 03300

이 도서의 국립중앙도서관 출판예정도서목록(CIP)은 서지정보유통지원시스템 홈페이지
(http://seoji.nl.go.kr)와 국가자료공동목록시스템(http://www.nl.go.kr/kolisnet)에서
이용하실 수 있습니다. (CIP제어번호 : 2018042107)